河洮岷民間契約文書輯校

劉俊雎——主編

北京燕山出版社

圖書在版編目（CIP）數據

河洮岷民間契約文書輯校 / 劉俊雎主編 . — 北京 : 北京燕山出版社 , 2024.5

ISBN 978-7-5402-7271-5

Ⅰ . ①河… Ⅱ . ①劉… Ⅲ . ①契約—文書—彙編—甘肅 Ⅳ . ① D927.420.36

中國國家版本館 CIP 數據核字（2024）第 096701 號

河洮岷民間契約文書輯校

編　　者：劉俊雎
責任編輯：張金彪
特約編輯：王順蘭　胡昕焰　李　敏
封面設計：周　鵬
出　　版：北京燕山出版社有限公司
地　　址：北京市西城區椿樹街道琉璃廠西街 20 號
郵　　編：100052
電　　話：010–65240430
印　　刷：北京盛通印刷股份有限公司
開　　本：889mm×1194mm 1/16
字　　數：508 千字
印　　張：35.25
版　　次：2024 年 5 月第 1 版
印　　次：2024 年 5 月第 1 次印刷
定　　價：690. 00 元

ISBN 978-7-5402-7271-5

二〇二三年甘肅民族師範學院校長科研基金項目成果

項目名稱：甘肅民族師範學院館藏河洮岷民間契約圖録

項目編號：2023YXZZ—02

課題組成員：劉俊睢（主持人）　周毛卡　董　穎　李亞莉　田　苗

叒藏吉　拉瑪扎西　楊建華　敏　玲　王曉東　卓么草

《河洮岷民間契約文書輯校》
編纂委員會

凡例

一、本書所輯録的民間契約文書，均係編者從歷史上的河洮岷地區（今臨夏、甘南、定西一帶）實地采集，現收藏于甘肅民族師範學院圖書館。編者在釋讀時完全依照契約文書原件録入，對繁簡字不做轉化。

二、爲了閲讀方便，編者整理時對每件契約文書均加了標題并進行了標點，標題包含立契時間、契主姓名、契約類型等要素。考慮到閲讀方便，原則上一件契約文書獨占一個頁面，對于部分較長的契約文書，輯録時根據具體情况調整了間距，便于契約文書輯校内容能在一頁内完整呈現。

三、本書所輯録的民間契約文書，均按照地域及立約時間進行編排，無法確定具體時間的，一律置于同一地域契約文書的最後，標題亦做相應處理。

四、本書所輯録的民間契約文書中各類异體字不影響識讀的照録，如：『寫』『並』『畊』『凴』等字依照契約原文録入；據情况適當用（）注明規範字，如：『冩』録入爲『冩（寫）』，『銭、鈛』録入爲『銭（錢）、鈛（錢）』，『籵』録入爲『籵（糧）』等；錯別字等均按原字録入，并用（）注明正字或正確的字，衍文則徑直删掉；對于缺失的部分或無法識別的字用□代替；缺失的字依内容或邏輯可以補充的則用【】添加。

序言

甘肅民族師範學院圖書館劉俊暀館長帶領全體館員整理的《河洮岷民間契約文書輯校》即將付梓，館長多次囑咐我寫一篇序，我人微言輕，祇感壓力山大，便以中學教師怎能爲教授寫序推托，但他以『我的作品要接地氣』囑托，我實難推辭。

我與劉館長早就相識，後來他幾次到洮州采集古文獻資料，我們纔相熟。館長爲人謙和，做事嚴謹，有古君子之風。每每談及圖書館未來的發展，他都以成爲中流砥柱爲己任，令人感動又敬佩。這幾年，他東奔西跑，收集了大量河州、洮州、岷州的民間契約文書，這是甘肅民族師範學院之幸，也是河洮岷文化之幸。今天，他將收集的洮州民間契約作爲河洮岷民間契約中的一部分整理出版，作爲地方文史愛好者，我能參與其中，實乃此生幸事！

位于青藏高原邊緣的洮州，古代是羌戎之地，曾經生活過氐族、羌族、藏族、鮮卑族等民族，存在過吐谷渾、吐蕃等政權。經過歷史上的幾次大移民，特別是到了明代，朱元璋認爲洮州是『西番門户』，將洮州納入朝廷管轄範圍。爲了有效地管理西番諸族，除在洮州設立衛所，將沐英所帶將士留在洮州屯田外，還將江淮一帶的無地農民大量遷往洮州。這些移民逐漸反客爲主，形成頗具勢力的族群集團，成爲洮州的主體民族。這些移民，將江淮一帶先進的農耕技術和土地管理經驗帶到洮州，使以牧業爲主的洮州成爲半農半牧——農占主導地位的地方。有需求就有交易流轉，移民對土地的重視，使土地、房屋的流轉也頻繁起來，更由于江淮人重視契約精神，在明清兩代，洮州遺留了許多契約文書。後來，契約文書大部分被焚毀，但也有少量散落于洮州各地。劉館長收集整理的《河洮岷民間契約文書輯校》，雖然不是洮州契約的全部，但也是其重要組成部分，基本概括了洮州契約的各種類型和特點，其分布區域涵蓋了洮州大部分鄉鎮。這套書的出版發行，不僅有助于地方文化的研究，也能填補洮州甚至甘南藏族自治州契約文化研究的空白，更能對洮州移民歷史的研究起推動作用。

許多事越百世而如見者，因有史册爲之流傳。今天閱讀契約，家財出讓者的困境、中介人的左右逢源、書契人的審慎無不歷歷在目，那情、那人和那事，似模糊又清晰，能令我們的思緒穿越到那悠遠的歷史現場。所以，契約不衹是財産主權轉移和獲取的憑證，更是一個時代的見證，它包含立約時該地區的政治、經濟、文化等信息，以及普通民衆的日常生活、人際交往、家庭關係等内容。劉館長整理的這些契約，是研究洮州政治、經濟、文化、民俗、方言等方面重要的歷史資料，有極高的研究價值。

惶恐囉唆了這麼多，僅爲應劉館長之約，望有識者原諒我的淺陋，笑而過之。

敏建新

二〇二三年十二月十五日

前言

二十世紀初，隨着大量的民間契約文書的收集、整理與出版，契約文書逐漸成爲研究中國歷史尤其是區域專門史的重要史料。最先關注民間契約的中國學人，應該是傅衣凌先生。二十世紀三十年代，傅衣凌先生通過對福建永安縣發現的明代嘉靖年間至民國時期的數百張民間契約文書的研究，寫出了《福建佃農經濟史叢考》[一]一書，開了用民間契約研究經濟史的先河，在學術界引起了一定反響。受此影響，學術界對民間契約文書的收集、整理與研究有了快速的發展。楊國楨先生認爲：『契約文書是我國使用長達數千年，廣爲流行的一種私文書。凡在社會中發生的種種物權和債權行爲，需要用文書形式肯定下來，保證當事人權利和義務的履行，便形成契約文書。』

近年來，隨着法制史、社會史對民間契約的關注，以及學術界對契約文書收集、整理、研究的深入，契約文書尤其是民間契約文書的整理與研究更是進入了一個發展的快車道。福建、浙江、安徽、廣西、山西、湖北、貴州等地均有大量民間契約文書整理研究的成果出現，有些可謂皇皇巨著。諸如：鄭振滿主編、厦門大學民間歷史文獻研究中心于二〇二二年十一月完成并出版的《福建民間契約文書》；李琳琦編著的由安徽師範大學出版社二〇一四年十二月出版的《安徽師範大學藏千年徽州契約文書集萃》；劉永紅、吴聲軍、陳才佳主編，廣西師範大學出版社于二〇二二年十月出版的《南嶺文書》；馮小紅編著、廣西師範大學出版社二〇二一年十一月出版的《明清文書（邯鄲學院藏太行山文書系列叢刊）》等，尤其需要指出的是近些年陸續出版的《清水江文書系列·天柱文書》《貴州清水江文書·黎

（一）傅衣凌．福建佃農經濟史叢考［M］．福建：福建協和大學中國文化研究會，一九四四．

平文書》《貴州清水江文書・劍河卷》《貴州清水江文書・三穗卷》等，隨之在法律、經濟、婦女權益、文獻價值等方面出版了基于清水江文書研究的專著，例如中國政法大學出版社于二〇一一年十二月出版的程澤時著《清水江文書之法意初探》、貴州大學出版社二〇一六年出版的龔曉康著《清水江文書文獻價值研究》、巴蜀書社二〇一四年十月出版的林芊著《凸洞三村：清至民國一個侗族山鄉的經濟與社會——清水江天柱文書研究》等，可謂琳瑯滿目、蔚爲大觀。正如張新民先生所言：

> 其搜羅宏富，叙次井然，分卷列目合理，一一燦然在眉，而録文精當，注釋準確，考證允洽，亦爲歷來文書整理所罕見。至于原先散見于千家萬户之原始契據，裒然合爲一長編巨帙，遂變零落爲集中，化散亂爲系統，讀者手持兩書，則宛如走進鄉民歷史與生活的文化現場，可與鄉民對話，能同農夫談心，排比研究，受益無窮。僅資料搜考彙編，避免散出佚亡一項，即耗盡心力時間，堪稱功夫之作。〔一〕

甘肅民間契約文書的研究，近年來也取得了一定的成果。其中，敦煌民間契約文書的整理和研究成果斐然。例如江蘇古籍出版社一九九八年十月出版的沙知録校《敦煌契約文書輯校》，商務印書館于二〇二一年九月出版的王斐弘著《敦煌契約文書研究》，二〇一二年十二月由人民出版社出版的陳小强著《敦煌契約文書語言研究》，法律出版社于二〇一五年十二月出版的侯文昌著《敦煌吐蕃文契約文書研究》等。此外，甘肅岷縣大崇教寺契約研究也引人關注。例如文物出版社二〇二三年十月出版的彭曉静

〔一〕張新民：民間契約文書整理與研究的新創獲——國家重大招標課題『清水江文書整理與研究』最終成果概要［J］．貴州大學學報（社會科學版），二〇二二，四〇（〇四）：一．

著《甘肅岷縣大崇教寺文書整理與研究》。她的碩士論文《甘肅岷縣大崇教寺新發現契約文書研究》也是關于大崇教寺契約研究的。此外由甘肅人民出版社一九九三年四月出版的臨夏州檔案館編《清河州契約彙編》，收集了從清嘉慶二十四年（一八一九年）至宣統三年（一九一一年）九十二年間河州地方民間契約五百八十八件，數量可觀，内容豐富，極具參考價值，可惜僅是文字録入，契文原貌未能得見，難免美中不足。此外，臨夏州檔案館還將關于廣河縣的民間契約編成了内部刊物《寧定契約輯》，編纂體例和《清河州契約彙編》相同。甘肅人民美術出版社于二〇一五年六月出版的梁永芳主編的《張掖館藏檔案選粹》收録了六份民間契約，内容涉及房屋、土地買賣，起止時間從清康熙五十六年（一七一七年）至民國十九年（一九三〇年），跨度較大，選擇的契約具有典型性。隴南市檔案館于二〇二二年十月編印了范亞娟主編的《隴南契約拾遺》一書，分三部分收録了五十份各類契約，有圖示，亦有録文，雖係内部資料，但在保存原始文獻的同時亦具一定的參考價值。天水市民間契約整理方面有李旭洋二〇二二年的碩士論文《新發現清至民國時期天水地區土地契約的整理與研究》。關于甘肅民間契約的整理與研究的論文，河西學院謝繼忠先生等的關于河西走廊以及臨夏等地民間契約研究的系列論文『民間文書與明清甘肅社會經濟研究』頗有反響。此外，岷縣的張潤平先生，甘肅民族師範學院的田苗老師也都發表過有關甘肅民間契約文書研究的論文。由此可以看出，甘肅關于民間契約文書的整理和研究，近年來也有一定的成果。郝平教授曾説過：

> 多年來中國契約學界或許一直存在一個不大不小的『偏見』，即無論是就區域分布還是總體數量而言，中國南方地區一直保持着某種優勢，學者們圍繞這些契約文書，做了大量的研究工作，也使得研究者心目中對于契約地域分布差异顯著這一印象愈加深刻，解決該問題最直接最有效的辦

法，就是大量發現、搜集、整理中國北方地區的民間契約，在此基礎上開展研究工作。〔一〕

這段話對我們而言既是一種提醒，更是一種指導。甘肅民族師範學院坐落在甘南藏族自治州合作市，屬于歷史上的河洮岷地區。河洮岷作爲歷史地理名詞，其治所、轄境歷代都有變化。概括而言，現在所謂的河洮岷大致包括：甘肅省臨夏回族自治州，甘南藏族自治州，定西市的岷縣、臨洮、渭源，隴南市的西和、禮縣和宕昌一帶，以及青海省湟水下游循化等地區。是以古河州、洮州、岷州爲中心，連接和輻射甘青川諸多區域的多民族聚居區。河洮岷地處青藏高原和黄土高原的接合部，是北方地區通往藏區的門户，歷史上也是中原王朝治理藏區及各民族互相交往、交流、交融的重要通道之一。也是農耕文化、游牧文化、商業文化以及漢、藏、回等多民族文化、中原文化和西域文化、南方文化和北方文化互動共生和交匯融合的地區。這裏是華夏文明重要的發祥地和中華民族重要的交融地，『是我國大西北兼綰甘青川三省邊區的樞紐，是以洮岷爲動脉，東下三隴，南通益州，北控河湟，西蔽河源的要衝』〔二〕。由此可以看出河洮岷重要的地理位置，這也是費孝通稱其爲『隴西走廊』的重要原因，隴西走廊與河西走廊構成『西北民族走廊』，成爲我國西部地區不同地域之間人民互相交往、交流、交融的天然通道。尤其自明代開始，太祖洪武二年（一三六九年），明朝廷命令在洮州、岷州等地屯田，隨之江淮移民大量進入河州、洮州一帶，更是促進了多元文化共生、共存、互動交融。而隨着衛所制度的建立，明朝中央的各項政策措施得以有效施行，它所提供的安全保障制度也使當地人民對國家的認同和歸屬感進一步得到了加强，他們也自然而然地融入了這一系統，理解了『國家』對個體和部落發展的意

〔一〕郝平：小談清代山西民間契約文書的搜集整理［J］．博覽群書，二〇一五（一十一）：一二五．

〔二〕吴均：論明代河洮岷的地位及其三杰［J］．青海民族學院學報（社會科學版），一九八九（〇四）：三五．

義，并在這一區域形成了鮮明的具備中華民族多元一體文化特徵的河洮岷文化。

有關河洮岷地區的歷史文化地域特徵，多民族交融互動，以及法律、民俗等方面的研究，都有一定數量的專著和論文。但在民間契約文書的整理與研究方面尚嫌不足。盡管臨夏檔案館出版了兩本民間契約的著作（編者目前能看到的），但均係録文形式，契約原件未能見到，也未做進一步的研究。此外河西學院的謝繼忠先生的《清代河州水權交易研究——民間文書與明清以來甘肅社會經濟研究之七》（載《邊疆經濟與文化》二〇二二年第九期）一文，選取了從同治六年（一八六七年）至宣統二年（一九一〇年）五份契約文書對同期河州水權交易進行了研究。岷州民間契約文書的研究主要集中在大崇教寺契約的整理上，範圍未免過窄，還不能代表岷州民間契約全貌。洮州民間契約的研究除了田苗老師發表的内容涉及洮州民間契約的三篇論文外，尚未見到其他著述或論文。可見河洮岷民間契約研究还有很大的發展空間，尚待更進一步的研究。

衆所周知，民間契約文書的研究，對該地區區域史、地方經濟史、民俗風情等的研究具有重要的史料價值，爲了進一步拓寬和加深對河洮岷地區的文化研究，甘肅民族師範學院圖書館十分重視對河洮岷地區民間契約文書的收集和整理。近年來，甘肅民族師範學院圖書館加大了對地方特色文獻，包括民間契約文書的采集力度，建立了較完善可行的地方特色文獻采集制度，形成了由劉俊雎、周毛卡、董穎、尕藏吉和楊建華爲主體的穩定的地方特色文獻采集團隊，通過專業館員尋訪、田野調查、特聘顧問傳輸信息，以及定期或不定期與非河洮岷地方文史學者開展交流研討，一但得到可靠的、有價值的地方特色文獻的信息，采集小組便奔赴目的地，凡是有價值的地方特色文獻，自是要想盡辦法，采集到手。片紙隻字，亦是彌足珍貴。討價還價，軟磨硬泡，可謂不達目的，誓不罷休。個中艱辛，自不足與外人道也。這樣經歷了數個寒暑，經過多次現場采集，終于采集到了這些經過修復，現在能够呈現讀者供研究之需、具備確切歸屬性、原發性的河洮岷民間契約文書。當時采集到的民間契約原件，由于時間長，保存條件不理想，相當一部分民間契約文書已經破損嚴重，不堪卒讀，需要經過專業的古籍修復，纔能加以利用。基于此，甘肅民族師範學院圖書館主動聯繫了甘肅省圖書館，承蒙肖學智館長、徐雙定主任和李彬主任的大力支持，圖書館着手對館員進行古籍修復技術的專業培訓，學院圖書館館員李亞莉、田苗、周毛卡和拉瑪扎西老師剋服『新冠病毒』困難，連續數個春秋赴甘肅省圖書館古籍修復中心進行專業的古籍修復技術培訓，學成歸來的他們『邊學習邊輔導、邊采集邊修復』，并參與和指導在館館員逐張逐頁對我們收集到的民間契約進行專業的、細緻的修復。今天《河洮岷民間契約文書輯校》呈現的圖録已經是修復過的了。與此同時，對修復後的民間契約進行圖録整理、語法句讀和文字識別自是全體館員義不容辭的工作，這一方面，幸運的是我們得到了來自相關領域專家學者和工作團隊的鼎力協助。

本書收集了河州民間契約文書二十一份，洮州民間契約文書九十六份，岷州民間契約文書一百三十九份。通過釋讀這些民間契約文書，我們發現它和全國其他地方的民間契約文書無論在格式、内容，乃至語言文字方面，基本上大同小异。這些民間契約文書十分清晰地把當時社會的經濟活動、親族關係、人際交往、習慣秩序、風俗人情呈現出來。從内容上看，我們收集到的這些民間契約文書大多是關于土地買賣的，土地是古代中國最重要的生産資料，土地買賣也是民間經濟活動最重要的部分。比如河州民間契約文書共二十一份，其中關于土地買賣方面的契約文書十四份，占比高達百分之六十七；洮州民間契約文書共九十六份，其中關于土地買賣方面的契約文書共四十八份，占比百分之五十；岷州民間契約文書共一百三十九份，其中關于土地買賣方面的契約文書共八十三份，占比近百分之五十九。需要指出的是，在全部一百四十五份關于土地買賣的契約文書中，多數屬于『典地』類契約，有一百一十一份。這在中國古代是共性的現象。

> 總括上述，典在清代之所以流行，爲廣大群衆所接受，并被法律所接受，都不是偶然的，是和

中國的傳統國情分不開的。在宗法制度與觀念的統治下，子孫以變賣祖宗遺産爲有悖于孝道之舉，這種心態反映了中華民族傳統倫理道德的滲透力與約束力。因此，他們寧肯典産而不賣産，以減輕來自族内的壓力和精神上的負擔。（一）

在河洮岷民間契約文書中，關于土地、房屋地基的買賣中，大多可以看到『先問房親人等，央憑中人問到』或者『日後有房親户内人言説者，一面有賣主承當，不與買家相干』等類似的表述，這體現了傳統社會的親鄰權。親鄰權實質上是田宅等不動産優先購買權，是指田宅在出典、出賣時，一定範圍内的主體在同等條件下，根據不同情况對該田宅享有優先購買或回贖的權利。土地契約文書是田地、房屋等不動産産權交易的原始記録資料，真實記録了民間的交易關係，反映了當地社會的交往以及土地關係。雖然親鄰人購買占極小部分，但賣方在出賣土地時，依舊最先詢問房族親人。中國古代在有關田地租賃等財經事務上，都打上了宗族鄉里的烙印，買賣宅舍，先問族人，後問四鄰，之後纔許衆人購買，體現了鄰里宗親關係的連帶負責制。親鄰優先購買權一方面是受中國傳統社會中宗法觀念的影響，親鄰購買土地在雙方之間構成一種互惠互利的制度，哪怕房族親人不買，也要在契約上注明曾經問詢在先，以免日後被責怪，引起不必要的糾紛；另一方面是由于房屋或田地可能與房族親人的土地相鄰，雙方之間的土地界限較爲模糊，避免日後産生矛盾。這種親鄰優先購買權的普遍存在表現爲對親鄰關係的敬畏，説明該關係在當時的生産、生活中占比較重，是中國傳統社會深厚的血緣與地緣關係的具體表現。我們認爲，這種觀念也包含在中華民族共同體意識之内，是其有效組成部分。同時，土地契約文書中寫明雙方的權利及義務，作爲賣主一般來説要確保土地産權來源的合法性、土地界至（基本上都標明四

（一）張晉藩：清代民法綜論［M］．北京：中國政法大學出版社，一九九八．

至）的明確性以及日後不得與買方索要土地或反悔，作爲土地的買方一般要確定及時交足地價給賣方。清朝政府對民間不動産買賣的管理主要是通過徵收契税的方式來進行的，雖然其出發點在于國家的税賦徵收，但也同時具有對民間的不動産交易契約進行官方確認的功能。在清代初期，官方并没有要求民間訂立不動産買賣契約時使用統一的官方頒印契紙，承認民間自備紙張書立契約的有效性。在契約訂立完畢後，交易雙方衹要到官府繳納契税，粘貼官方契尾、加蓋官府鈐印，買賣契約就獲得了官方的承認。順治四年（一六四七年）規定：『凡買田地房屋，必用契尾，每兩輸銀三分。』[一]更多的是關于對契税數量的分配以及官吏對税銀徵解的要求，這顯然是中國封建國家『治吏思維』在契約規制領域的本能反應。契尾的内容雖因地區不同而略有差异，但一般都包括對契尾印制頒發的説明、契尾的填寫要求、契税的税率、必須交納契税的對象、契尾的收執，以及對買産者不按照國家法律交納契税和經辦胥吏徇私舞弊的處罰警示。契尾的格式基本一致，首先是對國家關于契税徵收的政策法規的宣講，然後是契價和相應的按率折算的契税數目填寫項，交納契税者（買主）的具體住址、姓名以及標的説明（從契尾的格式看，應該是以選擇的方式畫明），最後是交納契税的日期，末尾一般都有頒發契尾機構的戳記和鈐印。不過，到了雍正十三年（一七三五年），剛繼位的乾隆帝發布諭令：『嗣後民間買賣田房，仍照舊例，自行立契，按則納税，地方官不得額外多取絲毫，將契紙契根之法，永行禁止』[二]。光緒二十年（一八九四年）左右，全國各地又開始要求民間訂立買賣契約使用官頒契紙，其目的當然是從契紙的購買中獲得收入。[三]如在清光緒二十一年（一八九五年）漢州胡鄧氏母子杜賣水田房屋官契後附的契尾中規定，『民間置買田宅，有私用白紙立契，匿不投税者；有先用白紙立契，延擱多日，始換契式投税者。此等

（一）吕志興．中國古代不動産優先購買權制度研究［D］．現代法學，二〇〇〇（一）：一二四．
（二）皇朝文獻通考（第三十一卷）［M］．曹仁虎．徵榷考六•雜徵斂，浙江：浙江書局，光緒八年．
（三）孫清玲．略論清代的税契問題［J］．福建師範大學學報（哲學社會科學版），二〇〇三：六．

債契許賣主中證鄉鄰人等稟明查究，扶同詢隱，并究』，『徵收田房税契，須業户親自賚契投税，粘連司印契尾，給發收執者。若業户觀望，雇人代投，致被假印誆騙，照不應重律，杖八十，責令換契重税』。雖然契尾中説『各該鄉約分給契式，不准私取分文。如違，許業户稟究。有寫錯者，仍將原紙交該鄉約繳銷，另換契式填寫』[一]。然而在清光緒二十二年（一八九六年）薊門喬順賣房官契後面的『寫契投税章程』中，也同樣規定『民間嗣後買賣田房必須用司印官紙寫契。違者作爲私契，官不爲據。此項官紙每張應公費製錢一百文嚮房牙買用，該牙行仍按八成繳官，價製錢八十文』，并進一步强調，『民間嗣後買賣田房，如不用司印官紙寫契，設遇舊業東、親族人等告發，驗明原契年月，係在新章以後，并非司印官紙，即將私契塗銷作廢，仍令改寫官紙，并照例追契價一半入官』。不用官印契紙寫立契約不但要『塗銷作廢，仍令改寫官紙』，而且還要『追契價一半入官』。如在當時的江寧，『契紙定價由一百四十文加至一圓之多，再須徵收契尾錢一百四十文，浮收之數尚不在内』[二]。清初對民間不動産契約契税的税率沿襲了明代的規定，一直按照百分之三收取。到清代後期，各地雖没有統一的税率規定，但税率都没有大幅度地提高。至光緒末宣統初年，各個省份自行實施各項改革，在其所制定的關于契税的章程中，無視各地實際的慣例和經濟狀況，『買契之税，有加至四分五厘、五分、六分六厘者』。而原來根本不用繳納契税的典契，也有要求『按買税減半，亦有與買税一律者』[三]。在清光緒二十二年（一八九六年）薊門喬順賣房官契後面的投税章程中則説『民間嗣後買賣田房，其契價作爲百分，納税三分三厘整。譬如契價庫平足銀一百兩，完税三分三厘即庫平足銀三兩三錢。如有以錢立契者，仍照例製錢一千作銀一兩，完税三分三厘。税銀按數交清，總以粘有布政司大印之契尾，用本管州縣騎縫印爲憑。此項契尾公

〔一〕張傳璽．中國歷代契約彙編考釋［M］．北京：北京大學出版社，一九九五：一二八八．
〔二〕上海縣續志［M］．中國方志叢書［C］．華中地方第十四號．
〔三〕劉錦藻．皇朝續文獻通考（第四卷）［M］．徵榷考二十•雜徵，北京：商務印書館，民國四年．

費每張改交庫平足銀三錢。否則係經手人愚弄，應即嚮經手人追問控究』〔一〕。可見至少在光緒二十二年以前，契税的税率已經提高到了三分三厘，而且粘貼的官發契尾也要交費。在民間不動産買賣中，規避繳納契税環節的情形比比皆是。這也是我們在現存契約中能看到大量白契的原因。

本次我們所輯録的兩百五十六份契約文書中，這種情形也是十分明晰的。其中二十一份河州契約文書中，紅契有四份，并且都是賣地契約用紅契，即官方加蓋印信予以承認，但買家肯定是要繳納税金的。這一方面因爲土地買賣對于農民而言，畢竟是事關身家産業的大事，需要有一個可靠的保障。洮州契約文書中有六張紅契，性質相同。但占比最大的岷州民間契約文書没有發現一份紅契，并且土地也絶大多數是以典賣或者典當的形式完成交易。這裏面肯定有深層次的緣由，留待後續的研究者們做深刻的探討。

需要説明的是，民間契約中一般包含一定數量的借貸契約，河洮岷民間契約文書也概莫能外，但它有一種比較獨特的借貸契約，那就是在一定期限内不用付利息的『賒約』，兹引用如下：

光緒八年（一八八二）趙閆僧代立賒錢契約（M049）

立冩（寫）賒约人趙闫僧代，因為使用不足，今賒到趙新成名下，賒淂（得）大乑（錢）壹串八百文整，当日言明月（約）至壹年二月内交清。若违日期，每月照例行息。恐後無凴，立此賒约為據。

光绪八年十二月十一日

立约人：趙闫僧代

〔一〕張傳璽：中國歷代契約彙編考釋［M］．北京：北京大學出版社，一九九五：一四六四．

中人：季道生
遇书人：徐昇

這是一份岷州民間借貸契約文書，但與平時常見的民間借貸契約不同的是：贍約在一定期限内是不用付息錢的，『當日言明約至一年二月内交清。若違日期，每月照例行息』。這樣的契約在岷州契約文書和洮州契約文書裏都能見到，而河州契約文書裏没有看到。查閲國内其他的民間契約資料，類似這種『贍約』的也很少看到。這明顯是一種以信譽擔保，附帶有一定限制的民間自助的民事行爲，它對緩解老百姓暫時的困難有一定幫助，其産生必有特定的社會背景。

河洮岷地區獨特的地理位置和歷史文化，是中華民族多元一體文化的有效組成部分，并且具有一定的代表性。而河洮岷民間契約文書是生活在這塊土地上的人民最真實、最具體的生活狀態的本真記録，它是中華民族多元一體文化形成的基石。整理研究這些民間契約，對繼承和弘揚中華民族傳統優秀文化，增進民族交往、交流、交融，鑄牢中華民族共同體意識，都是一件大有裨益的事情。

編　者

二〇二四年三月六日

主編簡介

劉俊睢，中共黨員，甘肅民族師範學院馬克思主義學院思想政治專業副教授，西北師範大學法學學士，西南大學教育學碩士，現任甘肅民族師範學院圖書館館長、中國古籍保護協會會員、甘肅省圖書館學會理事和甘肅省高等學校圖書館學會常務理事。一九九四年參加工作以來主講的課程有：『馬克思主義基本原理』『中國近現代史綱要』和『民族理論與民族政策』等思想政治理論課程；『政治學原理』和『中國政治思想史』等思想政治教育專業課程；『大學生職業生涯規劃』『就業指導』和『當代中國政治制度』等人文科學素養課程。參與完成了一項甘肅省哲學社科規劃項目、四項甘肅省教育廳科研項目，主持完成了一項中國管理科學研究院教育科學研究所重點課題（二〇二二年）、一項甘肅省教育廳科研課題和一項甘肅民族師範學院院長科研基金課題。公開在國家權威學術期刊《新聞戰綫》和省級以上學術期刊發表教學科研論文二十餘篇，公開出版學術專著一部、主編和參編教材三部。先後榮獲甘肅民族師範學院優秀教師『園丁獎』（二〇〇一年）、甘肅民族師範學院『教學工作先進個人』（二〇〇五年）、甘肅省教育廳甘肅省高校思想政治理論課『精彩一課』獎（二〇一〇年）、中國共産黨甘南藏族自治州委員會（後簡稱『中共甘南州委』）『全州思想政治工作先進個人』（二〇一一年）、中共甘南州委『優秀共産黨員』（二〇一一年）、甘肅民族師範學院『教學優秀』獎（二〇一一年）、中共甘南州委、州政府『民族團結進步模範個人』（二〇一三年）、甘肅省哲學學會論文一等獎（二〇一八年），甘肅民族師範學院新聞宣傳工作先進個人（二〇二三年）和甘肅省文化和旅游廳『甘肅省第六届圖書館學情報學學術成果評獎』三等獎（二〇二三年）等榮譽稱號和獎項。二〇一二年甘肅省高校思想政治理論課『精品課』『中國近現代史綱要』課程組成員、二〇一三年甘肅民族師範學院校級『優秀課程』『政治學原理』

課程負責人、二〇一六年甘肅省教育廳創新創業教學改革一般項目成員和二〇二三年甘肅民族師範學院校長科研基金學術著作『甘肅民族師範學院館藏河洮岷民間契約圖録』項目負責人。

目録

上編　河州民間契約文書

中編　洮州民間契約文書

下編　岷州民間契約文書

上編　河州民間契約文書

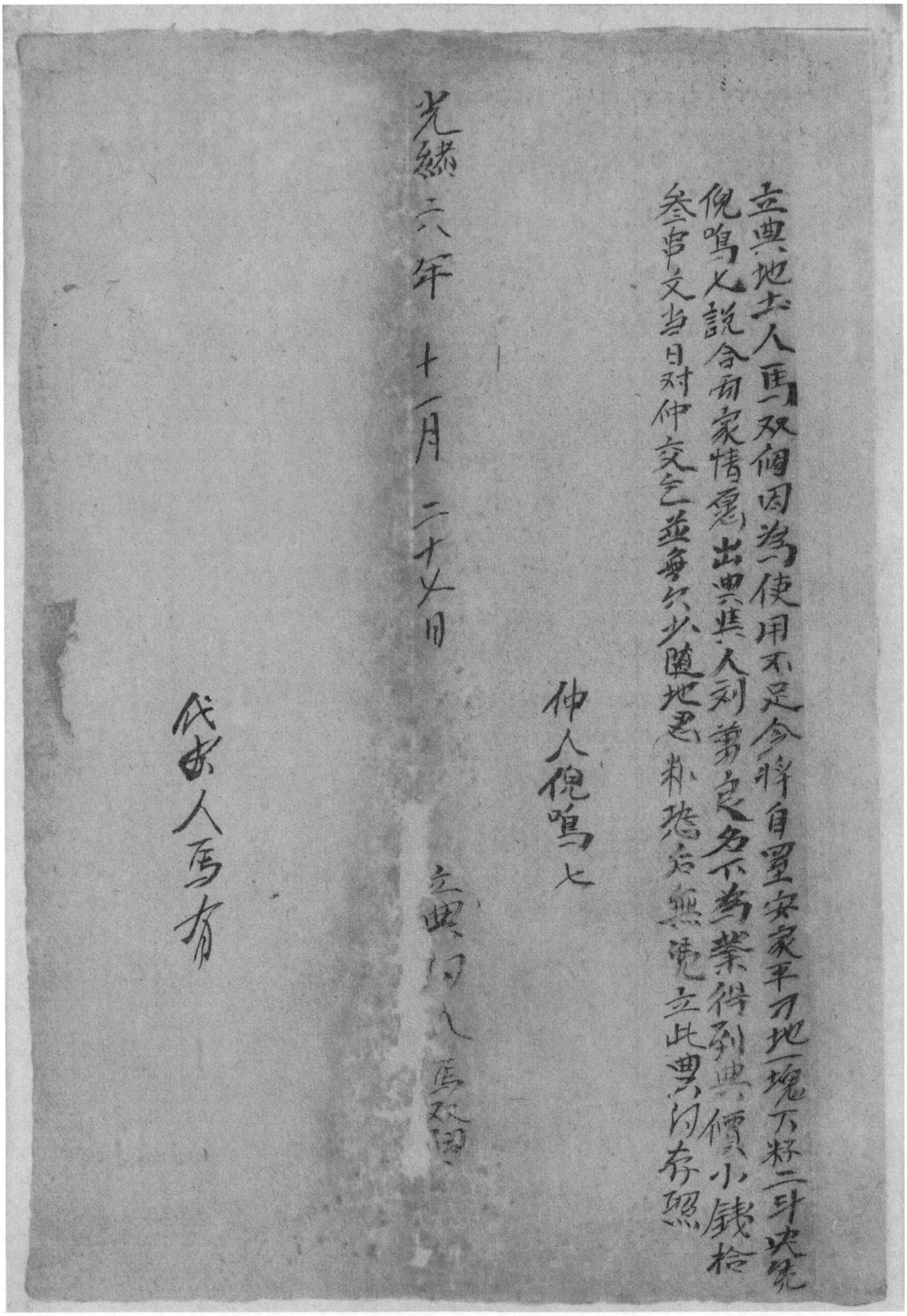

立典地土人馬双個因為使用不足今將自置安家平刀地一塊下籽二斗央兇
倪鳴七說合兩家情愿出典與人刘萬良名下為業得到典價小錢拾
叁串文当日对仲交乞並無欠少随地畏粮恐后無凭立此典约存照

仲人倪鳴七

立典约人馬双個

光緒二八年十一月二十七日

代书人馬有

光緒六年（一八八〇）馬雙個立典地契約（H001）

立典地圡（土）人馬双個，因為使用不足，今将（將）自罜（置）安家平（坪）刁（吊）地一塊，下籽二斗，央凭倪鳴七説合，両（兩）家情愿出典與人刘萬良名下為業，得到典價小銭（錢）拾叁串文，当日对仲（中）交乞（訖），並無欠少，随地忍（認）粁（糧），恐后無凴，立此典约存照。

光緒六年十一月二十七日

立典约人：馬双個

仲（中）人：倪鳴七

代書人：馬有

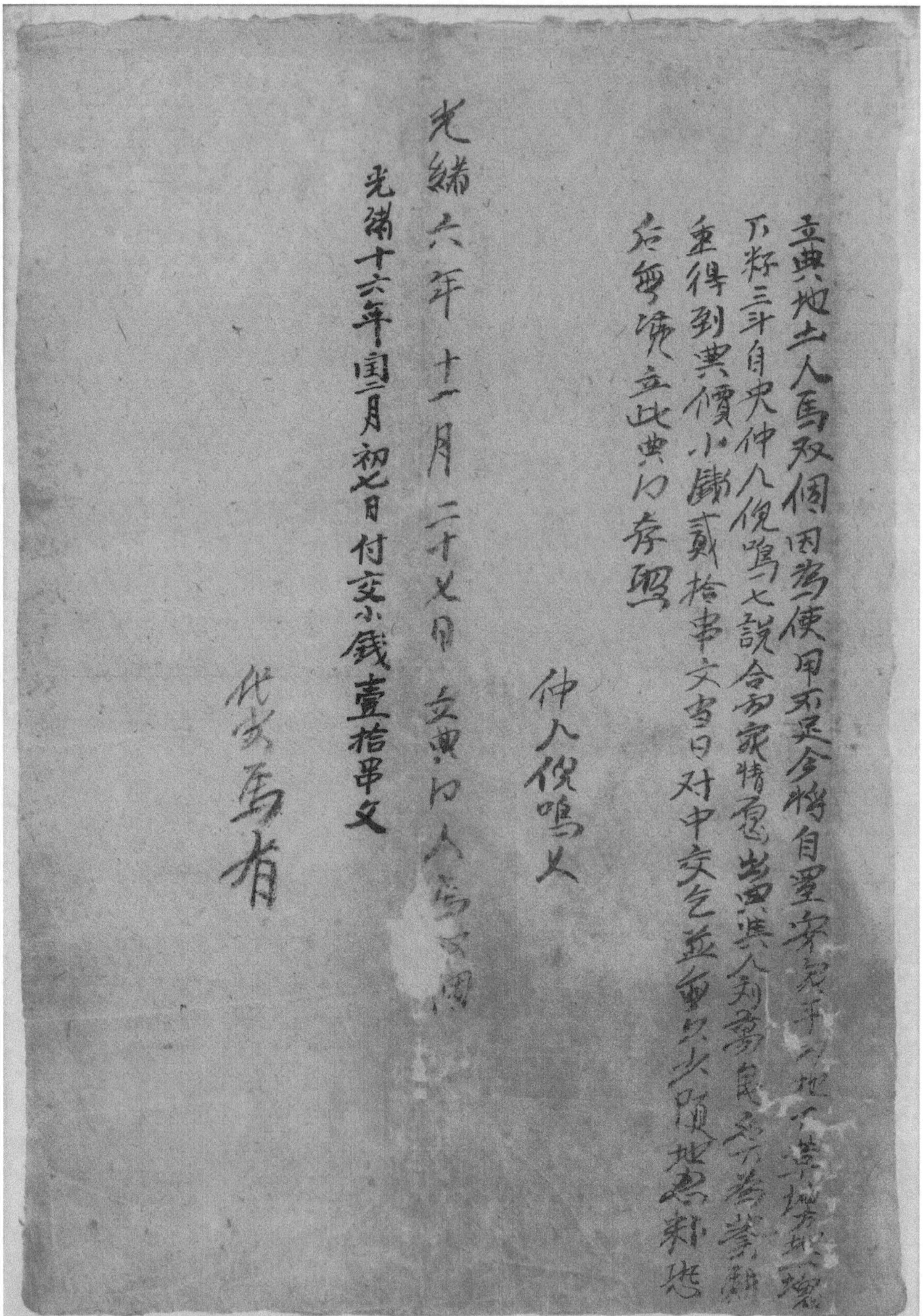
立典地土人馬双個因為使用不足今將自置家宅平川地一塊坐落
下籽三斗自央仲人倪鳴七說合兩家情愿出典與人馬富良名下為業耕種
垂得到典價小錢貳拾串文當日對中交乞並無欠少隨地粮草
後無憑立此典約存照

仲人倪鳴七

光緒六年十一月二十七日　立典約人馬双個

光緒十六年閏二月初七日付交小錢壹拾串文

代字馬有

光緒六年（一八八〇）馬雙個立典地契約（H002）

立典地玉（土）人馬双個，因為使用不足，今将（將）自罜（置）安家平（坪）刁（吊）地下䓍（堦）塄地一塊，下籽三斗，自央仲（中）人倪鳴七説合，两家情愿出典與人刘萬良名下為業耕重（種），得到典價小錢（錢）貳拾串文，当日对中交乞（訖），並無欠少，随地忍（認）粁（糧），恐后無凴，立此典约存照。

光緒六年十一月二十七日

光緒十六年闰二月初七日付交小錢（錢）壹拾串文

立典约人：馬双個

仲（中）人：倪鳴七

代　　书：馬有

立賣地土文約人馬穆客因爲使用不足今將自真洪灰上下地一塊
籽籽二斗自出頭下地一塊籽籽五升四至分明合與中人閔覓個馬問參
議合兩誤請原出賣于閔有四畫名下爲業耕種修利
價大錢一十二串當中當日交乞無欠交出每居入一斗五升
恐后無憑立賣約存照

中人　閔覓個
　　　馬問參

光緒卅年十月廿八日

親房馬　二个

代书倪興顯

光緒九年（一八八三）馬拜客立賣地契約（H003）

立賣地圡（土）文约人馬拜客，因為使用不足，今将（將）自真（置）沙麻里下地一塊，粭（下）籽二斗。白岩頭下地一塊，粭（下）籽五扸（升），四至分明。今央中人闵克佪、馬问喜说合，两diao（家）请（情）愿出買（賣）于閔有四書名下為業耕種，德（得）到買（賣）價大糹（錢）一十二伂（串），兑中当日交乞（訖），並無欠少，出（輸）倉入一斗五扸（升），恐后無凴，立賣约存照。

光緒玖年十月廿一日

中人：閔克佪　馬問喜

親房：馬□□　馬二个

代书：倪㒷（興）旺

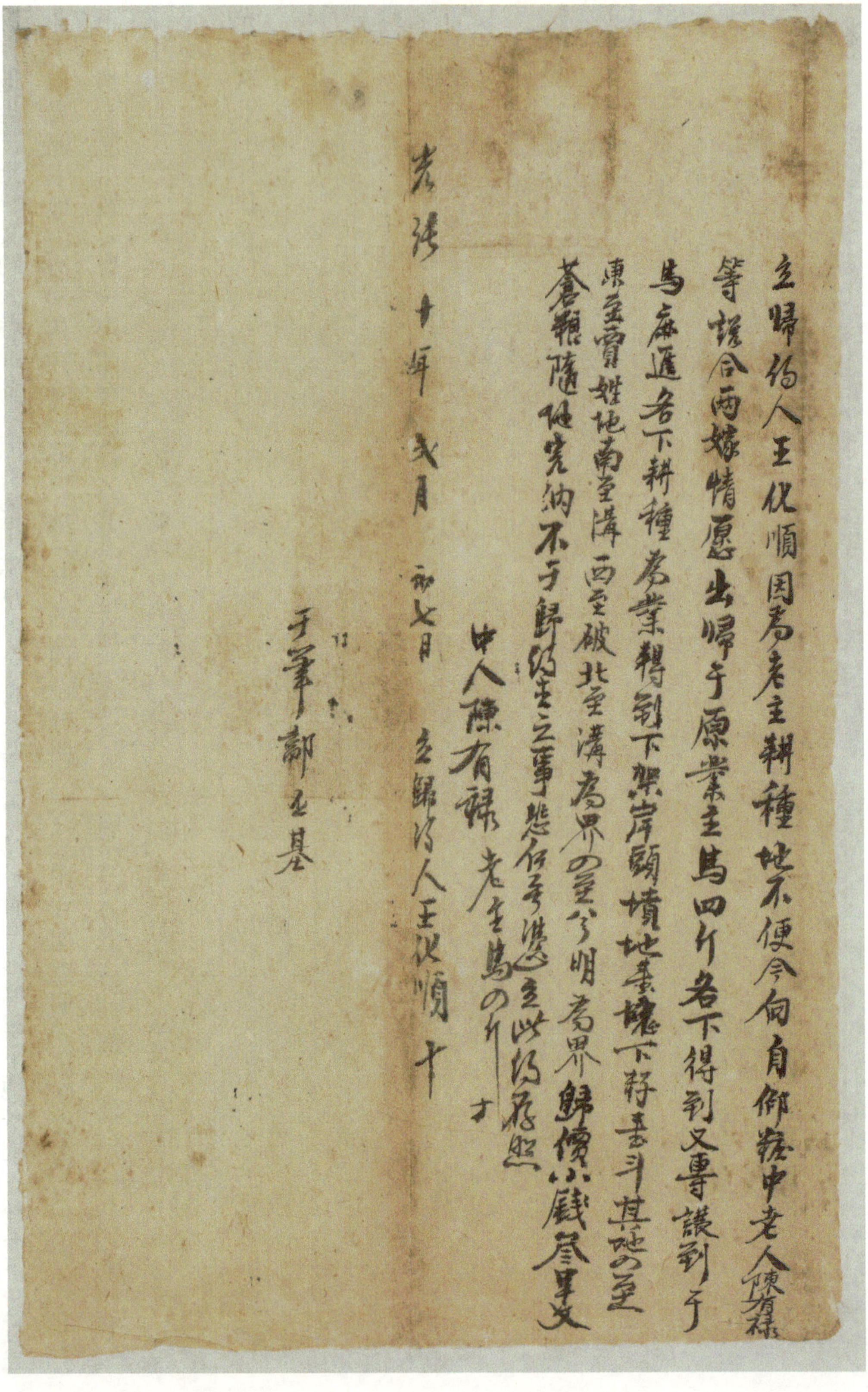

立歸約人王化順因爲老主耕種地不便今向自仰莊中老人陳有禄
等説合兩嫁情愿出歸于原業主馬四十名下得到文專讓到于
馬麻進名下耕種爲業耕到下架岸頭墳地壹塊下籽壹斗其地四至
東至賈姓地南至溝西至破北至溝爲界四至分明爲界歸價小錢叁千文
差糧隨地完納不于歸約主之事恐後無憑立此約存照
中人陳有禄　老主馬四十　十
光緒十年　弍月　初七日　立歸約人王化順　十
于筆　鄒玉基

光緒十年（一八八四）王化順立歸地契約（H004）

立帰（歸）约人王化順，因為老主耕種地不便，今向自仰（央）粧（莊）中老人陳有禄等説合，两嫁（家）情愿出帰（歸）于原業主馬四斤名下，得到又専（轉）讓到于馬麻進名下耕種為業，得到下架岸頭墳地壹塊，下籽壹斗。其地四至，東至賈姓地，南至溝，西至破（坡），北至溝為界，四至分明為界。歸價小錢（錢）叁串文，蒼（倉）粮隨地凭纳，不于（與）歸约主之事，恐后無憑，立此约存照。

光绪十年弍月初七日

立歸约人：王化順（畫押）
中　　人：陳有禄
老　　主：馬四斤（畫押）
于（遇）筆：郭丕基

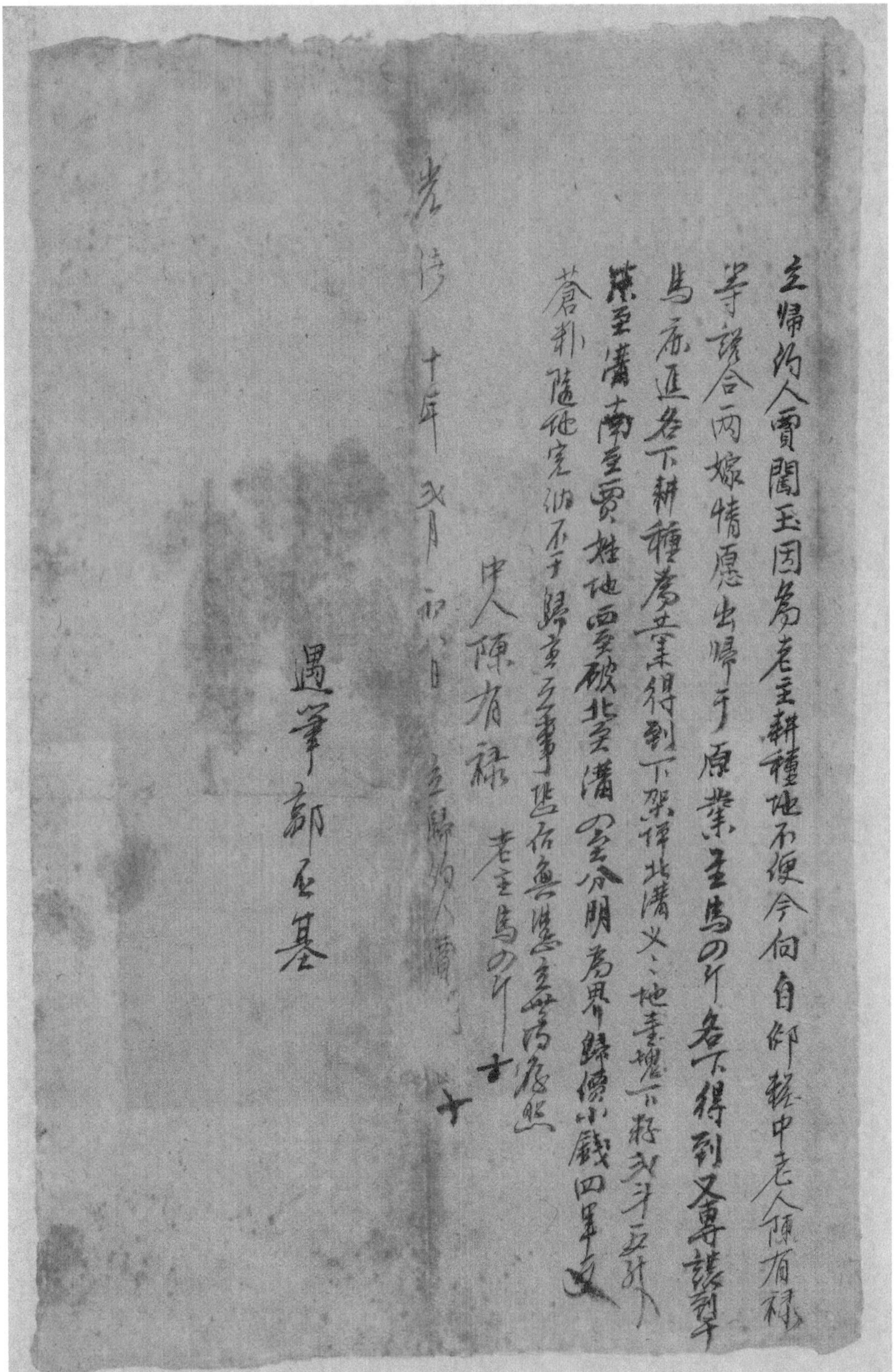

立歸約人賈閏玉因為老主耕種地不便今向自仰經中老人陳有祿

等說合兩家情愿出歸于原業主馬四斤名下得到又尊議早

馬麻匠名下耕種為業得到下架坪北溝乂乂地壹塊下籽弍斗五升

東至溝南至賈姓地西至破北至溝四至分明為界歸價小錢四串文

蒼非隨地完納不干歸主之事恐后無憑立字為照

中人陳有祿　老主馬四斤　十

光緒十年戊月初八日　立歸約人賈閏玉　十

過筆郭玉基

光緒十年（一八八四）賈闖玉立歸地契約（H005）

立帰（歸）约人賈闖玉，因為老主耕種地不便，今向自仰（央）粧（莊）中老人陳有禄等説合，两嫁（家）情愿出帰（歸）于原業主馬四斤名下，得到又専（轉）讓到于馬麻進名下耕種為業，得到下架坪北溝叉叉地壹塊，下籽弍斗五升（升）。東至溝，南至贾姓地，西至破（坡），北至溝，四至分明為界。歸價小銭（錢）四串文。蒼（倉）籵（糧）隨地完纳，不于（與）歸主之事。恐后無憑，立此约存照。

光緒十年弍月初八日

立歸约人：賈【闖】【玉】（畫押）
中　人：陳有禄
老　主：馬四斤（畫押）
遇　筆：郭丕基

立賣地土文約人馬成龍因為使用不足，今將自置汰麻里安家坪田地一塊，下籽三斗，除軍儒一斗五升。東至本主地，南至立路為界，西至趙姓地為界，北至大𡋯塄為界，四至分明。今央仲人閔克舟、馬国喜説合，兩家情愿出賣與閔有訢伏名下為業耕種。買價大錢壹拾捌串文整，當日付仲交乞，併無欠夫。隨地忠粮上納，不于賣主事。恐後無憑，立約存照。

仲人 閔克舟 包英伏 馬国喜 画字大錢每名一百文

立約人 馬成龍 十

親房 馬眾全 馬眾国喜 馬木酒 馬国喜 馬阿里 画字每名一百大

光緒十年 七月二十四日

過書 甘玉泉

光緒十年（一八八四）馬成龍立賣地契約（H006）

立賣地圡（土）文約人馬成龍，因為使用不足，今将（將）自置沙麻里安家坪田地一塊，下籽三斗，除軍儒（需）一斗五升（升），東至本主地，南至立路為界，西至趙姓地為界，北至大堦塄為界，四至分明。今央仲（中）人闵克竒（奇）、馬闰喜說合，两家情愿出賣與閔有訴伏名下為業耕種。買價大錢（錢）壹拾捌串文整。仝（同）日对仲（中）交乞（訖），併無欠少，隨地忍（認）粁（糧）上納，不于（與）賣主事。恐後無凴，立约存照。

光緒十年七月二十四日

立　約　人：馬成龍（畫押）
仲（中）人：閔克竒（奇）
　　　　　　包英伏
　　　　　　馬闰喜
　　　　　　画字大錢（錢）每名一百文
親　　房：馬尕全
　　　　　　馬尕闰喜
　　　　　　馬木洒
　　　　　　馬闰喜
　　　　　　馬阿里
　　　　　　画字每名一百文
遇　　書：甘玉泉

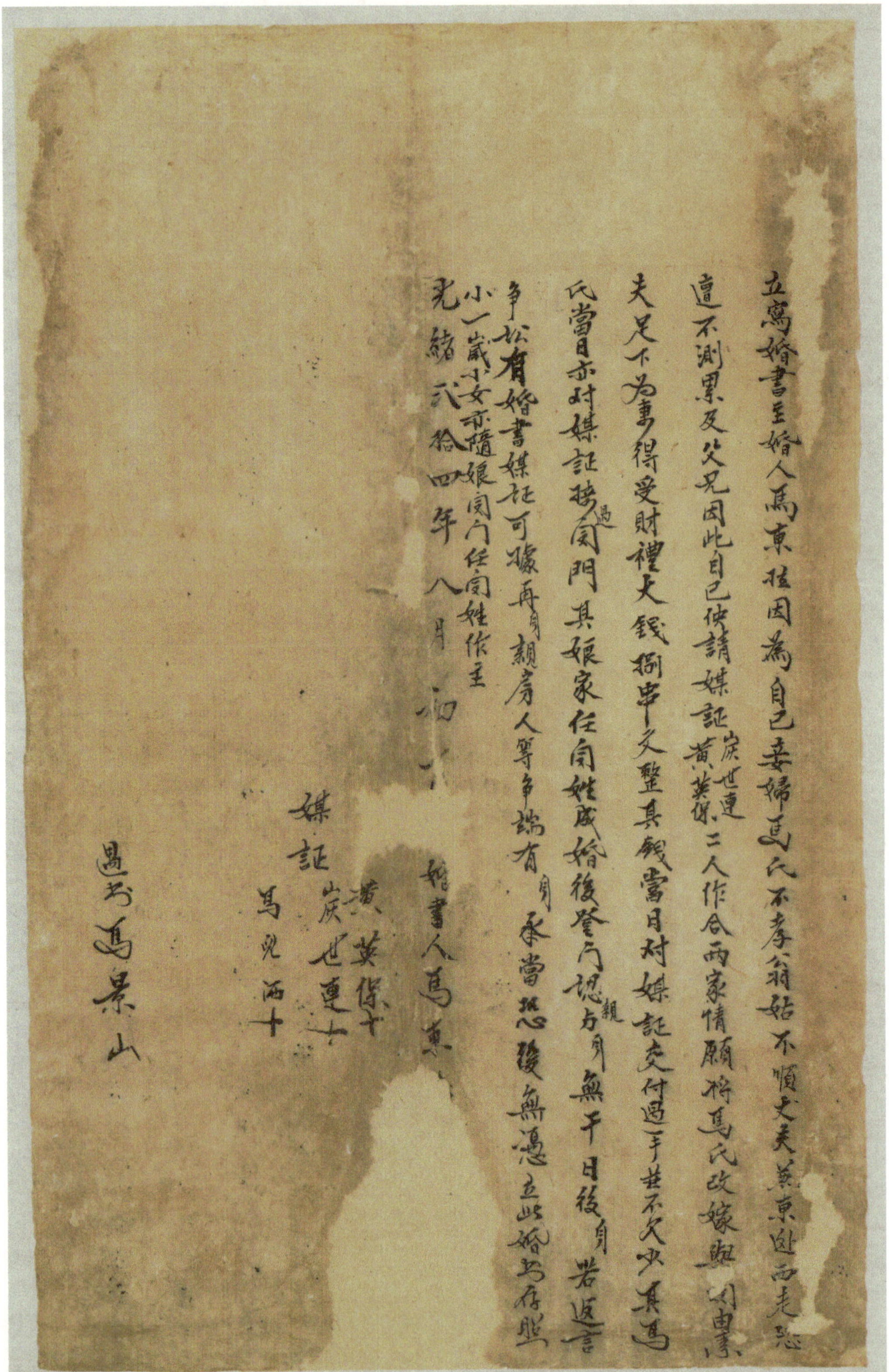
立寫婚書主婚人馬東林因為自己妻婦馬氏不孝翁姑不順丈夫萬東出西走恐
遭不測累及父兄因此自己使請媒証黃英保炭世連二人作合兩家情願將馬氏改嫁與□由潔
夫足下為妻得受財禮大錢捌串文整其錢當日對媒証交付過手并不欠少其馬
氏當日亦對媒証接過門其娘家任向姓成婚後登門認親方無干日後若返言
爭訟有婚書媒証可據再有親房人等爭端有承當悲後無憑立此婚書存照
小一歲小女亦隨娘同門任向姓作主
光緒弍拾四年八月初十
婚書人馬東林
媒証 黃英保十 炭世連十
馬兆酒十
過書 馬景山

光緒二十四年（一八九八）馬東拉立婚書契約（H007）

立寫婚書，主婚人馬東拉，因為自己妾婦馬氏不孝翁姑，不順丈（丈）夫，兼東遊西走，恐遭不測，累及父兄，因此自己倎（央）請媒証（證）炭世連、黄英保二人作合，两家情願将（將）馬氏改嫁與闵由素夫足下为妻，得受財禮大錢（錢）捌串文整。其錢（錢）當日对媒証（證）交付過手，並不欠少。其馬氏當日亦对媒証（證）接過闵門，其娘家任闵姓成婚後登门認親，与身無干。日後身若返（反）言争讼，有婚書媒证可據。再身親房人等争端有身承當，恐後無憑，立此婚书存照。小一歲小女亦随娘闵门任闵姓作主。

光緒弍拾四年八月初一日

【立】婚書人：馬東【拉】

媒証（證）：黄英保（畫押）

炭世連（畫押）

馬兒洒（畫押）

遇书：馬景山

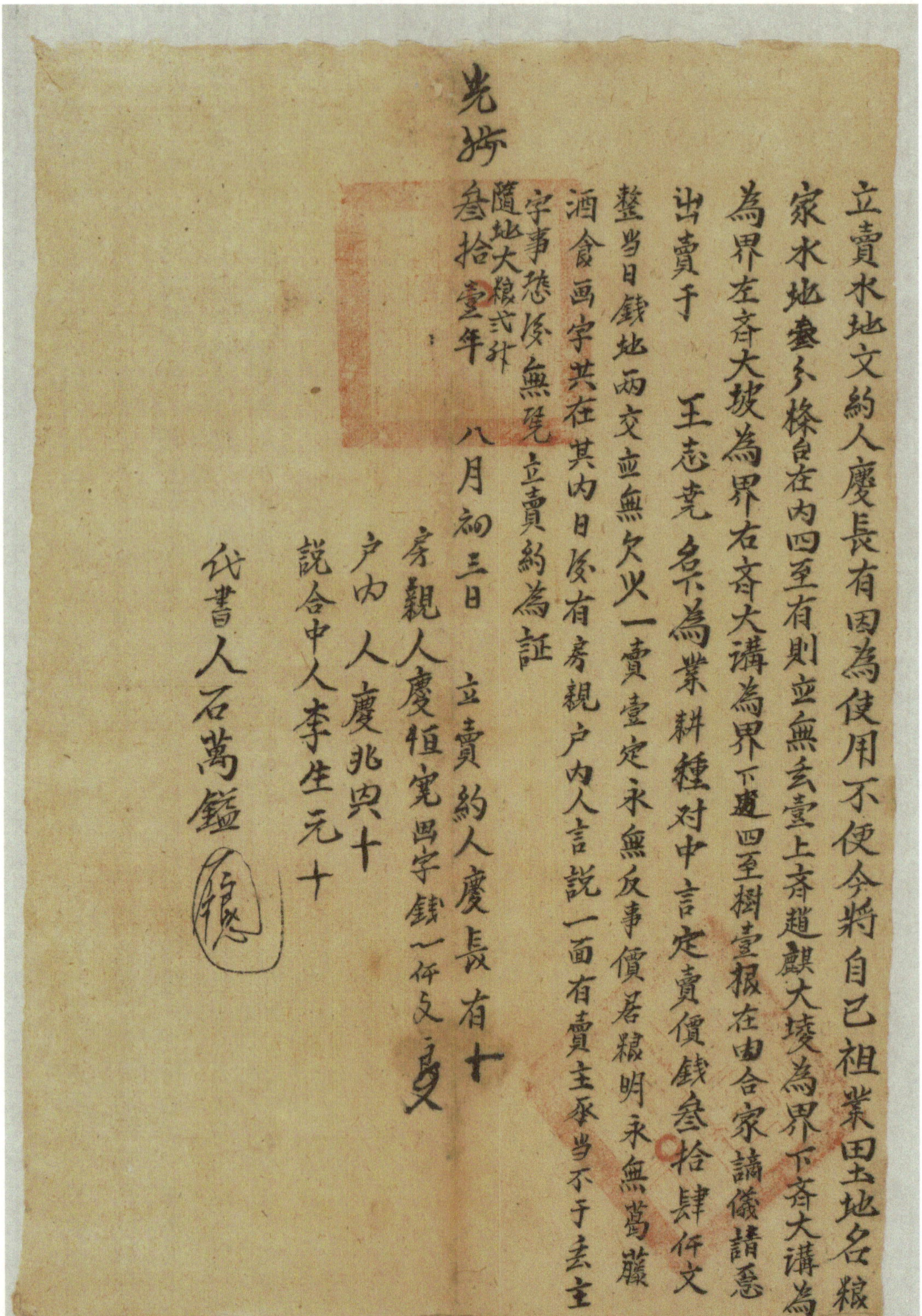

立賣水地文約人慶長有因為使用不便今將自己祖業田圡地名粮
家水地叁乡條台在内四至有則並無丢壹上齊趙麒大墺為界下齊大溝為
為界左齊大坡為界右齊大溝為界下邊四至樹壹根在内合家請儀請憑
出賣于　王志堯　名下為業耕種对中言定賣價錢叁拾肆仟文
整当日錢地兩交並無欠少一賣壹定永無反事價居粮明永無葛藤
酒食畫字共在其内日後有房親户内人言說一面有賣主承当不于丢主
字事恐後無凭立賣約為証
隨地大粮弍升
光緒叁拾壹年　八月初三日　立賣約人慶長有十
房親人慶恒寬畫字錢一仟文
户内人慶兆與十
說合中人李生元十
代書人石萬鎰

光緒三十一年（一九〇五）慶長有立賣水地契約（H008）

立賣水地文約人慶長有，因為使用不便，今将（將）自己祖業田圡（土）地名粮家水地叁分，梌（条）台在內，四至有則，並無丢壹（遺）。上斉（齊）趙麒大坡為界，下斉（齊）大溝為界，左斉（齊）大坡為界，右斉（齊）大溝為界，下邊四至。樹壹根在內。合家讁（商）儀（議），請（情）愿出賣于王志尭（尧）名下為業耕種，对中言定，賣價銭（錢）叁拾肆仟文整，当日銭（錢）地两交，並無欠少，一賣壹定，永無反事，價居粮明，永無葛藤，酒食画字共在其內。日後有房親户内人言說，一面有賣主承当，不于（與）丢（留）主字（之）事，恐後無凭，立賣約為証（證）。

隨地大粮式升（升）。

光緒叁拾壹年八月初三日

立賣約人：慶長有（畫押）
房親人：慶恒宽　画字銭（錢）一仟文（畫押）
户内人：慶兆兴（興）（畫押）
説合中人：李生元（畫押）
代書人：石萬鎰（畫押）

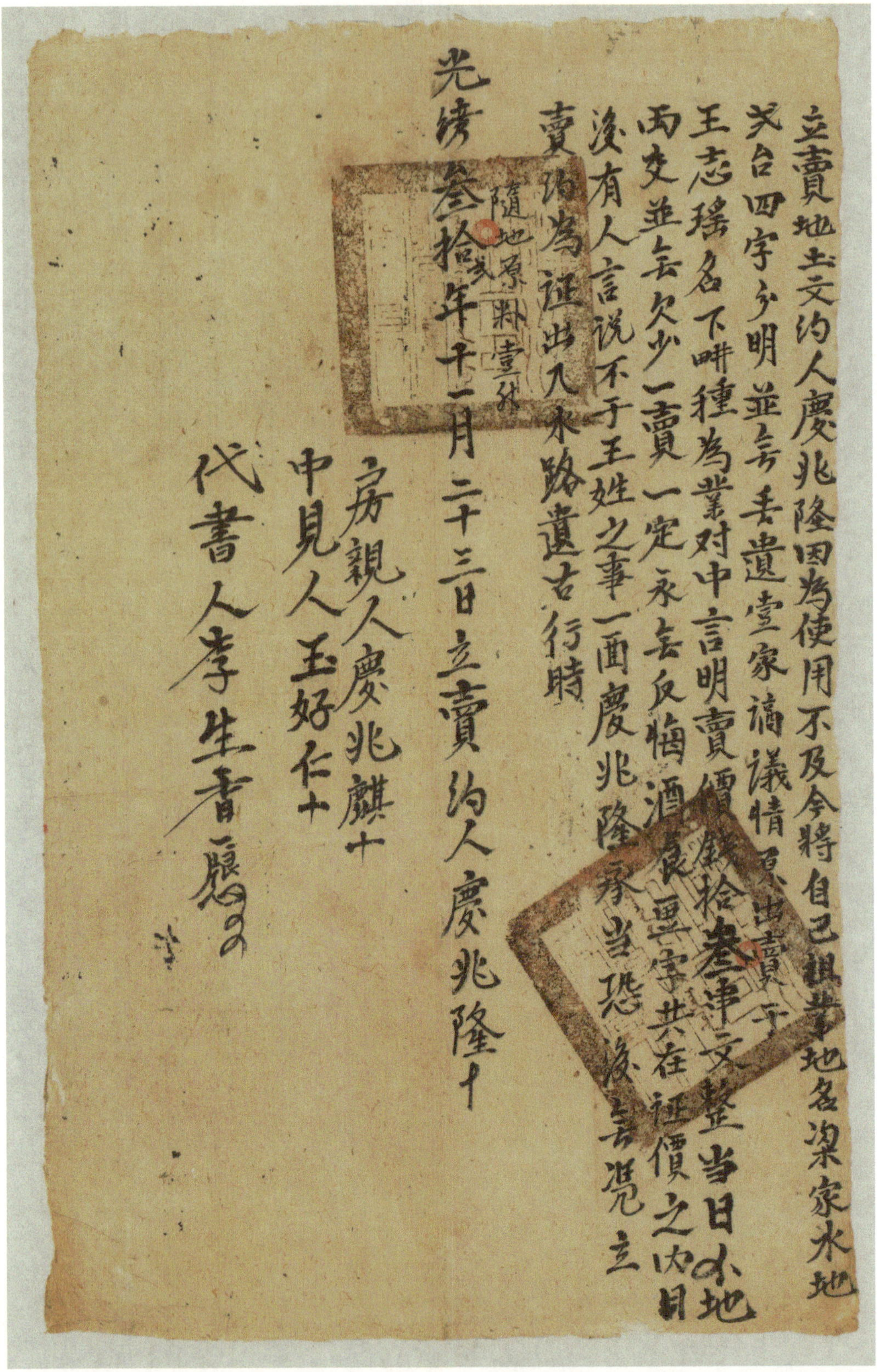

立賣地土文約人慶兆隆因為使用不及今將自己祖業地名梁家水地
叁台四字分明並無丟遺壹家商議情愿出賣于
王志瑶名下耕種為業对中言明賣價錢拾叁串文整当日交地
两交並無欠少一賣一定永無反悔酒食画字共在価之内日
後有人言説不于王姓之事一面慶兆隆承当恐後無凴立
賣约為証出入水路遺古行時

隨地原契壹張

光緒叁拾年十一月二十三日立賣约人慶兆隆十

房親人慶兆麒十

中見人王好仁十

代書人李生青

光緒三十二年（一九〇六）慶兆隆立賣地契約（H009）

立賣地玄（土）文约人慶兆隆，因為使用不及，今將自己祖業地名梁家水地弍台，四字（至）分明，並無丢遺，壹家谪（商）議（議），情原（願）出賣于王志瑶名下畊種為業，对中言明賣價錢（錢）拾叁串文整，当日钅（錢）地両（兩）交，並無欠少，一賣一定，永無反悔，酒食豆（畫）字共在证（正）價之内。日後有人言说，不于（與）王姓之事，一面慶兆隆承当，恐後無凴，立賣约為证，出入水路，遺（依）古行時（事）。

隨地原粁（糧）壹升（升）。

光绪叁拾弍年十一月二十三日

立賣约人：慶兆隆（畫押）
房　親　人：慶兆麒（畫押）
中　見　人：王好仁（畫押）
代　書　人：李生香（畫押）

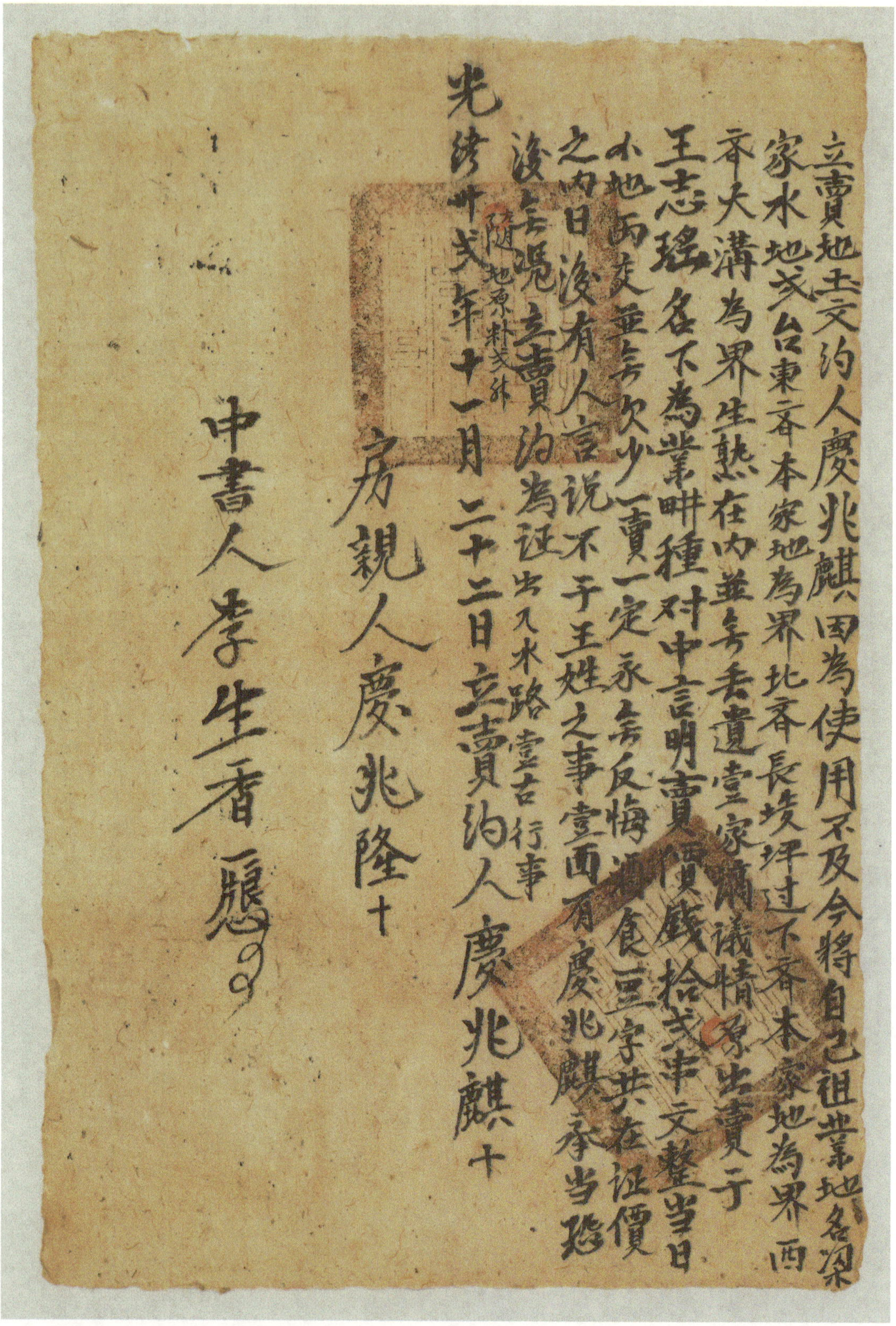

立賣地土文約人慶兆麒，因為使用不及，今將自己祖業地名梁家水地弍台，東至本家地為界，北至長埂坪过不至本家地為界，西至大溝為界，生熟在内，並無丢遺，壹家商議情愿出賣于王志瑶名下為業耕種，对中言明賣價錢拾弍串文整，当日小地两交，並無欠少，一賣一定，永無反悔，過食豆字共在証價之内，日後有人言說，不干王姓之事，壹面有慶兆麒承当，恐後無憑，立賣約為証。出入水路壹古行事

随地原粮弍升

光緒廿弍年十一月二十二日立賣約人慶兆麒 十

房親人慶兆隆 十

中書人李生香應

光緒三十二年（一九〇六）慶兆麒立賣地契約（H010）

立賣地圡（土）文约人慶兆麒，因為使用不及，今將自己祖業地名梁家水地弍台，東斉（齊）本家地為界；北斉（齊）長埈坪过【爲】【界】；下斉（齊）本家地為界；西斉（齊）大溝為界。生熟在内，並無丢遺。壹家谪（商）議（議），情原（願）出賣于王志瑶名下為業畊種，对中言明賣價銭（錢）拾弍串文整。当日𠬪（錢）地両（兩）交，並無欠少，一賣一定，永無反悔，酒食豆（畫）字共在证（正）價之内。日後有人言说，不于（與）王姓之事，壹面有慶兆麒承当。恐後無凴，立賣约為证。出入水路，壹（依）古行事。

隨地原粆（糧）弍𣁽（升）。

光绪卅弍年十一月二十二日

立賣约人：慶兆麒（畫押）

房親人：慶兆隆（畫押）

中書人：李生香（畫押）

立賣水磨人楊云子 裴哎七 裴文秀裴家磨盤潘田爲路城吊遠賣于
閔鬍玉素伏名下爲業上下正去仲人説合兩家情愿裴二斤二賣價大錢弍拾七串文此仲
文情酒飯畫字一並在内恐後無憑立此賣約存照

仲人 裴二斤二畫字叁佰文
馬萬力 二佰文 裴四九 弍佰文
見人 馬双喜 太太叁佰文 裴三三
馬阿布都 二佰 親房裴
閔鬍哎個 二佰文 裴七七
楊

裴文秀 十
楊云子 十
裴哎七 ×

民國二年十一月二十七日

清筆 裴文秀

民國二年（一九一三）楊雲子等立賣水磨契約（H011）

立賣水磨人楊云子、裴咬七、裴文秀，裴家磨盤板潘科子一連，因為路城（程）吊遠，賣于閔玉索伏名下為業，上下正去仲（中）人説合，两家情愿，裴二斤二賣價大錢（錢）弍拾七串文，兑（對）仲（中）交情（清），酒飯画字一並在內，恐後無憑，立此賣約存照。

民國二年十一月二十七日

【立約人】：裴文秀（畫押）
楊云子（畫押）
裴咬七（畫押）
仲（中）人：裴二斤二 画字叁佰文
馬萬力【畫字】二佰文
見　　人：馬双喜 大糸（錢）叁佰文
馬阿布都 二佰文
閔咬個 二佰文
親　　房：裴四九 弍佰文
裴三□
裴
裴□
楊
清（親）筆：裴文秀

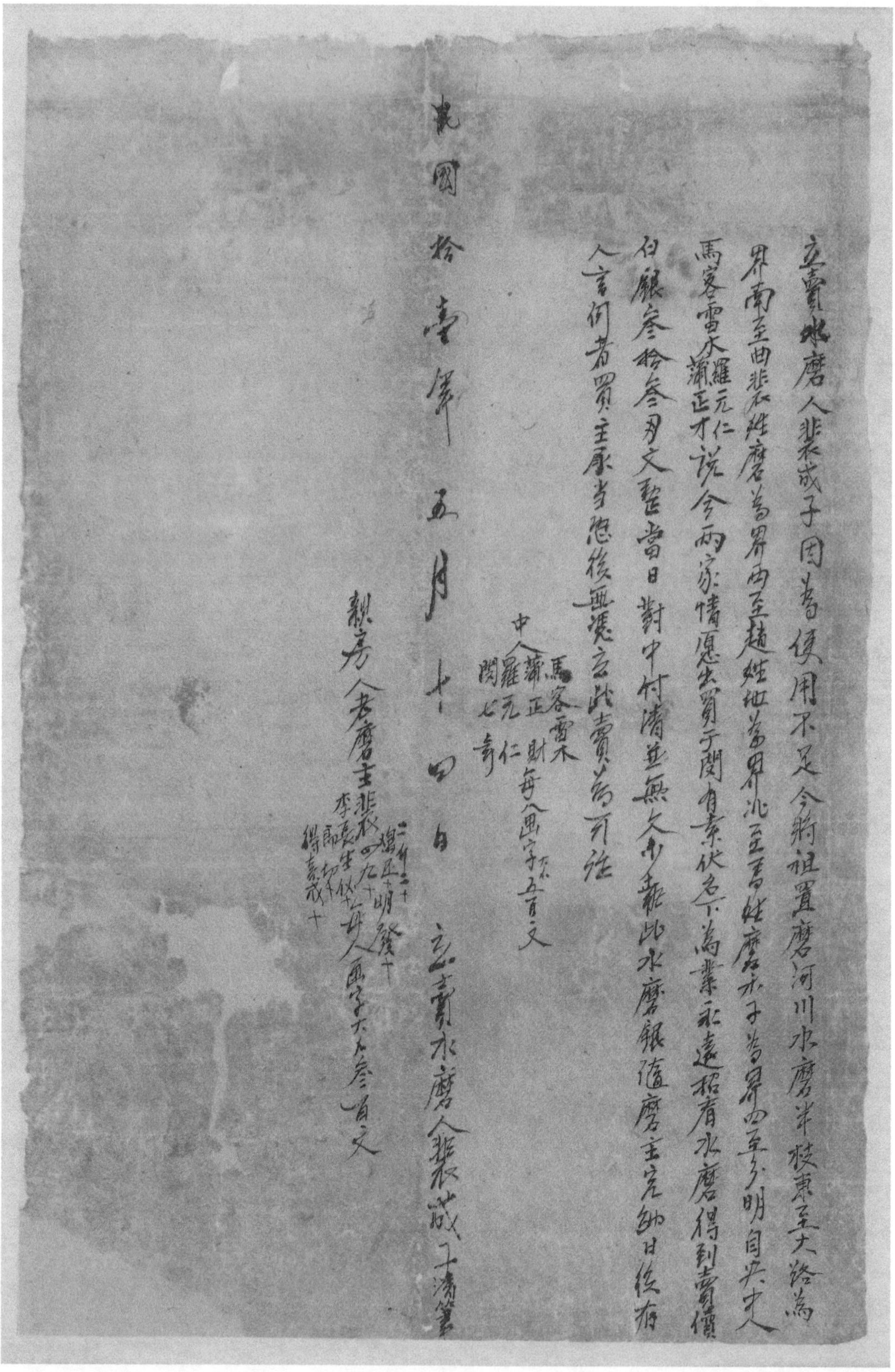

立賣水磨人裴成子，因為使用不足，今將祖置磨河川水磨半校，東至大路為界，南至曲裴姓磨為界，西至趙姓地為界，北至馬姓磨水子為界，四至分明。自央中人馬客雷、羅元仁、蒲正才説合，兩家情愿出賣于閔有業伏名下為業，永遠招有水磨，得到賣價白銀叁拾叁兩文整，當日對中付清，並無欠少。此水磨銀隨磨主完納，日後有人言何者，買主承当。恐後無憑，立此賣約為証。

中人　馬客雷十　蒲正財　羅元仁　閔七斤　每人画字大小五百文

親房人　老磨主裴成　裴九十　二爺二十　煌匠十　明發十　李長生　郎坪　喜成十　每人画字大小叁佰文

民國拾壹年五月十四日　立賣水磨人裴成子清筆

民國十一年（一九二二）裴成子立賣水磨契約（H012）

立賣水磨人裴成子，因為使用不足，今將祖置磨河川水磨半枝（支），東至大路為界，南至曲裴姓磨為界，西至趙姓地為界，北至馬姓磨禾子為界，四至分明。自央中人馬客雷木、羅元仁、蒲正才说合，两家情愿出買（賣）于閔有素伏名下為業，永遠招（照）看水磨，得到賣價白銀叁拾叁刄（兩）文整。當日對中付清並無欠少，執此水磨銀隨磨主完納。日後有人言问者，買（賣）主承当。恐後無凴，立此賣【約】為可证。

民國拾壹年五月十四日

立賣水磨人：裴成子　清（親）筆

中　　人：馬客雷木

蒲正財

羅元仁

閔七奇（奇）

每人画字大糸（錢）五百文

親房人、老磨主：【裴】二斤二（畫押）

【裴】鴪还（畫押）明發（畫押）

【裴】四九（畫押）

李長生代（畫押）

【李】郎切（畫押）

【李】得喜成（畫押）

每人画字大糸（錢）叁百文

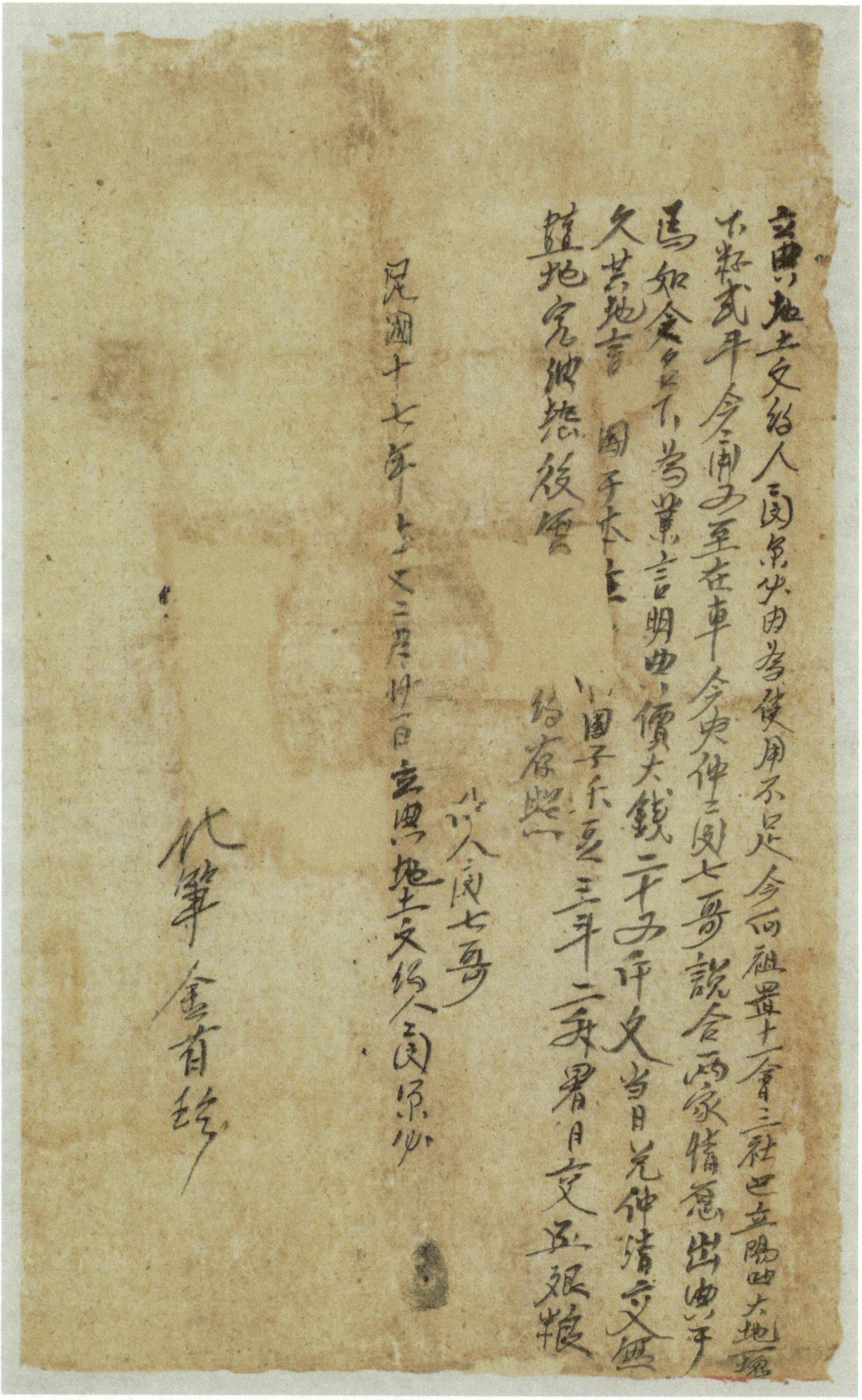
立典地土文約人閔泉山，由為使用不足，今將祖置十會三社巴立陽山大地一塊
下籽貳斗，今開子至在車，今央仲人閔七哥說合兩家情愿出典于
馬如金名下為業，言明典價大錢二千五百文，當日兌仲清交，文無
欠，其地言明國手本主，國子千五三年二冬月交還銀糧
證地完納，恐後無憑，約存照。
民國十七年十二月廿一日　立典地土文約人閔泉山
中人閔七哥
代筆　金有銘

民國十七年（一九二八）閔尕必立典地契約（H013）

立典地土文约人闵尕必，因為使用不足，今向祖置十一會三社巴立陽凹大地一塊，下籽弍斗，今開四至在車。今央仲（中）【人】闵七哥説合，两家情愿出典于馬如令名下為業，言明典價大錢（錢）二十四仟文，当日兑（對）仲（中）清交無欠，其地言□團（园）子本主□□□團（园）子禾豆三斗二升（升），暑月交还，銀粮隨地完納，恐後無【憑】，【立】【此】约存照。

立典地土文约人：闵尕必

仲（中）人：闵七哥

代筆：金有珍

民國十七年□又二月廿一日

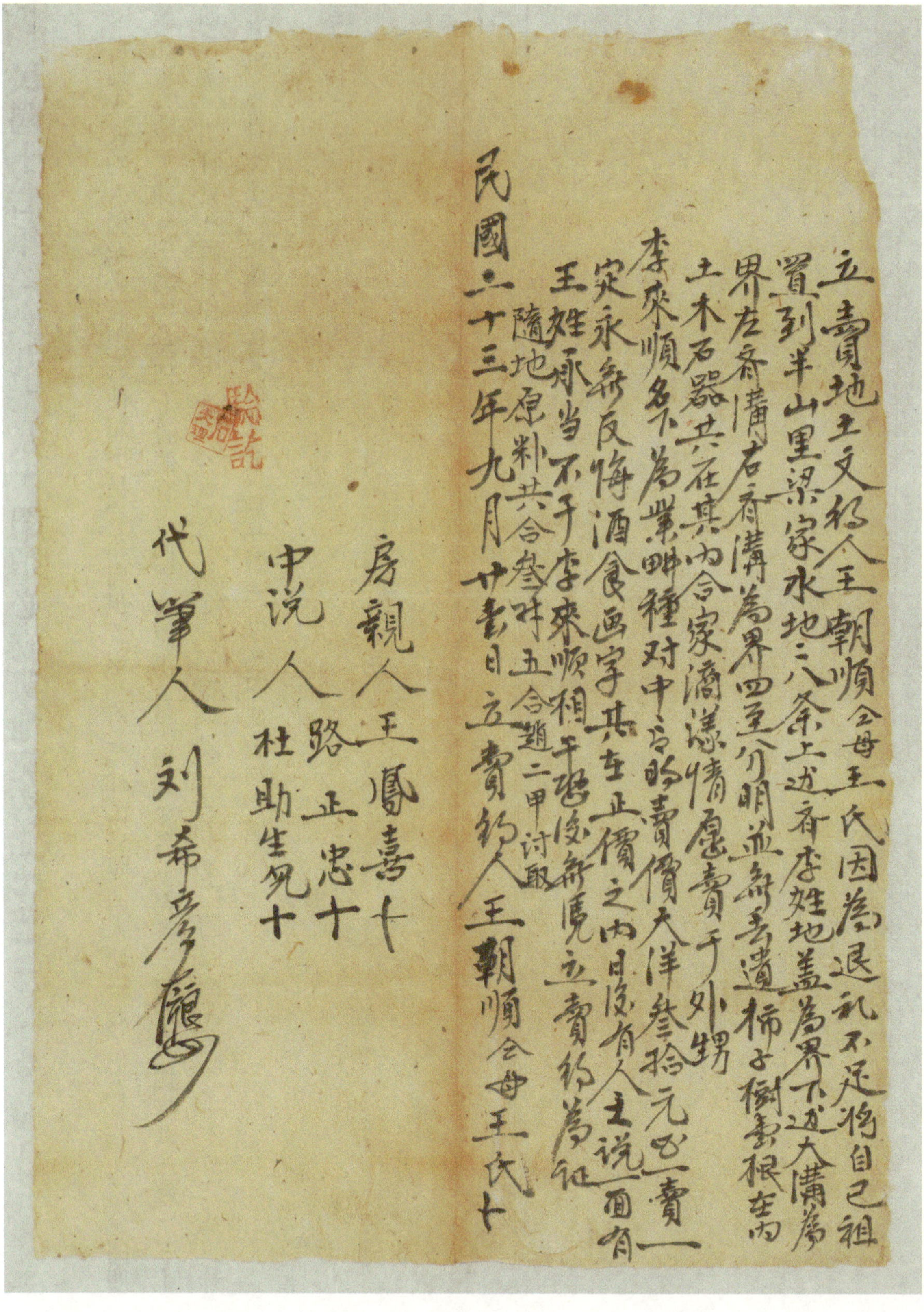

立賣地土文約人王朝順仝母王氏因為退礼不足將自己祖
置到羊山里梁家水地二八条上边脊李姓地盖為界下边大溝為
界左脊溝右脊溝為界四至分明並無去遺柿子樹壹根在内
土木石器共在其内合家滴議情愿賣于外甥
李來順名下為業耕種对中言明賣價大洋叁拾元整立賣一
定永無反悔酒食画字共在正價之内日後有人主说一面有
王姓承当不干李來順相干恐後無憑立賣約為証
隨地原粮共合叁升五合趙二甲讨取
民國二十三年九月廿八日立賣約人王朝順仝母王氏十

房親人王鳳喜十
路正忠十
中说人杜助生旡十
代筆人刘希彦德

驗訖

民國二十三年（一九三四）王朝順同母王氏立賣地契約（H014）

立賣地土文约人王朝順仝（同）母王氏，因為退礼不足，将（將）自己祖置到半山里梁家水地二八条，上边斉（齊）李姓地盖為界，下边【齊】大溝為界，左斉（齊）溝【爲][界]，右斉（齊）溝為界，四至分明，並無丟遺，柿子樹壹根在内，土木石器共在其内。合家商（商）議（議），情愿賣于外甥李来順名下為業畊種。对中言明賣價大洋叁拾元夂（錢）。一賣一定，永無反悔，酒食画字共在正價之内。日後有人主说，一面有王姓承当，不于（與）李來顺相干，恐後無凴，立賣约為证。

隨地原粁（糧）共合叁升（升）五合，趙二甲讨取。

民國二十三年九月廿壹日

立賣约人：王朝順仝（同）母王氏（畫押）

房　親　人：王鳳喜（畫押）

中　说　人：路正忠（畫押）杜助生兒（畫押）

代　筆　人：刘希彦（畫押）

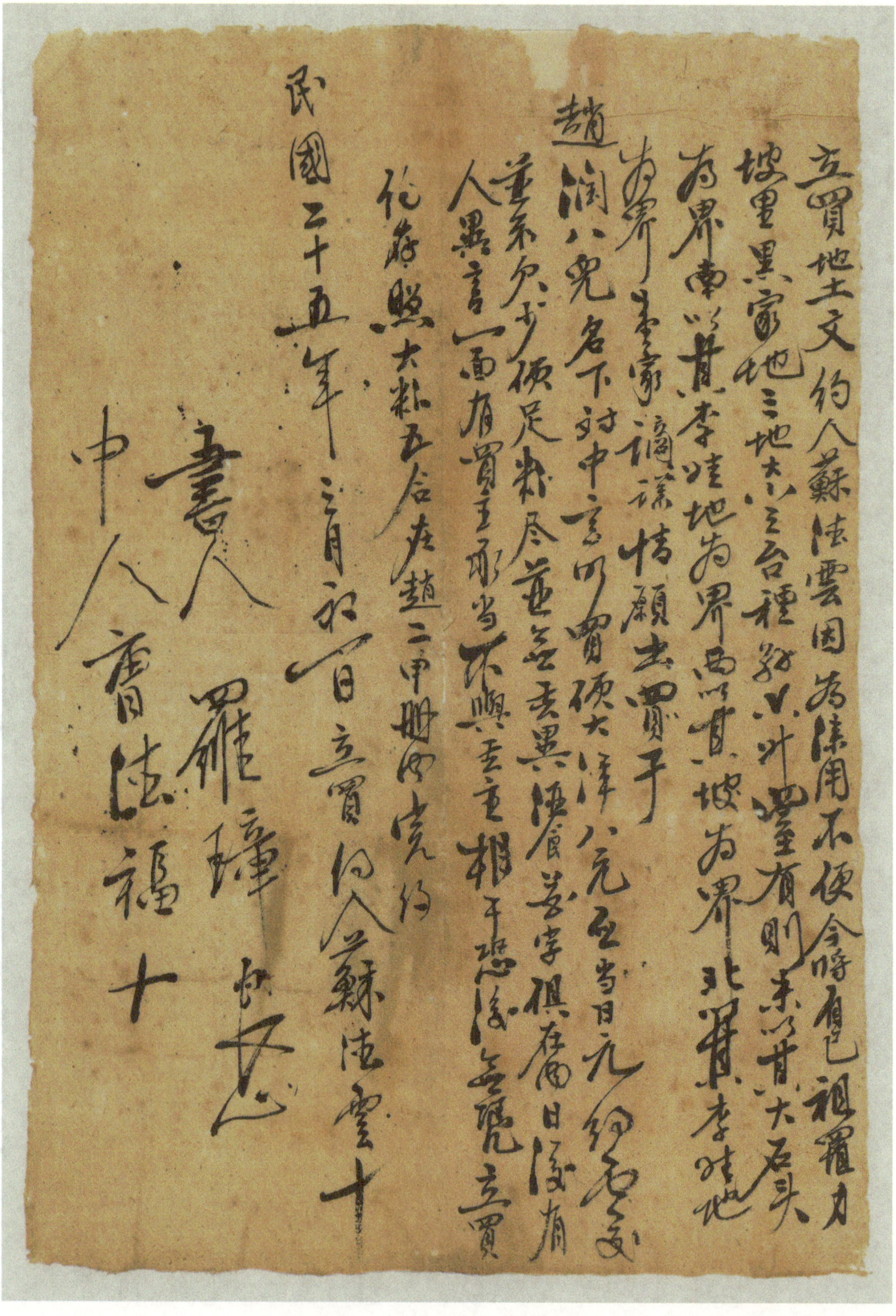

立買地土文約人蘇法雲因爲使用不便今將自己祖羅力
坡里黑家地三地大小三台種籽八小升四至有則東以大石头
爲界南以黃李娃地爲界西以黃坡爲界北以黃李娃地
爲界黃家商議情願出賣于
趙潤八兒名下討中言明賣價大洋八元正當日元經手交
並無欠少價足粮盡並無異說倘有異字俱在當日後有
人異言一面有買主承當不與去主相干恐後無憑立買
約存照　大粮五合在趙二甲冊內完納
民國二十五年三月初一日　立買約人蘇法雲　十
書人　羅鍾　書之
中人　曹法福　十

民國二十五年（一九三六）蘇德雲立賣地契約（H015）

立買（賣）地土文约人蘇德雲，因為使用不便，今将（將）自己祖置力坡里黑家地三地大小三台，種籽六升。四至有則，東以其大石头為界，南以其李姓地為界，西以其坡為界，北以其李姓地為界。壹家谪（商）議（議）情願出買（賣）于趙润八兒名下，对中言明買價大洋八元【整】，当日元约两交，並不欠少，價足粁（糧）尽，並無丢異（遺），酒食畫字俱在内。日後有人異言，一面有買（賣）主承当，不與丢[一]主相干。恐後無凴，立買（賣）约存照。大粁（糧）五合在趙二甲册内完约。

民國二十五年三月初一日

立買（賣）约人：蘇德雲（畫押）

書　　人：羅璋（畫押）

中　　人：曹德福（畫押）

（一）丢主：買地之人。甘肅方言『丢地』即置地。

立字據出賣人閔滿壽因爲弟兄分田地無將祖置莊宗地壹
塊下籽壹斗五升四至在冊上川地壹塊下籽三升四至在冊右䶢地壹
塊下籽貳斗四至在冊白土地壹下籽壹斗五升河灘大地半卯下籽
三斗滿壽名下看守林棠壹以上便滿壽看四至分明家業房無又
明缺錯仲說合雙願爲憑立此字據可証

仲人　馬力克　馬重良　馬壽娃

立字據人閔有下

民國廿六年九月十二日

閔滿壽名下看有磨半盤照觀看守民國卅年　閔滿壽

閔喜名下白元伍拾元日此角交煥又馬户塞十元交煥兄于仲人交煥

代筆人閔通孝

親房人閔邑場　閔□批

民國二十六年（一九三七）閔滿素立分單契約（H016）

立字據分單人闵滿素，因為第（弟）兄分田地，今將祖置壯（莊）窠地壹塊，下籽壹斗五升（升），四至在册；上刁（吊）地壹塊，下籽三斗，四至在册；石磊地壹塊，下籽弍斗，四至在册；白土地壹【塊】，下籽壹斗五升（升）；河灘大地半刁（吊），下籽三斗。滿素名下看守林窠壹双上便滿素看，四至分明，家采（財）房無（屋）分明。佒（央）請仲（中）【人】説合，双雙（雙）清（情）愿，立此字據可正（證）。

民国廿六年九月十二日

闵滿素名下看磨半盤，昭（照）親看守，民国廿年闵滿素専（轉）闵麻尼名下白元伍拾元〇七角交焕（還），又馬户塞洋十元交焕（還）兑（對）于仲（中）人交焕（還）。

立字據人：闵有卜　闵滿素

仲（中）人：馬力克　馬秉良　馬喜娃

親房人：闵色塄　闵尕□

代筆人：闵通孝

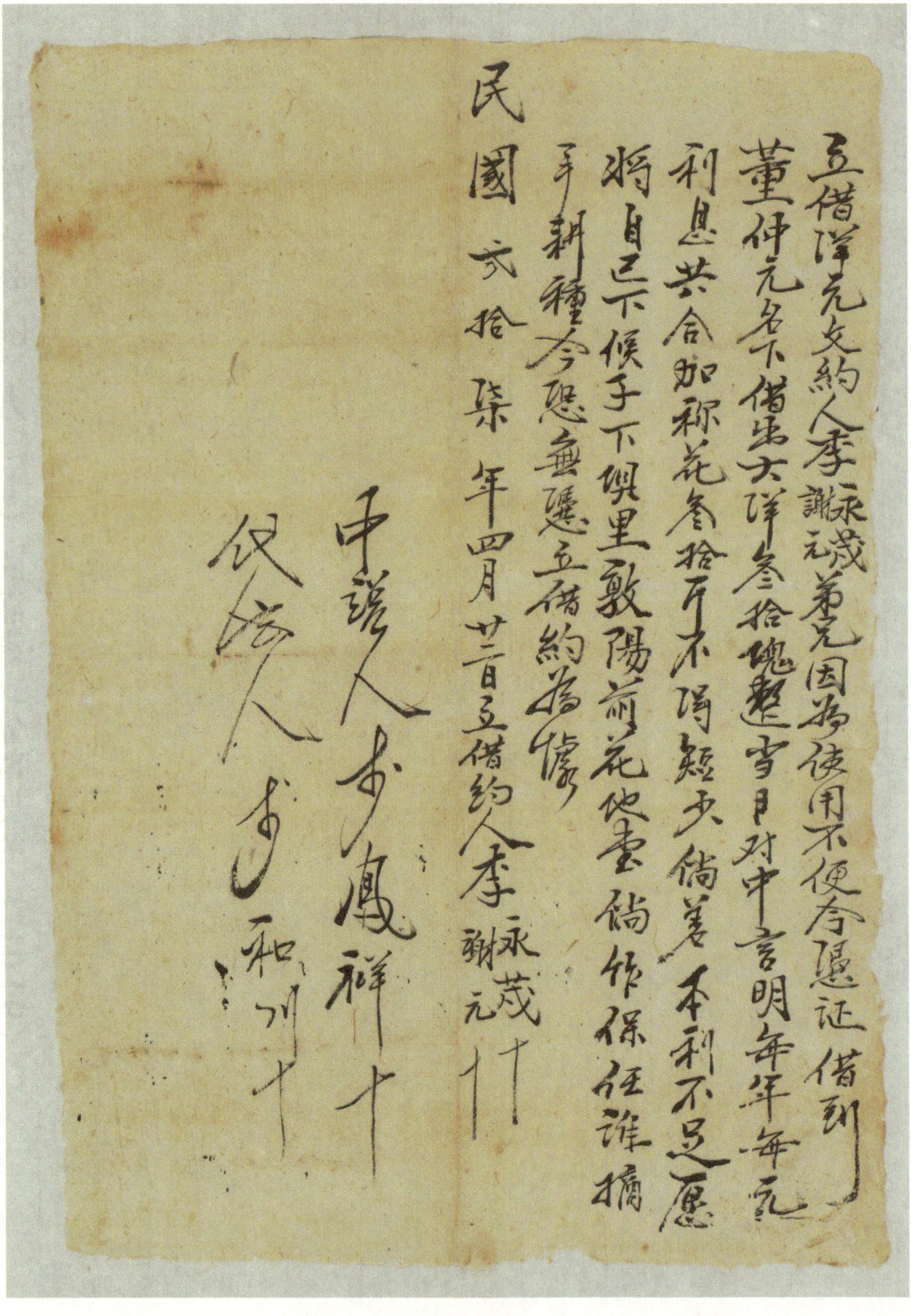

立借洋元文約人李永茂謝元弟兄二人因為使用不便今憑証借到
董仲元名下借出大洋叁拾塊整逞當日對中言明每年每元
利息共合加秤花叁拾斤不得短少倘若本利不足願
將自己下候手下與里敦陽前花地壹倘作保任憑摘
手耕種今恐無憑立借約為據
民國貳拾柒年四月廿三日立借約人李永茂十 謝元十
中證人李鳳祥十
代筆人李和川十

民國二十七年（一九三八）季永茂、季謝元立借貸契約（H017）

立借洋元文約人季永茂、季謝元弟兄，因為使用不便，今憑证借到董仲元名下，借出大洋叁拾塊整。当日对中言明，每年每元利息共合加称花叁拾斤，不淂（得）短少。倘若本利不足，愿将（將）自己下候子下填里敦陽前花地壹倘（垧）作保，任谁摘【着】手耕種。今恐無憑，立借約為據。

民國弍拾柒年四月廿二日

立借约人：季永茂（畫押）

季谢元（畫押）

中説人：李鳳祥（畫押）

代書人：李和川（畫押）

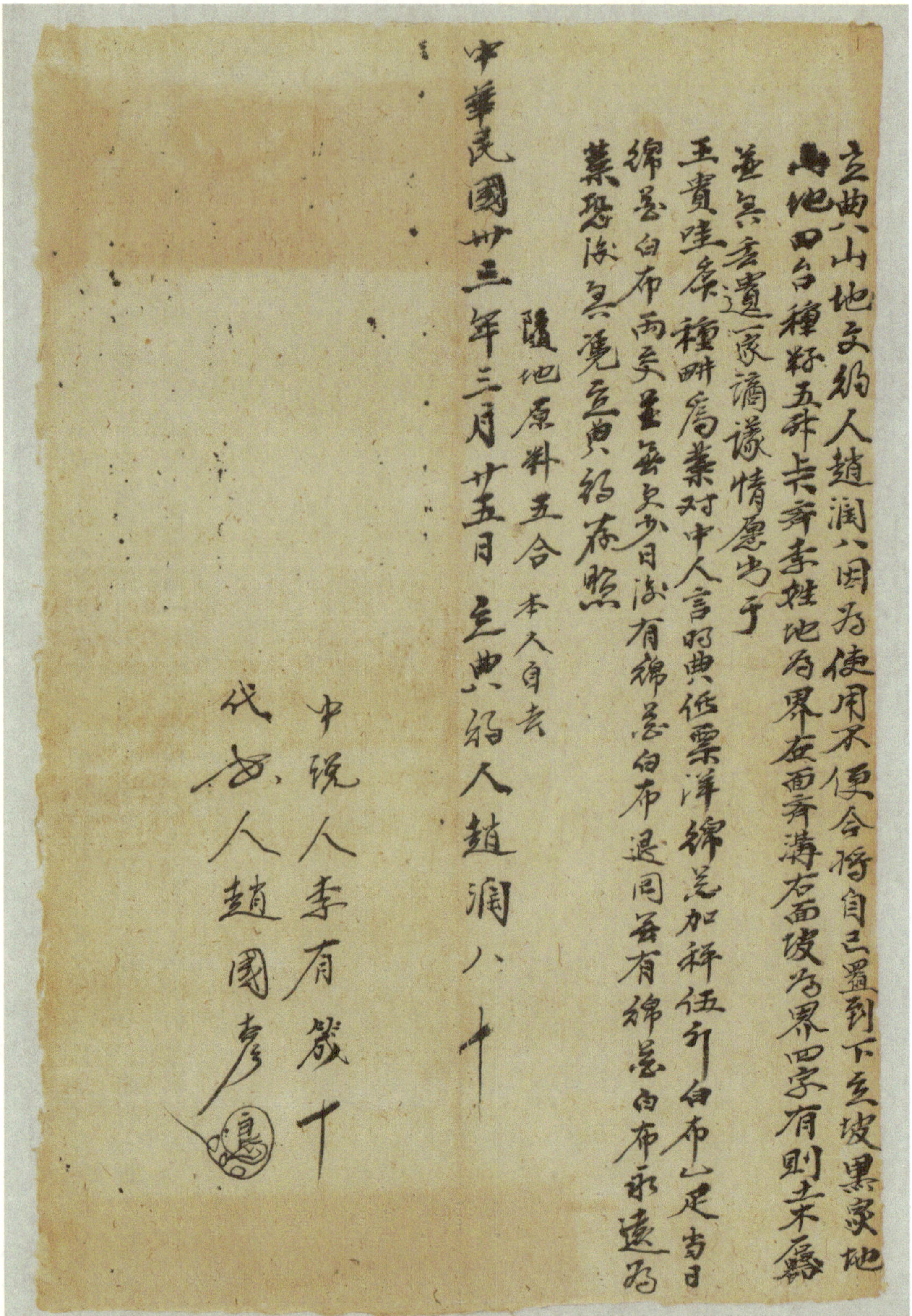

立典山地文約人趙潤八因為使用不便今將自己置到下立坡黑家地
山地四台種籽五升上齊李姓地為界左面齊溝右面坡為界四字有則未露
並無言遺一家商議情愿出于
王貴娃名下種耕為業對中人言明典價票洋綿花加秤伍斤白布山足當日
綿花白布兩交並無欠少日後有綿花白布退回無有綿花白布永遠為
業恐後無憑立典約存照
隨地原料五合　本人自去
中華民國卅三年三月廿五日　立典約人趙潤八　十
中說人李有發　十
代書人趙國彥

民國三十三年（一九四四）趙潤八立賣山地契約（H018）

立典山地文约人趙润八，因為使用不便，今将（將）自己置到下立坡黑家地山地四台，種籽五升（升），上下斉（齊）李姓地為界，左面斉（齊）溝，右面坡為界，四字（至）有則，土木石磊並無丢遺，一家謫（商）議（議），情愿出于王貴哇名下種畊為業，对中人言明典價票洋绵（棉）花加秤伍斤，白布一疋，当日绵（棉）花白布両（兩）交，並無欠少。日後有綿（棉）花白布退回，無有綿（棉）花白布永遠為業。恐後無凴，立典约存照。

隨地原粁（糧）五合，本人自去。

中華民國卅三年三月廿五日

立典约人：趙润八（畫押）

中說人：李有箴（畫押）

代書人：趙國彦（畫押）

立買秋地文約人李森因為使用不及今將自己祖置到

漢地踏邊地壹所東北頁岩為界南至尖石頭為界西至脊梁地

邊為道下地台廿樹除外四字有則合家議儀情願出賣於

李永茂名下為業对中言定賣價玉麦一斗白布四疋為整當日價地

兩交並無欠少價食直字俱立字內恐後無憑特立賣約為証

隨地原糧五合本人消繳

民國叁拾柒年五月初首立約人李　森　親筆　十

地鄰李更兒　十

民國三十七年（一九四八）李森立賣地契約（H019）

立賣秋地文约人李森，因為使用不及，今将（將）自己祖置到漢（旱）地路邊地壹所，東北頁（以）岩為界，南至尖石頭為界，西至斉（齊）熟地邊為道，下地一台，共（其）樹除外，四字（至）有則。合家**滴**（商）儀（議），情願出賣於李永茂名下為業。对中言定賣價玉麦乙（一）斗，白布四疋為整。当日貨地両（兩）交，並無欠少，酒食豆（晝）字俱【在其】内，恐後無憑，特立賣约為证。

随地原粮五合本人消数。

民国（國）叁拾柒年五月初二日

立约人：李森 親筆（畫押）

地　媒：李更兒（畫押）

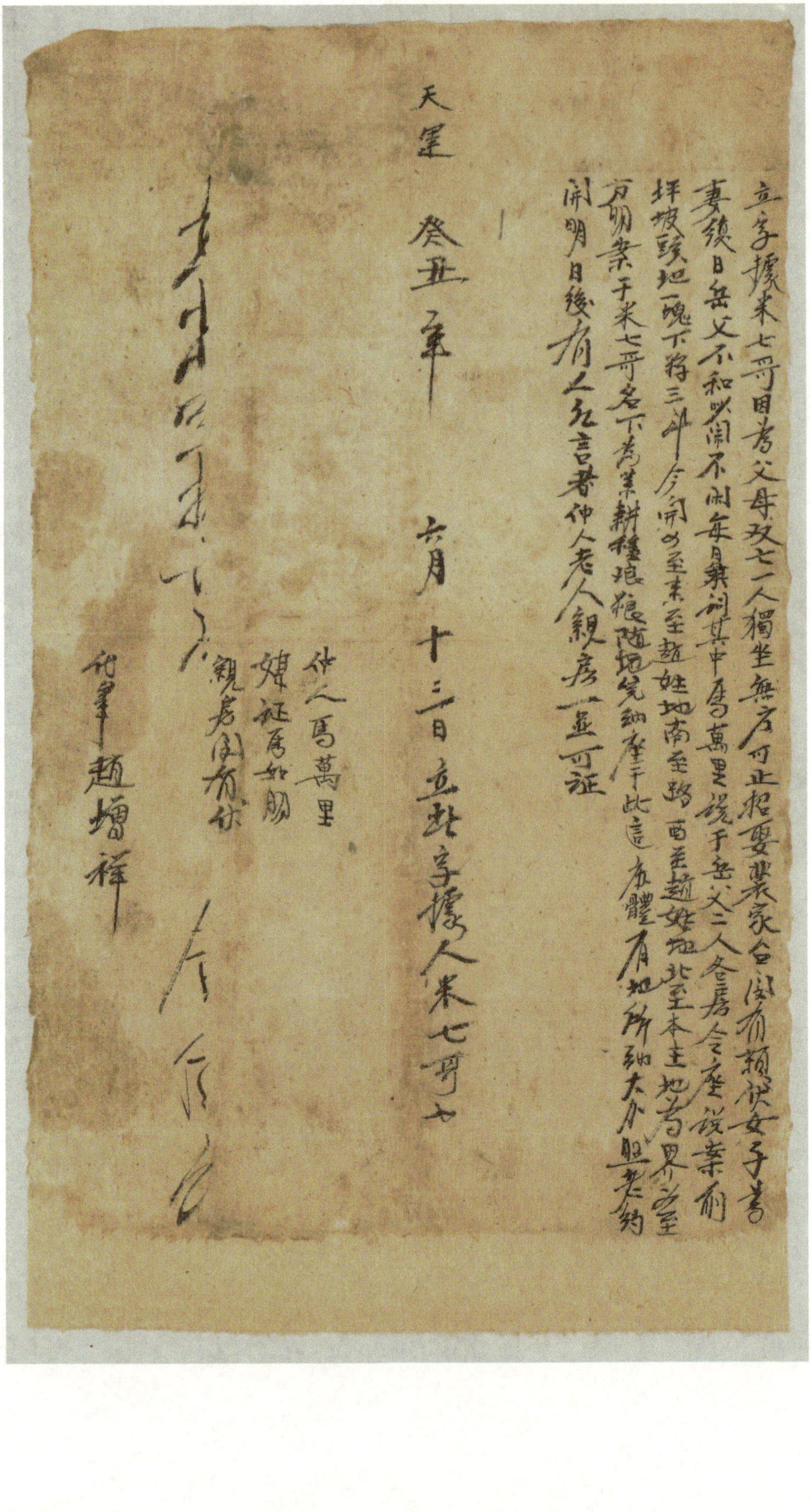

立字據米七哥因爲父母及七二人獨坐無房可止，欲要裝家合閑有頼伏女子書
妻姨日岳父不和，以閑不閑，每月兼詞其中馬萬里說于岳父二人各房合屋從棄前
坪坡線地一塊，下籽三斗，今開明至東至趙姓地，南至路，西至趙姓地，北至本主地爲界，四至
分明，業于米七哥名下爲業耕種，地糧隨地完納，應于此這原體有地所納大小照老約
開明，日後有人人言者，仲人老人親房一並可証

天運癸丑年六月十三日立此字據人米七哥七

仲人馬萬里
媒証馬如朋
親房閑有伏

代筆趙增祥

[illegible]

米七哥立分單契約（H020）

立字據【人】米七哥，因為父母双亡，一人獨坐無方，可止招娶裴家台闵有賴伏女子為妻，缜（整）日岳父不和，吵鬧不闲，每日□□，其中馬萬里说于岳父二人各房令（另）座。说案前坪坡頭地一塊，下籽三斗。今闲（開）四至：東至趙姓地，南至路，西至趙姓地，北至本主地為界，四至分明。案于米七哥名下為業耕種，银粮随地完纳。座于此這麻體有地，所納大夂（錢）照老约闲（開）明。日後有人争言者，仲（中）人老人親房一並可证。

天運　癸丑　年　六月十三日

立此字據人：米七哥（畫押）

仲（中）人：馬萬里

媒　　证：馬如明

親　　房：闵有伏

代　　筆：趙增祥

立條收付具字人董鳳瑋因為李永福、茂所典六三花地作保限至民國四十年三月初五日對本村代表主任列半山里觀朋立條收付日後查出文約作為無效無用剎日用到白元叁拾文李永福、茂兄弟二口還交清楚後無憑立條村為証

公元一九五一年三月初五日立條收付董鳳瑋

對下候子主任蘇文法

說合人董永福手

對半堂李樹法　生款

農會主任李忠魁

代筆人侯永昌押

公元一九五一年董鳳璋立除收付契約（H021）

立除收付具（據）字人董鳳璋，因為李永茂、李永福所典之花地作保，限至民國四十年二月初五日，對本村代表主任刘半山里親朋立除收付。日後查出，文约作為無效無用。前日用到白元叁拾文，李永茂、李永福兄弟二【人】归還交清，恐後無凴，立除付為証（證）。

公元一九五一年二月初五日

立除收付：董鳳璋（蓋章）
對下堎子主任：蘇文法（手印）
對説合人：董永福手（手印）
對半山里：李生□（手印）
李樹德（手印）
農會主任：李忠魁
代書人：侯永昌 押

中編　洮州民間契約文書

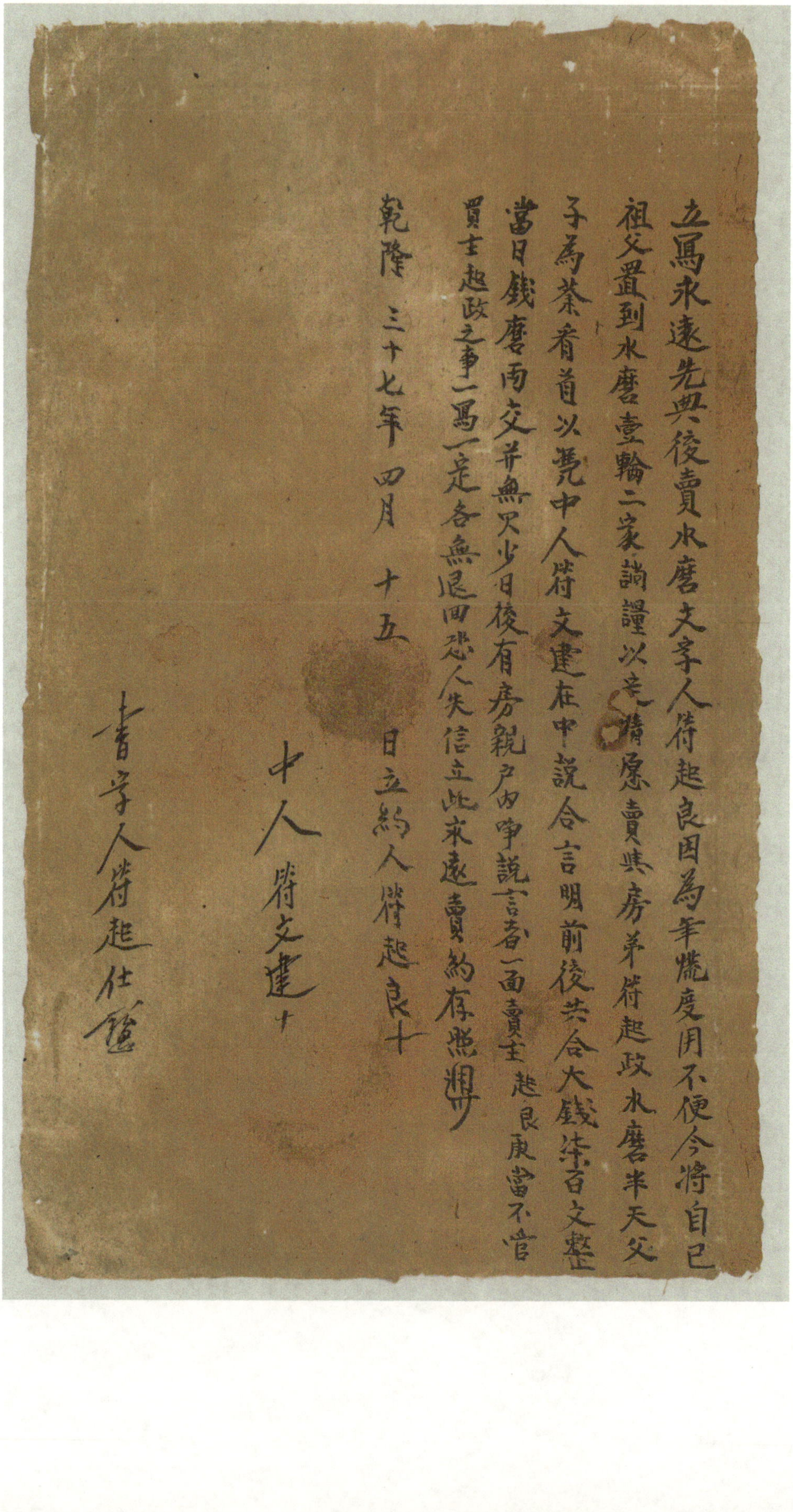
立寫永遠先與後賣水磨文字人苻起良因為年饑度用不便今將自已
祖父置到水磨壹輪二家諭讓以至情愿賣與房弟苻起政水磨半天父
子為業看首以凭中人苻文建在中說合言明前後共合大錢柒百文整
當日錢磨兩交并無欠少日後有房親户內爭說言者一面賣主　起良康當不管
買主起政之事一寫一定各無退回恐人失信立此永遠賣約存照用
乾隆　三十七年　四月　十五　日立約人苻起良十
中人　苻文建十
書字人苻起仕筆

乾隆三十七年（一七七二）符起良立先典後賣水磨契約（T001）

立寫（寫）永遠先典後賣水磨文字人符起良，因為年慌（荒），度用不便。今将自己祖父置到水磨壹輪，二家譎（商）讁（量）以（已）定，情愿賣與房弟符起政水磨半天，父子為業看首（守），以憑中人符文建在中説合，言明前後共合大錢（錢）柒百文整，當日錢（錢）磨両（兩）交，并無欠少。日後有房親户内喒（争）説言者，一面賣主起良承當，不官（關）買主起政之事，一寫（寫）一定，各無退囬（回），恐人失信，立此永遠賣約存照。

乾隆三十七年四月十五日

立約人：符起良（畫押）

中　人：符文建（畫押）

書字人：符起仕（畫押）

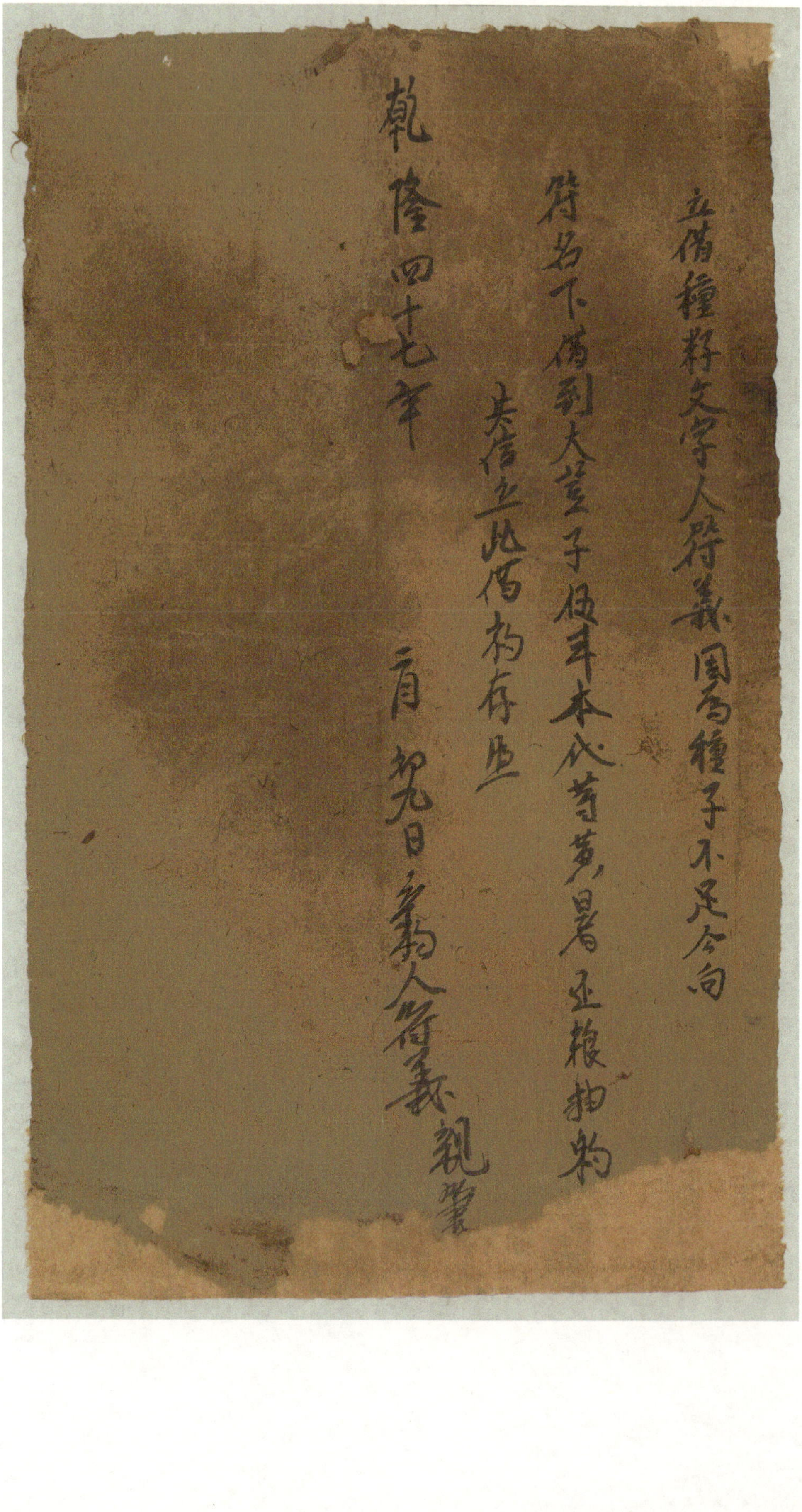

立借種籽文字人符義，因爲種子不足，今向
符名下借到大荳子伍升，本代菁萁，日後還糧抽約，
失信立此借約存照。

乾隆四十七年　月初九日　立約人符義　親筆

乾隆四十七年（一七八二）符義立借種子契約（T002）

立借種籽文字人符義，因為種子不足，今向符名下借到大荳（豆）子伍斗，本代（待）等黄暑（熟）还粮抽葤（約），【唯】【恐】失信，立此借葤（約）存照。

乾隆四十七年二月初九日

立葤（約）人：符義 親筆

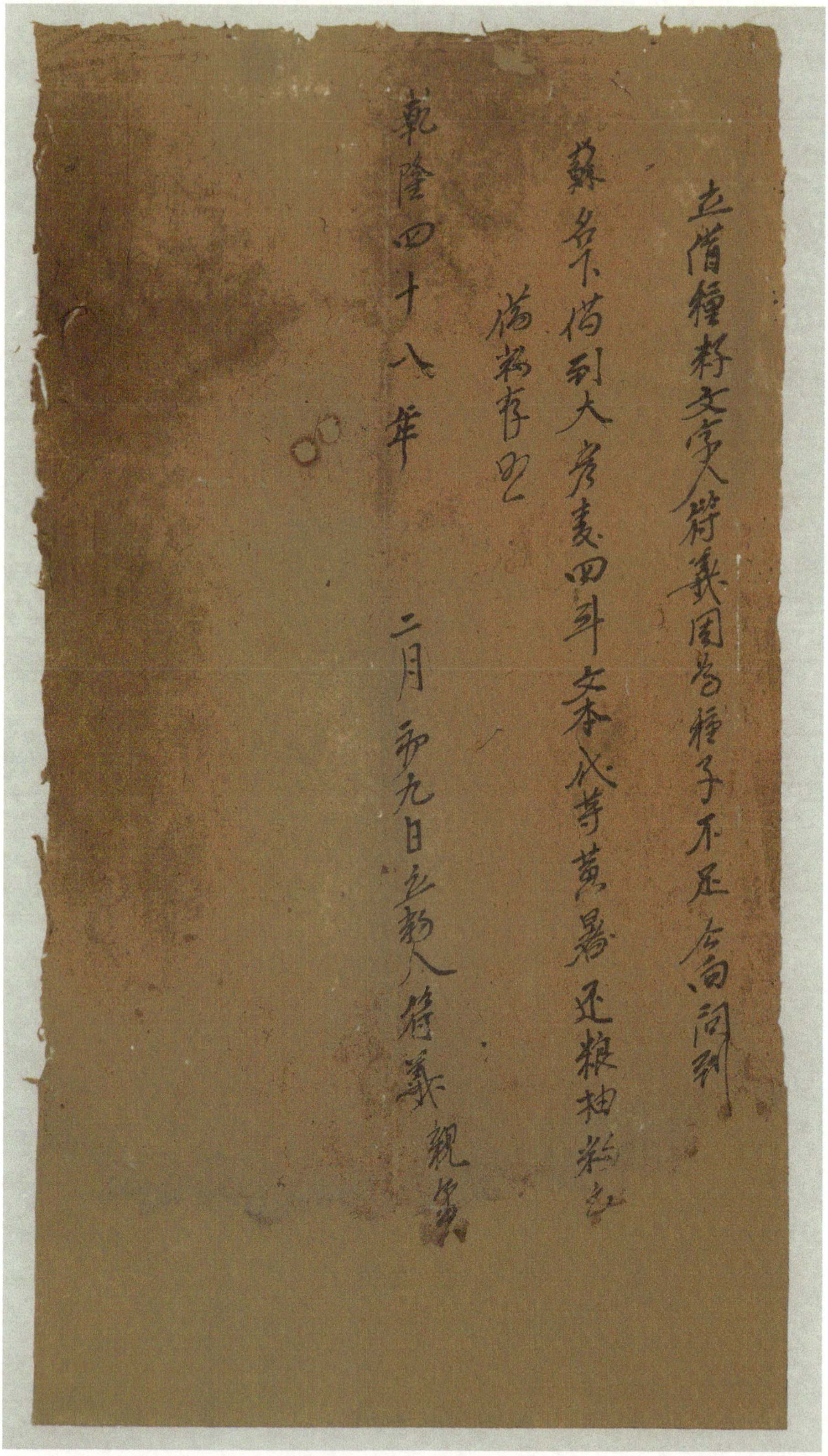

立借種籽文字人符義，因為種子不足，今問到

蘇名下借到大麥四斗，言定秋後等黃曬還粮，抽約。

借約存照

乾隆四十八年　二月初九日　立約人　符義　親筆

乾隆四十八年（一七八三）符義立借種子契約（T003）

立借種籽文字人符義，因為種子不足，今向问到蘇名下借到大彦（燕）麦四斗，文本代（待）等黄暑（熟）还粮抽約，【立】【此】借葯（約）存照。

乾隆四十八年二月初九日

立葯（約）人：符義 親筆

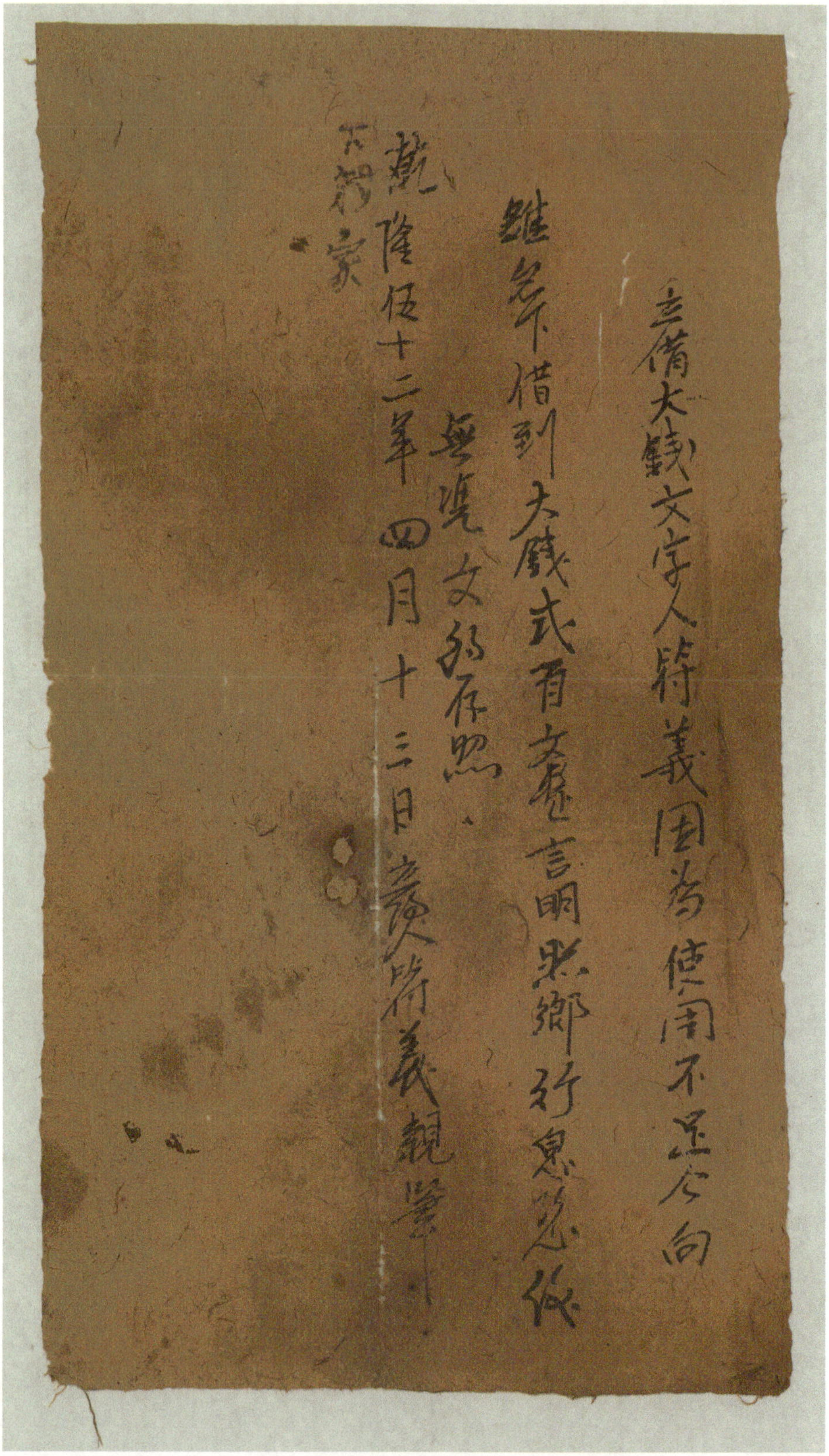
立借大錢文字人苻義因為使用不足，今向
維名下借到大錢弍百文整，言明照鄉行息恐
後無憑，文約存照。
乾隆伍十二年四月十三日立借人苻義親筆
下招家

乾隆五十二年（一七八七）符義立借貸契約（T004）

立借大錢（錢）文字人符義，因為使用不足，今向雒名下借到大錢（錢）弍百文整，言明照鄉行息，恐後無憑，文约存照。

乾隆伍十二年四月十三日

立约人：符義 親筆

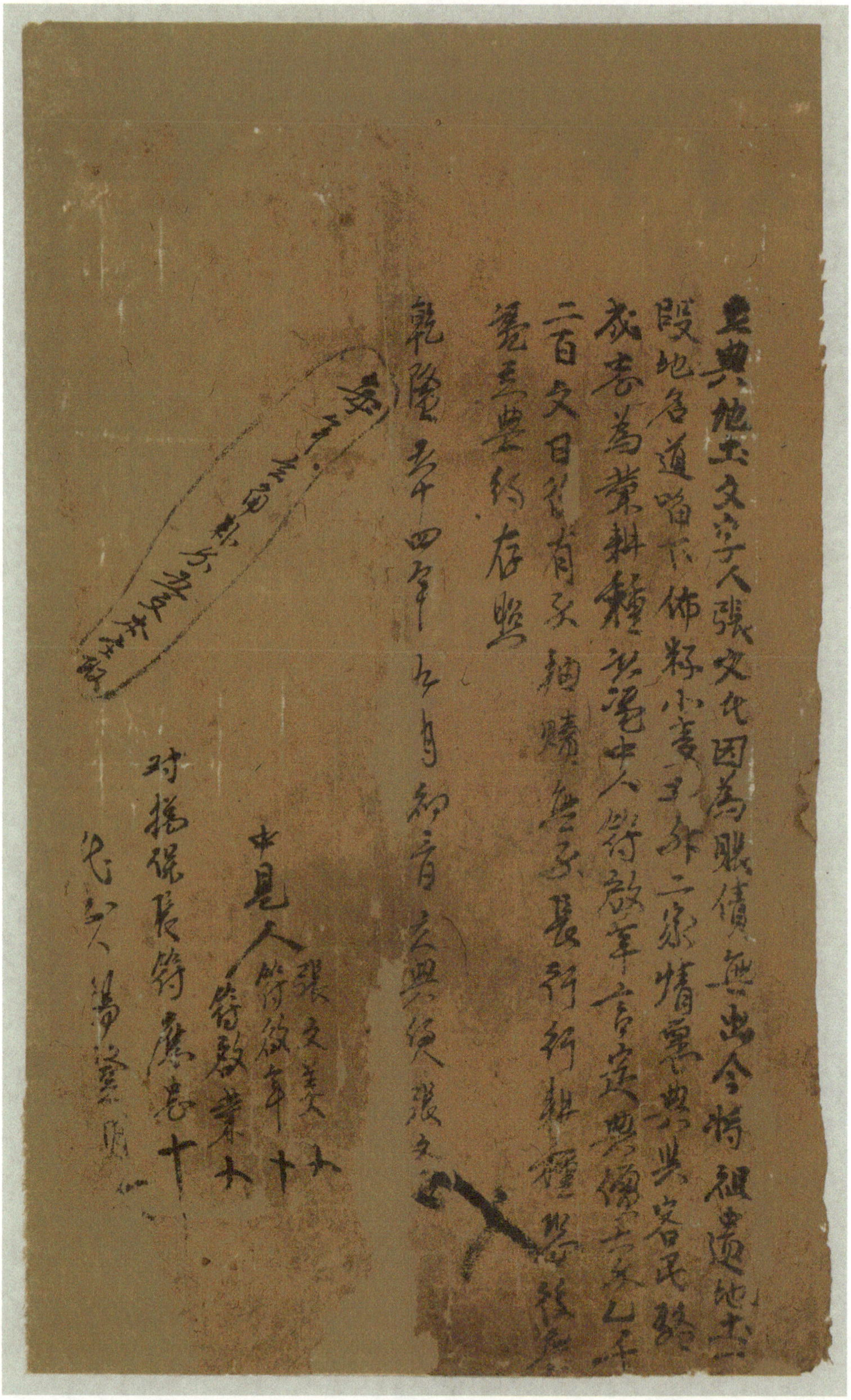

立典地土文字人張文代因為賬債無出今將祖遺地土一
段地名道嘴下佈籽小麥三斗外二家情愿典與吳客民路
成春為業耕種三面中人符啟年言定典價錢六文乙千
二百文日後有錢抽贖無錢長行耕種恐後
無憑立典約存照

乾隆五十四年[illegible]月初六日 立典約人 張文代

中見人 張文義 十 符啟年 十 符啟業 十

對換保長符應忠 十

代字人 楊登瀛

每[illegible]三分利分[illegible]

乾隆五十四年（一七八九）張文代立典地契約（T005）

立典地圡（土）文字人張文代，因為賬債無出，今将（將）祖遺地圡（土）一叚（段），地名道嘴下，佈籽小麦□升（升），二家情愿，典與客民駱成志為業耕種，以凴中人符啟年言定典價大𠂎（錢）乙（一）千二百文，日後有𠂎（錢）抽贖，無𠂎（錢）長行耕種，恐後無凴，立典约存照。

每年立（例）角（繳）粁（糧）𠂎（錢）五文本主取。

乾隆五十四年九月初三日

立典约人：張文代（畫押）

中見人：張文美（畫押）

符啟年（畫押）

符啟業（畫押）

对捴（總）保長：符應忠（畫押）

代書人：楊登明（畫押）

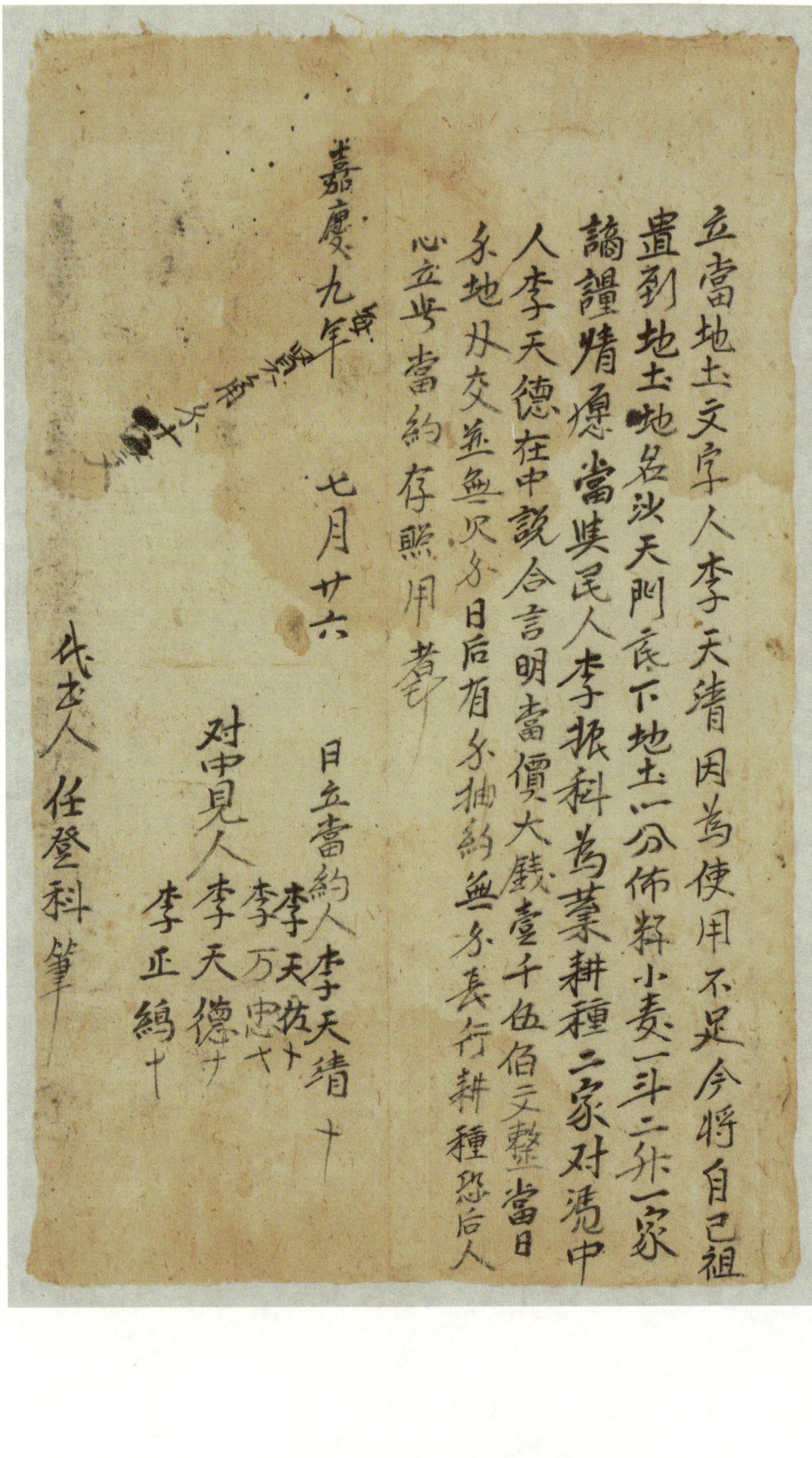

立當地土文字人李天清因為使用不足今將自己祖遺到地土地名沙天門底下地土一分佈籽小麦一斗二升一家謫議情愿當與民人李振科為業耕種二家对憑中人李天德在中説合言明當價大錢壹千伍佰文整當日系地丹交並無欠少日后有系抽約無系長行耕種恐后人心立此當約存照用者

嘉慶九年歲次甲子七月廿六日立當約人李天清十

李天佐十

李万忠十

对中見人李天德十

李正鴒十

代书人任登科筆

嘉慶九年（一八〇四）李天清立當地契約（T006）

立當地圡（土）文字人李天清，因為使用不足，今将（將）自己祖遺到地圡（土）地名沙天門底下地圡（土）一分，佈（布）籽小麦一斗二升（升）。一家謫（商）誷（量），情愿當與民人李振科為菓（業）耕種，二家对凴中人李天德在中說合，言明當價大錢（錢）壹千伍佰文整，當日糸（錢）地刄（兩）交，並無欠糸（錢），日后有糸（錢）抽約，無糸（錢）長行耕種。恐后人心【難】【測】，立此當約存照用者。

每年賢（先）角（繳）糸（錢）十文。

嘉慶九年七月廿六日

立當約人：李天清（畫押）

对中見人：李天佐（畫押）

李万忠（畫押）

李天德（畫押）

李正⿰糹鳥（⿰纟鸟）（畫押）

代書人：任登科 筆

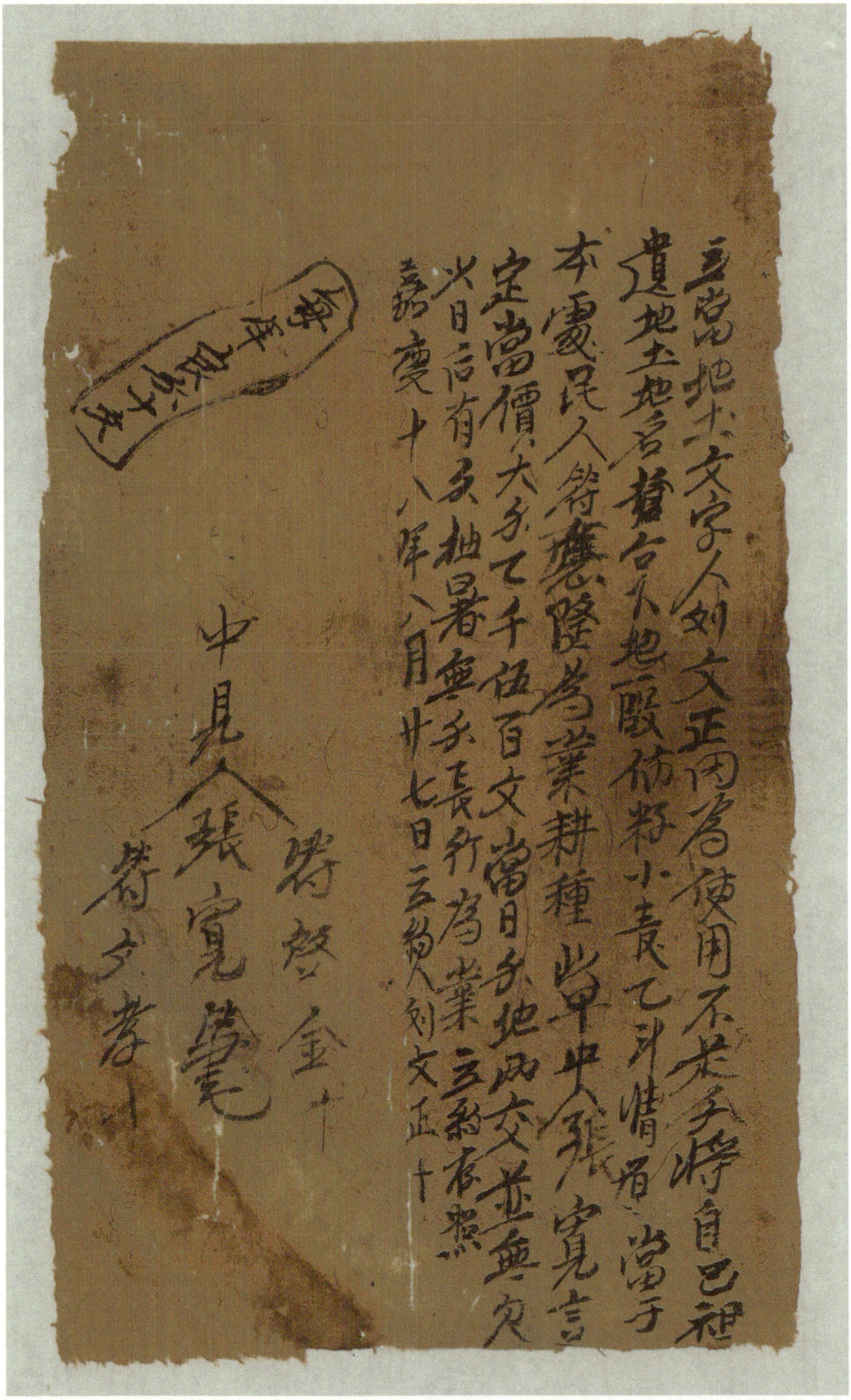
立當地土文字人劉文正因為使用不足今將自己祖
遺地土地名雙台上地一段彷籽小麥乙斗情願當于
本處民人符應隆為業耕種出中人張寬言
定當價大錢乙千伍百文當日錢地兩交並無欠
少日后有錢抽贖無錢長行為業立約存照
嘉慶十八年八月廿七日立約人劉文正十
中見人　張寬言筆
符智金十
符文孝十
每年取錢十文

嘉慶十八年（一八一三）劉文正立當地契約（T007）

立當地土（土）文字人刘文正，因為使用不足，今将（將）自己祖遺地土（土）地名蒼台下地一叚（段），佈籽小麦乙（一）斗，情愿當于本雰（處）民人符應隆為業耕種，以平（憑）中人張寛（寬）言定當價大𥫗（錢）乙（一）千伍百文，當日𥫗（錢）地兩交，並無欠少，日后有𥫗（錢）抽暑（贖），無𥫗（錢）長行為業，立約存照。

每年良（糧）𥫗（錢）十文。

嘉慶十八年八月廿七日

立約人：刘文正（畫押）

中見人：符啟金（畫押）

張寛（寬）筆

符文孝（畫押）

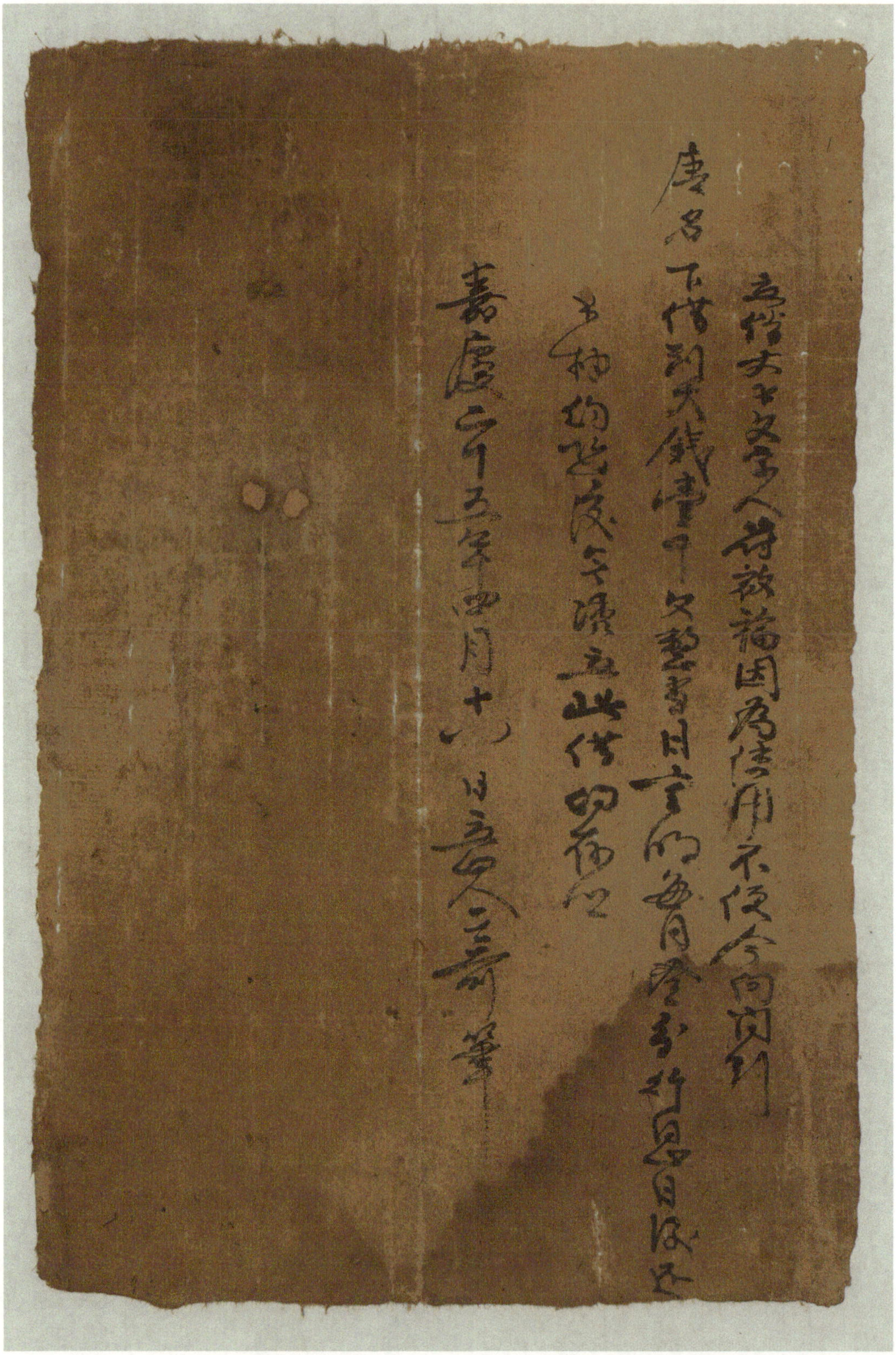

立借大錢文字人肖敬福因爲使用不便今向賓到
處名下借到大錢壹千文整言明每月除利行息日後還
恐後無憑今憑立此借約存照
嘉慶二十五年四月十八日立人三壽筆

嘉慶二十五年（一八二〇）符啓福立借貸契約（T008）

立借大永（錢）文字人符啟福，因為使用不便，今向问到唐名下借到大錢（錢）壹千文整。当日言明每月叁分行息，日後还完抽约，恐後無凴，立此借约存照。

嘉慶二十五年四月十八日

立约人：云奇　筆

立□人符啟壽同男符禮孝因為無

一宗，禪台下地土一段，佈種小麥乙斗八升，四字有明，今

賣與胞兄符啓祿父子為業耕種，程俟仝以憑中人符文彥在中

買價大錢陸千文整，當日錢地兩交並無欠少，其地酒食畫字隨□

二層存基內，日後指房內有人爭言者，不青啓祿父子之事，一面有

父子承當。又保地內隨栽類朴五合，折祈郎納，日後按州程契冊一應一道

言恐良無憑，立此永遠賣書存照

道光二年閏三月初三日立約人符啟壽十同男符禮十

封見人 符伏福 十
符正海 十
譚美玉 十

中人 符文彥

代書人 符啟福 □

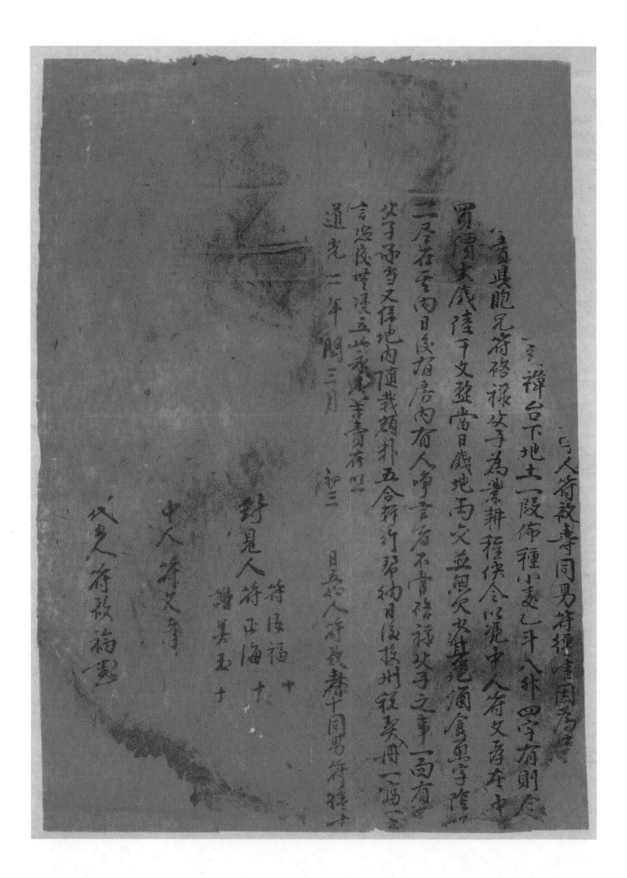

道光二年（一八二二）符啓壽、符纏哇立賣地契約（T009）

【立】【賣】【地】【土】【文】【約】人符啟壽同男符纏哇，因為使【用】【不】【足】，【今】【將】□□禪台下地土一段（段），佈（布）種小麦乙（一）斗八升（升），四字（至）有則，今□□賣與胞兄符硌禄父子為業耕種，佒（央）令以凴中人符文孝在中【説】【合】，買價大銭（錢）陸千文整，當日銭（錢）地両（兩）交，並無欠少，其地酒食画字□□一一尽在其内。日後有房内有人諍（争）言者，不當硌禄父子之事，一面有【啓】【壽】父子承当，又係地内随栽額粁（糧）五合，暫行帮納，日後投州税契入册，一寫一定言，恐後無凴，立此永遠吉賣存照。

道光二年閏三月初三日

立约人：符啟寿（畫押）同男符缠哇

對見人：符汝福（畫押）

符正海（畫押）

謝美玉（畫押）

中　人：符文孝

代書人：符啟福　筆

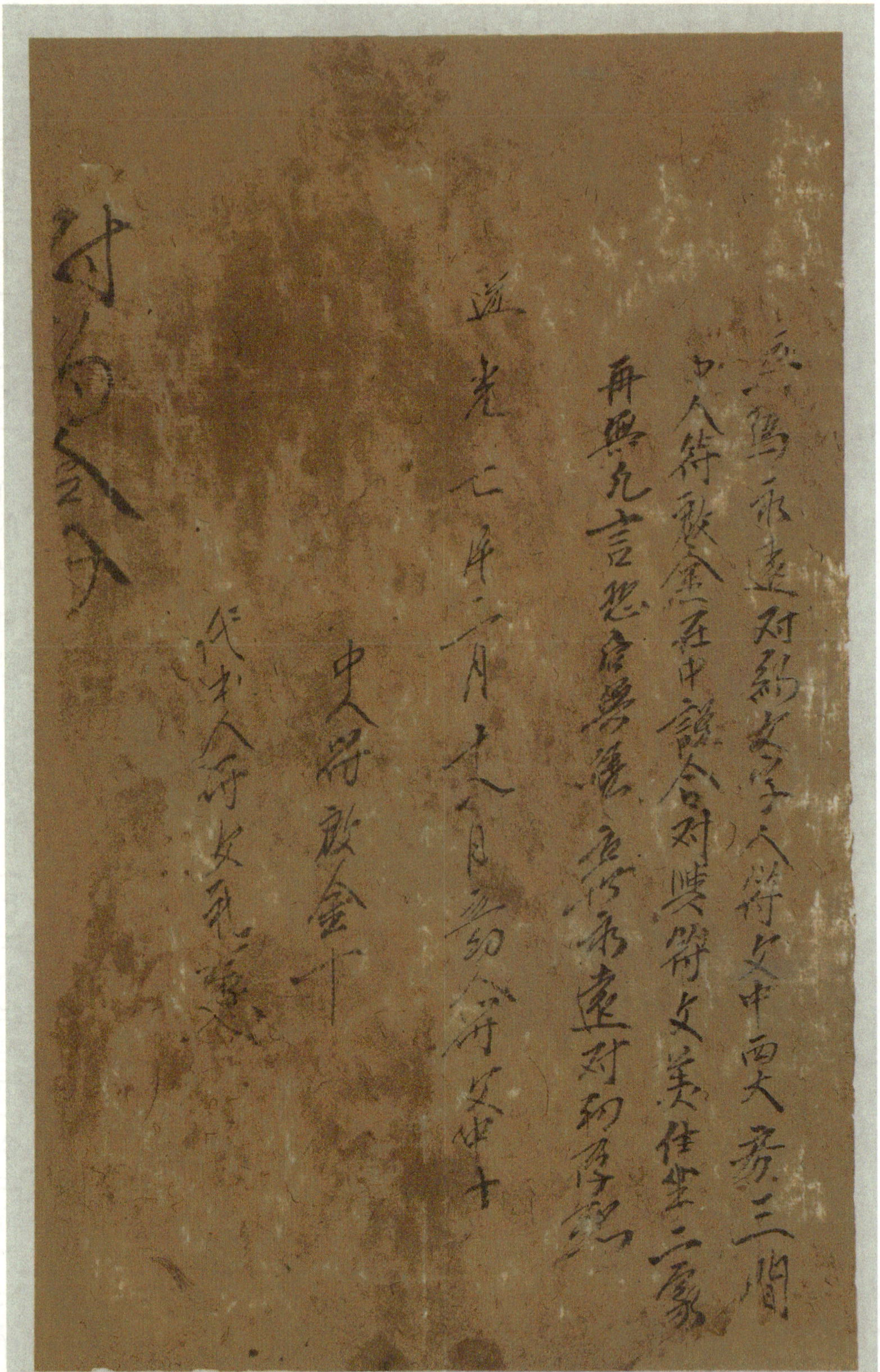

立寫永遠對約文字人符文中西大房三間
中人符敬金在中說合對與符文美住坐二家
再無反言恐口無憑立寫永遠對約存照
道光七年二月十八日立約人符文中十
中人符敬金十
代書人符文元筆
對約合同

道光七年（一八二七）符文中立兑房屋契約（T010）

立寫永遠对（兑）約文字人符文中，西大房三間，中人符啟金在中説合，对（兑）與符文美住坐，二家再無亿（异）言，恐後無凴，立此永遠对（兑）约存照。

道光七年二月十八日

立约人：符文中（畫押）
中　人：符啟金（畫押）
代书人：符文礼（畫押）

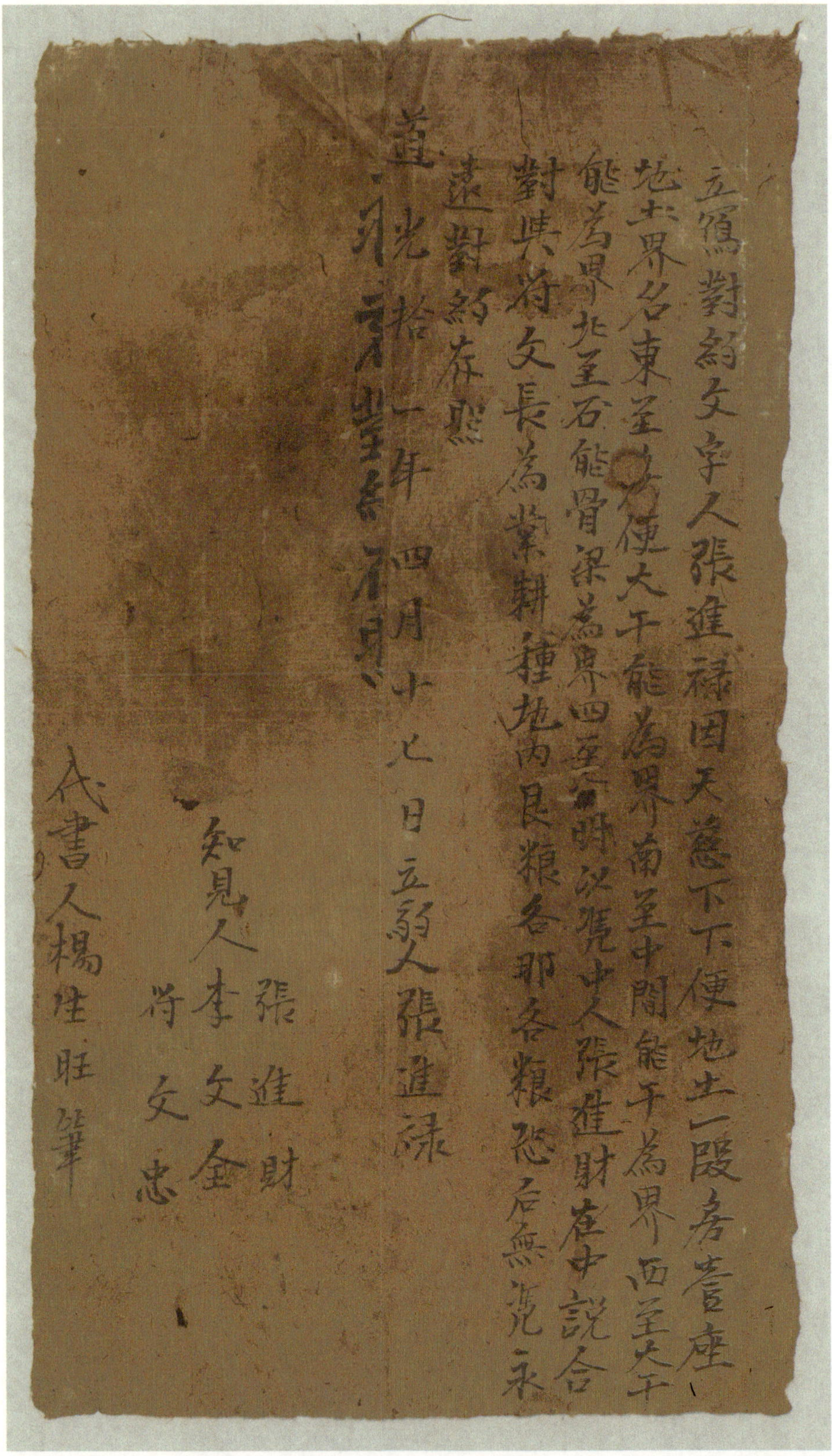

立復對約文字人張進祿因天意下下便地土一段房壹座
地土界名東至□便大干能為界南至中間能干為界西至大干
能為界北至石能骨梁為界四至分明以憑中人張進財在中說合
對與將文長為業耕種地內艮粮各那各粮恐后無憑永
遠對約存照

道光拾一年四月十七日立約人張進祿

知見人　張進財
李文金
符文忠

代書人楊桂旺筆

道光十一年（一八三一）張進禄立兑地契約（T011）

立寫對（兑）約文字人張進禄，因天慈下下便地土一叚（段），房壹座，地圡（土）界名：東至□便（邊）大干（杆）能（塄）為界，南至中間能（塄）干（杆）為界，西至大干（杆）能（塄）為界，北至石（石）能（塄）骨梁為界，四至分明，以凴中人張進財在中説合，對（兑）與符文長為業耕種，地内艮（銀）粮各那（納）各粮。恐后無凴，永遠對（兑）約存照。

道光拾一年四月十七日

立約人：張進禄

知見人：張進財

李文全

符文忠

代書人：楊生旺　筆

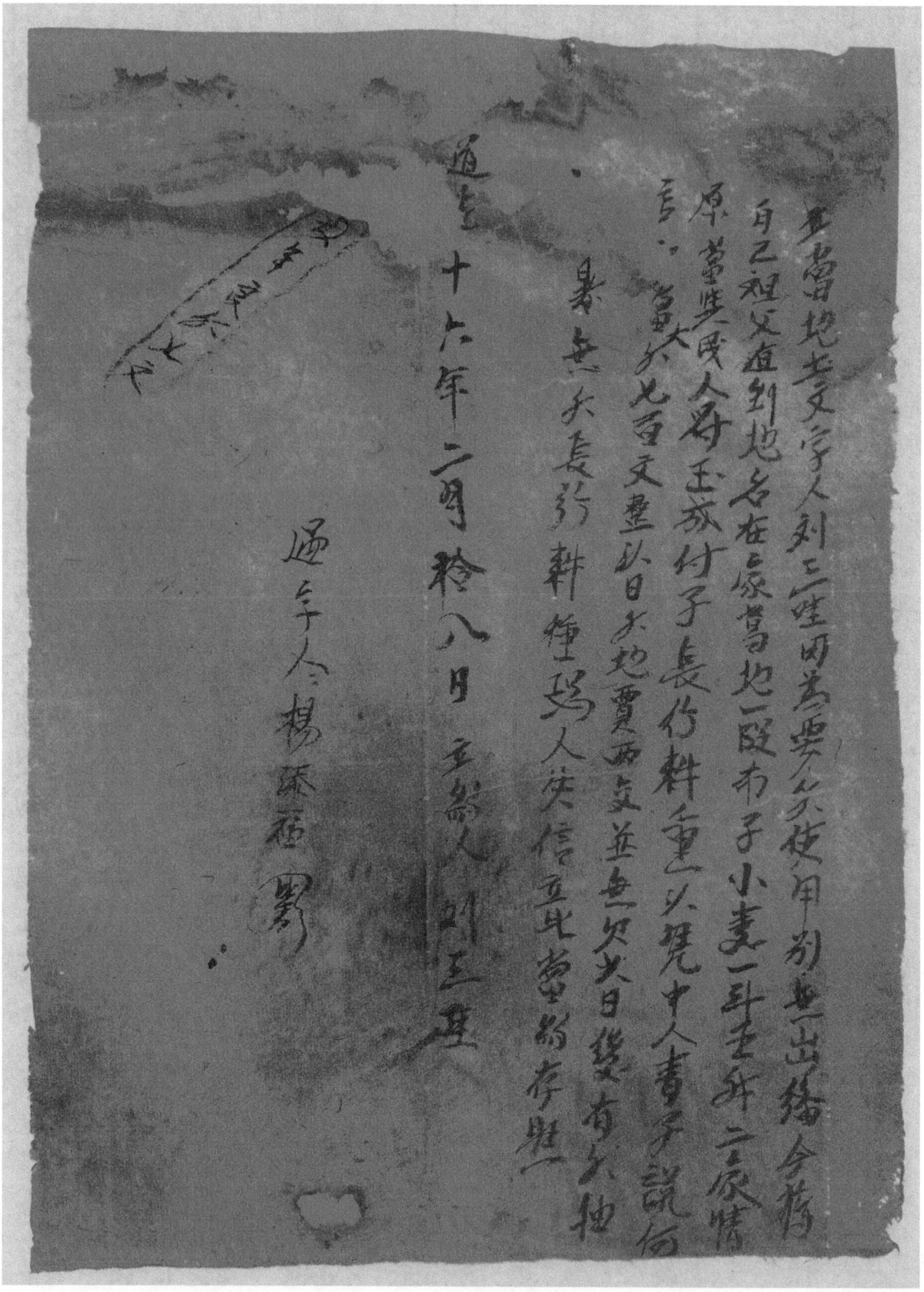

立當地土文字人刘三娃因為要錢使用別無出歸今將
自己祖父遺到地名在家當地一段布子小麥一斗二升二家情
原當與民人何玉成付子長行耕種以憑中人書子說合
言明當大錢七百文整到日錢地兩交並無欠少日後有人爭
業無人長行耕種恐後人無信立此當約存照一

道光十六年二月拾八日　立約人　刘三娃

過手人　楊添福　署

對手交錢七文

道光十六年（一八三六）劉三哇立當地契約（T012）

立當地土（土）文字人刘三哇，因為要糸（錢）使用，別無出路，今蒋（將）自己祖父直（置）到地名在家葛地一叚（段），布子（籽）小麦一斗五升（升），二家情原（願）當與民人符玉成付（父）子長行耕重（種），以凴中人青（親）子（自）説何（合），言【明】當大糸（錢）七百文整，以（一）日糸（錢）地賈（價）两交，並無欠少，日後有糸（錢）抽署（贖），無糸（錢）長行耕種。恐人失信，立此當約存照。

每年良（糧）糸（錢）七文。

道光十六年二月拾八日

立約人：刘三哇

遇書人：楊添福 筆

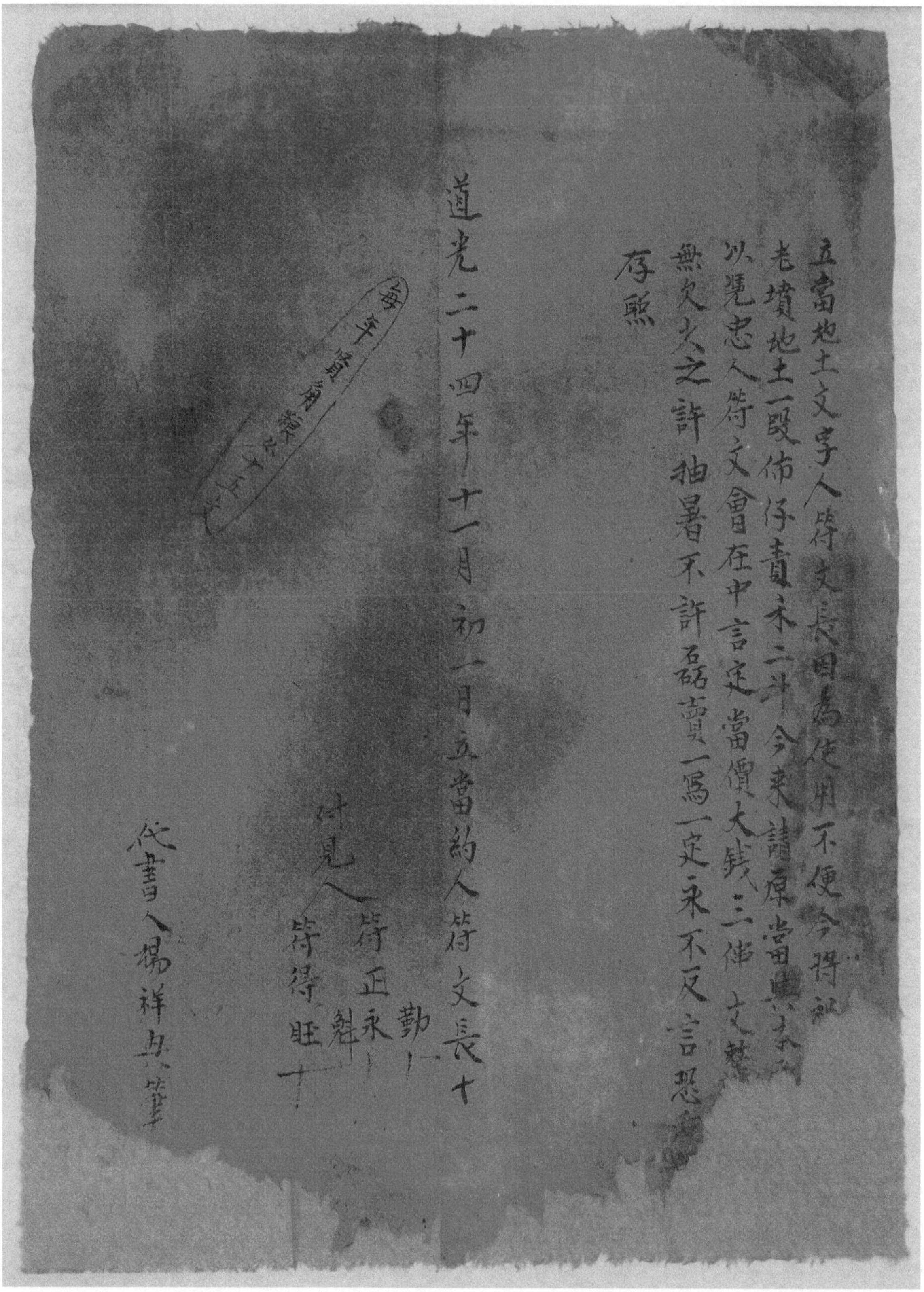

立當地土文字人苻文長因為使用不便今將祖
老墳地土一段佈仔青禾二斗今來請原當與苻[illegible]
以晃忠人苻文會在中言定當價大錢三仟文整
無欠欠之許抽暑不許磊賣一寫一定永不反言恐[illegible]
存照

每年貿角穀[illegible]十五文

道光二十四年十一月初一日立當約人苻文長十

付見人 苻正永勤
苻得魁
苻得旺十

代書人楊祥興筆

道光二十四年（一八四四）符文長立當地契約（T013）

立當地土文字人符文長，因為使用不便，今将祖【置】□□□老墳地土一叚（段），佈仔（籽）青禾二斗。今来請（情）原（願）當與本□□□，以凴忠（中）人符文會在中言定，當價大銭（錢）三伅（串）文整，【并】無欠少，之（只）許抽暑（贖），不許磊（另）賣，一寫一定，永不反言，恐后【無】【凭】，【立】【約】存照。

每年賢（先）角（繳）粮糸（錢）十五文。

道光二十四年十一月初一日

立當約人：符文長（畫押）

对 見 人：符正勤（畫押）

符正永（畫押）

符正魁（畫押）

符得旺（畫押）

代 書 人：楊祥與（與）筆

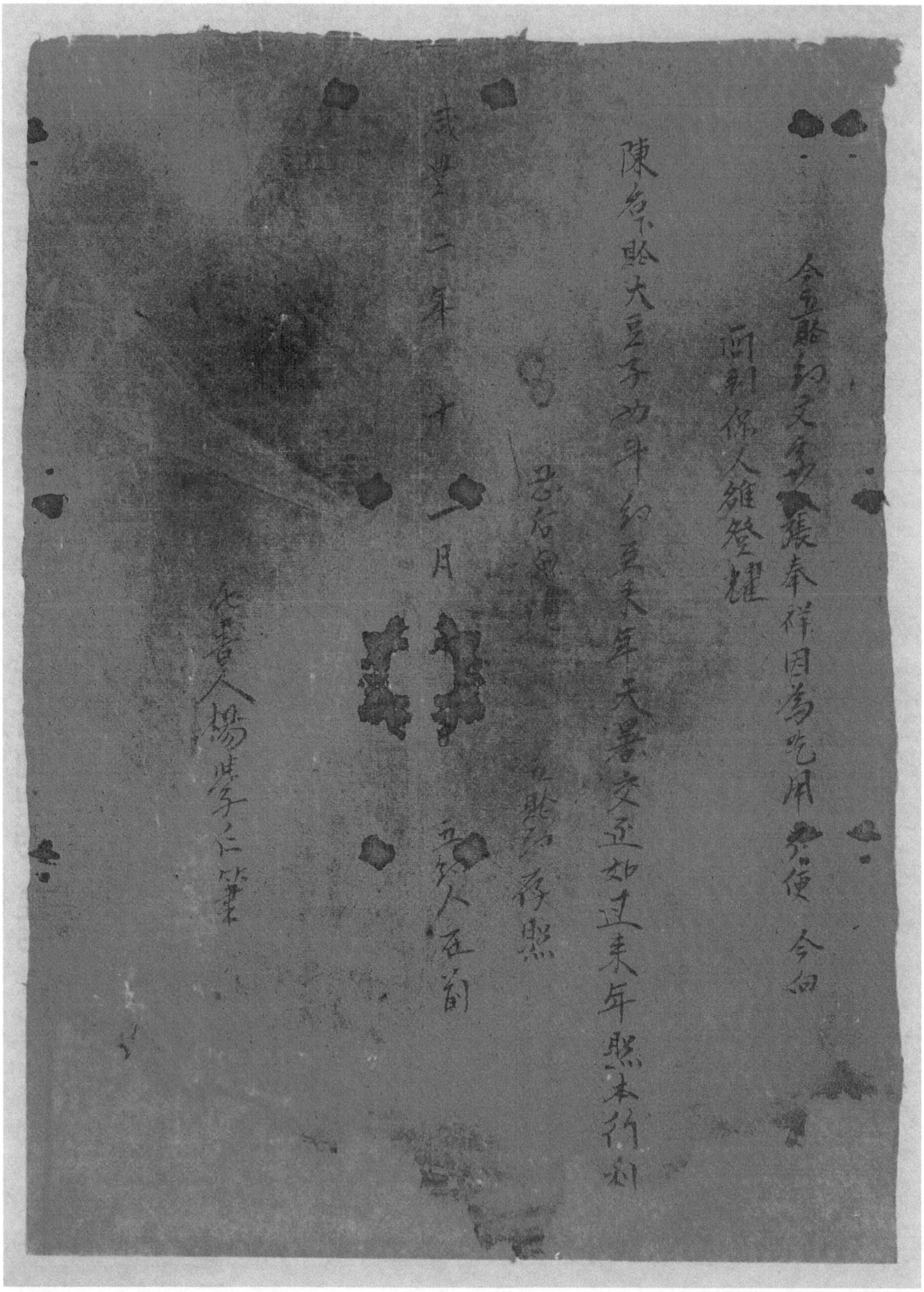

立借約文字人張奉祥因為吃用不便，今向
同到保人雒登魁
陳名下借大豆子四斗，約至來年天暑交還，如过來年照本行利。
恐后無憑，立借約存照。
咸豐二年十一月　立約人在前
代書人楊學仁筆

咸豐二年（一八五二）張奉祥立賖大豆契約（T014）

今立貺（賖）约文字人張奉祥，因為吃用不便，今向問到保人雒登耀，陳名下貺（賖）大豆子四斗，约至来年天暑（熟）交还，如过来年，照本行利。恐后無憑，立貺（賖）约存照。

咸豐二年十一月十一日

立约人在前

代書人：楊學仁　筆

立寫永遠絕買地土文字人符生廣因為使用不便今將自己祖遺
麥頭地土一段布子小麥一斗六升二家情愿賣與本處胞人符得永為業耕
憑中人符正魁言定買價大錢七串文整言明當日不地兩交並無欠此地
每年京要日后过各人則一寫一定永各同恐后無憑　立此賣約存用
各照古界四至分明一定

咸豐二年八月廿日立賣約人符生廣十

对見人　陳義卿子十
李正蒼十
符文花十

代書人常正魁筆

咸豐三年（一八五三）符生廣立賣地契約（T015）

立寫永遠結買（賣）地土文字人符生廣，因為使用不便，今将（將）自己祖遺□□支（至）頭地土一叚（段），布子（籽）小麦一斗六升（升），二家情愿賣與本庱（處）明（民）人符得永為菐（業）耕【種】，凴中人符正魁言定，買（賣）價大錢（錢）七串文整，言明当日彔（錢）地両（兩）交，並無欠少，地□□每年去要，日后过各（割）入則，一寫一定永各同。恐后無凴，立此賣约存用，各照古界，四支（至）分明。

咸豐三年八月廿日

立賣约人：符生廣（畫押）

对見人：陈義卯子（畫押）

李正蒼（畫押）

符文長（畫押）

代書人：符正魁筆

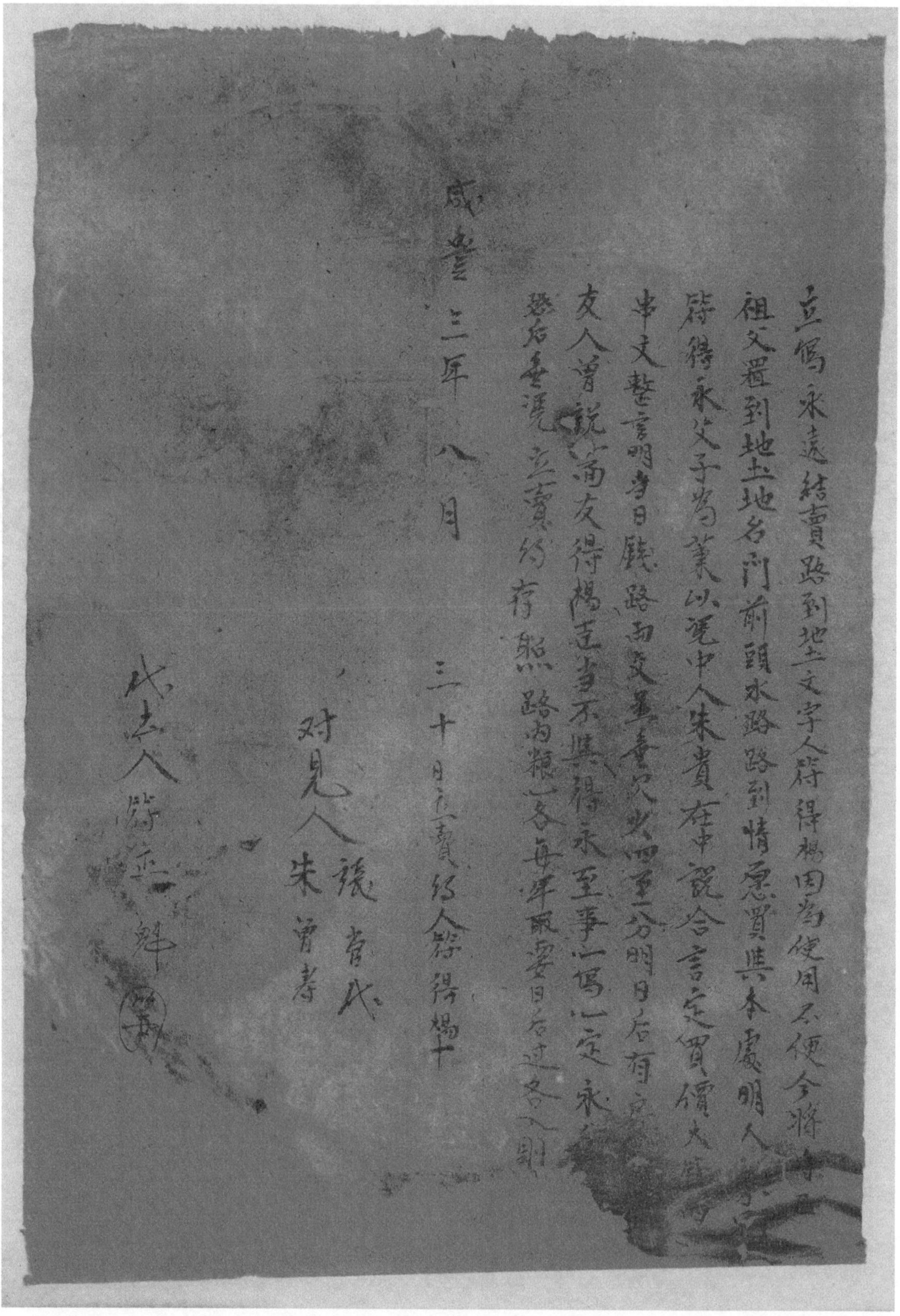

立寫永遠絕賣路到地土文字人符得楊，因為使用不便，今將自[illegible]
祖父置到地土，地名門前頭水路，路到情愿賣與本處明人[illegible]
符得永父子為業。以憑中人朱貴在中說合，言定賣價大錢[illegible]
串文整，言明當日錢路兩交，並無欠少。四至分明。日後有[illegible]
支人曾說，滿支得楊達當不與得永，至事一寫一定，永[illegible]
恐后無憑，立賣約存照。路內糧一各每年取要，日后過各入冊。

咸豐三年八月三十日立賣約人符得楊十

对見人　張當氏
　　　　朱曾壽

代書人　符正鮮

咸豐三年（一八五三）符得楊立結賣路到地契約（T016）

立駡（寫）永遠結賣路到地圡（土）文字人符得楊，因為使用不便，今将（將）自己祖父置到地圡（土），地名门前頭水路路到，情愿買（賣）與本處（處）明（民）人房兄符得永父子為業，以凂中人朱貴在中説合，言定買（賣）價大錢（錢）四串文整。言明当日錢（錢）路両（兩）交，並無欠少，四至分明，日后有房【親】□友人曾（争）説，一面友（有）得楊臣（承）当，不與得永至（之）事，一駡（寫）一定，永【無】【反】【悔】，恐后無凂，立賣约存照。路内粮一各每年取要，日后过各（割）入則。

咸豐三年八月三十日

立賣约人：符得楊（畫押）

对見人：張官代

朱曾寿

代書人：符正魁 筆

立借錢文字人符隨福代因爲使用不便今
刘名下大錢壹拾仟文对保言明每月三分行息照
無憑立约存用
保人楊法時
咸豐伍年冬月初一日　立
代筆人謝天祥

咸豐五年（一八五五）符隨福代立借貸契約（T017）

立借錢（錢）文字人符隨福代，因為使用不便，【借】【到】刘名下大錢（錢）壹拾仟文，对保言明，每月三分行息，止（祇）【口】無凭，立约存用。

咸豐伍年冬月初一日

【立约人：符隨福代】
保　人：楊德時
代筆人：謝天祥

立寫代存會銀合同字據人洮岷協營出征書識武定域，情因本營兵丁自昨歲十月起至
十一年五月底止，共扣存八個月會銀壹拾壹兩伍分，眾會友公同商議，軍需現在旁午，攜帶恐
有遺失，甚屬不便，今眼同交與來洮順差經制張廷選及李玉成、李得林三人，先其咱家中帶來
銀壹拾壹兩整，如數交家弟武定疆妥為收存，以備將來回家用，恐後無憑，立
此合同存照。

會末雍重成
張增元
武定域 親筆

咸豐十一年六月 二十一 日朝城美堤村軍營立

咸豐十一年（一八六一）武定域立代存會銀契約（T018）

立寫（寫）代存會銀合同字據人，洮岷協營出征書識武定域，情因本営兵丁自昨嵗（歲）十月起至十一年五月底止，共扣存八個月會銀壹拾壹两伍分，衆會友公（共）同商議：軍需現在旁午，携帶恐有遺失，甚属不便。今眼同交與來洮順差经制張廷選及兵丁李玉成、李得林，三人先與咱家家中带來銀壹拾壹两整，如数交家弟武定疆妥為收存，以俻（備）将（將）来撤回应用。恐后無凴，立此合同為拠（據）。

咸豐十一年六月二十一日

朝城夾堤村軍营立

會末：張增先

雍重成

武定域　親筆

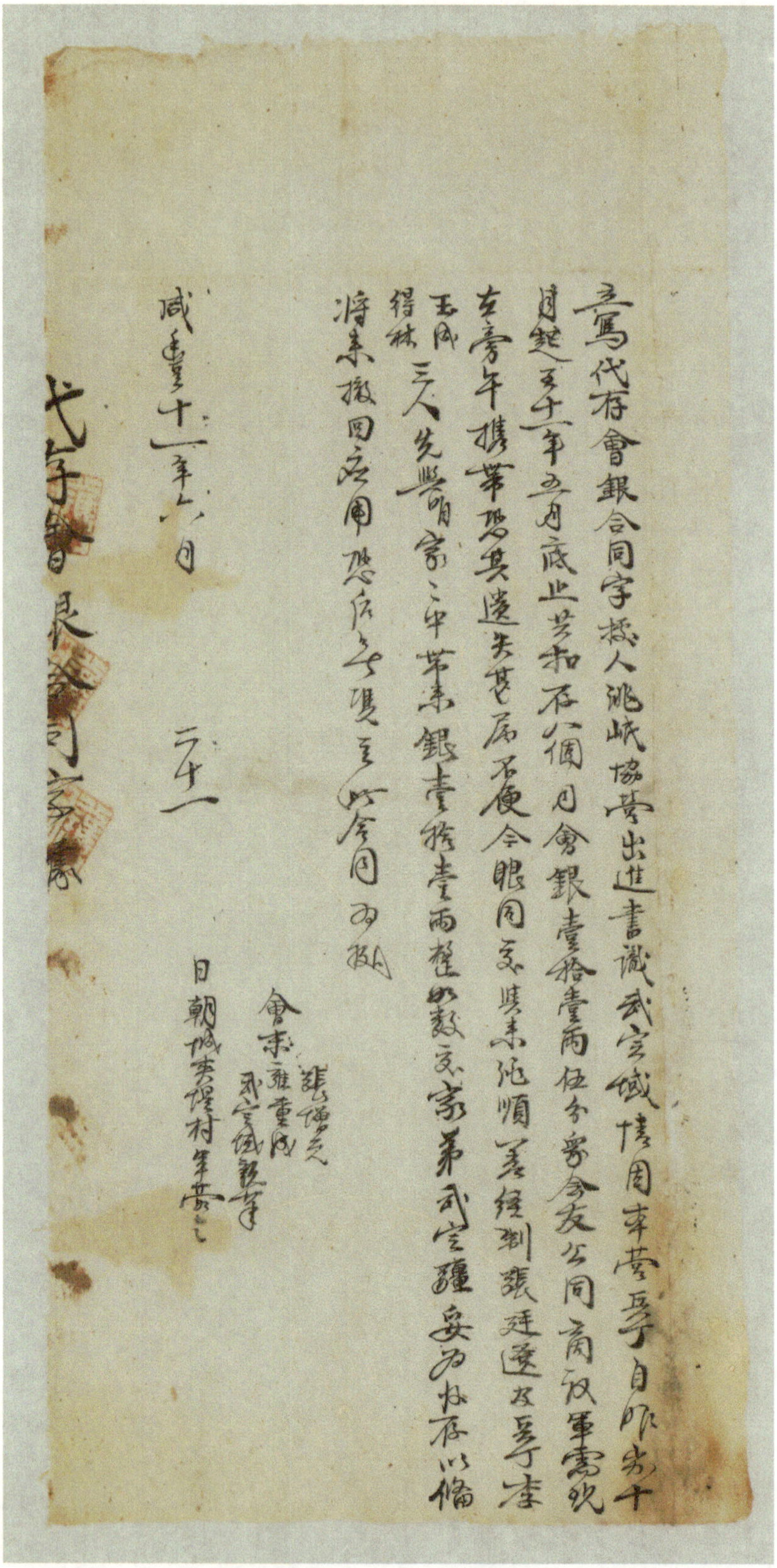

立寫代存會銀合同字據人洮岷協營出進書識武宗鐵情因本營五哨自咸豐十
月起至十一年五月底止共扣存八個月會銀壹拾壹兩伍分零會友公同商議軍需紛
左旁午攜帶恐其遺失甚屬不便今眼同衆姓未紀順管經制張廷選及五哨李
玉成
得林
三人先憑當衆中將本銀壹拾壹兩整如數交宗弟武宗鐽要為收存以備
將來撥回應用恐後無憑立此合同為據
　　　　　　　　　　　　　張偉元
　　　　　　　　　會末雍重成
　　　　　　　　　　武宗鐵親筆
咸豐十一年六月　二十一　日朝城東堡村筆書之

咸豐十一年（一八六一）武定域立代存會銀契約（T019）

立寫（寫）代存會銀合同字撅（據）人，洮岷協營出進（徵）書識武定域，情因本營兵丁自昨岁十月起至十一年五月底止，共扣存八個月會銀壹拾壹两伍分，衆会友公（共）同商议：軍需现在旁午携带，恐其遺失，甚属不便。今眼同交與來洮順差经制張廷選及兵丁李玉成、李得林，三人先與咱家家中带来銀壹拾壹两整，如数交家弟武定疆妥爲收存，以俻（備）将（將）來撤回应用。恐後無濦，立此合同為拠（據）。

咸豐十一年六月二十一日

朝城夾堤村軍营立

會末：張增先

雍重成

武定域　親筆

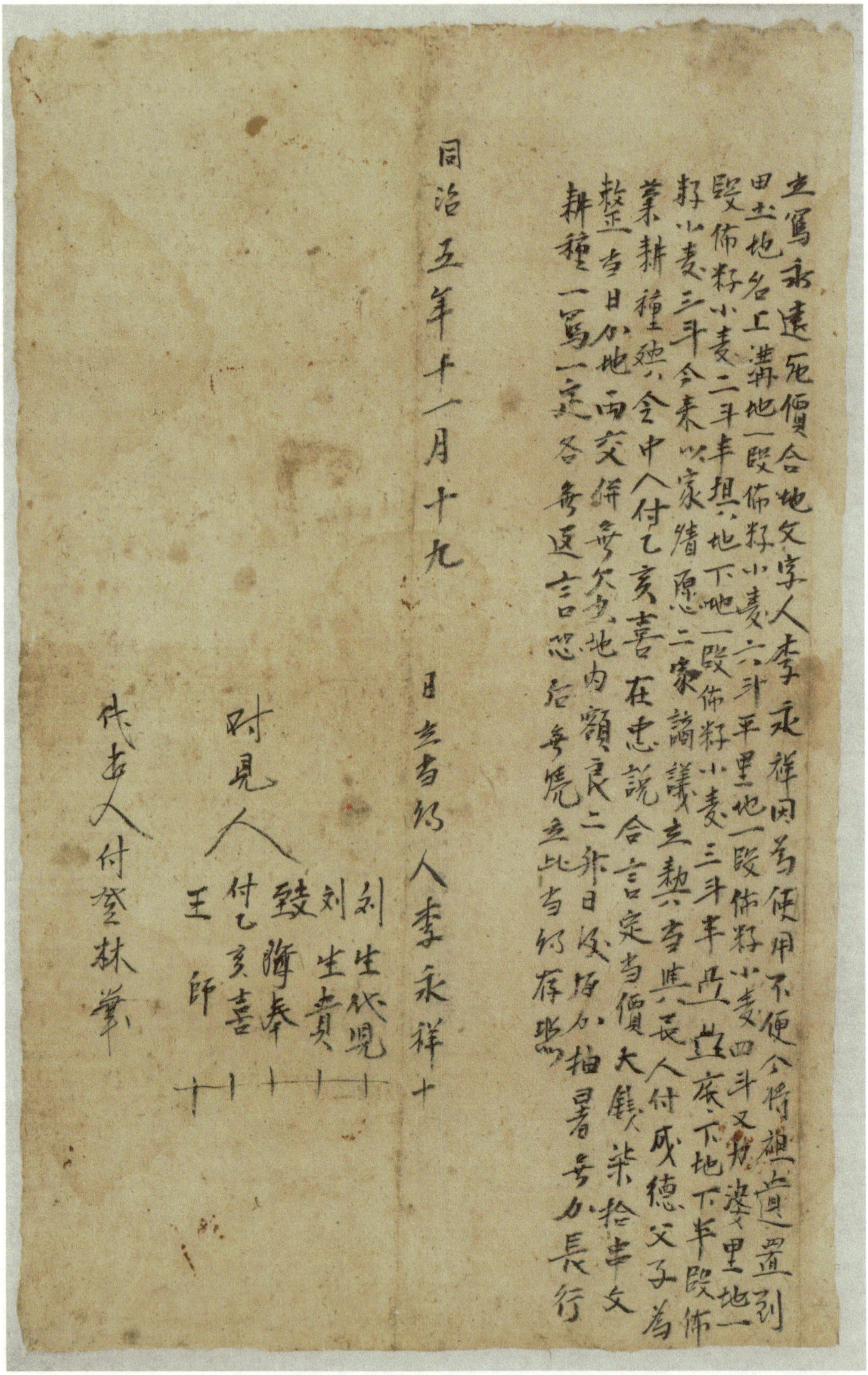
立寫永遠死價合地文字人李永祥因爲使用不便今將祖遺置到
田土地名上溝地一段佈籽小麥六斗平里地一段佈籽小麥四斗又塄婆婆里地一
段佈籽小麥二斗半垻垻地下地一段佈籽小麥三斗半丘丘底底下地下半段佈
籽小麥三斗今來以家情愿二家謫議立契賣與本族人付成德父子爲
業耕種然然今中人付乙亥喜在忠說合言定賣價大錢柒拾串文
整當日錢地兩交并無欠少地內額良二升日後隨分抽昌著無力長行
耕種一寫一定各無返言口恐后無凭立此賣約存照
同治五年十一月十九日立賣約人李永祥十
時見人
劉生代覌十
劉生貴十
錢潤奉十
付乙亥喜十
王郎十
代書人付登林筆

同治五年（一八六六）李永祥立死當地契約（T020）

立寫永遠死價合地文字人李永祥，因為使用不便，今将（將）祖遺置到田𡈽（土）地名上溝地一𣪠（段），佈耔小麦六斗；平里地一𣪠（段），佈耔小麦四斗，又力（立）婆（坡）里地一𣪠（段），佈耔小麦二斗半；埧地下地一𣪠（段），佈耔小麦三斗半；凸凸底下地下半𣪠（段），佈耔小麦三斗。今來以（一）家情愿，二家讁（商）議，立契（典）当與民人付成德父子為業耕種，殃（央）令中人付乙亥喜在忠（中）説合，言定当價大錢（錢）柒拾串文整，当日⺯（錢）地両（兩）交，併（并）無欠少，地内額良（糧）二𰀁（升），日後有⺯（錢）抽晷（贖），無⺯（錢）長行耕種，一寫一定，各無返（反）言，恐后無凴，立此当約存照。

同治五年十一月十九日

立当约人：李永祥（畫押）

对見人：刘生代兒（畫押）

刘生貴（畫押）

□海奉（畫押）

付乙亥喜（畫押）

王師（畫押）

代书人：付登林 筆

約人　因爲使用不便今將自己置到楊姓水泉地二
段舊地一所今轉當于　苻政潮爲業耕種耒往説合中人
楊昇保言明當價大錢乙仟文整　當日不地兩交並無欠少日後
加不抽贖無不退行耕種恐後無憑當約爲証　每年
護價粮不成文

光緒二十年四月廿日　立當約人左前　十

代書人何殿榮筆

對見人　苻根良　十
楊占仁　十
苻六月保　十

光緒二年（一八七六）□□□立轉當地契約（T021）

【立】約人□□□，因為使用不便，今将（將）自己置到楊姓水泉地二段（段），蒿（蒿）地一所，今轉当于符政潮為業耕種，來往説合中人楊昇（昇）保言明当價大錢（錢）乙（一）仟文整，当日糸（錢）地两交，並無欠少，日後有糸（錢）抽贖，無糸（錢）長行耕種，恐後無凴，当约為证。每年護（獲）價粮糸（錢）叁文。

光绪二【年】二十八日

立约人在前（畫押）

代書人：付殿荣 筆

对見人：符根良 吉（畫押）

楊馬代 仁（畫押）

符六月 保（畫押）

立寫永遠結賣地土文字人李䄉進林李蕙進林因為國並哥親無處
折便今將祖父置列田梁蔥樹灣里地土一段佈仔小麦一斗二家以憑中
人李進荣耒社說合言定賣價大錢肆錘文整賣與本處民人李䄉代為
業耕種地內額粮一各替行那秋日後什行下鄉过各入册酒失畫字
在外當日鈔兩交並無欠一定永無返言恐後無憑立此買約存照

光緒四年十二月初七日立賣約李蕙䄉進林　十　十

對見中人李叁姓存十
李郭進林畫字六十文十
冨生玉畫字六十文十

寫字人李緒禄筆

光緒四年（一八七八）李張進林、李慈進林立賣地契約（T022）

立寫永遠结賣地土文字人李張進林、李慈進林，因為國（供）並母親，無𠩄（處）折便。今将（將）祖父置到田梨懃（勤）樹淳（灣）里地土一股（段），佈仔（籽）小麦乙（一）斗，二家以憑中人李進荣來往説合，言定賣價大銭（錢）肆鉡（串）文整，賣與本𠩄（處）民人李張代為業耕種，地内額粮，一各賛（替）行，那秋日後什行下鄉过各（割）入册，酒失（食）盡字在外，當日鈔（錢）【地】两交，並無欠【少】，一定永無返言，恐後無憑，立此買（賣）约存照。

光緒四年十一月初七日

立賣约【人】：李張進林（畫押）
李慈進林（畫押）
對見中人：李叁姓存（畫押）
李韩進林　畫字六十文（畫押）
李富生玉　畫字六十文（畫押）
遇書人：李縉禄　筆

立寫字據人韓玄元因府祥寅來家勸化善錢二人爭嚷　身　特府祥寅
照依道父等踩告發衆有座宮主帥查明情形並無此事實係惟
告自知情悞央令老楊洪進代說合情願了完日後若　身　父有無有
韓玄元承當不與府祥寅之事從此之後二家並無爭論恐後無
憑立此字據為証

光緒四年十二月廿一日立字據人韓玄元

老民楊洪進代十

過知人楊纖

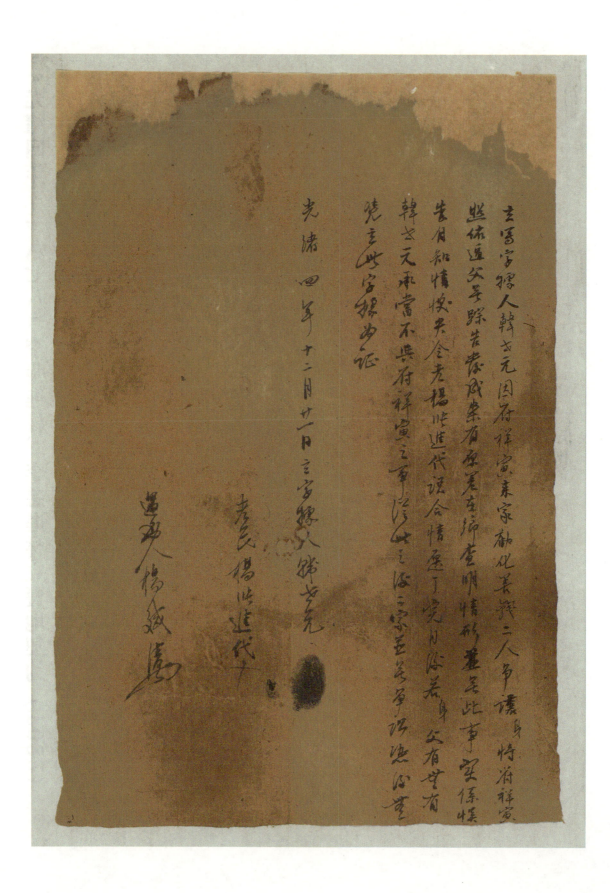

光緒四年（一八七八）韓世元立息訟契約（T023）

立寫字據人韓世元，因符祥寅来家勸化善銭（錢），二人争讓（嚷），身将（將）符祥寅照佑逼父無踪告發成桊（案），有原差在鄉，查明情形，並無此事，实係悮（誣）告，自知情憚，央令老楊张進代说合，情愿了完，日後若身父有無，有韓世元承當，不與符祥寅之事，從此之後，二家並無争讼。恐後無憑，立此字據为证。

光绪四年十二月廿一日

立字據人：韩世元（手印）
老　民：楊张進代（畫押）
遇書人：楊斌清（畫押）

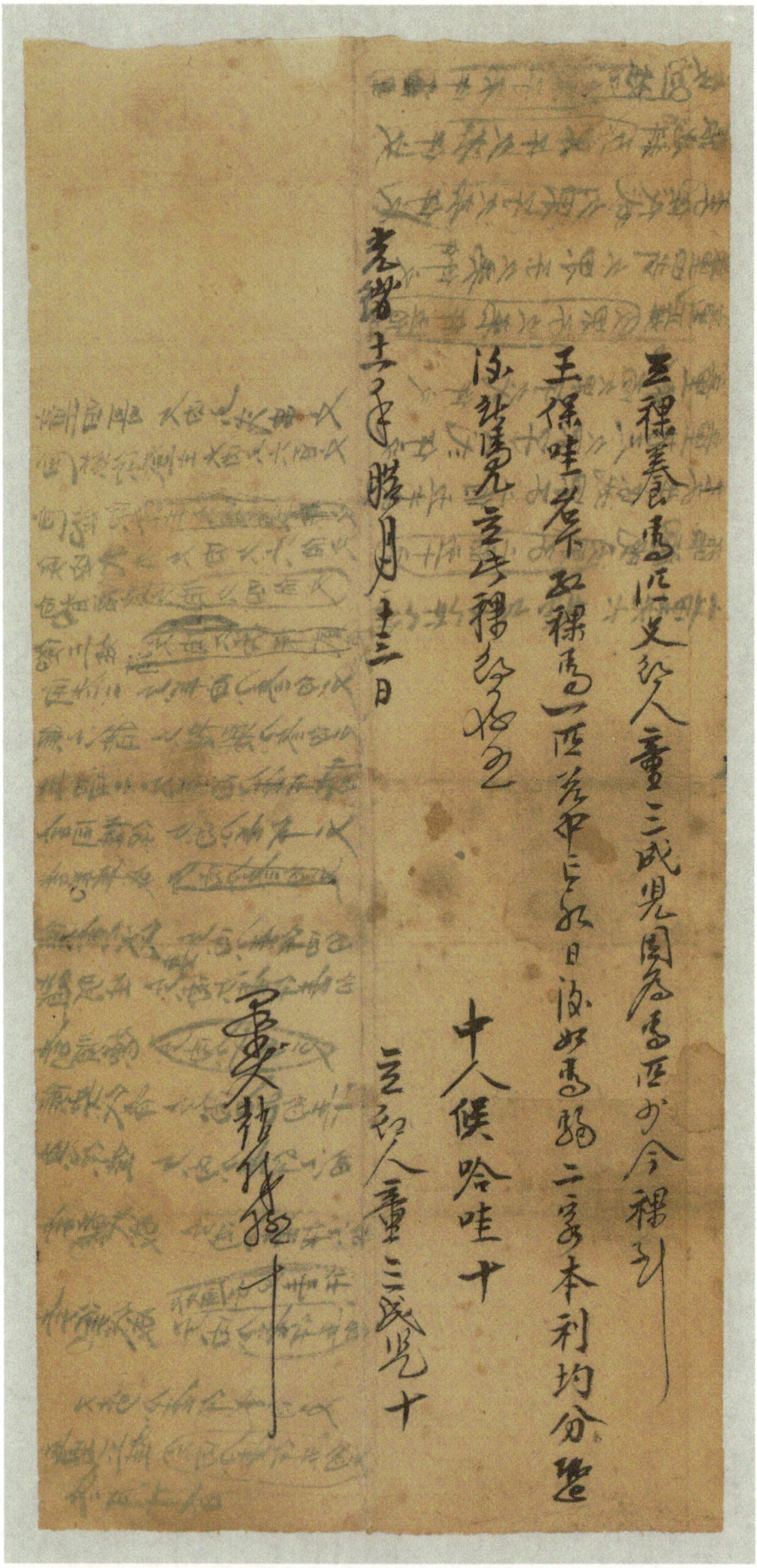
立稞養馬匹文約人董三成児因為馬匹少今稞到
王保哇名下紅稞馬一匹名下言明日後如馬騍二家本利均分照
後恐無憑立字稞約為照
光緒十年臘月十三日
中人保哈哇十
立約人董三成児十

光緒十一年（一八八五）童三成兒立夥養馬匹契約（T024）

立祼（夥）養馬匹文约人童三成兒，因為馬匹少，今祼（夥）到王保哇名下红稞馬一匹，若（對）中言明日後如【有】馬駒，二家本利均分，恐後無凴，立此祼（夥）约爲证。

光绪十一年腊月十三日

立约人：童三成兒（畫押）
中　人：侯哈哇（畫押）
書契人：□□□（畫押）

立賣永遠庄果地基文字人李吉有因為聚妻不便，今將自己祖
遺本庄下台子上前院庄果壹處，北至後埂為界，西至李元良庄果半分為界，南至李
把哥庄果為界，東至門前岩頭為界，門前場半分在內，朝北後水地壹段，下籽一斗八升，各有
旧埂為界，房頭起汗地壹段，各有旧埂為界，下籽一斗。二家商議，央請謀人並中人詞到二家
情愿賣於
葛代〻名下為業，當日議到賣價大錢柒串文整，當日隨地兩交，並無欠少。此地二段，下籽貳斗叁升，隨地
粮一斗叁升，地主討去上納。若有房親戶內人等言詞者，有李吉有一面承當。牛路草山一並通行，
松林在然後無悉，立此賣約執照。

說合謀人　王世金　十
　　　　　李把哥　十
房親人李元良　十
青苗會首虞榮代　十

光緒十二年十二月十五日　立賣約人李吉有　十
書本人張彥祥一筆操　十

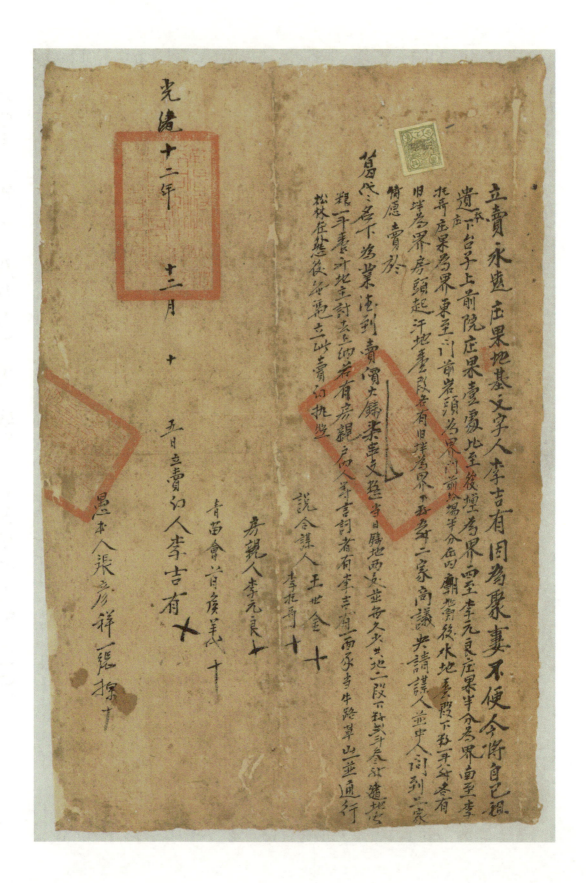

光緒十二年（一八八六）李吉有立賣莊窠契約（T025）

立賣永遠庄（莊）果（窠）地基文字人李吉有，因為聚（娶）妻不便，今將自己祖遺夲（本）庄（莊）下台子上前院庄（莊）果（窠）壹𠩄（處），比（北）至後堙（檐）為界，西至李元良庄（莊）果（窠）半分為界，南至李托奇（奇）庄果（窠）為界，東至门前岩頭為界，门前坋（糞）埸半分在内。廟北角後水地壹叚（段），下籽一斗八升（升），各有旧垟為界。房頭起汗（旱）地壹叚（段），各有旧垟為界，下籽五升（升）。二家商議，央請謀（媒）人並中人问到二家情愿賣於葛代代名下為業，德（得）到賣價大銭（錢）柒串文整，当日銭（錢）地两交，並無欠少，共地二叚（段），下籽弍斗叁升（升），隨地屯粮一年壹升，地主討去上纳。若有房親户内人等言詞者，有李吉有一面承当，牛路草山一並通行，松林在外。恐後無凴，立此賣约执照。

光绪十二年十二月十五日

立　賣　约　人：李吉有（畫押）

説合謀（媒）人：王世金（畫押）

李托奇（奇）（畫押）

房　親　人：李元良（畫押）

青　苗　會　首：侯羊代（畫押）

愚（遇）书　人：張彦祥（畫押）

張探（畫押）

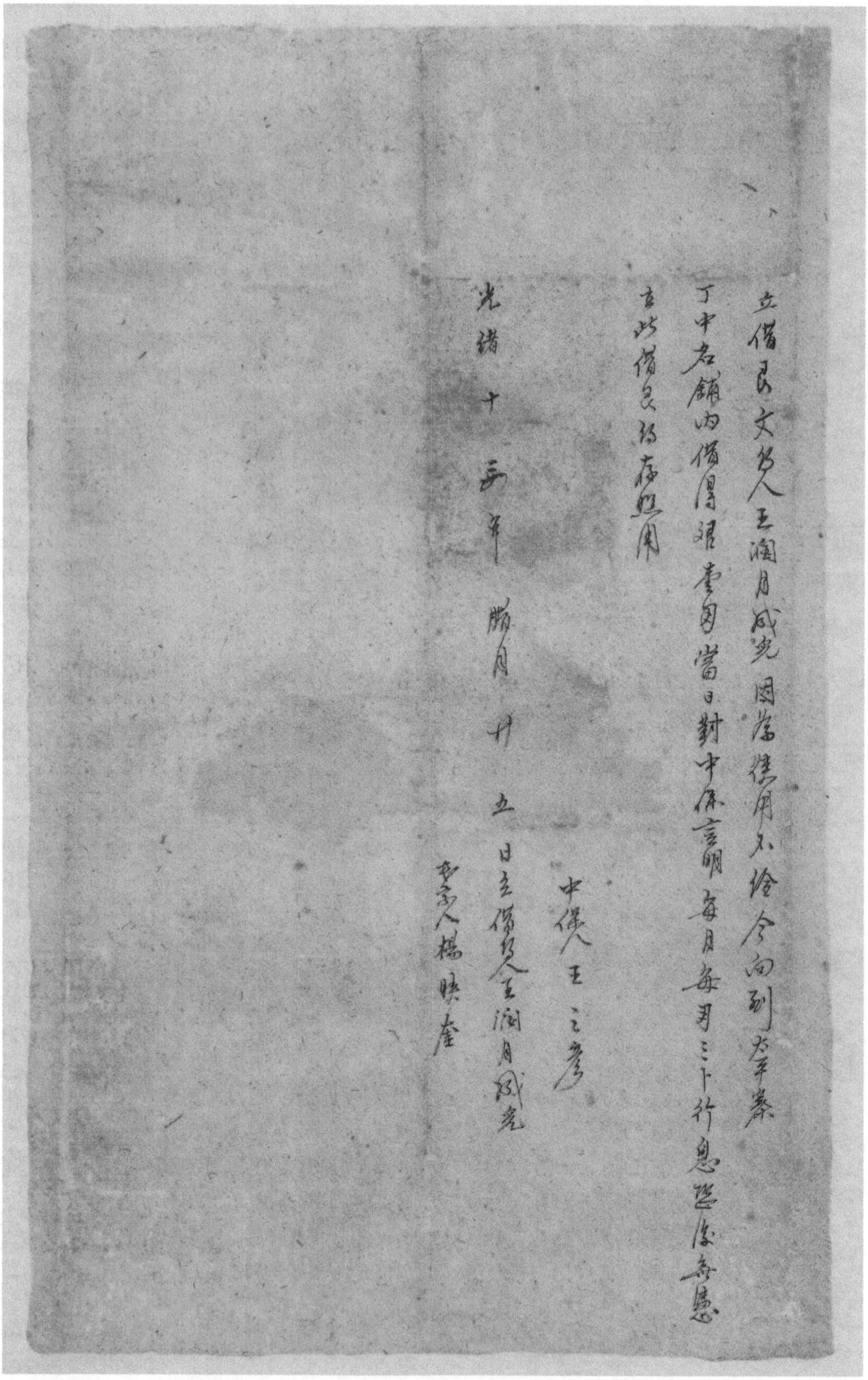

立借艮文約人王潤月成光，因為使用不給，今向到本年寨丁中名鋪內借得銀壹兩，當日對中保言明，每月每兩三卜行息，照依無悠。

立此借艮約存照用。

光緒十三年臘月廿五日立借約人王潤月成光

中保人王三彥

寫字人楊映奎

光緒十三年（一八八七）王潤月成兒立借貸契約（T026）

立借艮（銀）文约人王润月成兒，因為使用不給，今同到太平寨丁中名鋪（鋪）内借得银壹刄（兩），當日對中保言明，每月每刄（兩）三分行息，恐後無憑，立此借艮（銀）约存照用。

光绪十三年腊月廿五日

立借约人：王润月成兒
中 保 人：王之彦
書 字 人：楊映奎

立賣庄科文約人李元有因爲使用不便今將自己祖遺溝係庄科一所
賣與堂姪李吉有名下爲業得到賣價大錢叁串文正當日交清四字分
明東至李姓西至王姓南至王姓糞長爲界北至李老墻爲界出入兩家通
行屯糧交半五合酒食化字以庄在内若有房親爭言者有賣主一面承當恐後
無憑立賣約存照

中人劉萬良十

房親李老五十 李千佛保十 李保保十

光緒十六年又二月廿日立賣人李元有十

代書人史文亭筆

光緒十六年（一八九〇）李元有立賣莊窠契約（T027）

立賣庄（莊）科（窠）文約人李元有，因為使用不便，今将（將）自己祖遺溝你（裏）庄科（窠）一所，賣與堂姪李吉有名下為業，得到賣價大錢叁串文整，當日交清。四字（至）分明，東至李姓，西至王姓，南至王姓糞長（場）為界，北至李【姓】老墻為界，【水路在内】，出入两家通行，屯粮式升（升）五合，酒食化（畫）字，以（一）应在内。若有房親争言者，有賣主以（一）面承當。恐後無憑，立賣约存照。

光緒十六年冬月廿日

立賣人：李元有（畫押）
中　人：刘萬良（畫押）
房　親：李老五（畫押）
李千佛保（畫押）
李保保（畫押）
代书人：史文亭（畫押）

立寫承糧文約人侯七成，今將自己祖遺上吉子坪汗地捌段進一李吉有

承糧。因為李吉有一時未有差量，久明地土遠吊，難以耕種。兑鄉

保品論仝然，將地交與原主，只有喬家墳埃頭起地一段，下剩五升

兑以違與侯李保成名下納糧。李吉有因蘭退此地難以退回，因而七成

將此地李吉有名下永遠為業。兑中言明，每年承納糧料大升五合，

永無反言，若有反言，李吉有仝然一承納糧料三斗。恐人心難據，今立承

字據為照。

說合中人　鄉約李托哥　十

老民侯代哥　十

張有祿　十

張童有　十

谢鐵布　十

立字據人　侯七成　十

憑字人　張彥祥　十

光緒拾八年五月十四日

光緒十八年（一八九二）侯七成立承糧契約（T028）

立寫承粮文约人候（侯）七成，今将（將）自己祖遺上台子共汗（旱）地捌叚（段）與李吉有承粮。因為李吉有一時未有苕（商）量，分明地土遠吊，难以耕種，兑（對）鄉保品（評）论（論）仍然將地交與原主。只有喬家墳埃（崖）頭起地一叚（段），下籽五升（升），兑约達與候（侯）李保成名下纳粮，李吉有因蘭（難）租此地，难以退囬（回），因而七成将此地李吉有名下永遠為業，兑（對）中言明，每年承纳屯粁（糧）弍升（升）叁合，永無反言，若有反言，李吉有依然承納屯粁（糧）三斗。恐人心难拴，會立此字攈（據）為凴。

光緒拾八年五月十四日

立字攈（據）人：候（侯）七成（畫押）

說合中人：乡约：李托奇（畫押）

老民：候（侯）代奇（畫押）

张有禄（畫押）

張童有（畫押）

開铁布（畫押）

愚（遇）出（書）人：張彦祥（畫押）

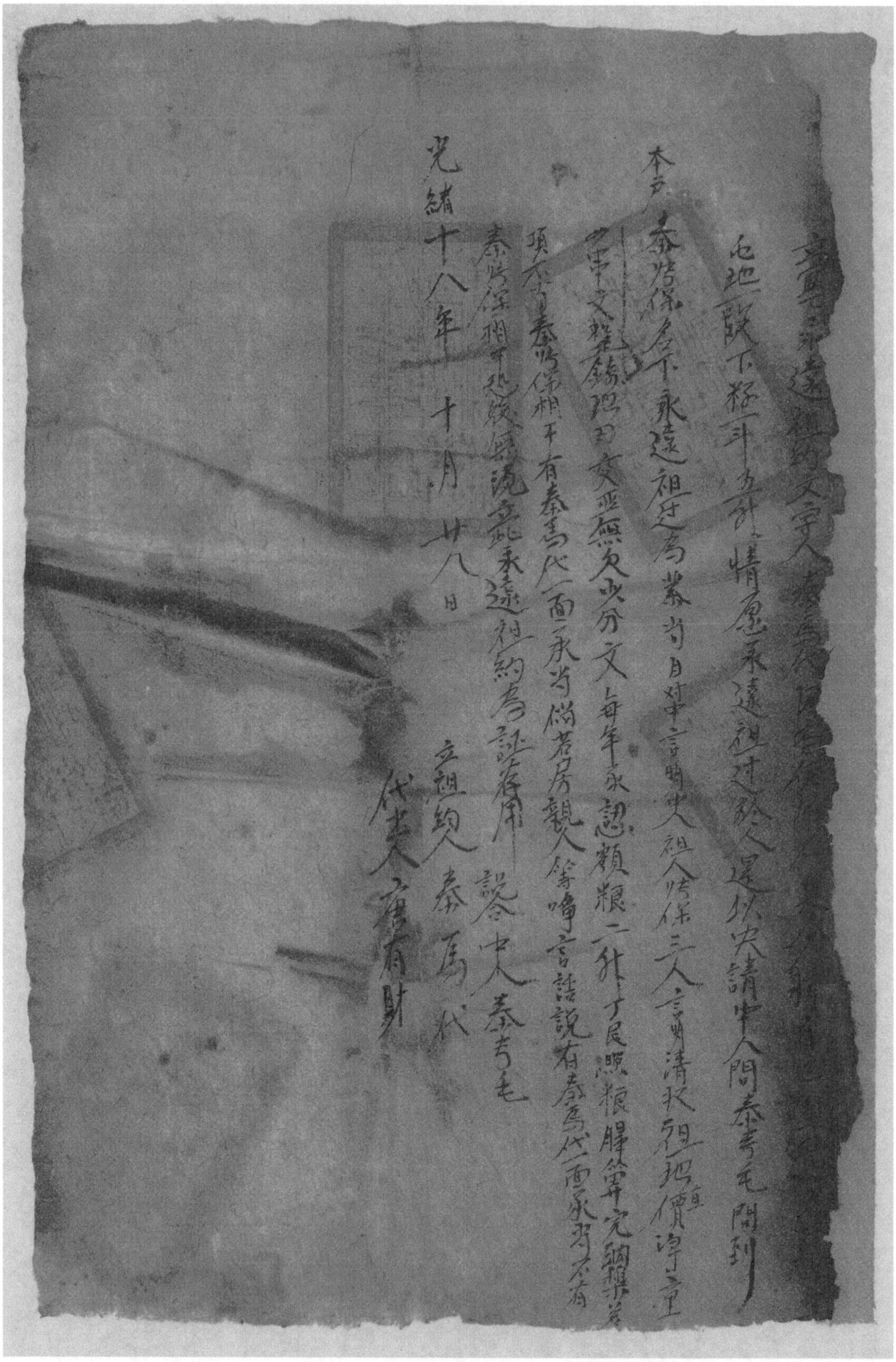

立賣[illegible]永遠祖約文字人秦馬代[illegible]
有地一段下種一斗五升，情愿永遠祖過於人，邊伙央請中人問秦壽毛問到
本戶秦特保名下永遠祖過爲業，當日對中言明，出入祖人特保二人言明清秋租地價淨[illegible]
當中交清銀錢[illegible]，交無欠少分文。人每年承認頭糧一升，十足照糧解算完納租差
項不干秦特保相干，有秦馬代一面承當。倘若房親人等爭言話說，有秦馬代一面承當，不與
秦特保相干。恐後無憑，立此永遠祖約爲証存用。

説合中人　秦壽毛
立祖約人　秦馬代
代書人　唐有財

光緒十八年　十月　廿八日

光緒十八年（一八九二）秦馬代立租地契約（T029）

立骂（寫）永遠租约文字人秦馬代，因為使用不足，今将（將）自己祖遺満頭嘴【角】上屯地一叚（段），下籽一斗五升（升），情愿永遠祖（租）过於人，是以央請中人問秦春毛問到本户秦張保名下永遠祖（租）过為業。当日対中言明，中人祖（租）人張保三人言明清收祖（租）地直（值）價淂（得）二厘四串文整。銭（錢）地月（兩）交，並無欠少分文。每年承認額粮二升（升），丁艮（銀）照粮攤箅（算）完纳。稞（其）若（餘）項不与秦張保相干，有秦馬代一面承当。倘若房親人等哹（争）言話説，有秦馬代一面承当，不有（與）秦张保相干。恐後無憑，立此永遠祖（租）約為証（證）存用。

光緒十八年十月廿八日

立祖（租）约人：秦馬代

説合中人：秦春毛

代書人：唐有財

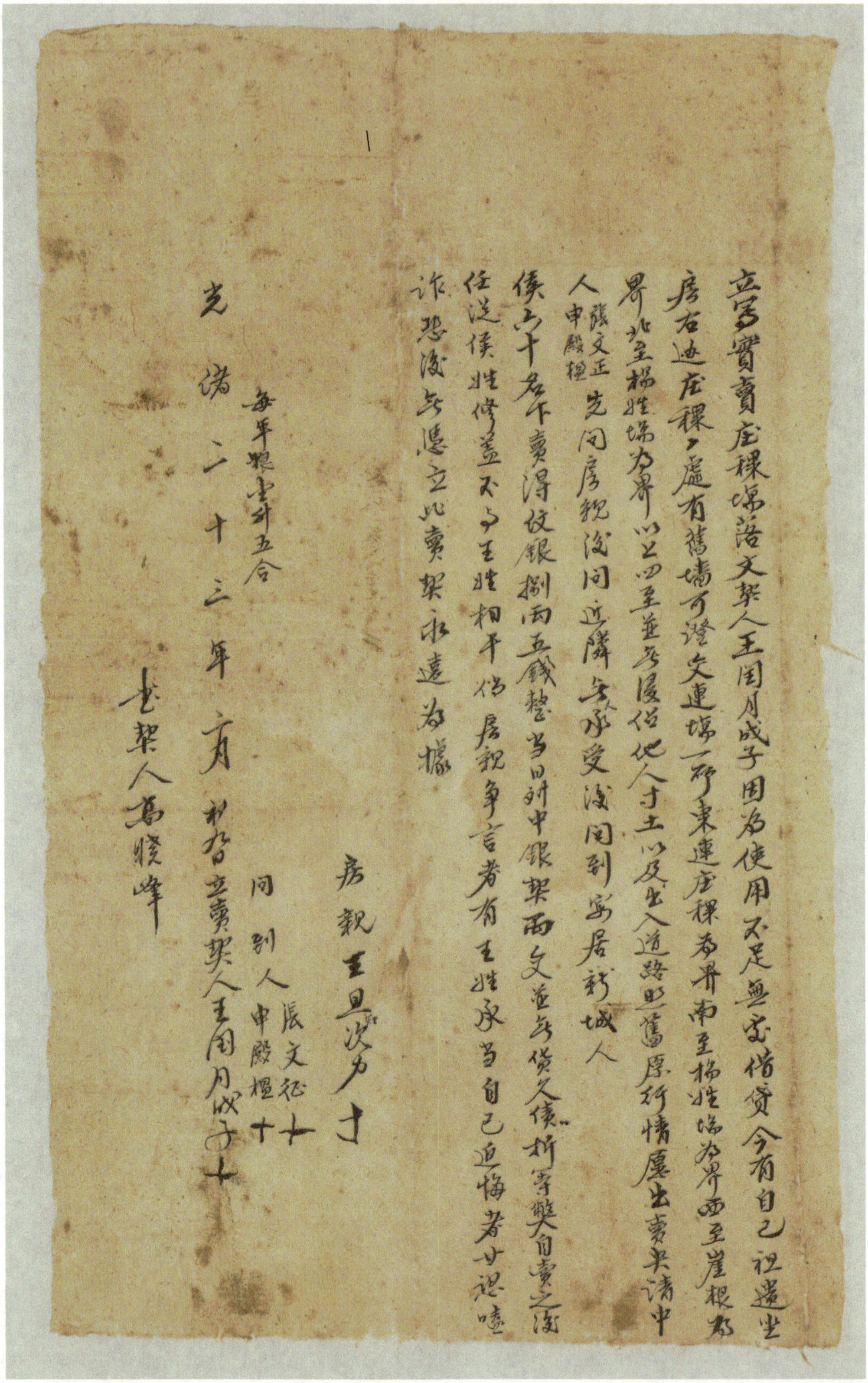
立寫實賣庄稞塲落文契人王国月成子因為使用不足無處借貸今有自己祖遺坐
房右邊庄稞一處有舊墻可證父連塲一所東連庄稞為界南至楊姓塲為界西至崖根為
界北至楊姓塲為界以上四至並無侵佔他人寸土以及出入道路照舊原行情愿出賣與請中
人張文正 申殿極 先同房親後同近隣無人承受後同到寡居新城人
侯六十名下賣得紋銀捌兩五錢整當日對中銀契兩交並無貨欠債折寡弊自賣之後
任從侯姓修蓋不与王姓相干倘房親爭言者有王姓承當自己追悔者甘罰嘘
詐恐後無憑立此賣契永遠為據

每年粮壹升五合

房親 王旦次力 十

同到人 張文征 十 申殿極 十

光緒二十三年 月 初吉 立賣契人王国月成子 十

書契人葛曉峰

光緒二十三年（一八九七）王閏月成子立賣莊窠契約（T030）

立寫實賣買庒（莊）稞（窠）塲落文契人王闰月成子，因為使用不足，無處借貸，今有自己祖遺坐房右逊（邊）庄稞（窠）一處，有舊墻可澄（證），交連塲一所，東連庒（莊）稞（窠）為界，南至楊姓塲為界，西至崖根為界，北至楊姓塲為界。以上四至並无侵佔他人寸土，以及出入道路，照舊原行。情愿出賣，央请中人張文正、申殿楹，先问房親，後问近隣（鄰），無人承受，後问到家居新城人侯六十名下，賣淂（得）纹銀捌両（兩）五銭（錢）整，当日对中銀契両（兩）交，並無货欠债折等獘（弊），自賣之後，任從侯姓修盖，不与王姓相干，倘房親争言者，有王姓承当，自己返（反）悔者，甘認嗑诈。恐後無憑，立此賣契永遠为據。

每年粮壹升五合。

光绪二十三年二月初九日

立賣契人：王闰月成子（畫押）

房　親：王旦次力（畫押）

问到人：張文征（畫押）

申殿楹（畫押）

書契人：高晓峰

立賣地土文約人李元有因為使用不足今將自己祖遺紅崖溝下川里水地壹段
下籽五斗白粮貳斗五合央中説合問到房親無人承要情愿賣與
李吉有名下為業四字分明各有旧畔為界凭中公義是值賣價大錢叁仟六伯
五指文当日錢地兩交並不欠少自賣之後酒食画字以應費起如有房親房户人爭
言者有業主以應承当不與賣主之事恐後無古此賣約為據

光緒二十四年十月初二

説合中人侯羊保有十
房親人李成科十
叔丈李進貴十
孫千佛保十
日立賣約人李元有十

過書人李枝茂

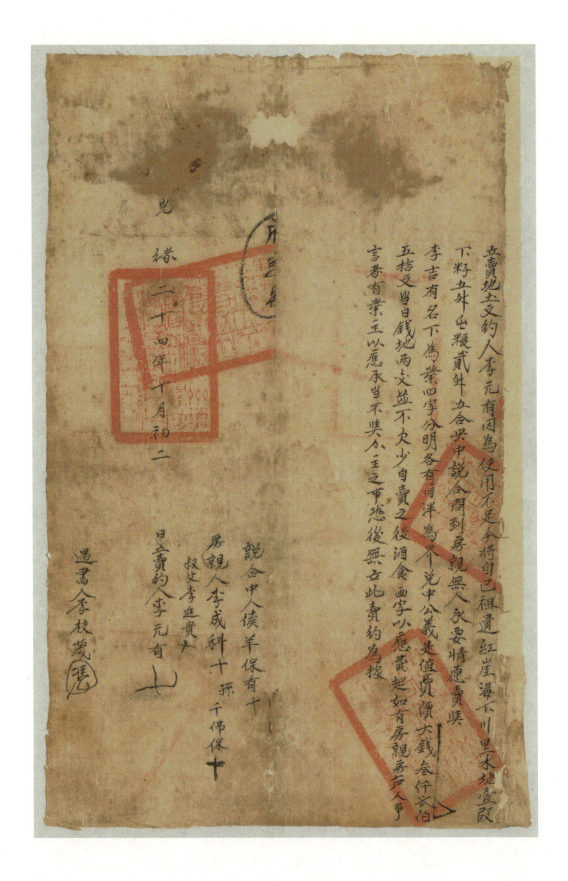

光緒二十四年（一八九八）李元有立賣地契約（T031）

立賣地圡（土）文约人李元有，因為使用不足，今將自己祖遺紅崖溝下川里水地壹叚（段），下籽五升（升），屯粮貳升（升）五合，央中説合，問到房親無人承要，情愿賣與李吉有名下為業，四字（至）分明，各有旧泮（畔）為界，兑（對）中公義（議），是（時）值賣價大銭（錢）叁仟弍伯（百）五拾文，当日銭（錢）地两交，並不欠少。自賣之後，酒食画字，以（一）應費起。如有房親房户人争言者，有業主以（一）應承当，不與銭（錢）主之事。恐後無【憑】，立此賣约為據。

光緒二十四年十月初二日

立賣约人：李元有（畫押）
説合中人：侯羊保有（畫押）
房　親　人：李成科（畫押）孫　千佛保（畫押）
　　叔父　李進貴（畫押）
遇　書　人：李枝茂（畫押）

今立坪㨿文字人韓春家、張家弟兄二人窰口祥讓來言不順以

二家啍訟告罰在案向下親友 老關民

符德榮來往說合二家情愿昔事了完竝無各騰並系

粮二籌青廿四年籌青交起二家若有返言者罰白銀一十

岷州衆工一罰壹定永無返言 恐後無憑立此坪㨿爲証

光緒二拾肆年拾弍月拾壹日 立坪㨿 韓春家 韓張家

對見人 符轉林十 高金昌十 韓發昌十 稻元十 連順十

遇文人張儀昌(押)

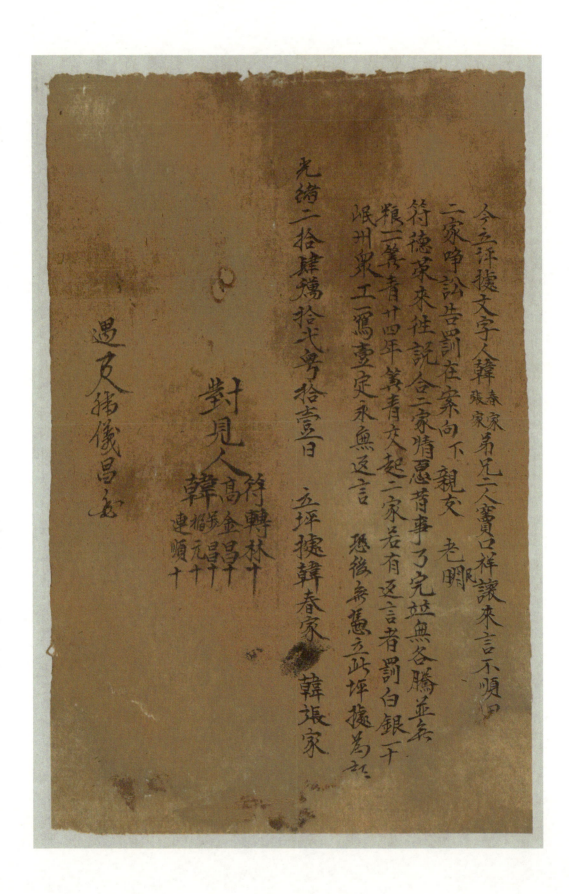

光緒二十四年（一八九八）韓春家、韓張家立息訟契約（T032）

今立评（憑）攎（據）文字人韓春家、韓張家弟兄二人賨（鬥）口祥（相）讓（嚷），來言不順，因□□□二家唥（争）訟，告罰在案，向下親友老民符德荣來往説合，二家情愿昔（息）事了完，並無各（葛）騰（藤），並無□□□，粮一一筭（算）青（清），廿四年筭（算）青（清）交起。二家若有返（反）言者，罰白銀一十□□□岷州衆工，一寫壹定，永無返（反）言，恐後無憑，立此坪（憑）攎（據）為证。

光绪二拾肆【年】拾貳粵（月）拾壹日

立坪（憑）據：韓春家（手印）韓張家

對見人：符轉林（畫押）

高金昌（畫押）

韓萬昌（畫押）

韓福元（畫押）

韓連順（畫押）

遇書人：虎儀昌（畫押）

丁合林存約

立典地土文約人陳六十六光因為使用不足，今
路口尼屯地東臺段下籽壹斗情愿出典于人
本寨丁合林名下典得地價紋銀柒兩伍錢，
年額征屯粮四升丁民照粮帷等自典之後一家
取贖無銀典主自約耕種銀到當回照舊
納細以後陳呂二姓並無爭詞以後望先同双方去

同中證人　丁家代　十　丁秉順　十　陳三郎　呂正華
中

光緒二十五年二月十五日立

民國卅二年古四月廿一日此約係為不用
代書人　王和

光緒二十五年（一八九九）陳七十六兒立典地契約（T033）

立典地土文約人陳七十六兒，因為使用不足，【今】【將】路口尼屯地東壹叚（段），下籽壹斗，情愿出典于人，本寨丁合林名下，典得地價紋銀柒両（兩）伍銭（錢）【整】。年額征屯粁（糧）四升，丁艮（銀）照粮攤算。自典【之】【後】，【有】【銀】取贖，無銀典主执約耕種，銀到地囬（回），恐【後】無凴，以後陳吕二姓並無爭（争）词。以望兑（對）同双方□□□。

光緒二十五年二月十五日

民国卅壹年古四月十一日此约作為不用

【立約人：陳七十六儿】

同中说合人：丁家代（畫押）

丁更順（畫押）

陳三郎代（畫押）

吕正華（蓋章）

代書人：王□

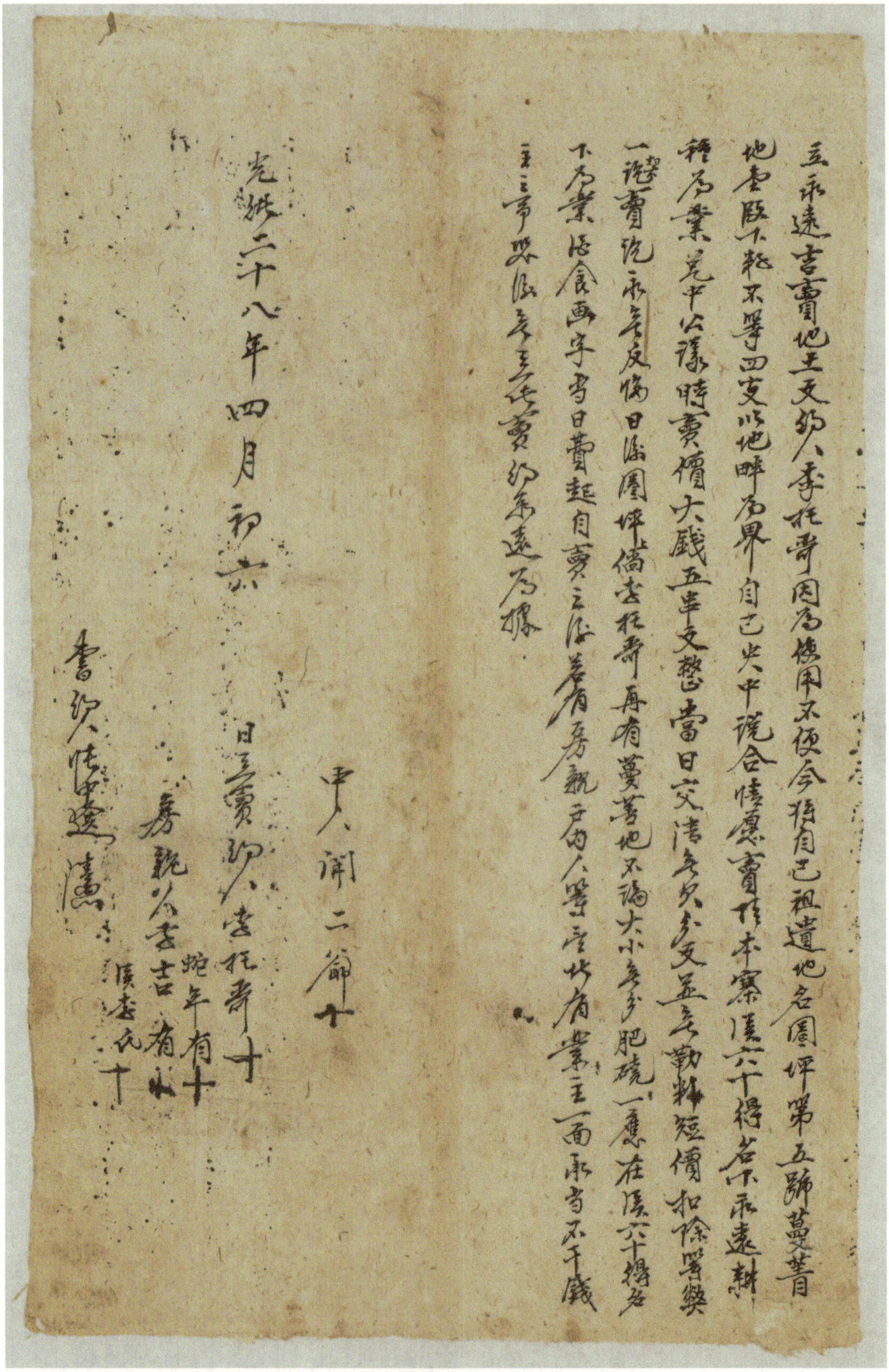

立承遠吉賣地土文約人李柱壽因為使用不便今將自己祖遺地名園坪第五蹄蔓菁
地壹段下耗不等四至以地畔為界自己央中說合情愿賣於本寨漢六十得名下永遠耕
種為業憑中公議時賣價大錢五串文整當日交清無欠分文並無勒料短價扣除等弊
一說賣說永無反悔日後園坪倘李柱壽再有蔓菁地不論大小無多肥磽一應在漢六十得名
下為業恐食西字當日賣起自賣之後若有房親戶內人等爭占有業主一面承當不干錢
主之事恐後無憑立賣約永遠為據

中人謝二爺 十

日立賣約人李柱壽 十

房親人李吉有 十

蛇年有 十

漢李氏 十

光緒二十八年四月初六

書約人陳遠濤

光緒二十八年（一九〇二）李托奇立賣地契約（T034）

立永遠吉賣地土文约人李托竒（奇），因為使用不便，今将自己祖遺地名圈坪第五號蔓菁地壹叚（段），下籽不等，四支（至）以地畔為界，自己央中说合，情愿賣於本寨侯六十得名下永遠耕種為業，兑（對）中公議（議）時賣價大錢（錢）五串文整。當日交清，無欠分文，並無勒枓（糧）短價扣除等獘（弊），一（以）讫（契）賣讫（契），永無反悔。日後圈坪上倘李托竒（奇）再有蔓菁地不論大小，無分肥磽（饒），一應在侯六十得名下為業。酒食画字当日費起。自賣之後，若有房親户内人等望（妄）说，有業主一面承当，不干錢（錢）主之事，恐後無凴，立此賣约永遠為據。

光緒二十八年四月初六日

立賣约人：李托竒（奇）（畫押）
中　　人：開二爺（畫押）
房 親 人：李蛇年有（畫押）
　　　　　李吉有（畫押）
　　　　　李侯李氏（畫押）
書 约 人：张中選 清（親）笔

房物床單文字人安正魁因爲使用不便今問当與

名下当大錢七千文整当日房物錢兩交並無欠

少一寫一定日後有不抽著無不主業恐后無憑

立此當約存照

中人安張化十

廿九年四月十四日立当約人清筆

光緒二十九年（一九〇三）符正魁立當房屋莊窠契約（T035）

【立】【當】房物（屋）庄（莊）菓（窠）文字人符正魁，因為使用不便，今问当與（吕）名下，当大糹（錢）七千文整，当日房物（屋）糹（錢）两交，並無欠少，一寫一定，日後有糹（錢）抽暑（贖），無糹（錢）主坐，恐后無凴，立此當约存照。

【光】【緒】廿九年四月十四日

立当约人清（親）筆

中人：符張代（畫押）

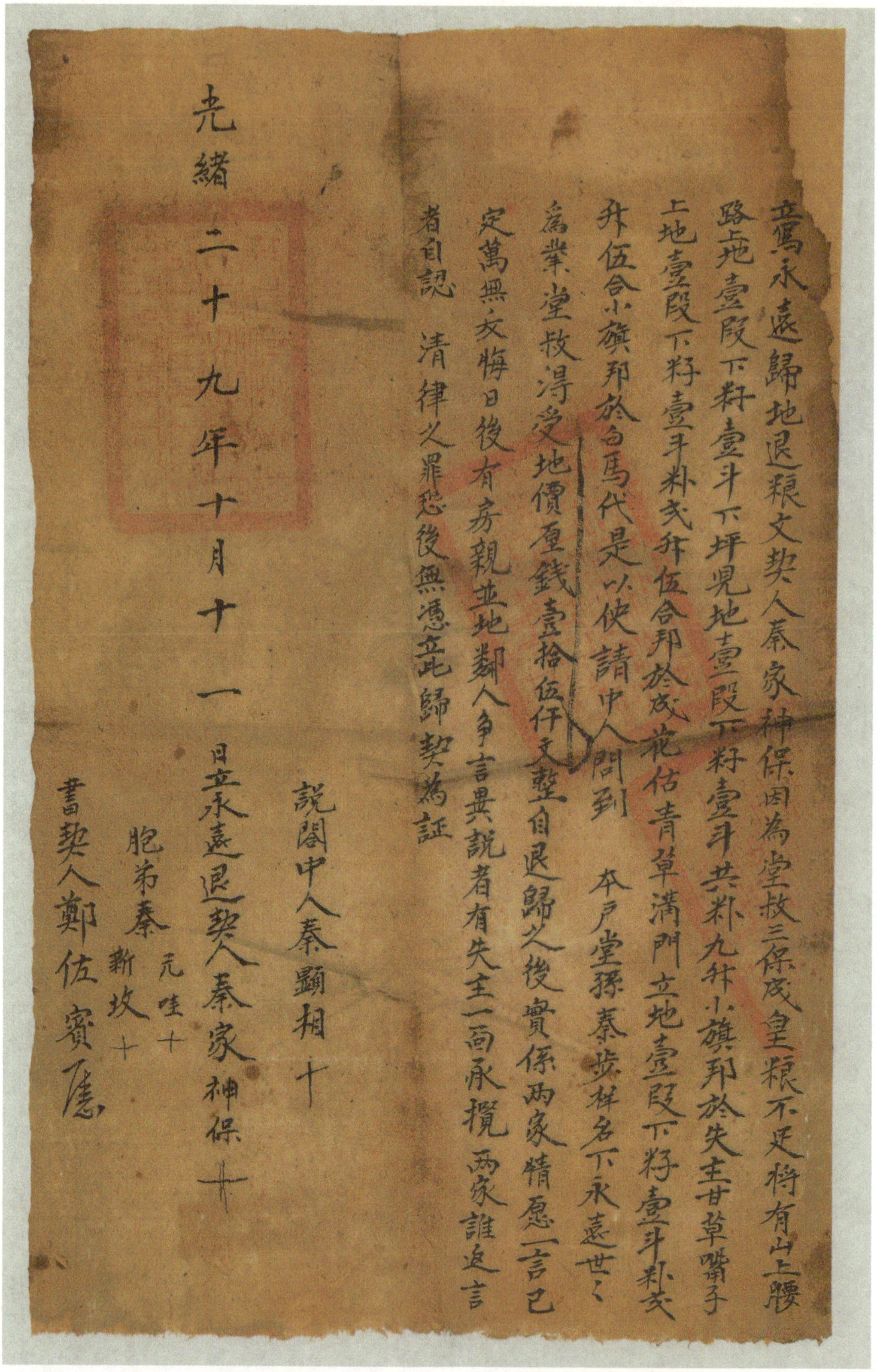

立寫永遠歸地退粮文契人秦家神保，因為堂叔三保成皇粮不足，将有山上腰路邊地壹段，下籽壹斗；下坪晃地壹段，下籽壹斗，共籽九升，小旗邦於失主甘草嘴子上地壹段，下籽壹斗，籽弍升伍合，邦於成花佑；青草溝門立地壹段，下籽壹斗，籽弍升伍合，小旗邦於白馬代。是以使請中人問到本户堂孫秦苂林名下永遠世〻爲業。堂叔得受地價足錢壹拾伍仟文整，自退歸之後，實係兩家情愿，一言已定，萬無反悔。日後有房親並地鄰人争言異説者，有失主一面承攬。兩家誰返言者，自認清律之罪。恐後無憑，立此歸契為証。

說合中人　秦顯相　十

光緒二十九年十月十一日立永遠退契人　秦家神保　十

胞弟　秦元生　十

秦新玫　十

書契人　鄭佐賓

光緒二十九年（一九〇三）秦家神保立歸地退糧契約（T036）

立寫永遠歸地退粮文契人秦家神保，因為堂叔三保成皇粮不足，将（將）有山上腰路上地壹叚（段），下籽壹斗。下坪見地壹叚（段），下籽壹斗，共粁（糧）九升（升）。小旗邦於失主甘草嘴子上地壹叚（段），下籽壹斗，粁（糧）弍升（升）伍合，邦於成花估青草溝門立地壹叚（段），下籽壹斗，粁（糧）弍升（升）伍合，小旗邦於白馬代。是以倈（央）請中人問到夲（本）户堂孫秦步祥名下永遠世世爲業。堂敉（叔）淂（得）受地價厘銭（錢）壹拾伍仟文整。自退歸之後，實係两家情愿，一言已定，萬無反悔。日後有房親並地鄰人争言異説者，有失主一面承攬。两家誰返（反）言者，自認清律之罪。恐後無憑，立此歸契為証（證）。

光緒二十九年十月十一日

立永遠退契人：秦家神保（畫押）
説閤（合）中人：秦顯相（畫押）
胞　弟：秦元咥（畫押）
秦新坟（畫押）
書　契　人：鄭佐賓（畫押）

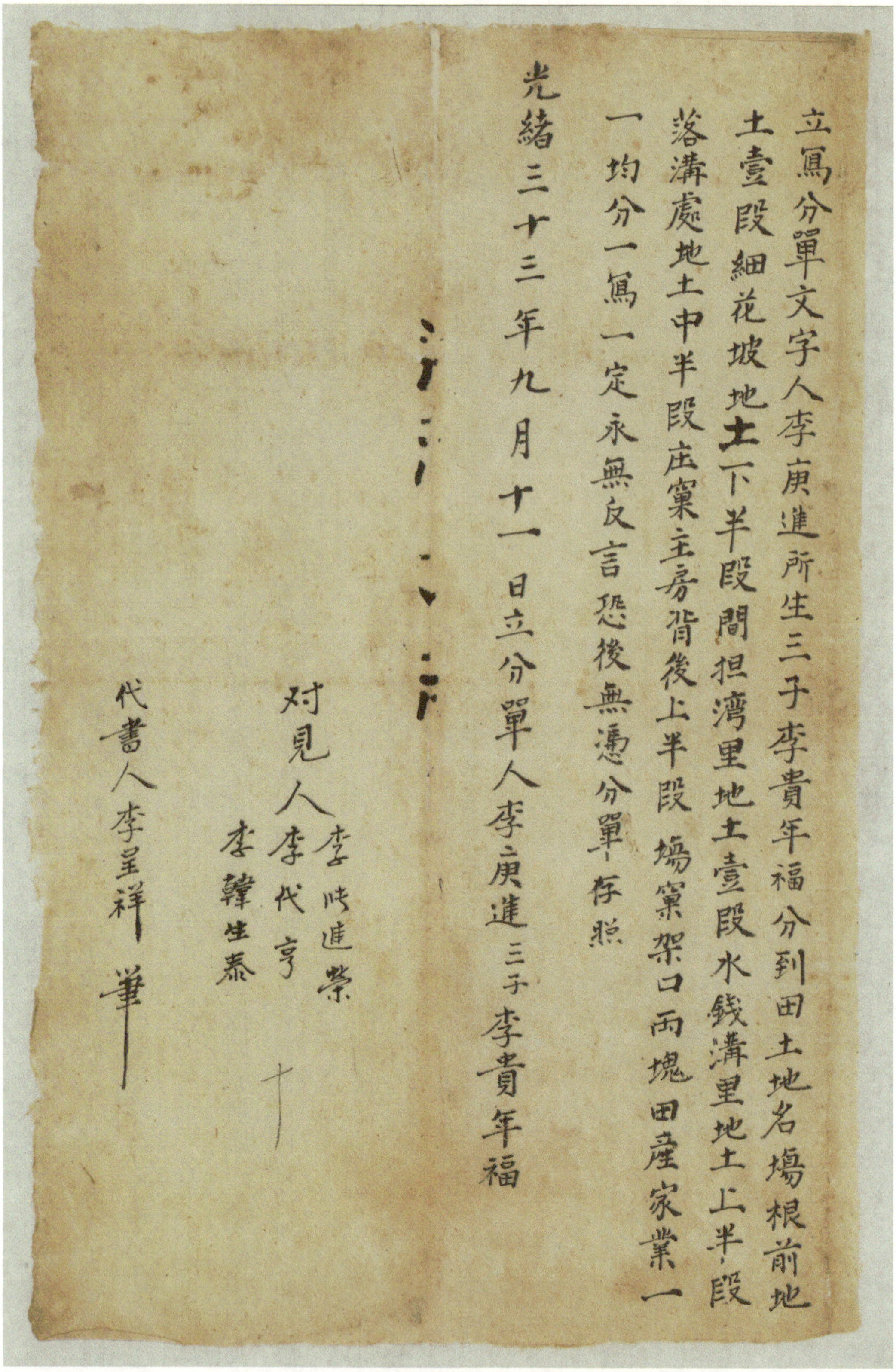

立寫分單文字人李庚進所生三子李貴年福分到田土地名場根前地土壹段細花坡地土下半段間担灣里地土壹段水錢溝里地土上半段落溝處地土中半段庄窠主房背後上半段 場窠架口兩塊田産家業一一均分一寫一定永無反言恐後無憑分單存照

光緒三十三年九月十一日立分單人李庚進三子李貴年福

对見人李時進榮 李代亨 李韓生泰 十

代書人李呈祥 筆

光緒三十三年（一九〇七）李庚進、李貴年福立分單契約（T037）

立寫（寫）分單文字人李庚進所生三子李貴年福，分到田土地名場根（跟）前地土壹段（段），細花坡地土下半段（段），間担灣里地土壹段（段）。水錢（錢）溝里地土上半段（段），落溝處地土中半段（段），庄（莊）窠主房背後上半段（段），場窠架口両（兩）塊。田産家業一一均分，一寫（寫）一定，永無反言，恐後無憑，分單存照。

光緒三十三年九月十一日

立分單人：李庚進　三子　李貴年福

对見人：李張進榮

李代亨（畫押）

李韓生泰

代書人：李呈祥　筆

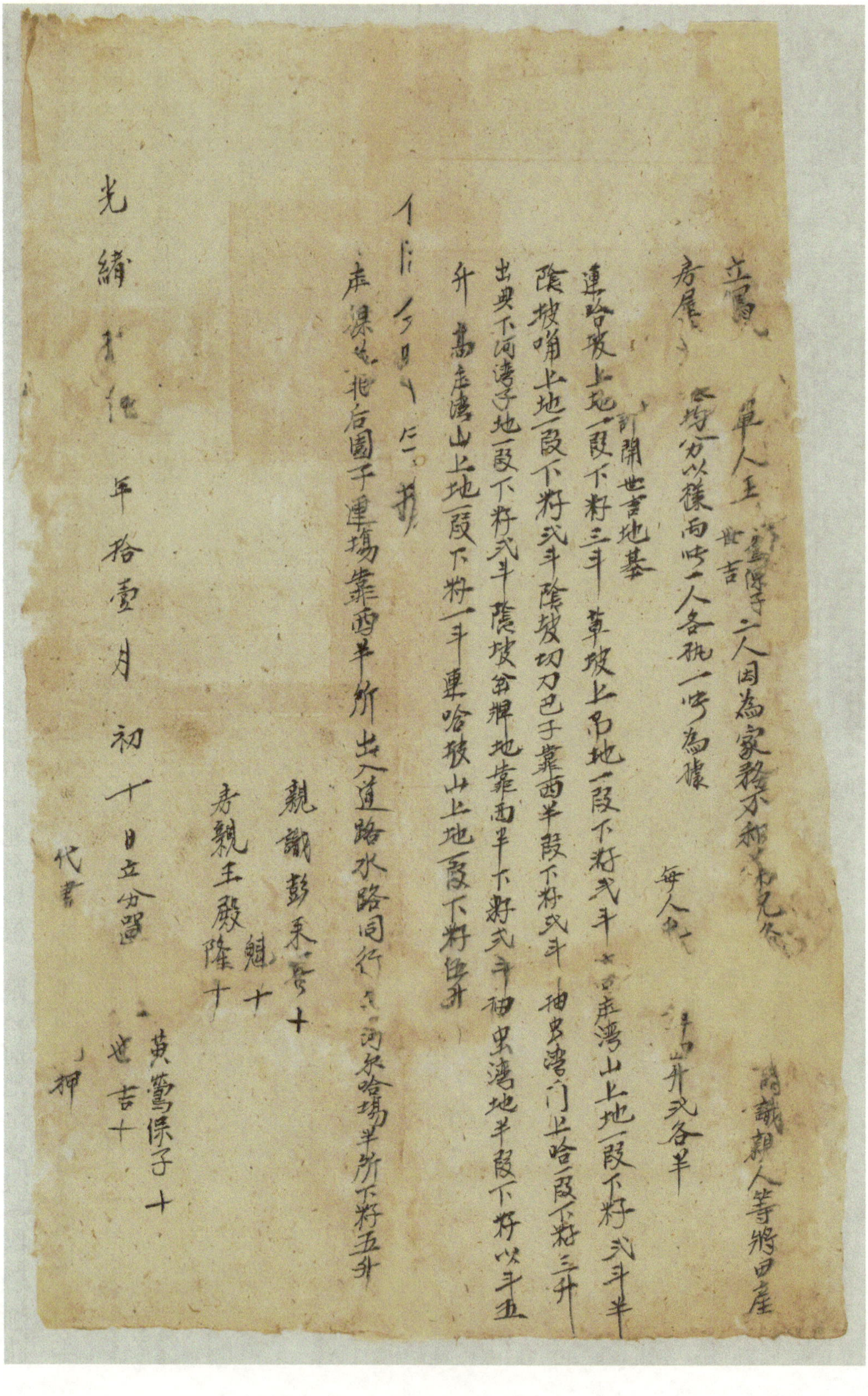

立寫分單人王□保子、世吉二人，因為家務不和，□□兄弟同識親人等將田產房屋□□均分，以後兩畔二人各執一張為據。

每人□□　斗□山井弌各半

計開世吉地基：

連路坡上地一段下籽三斗，草坡上吊地一段下籽弌斗，□□庄灣山上地一段下籽弌斗半，

陰坡嘴上地一段下籽弌斗，陰坡切刀已子靠西半段下籽弌斗，抽史灣門上哈一段下籽三升，

出典下河灣子地一段下籽弌斗，陰坡岔岸地靠西半下籽弌斗，抽史灣地半段下籽以斗五升，

高庄灣山上地一段下籽一斗，東哈坡山上地一段下籽伍升。

[illegible]

庄裸□北后園子連場靠西半所，出入道路水路同行，□□河水哈場半所下籽五升。

親識彭秉□十　魁十

房親王殿隆十

黃鶯保子十

世吉十

代書　押

光緒□□年拾壹月初十日立分單

光緒□□年王黃鶯保子、王世吉立分單契約（T038）

立冩（寫）【分】单人王【黄】【鶯】保子、王世吉二人，因為家務不和，弟兄各□□□識親人等將田産房屋【一】【一】均分。以（一）様（樣）両（兩）張，一人各执一張為據，每人屯【糧】□四升弍各半，連哈坡上地一段（段），下籽三斗；草坡上吊地一段（段），下籽弍斗；□□庄（莊）湾山上地一段（段），下籽弍斗半；陰（陰）坡嘴上地一段（段），下籽弍斗；陰（陰）坡切刀巴子靠西半段（段），下籽弍斗；抽（臭）虫湾门上哈【地】一段（段），下籽三升；出典下河湾子地一段（段），下籽弍斗；陰（陰）坡岔牌地靠西半【段】，下籽弍斗；抽（臭）虫湾地半段（段），下籽以（一）斗五升；高庄（莊）湾山上地一段（段），下籽一斗；連哈坡山上地一段（段），下籽伍升；庄（莊）稞（窠）【靠】北后園子連塲靠西半所出入道路水路同行，□□尔哈塲半所下籽五升。

光緒□□年拾壹月初十日

立分單人：【王】黄鶯保子（畫押）

【王】世吉（畫押）

親　識：彭來□（畫押）

房　親：王殿魁（畫押）王殿隆（畫押）

代書□押

[illegible]

立典地土文約人李新房佑因為使用不足今將自己祖遺有讓兒[illegible]之

子上地壹段下籽伍斗種牌背後地壹段下籽壹斗伍升情願出[illegible]

是以決請中人向到本城

義正家東鋪內出典與地價紋銀壹拾陸兩伍錢整當日對中言明自

典之後不論年限遠近有錢抽約取地無銀典主執約過一面耕種恐後

無憑立此典約存用

中人李德順

宣統元年　全月　初八日立典約人李新房佑

書約人李鰲華

宣統元年（一九〇九）李新房佑立典地契約（T039）

立典地土文约人李新房佑，因為使用不足，今将（將）自己祖遺有湾兒湾立路子上地壹叚（段），下籽伍斗，插牌背後地壹叚（段），下籽壹斗伍廾（升），情願出典於人，是以诀（央）请中人问到夲（本）城義正宗香舖（鋪）内，共典得地價纹銀壹拾陆両（兩）伍銭（錢）整。當日对中言明，自典之後，不論年限远近，有銀抽约取地，無銀典主执约一面耕種，恐後無凴，立此典约存用。

宣统元年全月初八日

立典约人：李新房佑

中　　人：李德顺

書 约 人：李毓華

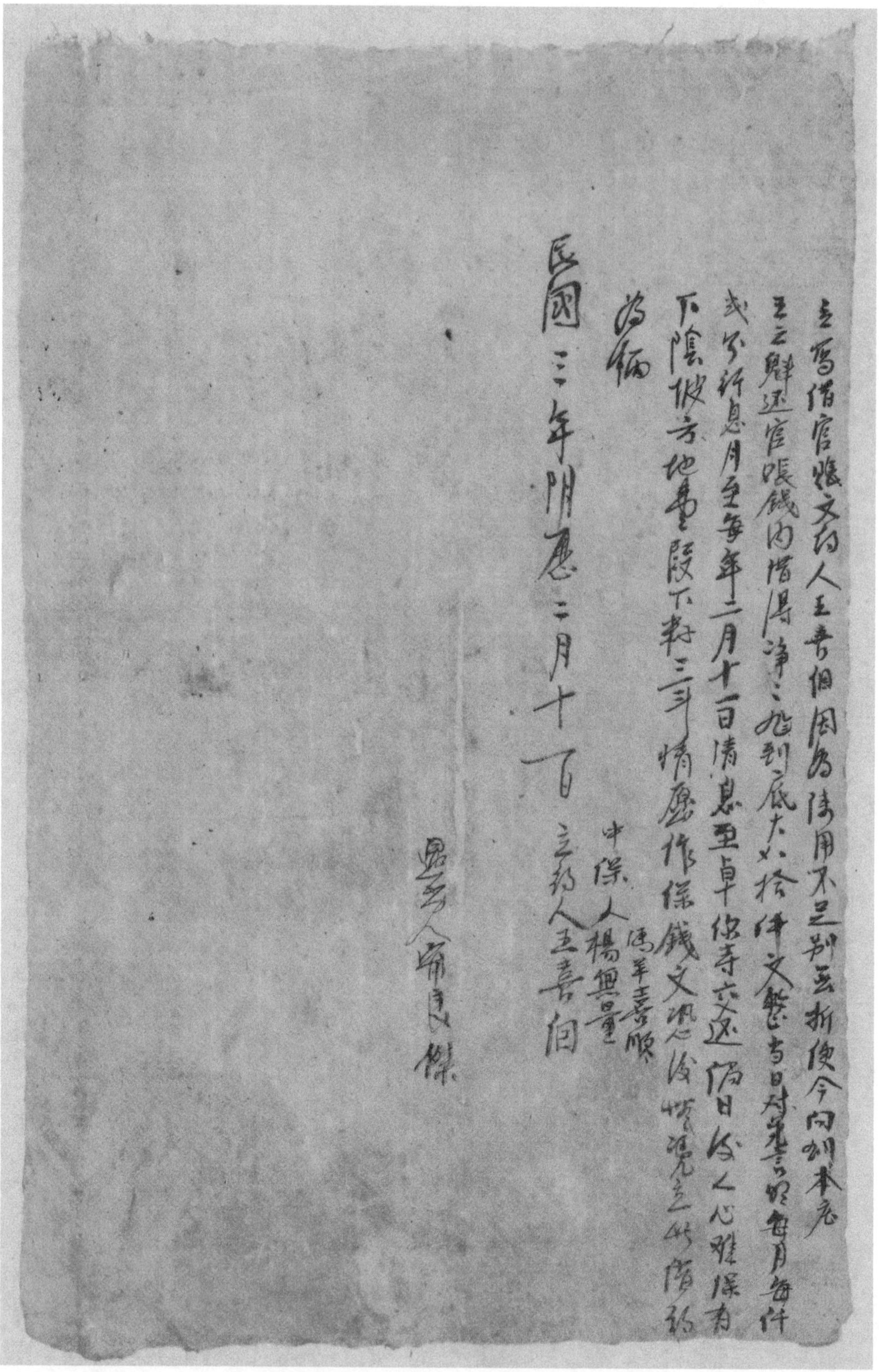

立寫借官賬文約人王喜伯因爲使用不足別無折使今向到本莊
王之辟還官賬錢内借得淨錢九佰到底大錢拾伍文整當日對衆言明每月每仟
錢行息月至每年二月十一日清息至卓午作本寺交還　日後人心難保有
下陰坡方地壹段下籽三斗情愿作保錢文恐後無憑立此借約
爲據

民國三十年閏歷二月十一日　立約人王喜伯

中保人楊興量　馮羊喜順

書約人常良傑

民國三年（一九一四）王喜個立借貸契約（T040）

立寫借官賬文约人王喜個，因為使用不足，别無折便，今问到本庄（莊）王之魁还官賬錢（錢）内借得净净尬（噶）到（道）[一]底（地）大糸（錢）拾仟文整，当日对免（面）言明，每月每仟式分行息。月（約）至每（明）年二月十一日清息，至卓你（尼）寺交还。倘日後人心难保，有下陰坡方地壹段（段），下籽三斗，情愿作保錢（錢）文。恐後無凴，立此借约為柄。

民國三年阴曆二月十一日

立约人：王喜個

中保人：馮羊喜順　楊無量

遇书人：寧良傑

[一] 編者按：『净净尬到』實爲『净净噶道』，人名，卓尼寺管賬人。

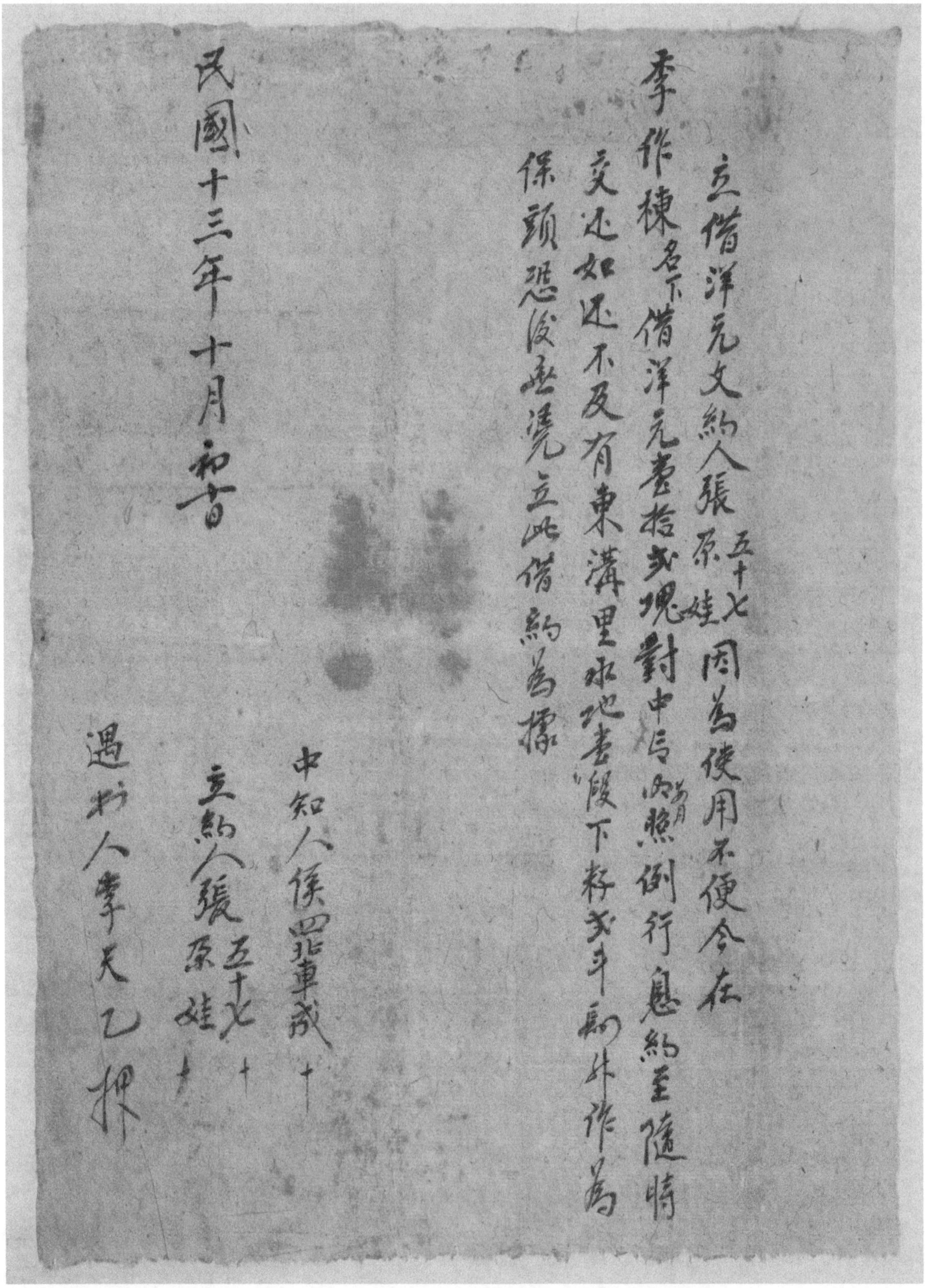

立借洋元文約人張原娃五十七因為使用不便今在
李作棟名下借洋元壹拾弍塊對中言明照倒行息約至隨晴
交还如还不及有東溝里水地壹段下籽弍斗副外作為
保頭恐後無憑立此借約為據

中知人侯四兆車成　十
立約人張原娃五十七　十　十
遇約人李天乙押

民國十三年十月初十日

民國十三年（一九二四）張五十七、張尕娃立借貸契約（T041）

立借洋元文約人張五十七、張尕娃，因為使用不便，今在李作棟名下借洋元壹拾弍塊，对中言明，每月照例行息，約至隨時交还，如还不及，有東溝里水地壹段，下籽弍斗肆牪（升）作為保頭。恐後無憑，立此借約為據。

民國十三年十月初十日

立約人：張五十七（畫押）
張尕娃（畫押）
中知人：侯四輩成（畫押）
遇书人：李天乙 押

立賒欠文约人閻其娃因為使用不給今賒到
李作棟名下賒得大錢貳仟文對中言明約至九月內交還
若过日期存頭照行息恐後無憑立賒約存用

民國十五年五月二十八日立賒约人閻其娃十

保人侯五娃子十

遇书人李興亭書

民國十五年（一九二六）開其娃立賠錢契約（T042）

立賠糸（錢）文约人開（開）其娃，因為使用不给，今賠到李作栋名下賠得大糸（錢）弍仟文，对中言明，约至九月内交还，若过日期，存頭照行息，恐後無憑，立賠约存用。

民国十五年五月二十八日

立賠约人：開（開）其娃（畫押）

保　　人：侯五娃子（畫押）

遇 书 人：李興亭（畫押）

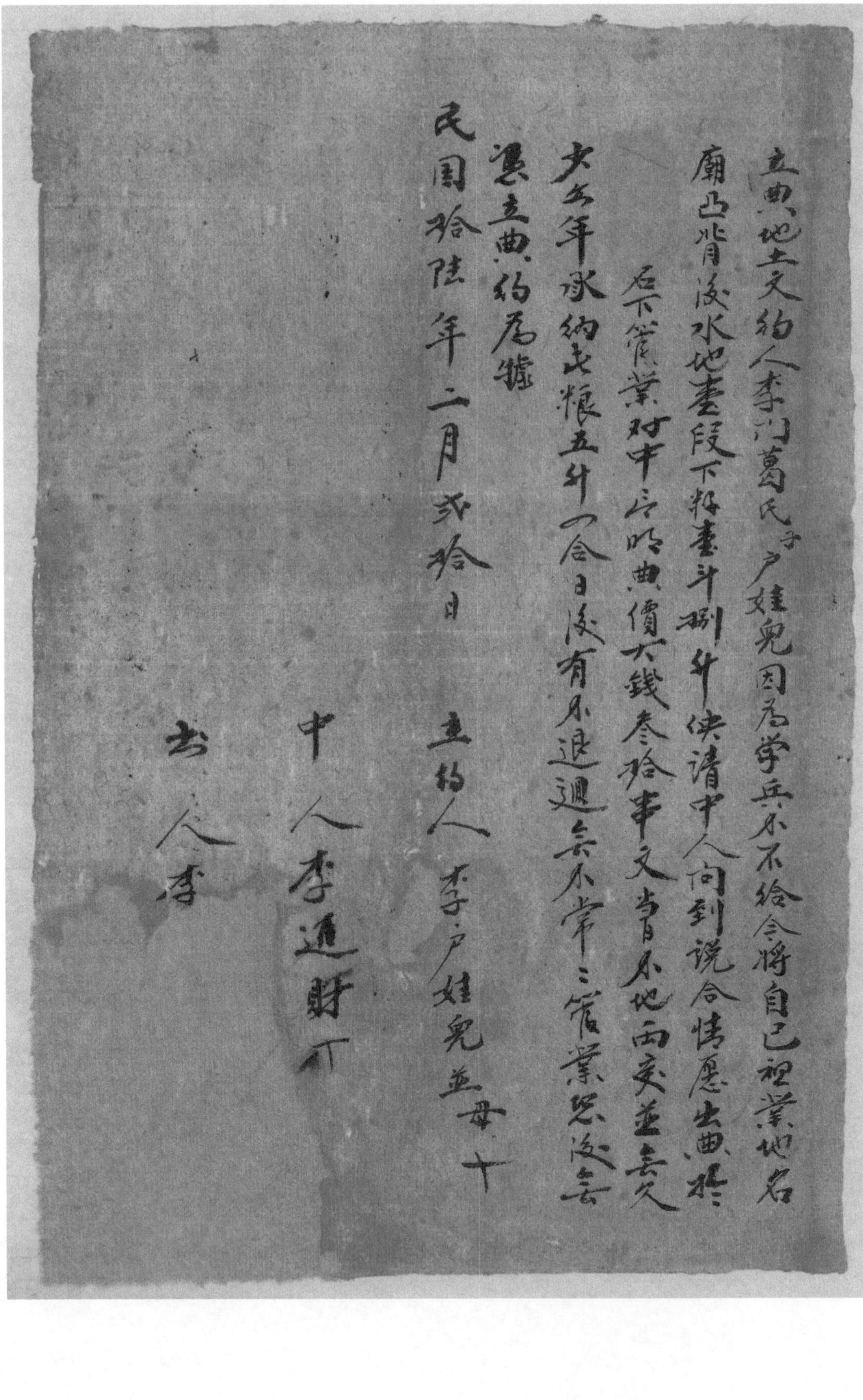

立典地土文約人李門葛氏子户娃兒因為学兵不不給令將自己祖業地名
廟凸背後水地壹段下籽壹斗捌升央請中人向到説合情愿出典於
名下管業對中言明典價大錢叁拾串文當日地両交並無欠
少每年承納屯粮五升一合日後有力退還無力常常管業恐後無
憑立典約為據

民国拾陆年二月貳拾日

立約人 李户娃兒並母 十

中人李進財 十

书人李

民國十六年（一九二七）李户娃兒并母立典地契約（T043）

立典地土文约人李门葛氏子户娃兒，因為学兵𠂆（錢）不给，今将（將）自己祖業地名廟凸背後水地壹假（段），下籽壹斗捌升，侠（央）请中人问到说合，情愿出典於□□□名下管業，对中言明，典價大錢（錢）叁拾串文，当日𠂆（錢）地两交，並無欠少，每年承納屯粮五升四合。日後有𠂆（錢）退迴（回），無𠂆（錢）常常管業。恐後無憑，立典约為據。

民国拾陆年二月弍拾日

立约人：李户娃兒並母（畫押）

中　人：李進財（畫押）

书　人：李

立寫分單字據人李和尚因與弟兄不和若原保人等同老民
家業什物器物錢糧以房均分于李和尚所分上房業半所房子
上房兩間半西面房子三間高山庄園子西面半段房頭坡仟地五畝
大洋口庄地一段場業西面三架恐口無憑立寫分單為私

老民劉保成十
胡姓十
民國拾陸年冬月初十日立分單李重賢十
和尚十
筆李積成押

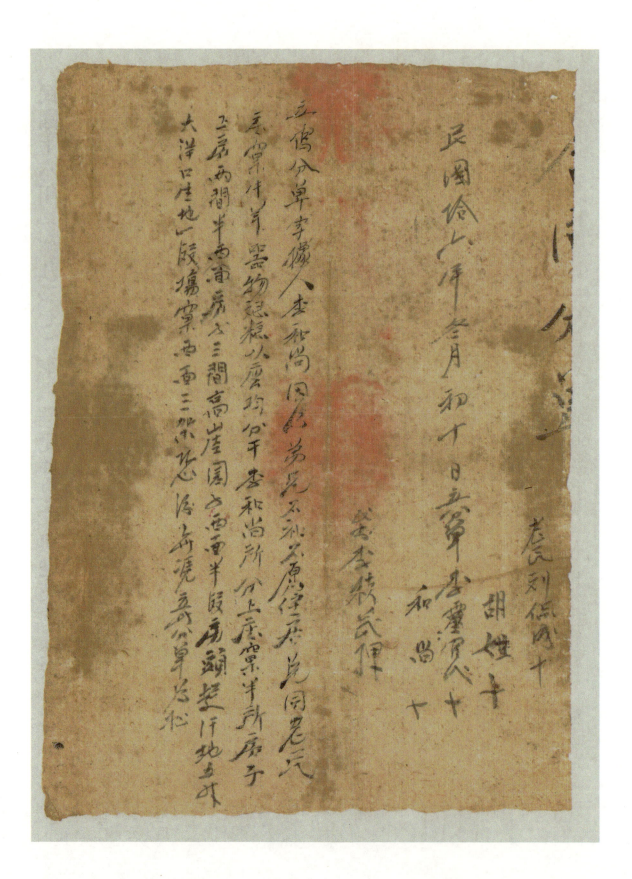

民國十六年（一九二七）李和尚立分單契約（T044）

立寫分单字據人李和尚，因為弟兄不和，不愿住居，兑（對）同老民，庄（莊）窠牛羊器物银粮以（一）应均分，于李和尚所分上庄（莊）窠半所，房子正房两間半，西面房子三間，高崖园子西面半段（段），房頭起汗（旱）地五㸃（升），大洋口生地一叚（段），塲窠西面三架，恐後無凴，立此分单為據。

民國拾六年冬月初十日

立分单【人】：李胡娃（畫押）
李靈官代（畫押）
李和尚（畫押）
老　民：刘保成（畫押）
代　书：李積茂押

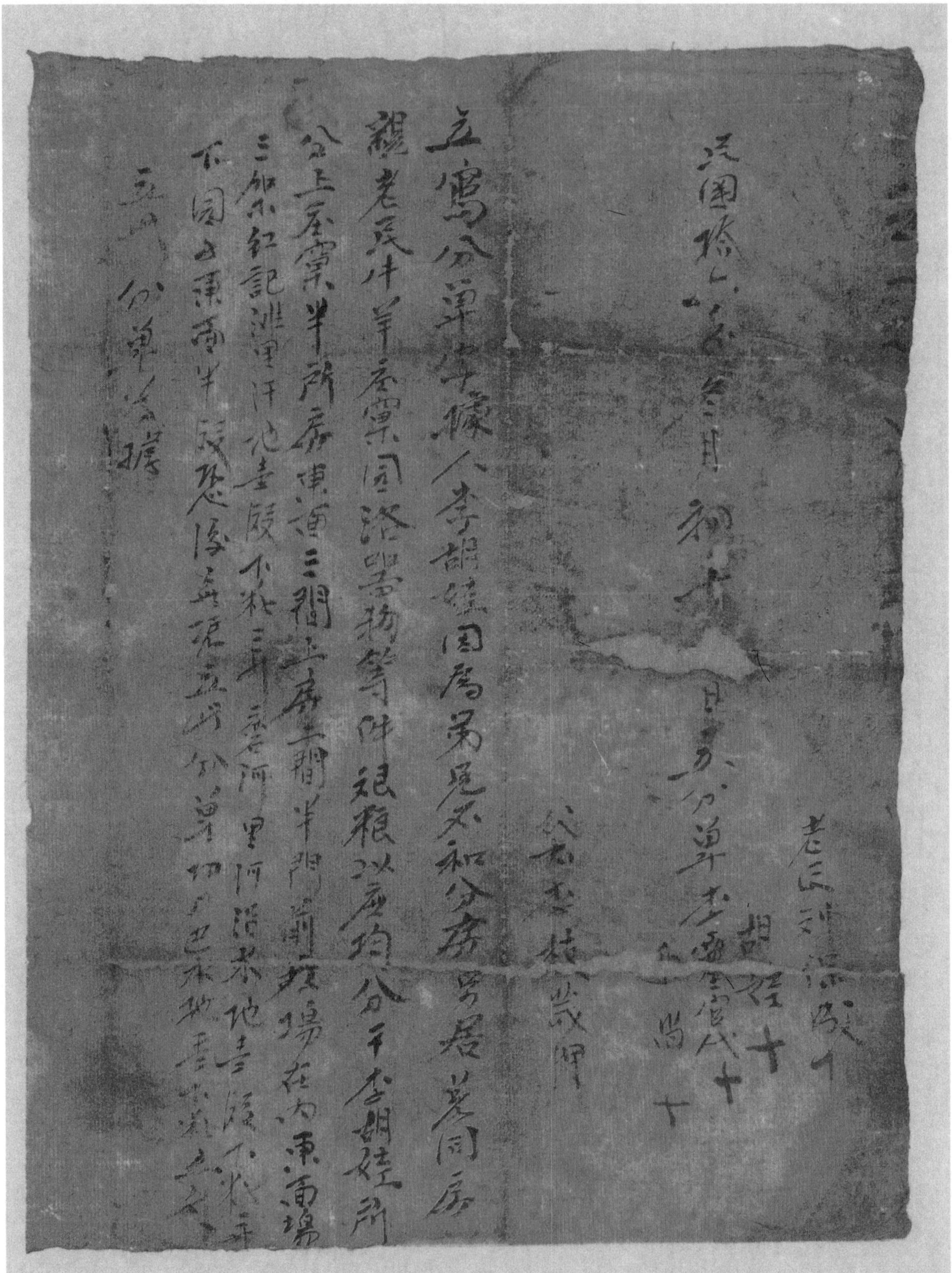

立寫分單字據人李胡娃，因為弟兄不和，分房另居，其同房
親老民仲華屋棠國洛興富物等件銀糧以後均分平李胡娃所
分上屋棠半所房東邊三間正房一間半門前莊場在內東面場
三架紅記洮里汗池寺段下栽三斗吉阿里阿滿[illegible]地寺院下栽[illegible]
下因為東西半段恐後無憑立此分單切[illegible]也[illegible]為[illegible]
立此分單人為據

民國拾六年冬月初十日立分單李雪倉代十
老民[illegible]十
胡娃十
尚十
公人李桂歲押

民國十六年（一九二七）李胡娃等立分單契約（T045）

立寫分单字據人李胡娃，因為弟兄不和，分房另居。兑（對）同房親老民，牛羊庄（莊）窠园洛（落）器物等件，銀粮以（一）应均分，于李胡娃所分上庄（莊）窠半所，房東面三間，上房二間半，門前□塲在内，東面塲三架，红記灘里汗（旱）地壹段（段），下籽三升，磨河里河沿水地壹段，下籽二升，下园子東面半段（段），恐後無凴，立此分单，切刀巴（把）水地壹【段】，下籽五升（升），立此分单為據。

民國拾六年冬月初十日

立分单【人】：李胡娃（畫押）
李靈官代（畫押）
李和尚（畫押）
老民：刘保成（畫押）
代书：李枝茂 押

立賒大洋欠契人李门葛氏因為使用不便今賒到
係不賒褐大洋拾塊兌价當明訂至
來年九月以内交还如过日期照利行息恐
後無憑立賒約為據
說合价人子李進才十
民国十七年古十月初三日立約人李门葛氏十
代約人陳雨亭憑

民國十七年（一九二八）李門葛氏立贍錢契約（T046）

立贍大洋文契人李门葛氏，因為使用不便，今贍到□□□名下贍得大洋拾塊，兑（對）保言明，约至來年九月以内交还，如过日期，照利行息。恐後無凴，立贍约為據。

民国十七年古十月初三日

立约人：李门葛氏（畫押）
説和保人：子 李進才（畫押）
书约人：張雨亭（畫押）

立典八上院房屋地基文約人李胡哇因為使用不足今將
自己東面房屋叁間北面兩間半自己央請中人來往
說合問到情愿出典八于
葛福順名下看守為業當日対中公議時值典價大錢
弍拾叁仟文整當日不房兩交並無欠少分文不論
年限遠近不到業回恐後無憑立此典八約為據

中人崔福德　十

民國拾柒年全月廿四日立約人李胡哇　十

知約人牟寿康　押

民國十七年（一九二八）李胡哇立典房屋契約（T047）

立典上院房屋地基文約人李胡哇，因為使用不足，今將自己東面房屋叁間，北面両（兩）間半，自己央請中人來往説合，问到情愿出典于葛福順名下看守為業，当日对中公議時值典價大錢（錢）弍拾叁仟文整，当日𢎞（錢）房両（兩）交，並無欠少分文，不論年限远近，𢎞（錢）到業回。恐後無凴，立此典约為據。

民國拾柒年仝月廿四日

立约人：李胡哇（畫押）

中　人：崔福德（畫押）

書约人：牟守廉 押

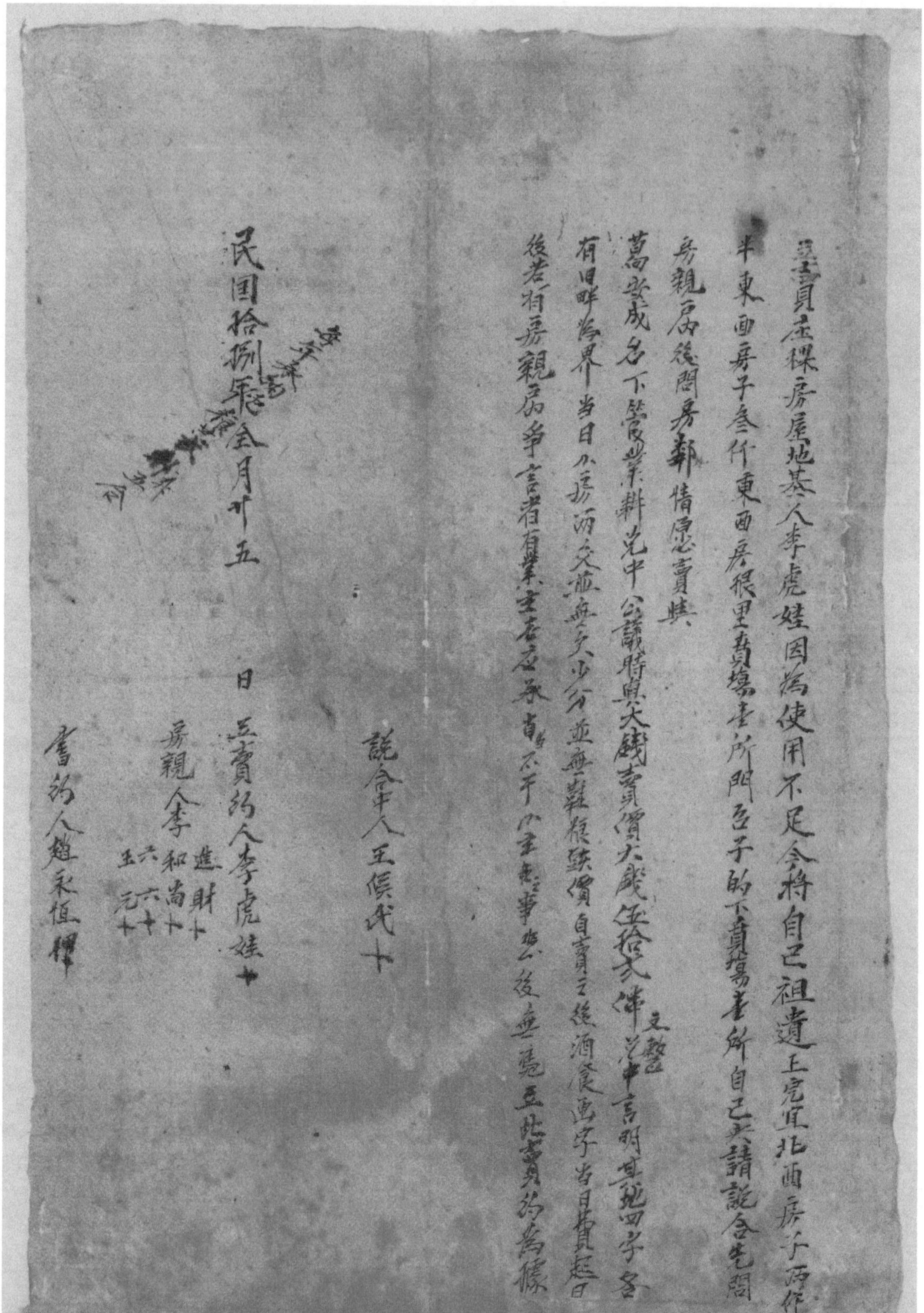

立賣庄棵房屋地基人李虎娃因為使用不足今將自己祖遺上宅宜北西房子兩作半
東西房子叁作東西房根里賣墳臺所附西子的下賣墳臺所自己央請說合先問
房親房内後問房鄰情願賣與
葛安成名下營業耕另中公議時值大錢賣價大錢伍拾文（文整）共中言明其地四字各
有舊畔為界當日小房兩交並無欠少分並無難賒賒價自賣之後酒食畫字當日措貴起日
後若有房親户内爭言者有業主本應承當不干小主之事恐後無憑立此賣約為據

民国拾捌年陰歷叁月廿五日　立賣約人李虎娃十

每年承納……

說合中人王侯氏十

房親人李進財十
　　　李和尚十
　　　李六十十
　　　李玉元十

書約人趙秉值押

民國十八年（一九二九）李虎娃立賣房屋地基契約（T048）

立賣庒（莊）稞（窠）房屋地基人李虎娃，因為使用不足，今将（將）自己祖遺上完（院）宜（以）北面房子两仟（間）半，東面房子叁仟（間），東西房根里賁（糞）塲壹所，門台子的下賁（糞）塲壹所。自己央請説合，先問房親户内，後問房鄰，情愿賣與葛安成名下管業耕【種】，兑（對）中公議時直（值）大錢（錢），賣價大錢（錢）伍拾弍佛（串）文整，兑（對）中言明。其地四字（至）各有旧畔為界。当日夂（錢）房两交，並無欠少分【文】，並無鞋（勒）粮短價，自賣之後，酒食画字当日費起。日後若有房親户内爭（争）言者，有業主壹（一）应承当，不干夂（錢）主之事。恐後無凴，立此賣约為據。

每年承納屯粮共弍升（升）五合

民国拾捌年仝月廿五日

立賣约人：李虎娃（畫押）

説合中人：王侯代（畫押）

房　親　人：李進財（畫押）

李和尚（畫押）

李六六（畫押）

李玉元（畫押）

書　约　人：趙永恒　押

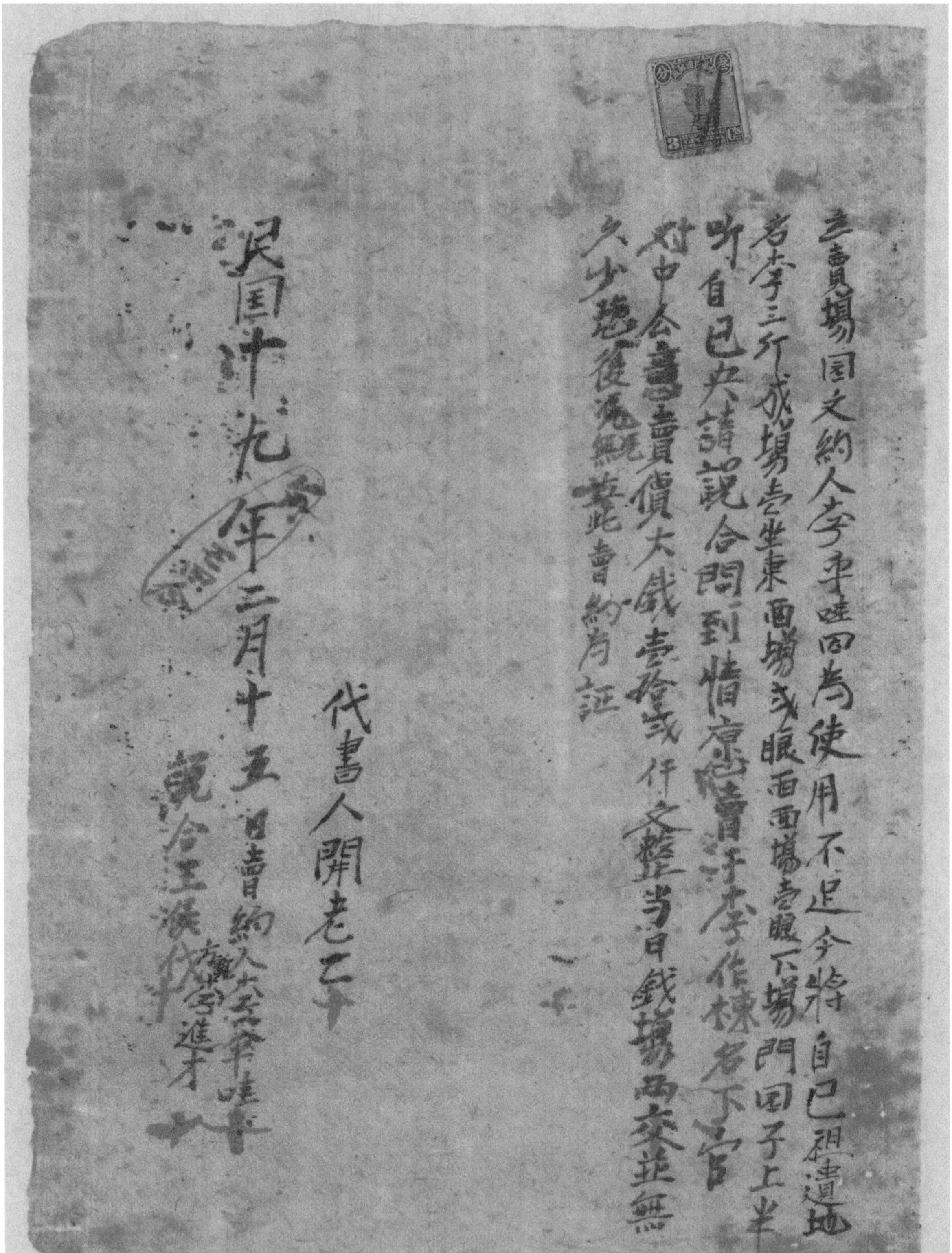
立賣場园文約人李乎娃因為使用不足今將自已祖遺地
名李三亇成場壹坐東西場弍眼西面場壹眼下場門园子上半
畔自已央請說合問到情愿賣李作棟名下管
業中公言賣價大錢壹拾弍仟文整当日錢場両交並無
欠少恐後無憑立此賣約為証

代書人閒老二十

民国廿九年三月十五日賣約人李乎娃十

說合王漢代筆李進才十

民國十九年（一九三〇）李乎哇立賣場園契約（T049）

立賣塲园文約人李乎哇，因為使用不足，今將自己祖遺地名李三斤成塲壹坐，東西塲式眼（沿），西面塲壹眼（沿），下塲門园子上半听（庭），自己央請説合，問到情愿賣于（與）李作楝名下官（管），对中公意（議），賣價大銭（錢）壹拾式仟文整，当日銭（錢）塲兩交，並無欠少。恐後無凴，立此賣約為証（證）。

每年粮四合。

民国十九年二月十五日

【立】賣約人：李乎哇（畫押）

説　合：王侯伐（代）（畫押）

方李進才（畫押）

代　書　人：開（開）老七（畫押）

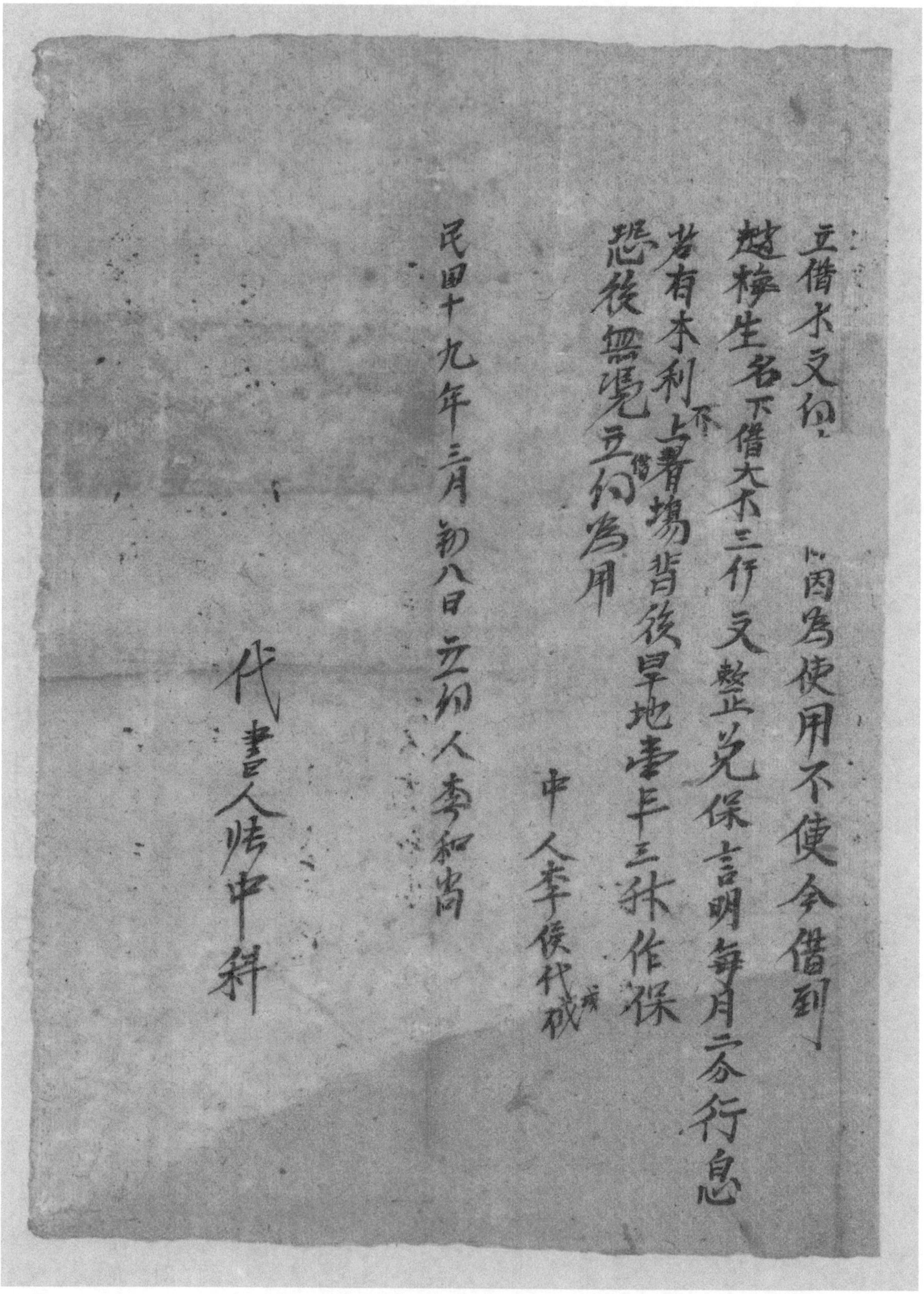
立借木文約人因為使用不便今借到
趙梅生名下借大木三仟文整兑保言明每月二分行息
若有本利不上暑場背後旱地壹斗三升作保
恐後無憑立借約為用
中人李侯代成
民國十九年三月初八日立約人李和尚
代書人陳中科

民國十九年（一九三〇）李和尚立借貸契約（T050）

立借糸（錢）文契【人】【李】【和】【尚】，因為使用不便，今借到趙梅生名下，借大糸（錢）三仟文整，兑（對）保言明，每月二分行息。若有本利【還】不上者，𡏰背後旱地壹斗三𫸩（升）作保。恐後無凴，立借约為用。

民国十九年三月初八日

立约人：李和尚
中　人：李侯代成
代書人：张中科

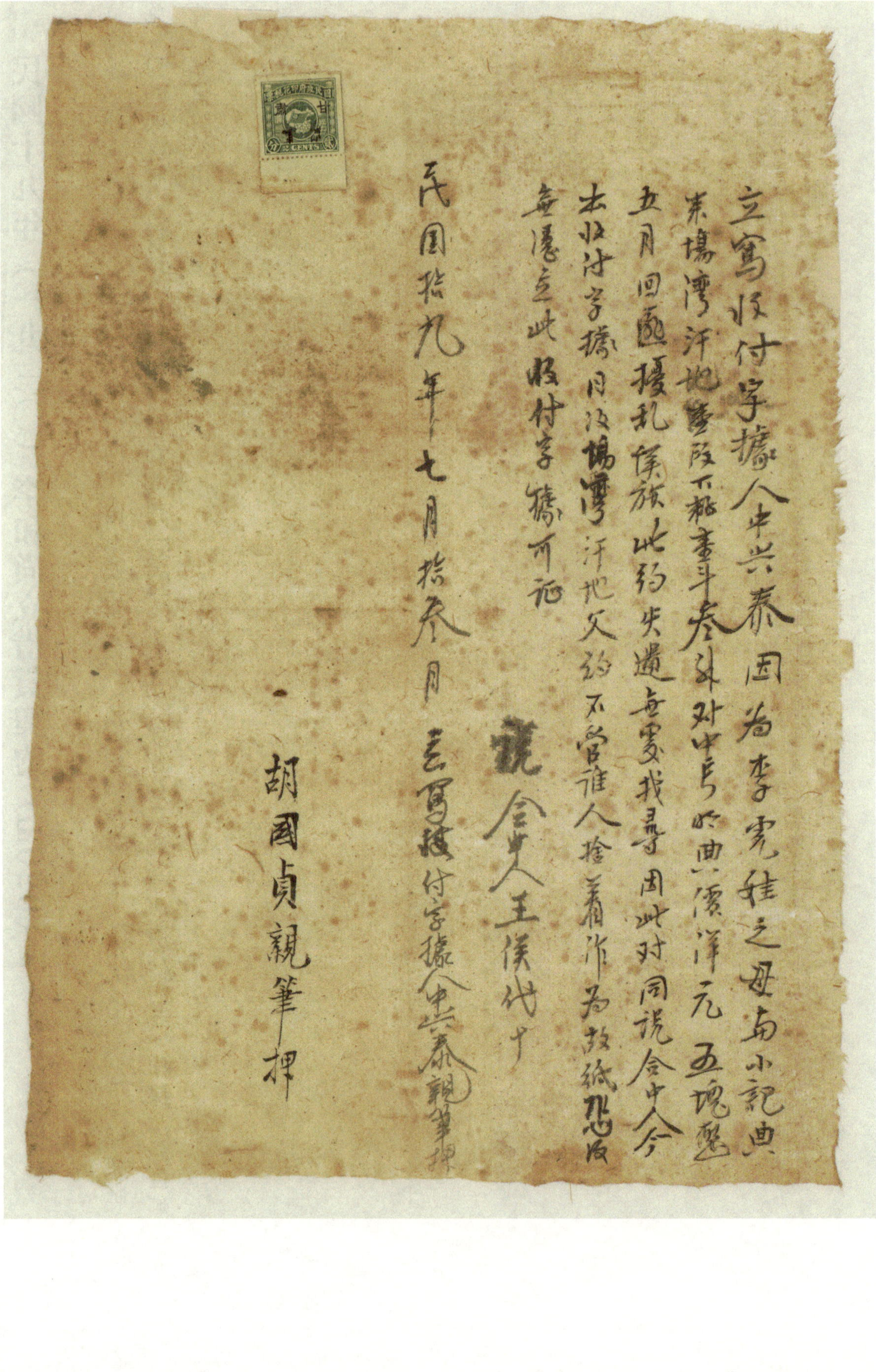

立寫收付字據人中兴泰因為李宪娃之母㕛小記典
朱場灣汗地壹段，下耕壹斗叁升，对中兵所典價洋元五塊整
五月回國張扎儀族此約失遺，無處找尋，因此对同説合中人今
出收付字據，日後場灣汗地文約不管誰人捡着作為故紙，恐後
無憑，立此收付字據所証

說合中人王俣代十

立寫收付字據人中兴泰親筆押

民国拾九年七月拾叁月

胡國貞親筆押

民國十九年（一九三〇）中興泰立收付契約（T051）

立寫收付字據人中兴泰，因為李虎娃之母南小記典来塲湾汗（旱）地壹叚（段），下籽壹斗叁升（升），对中言明，典價洋元五塊整。五月回匪擾乱侯旗，此约失遺，無處找尋，因此对同説合中人，今出收付字據，日後塲湾汗（旱）地文约不管谁人捨（拾）着，作為故（古）纸。恐後無憑，立此收付字據可证。

民國拾九年七月拾叁日

立寫收付字據人：中兴泰　親筆　押

说　合　中　人：王侯代（畫押）

胡國貞　親筆　押

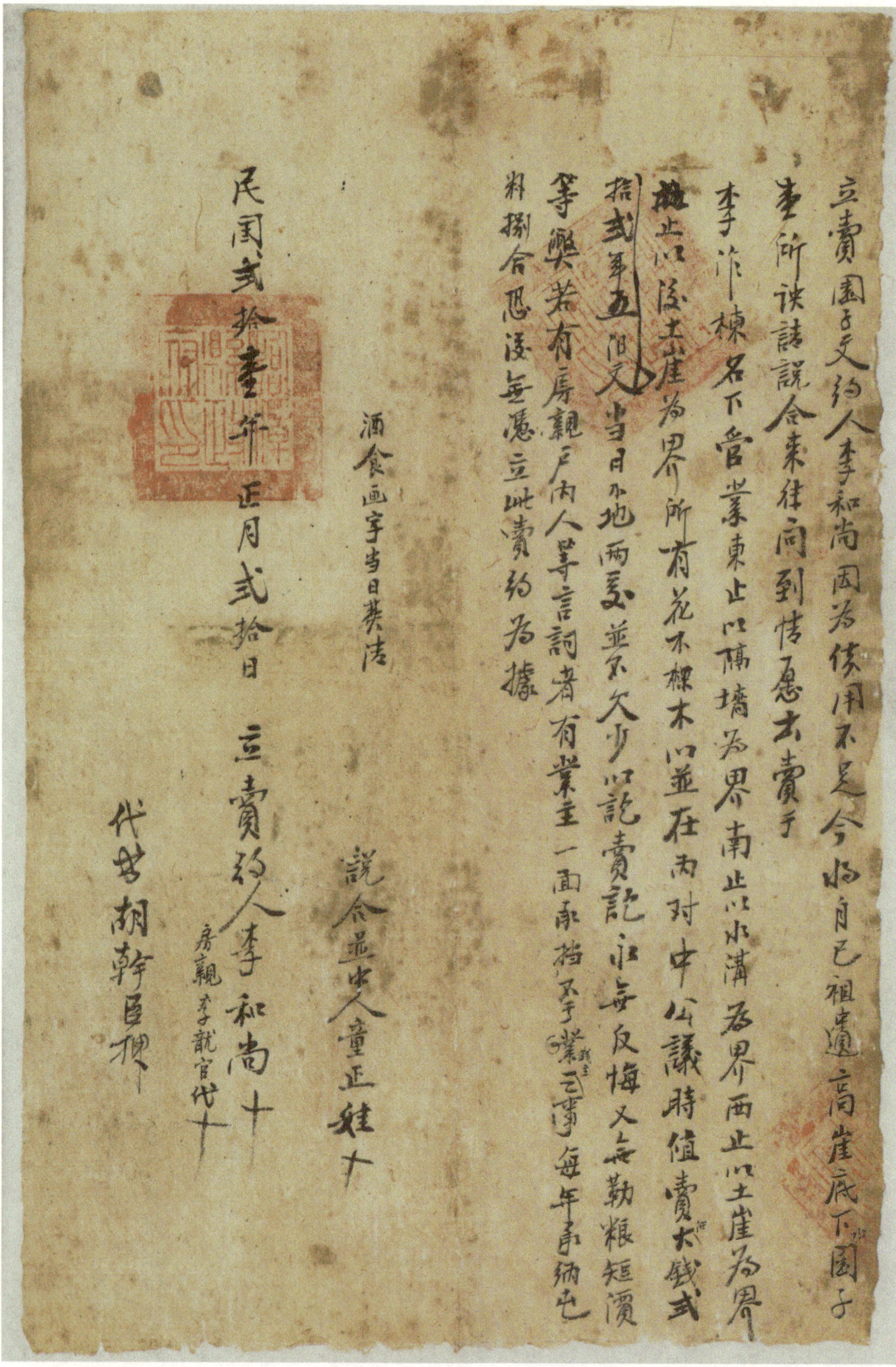

立賣園子文約人李和尚因為使用不足今將自己祖遺高崖底下水園子
壹所訣請說合來往向到情愿出賣于
李作棟名下管業東止以隔墻為界南止以水溝為界西止以土崖為界
北止以後土崖為界所有花不樑木以並在內对中公議時值賣大洋錢式
拾式萬五佰文當日不地兩交並不欠少以說賣記永無反悔又無勒粮短價
等樂若有房親戶內人等言詞者有業主一面承擔不干買業主之事每年承納色
料揭合恐後無憑立此賣約為據

酒食画字当日交清

民國式拾壹年正月式拾日

說合人童正娃十

立賣約人李和尚十

房親李龍官代十

代書胡幹臣押

民國二十一年（一九三二）李和尚立賣園子契約（T052）

立賣園子文约人李和尚，因為使用不足，今将（將）自己祖遺高崖底下水園子壹所，诀（央）請【中人】説合來往，问到情愿出賣于（與）李作楝名下晉（管）業。東止（至）以隔（隔）墻為界，南止（至）以水溝為界，西止（至）以土崖為界，北止（至）以後土崖為界。所有花木棵（果）木以（一）並在内，对中公議時值賣價大錢（錢）弍拾弍串五佰文，当日礻（錢）地兩交，並不欠少，以（一）訖賣訖，永無反悔，又無勒粮短價等弊（弊）。若有房親户内人等言詞者，有業主一面承挡（當），不于（與）錢（錢）主之事。每年承纳屯粁（糧）捌合，恐後無憑，立此賣约為據。

酒食画字当日费清。

民国弍拾壹年正月弍拾日

立賣约人：李和尚（畫押）

房　親：李龍官代（畫押）

説合並中人：童正娃（畫押）

代　书：胡幹臣 押

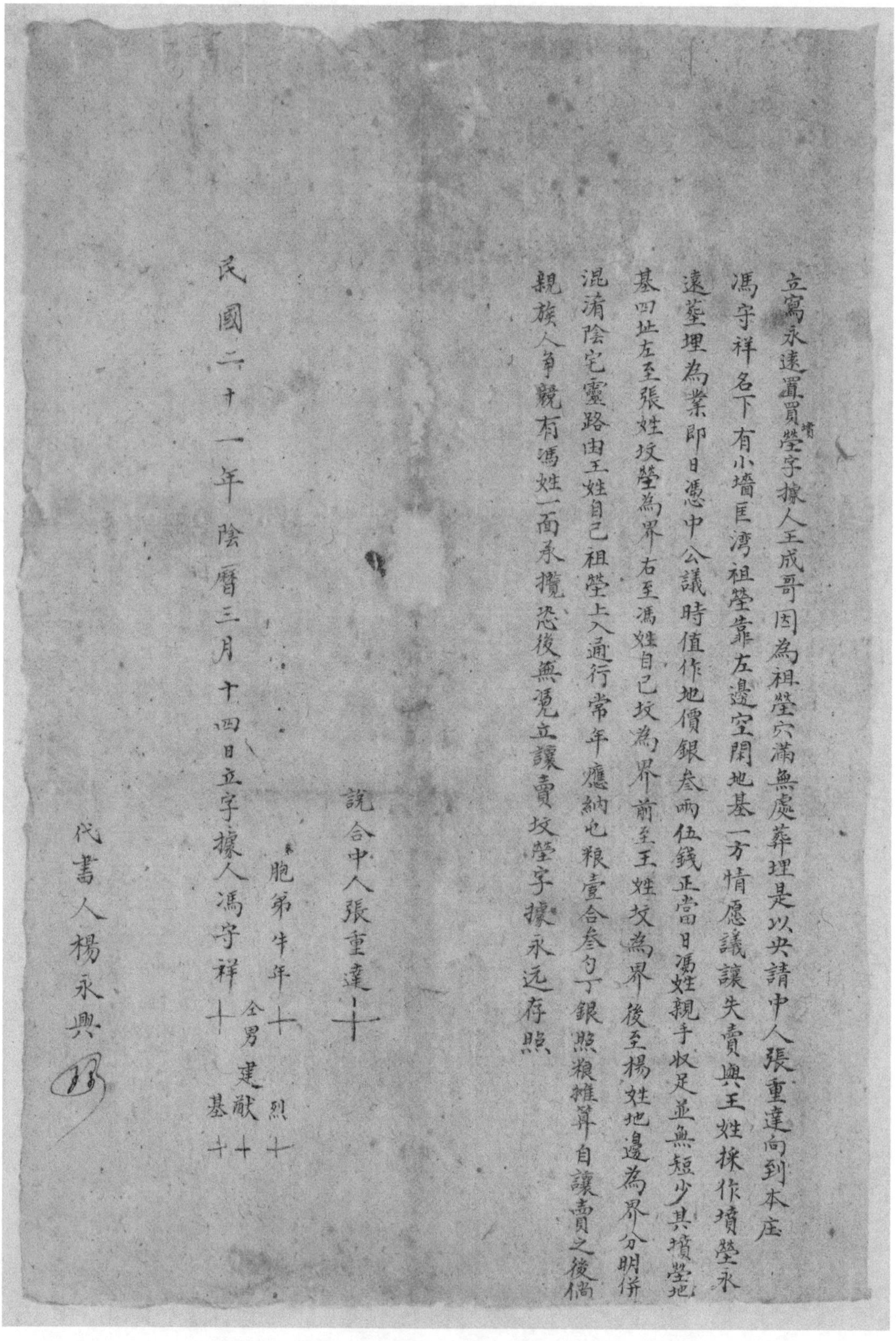

立寫永遠置買塋墳字據人王成哥因為祖塋穴滿無處葬埋是以央請中人張重達向到本庄
馮守祥名下有小墻匡灣祖塋靠左邊空閑地基一方情愿議讓失賣與王姓採作墳塋永
遠塋埋為業即日憑中公議時值作地價銀叁兩伍錢正當日馮姓親手收足並無短少其墳塋地
基四址左至張姓坟塋為界右至馮姓自己坟為界前至王姓坟為界後至楊姓地邊為界分明併
混淆陰宅靈路由王姓自己祖塋上入通行常年應納屯粮壹合叁勺丁銀照粮攤算自讓賣之後倘
親族人等競有馮姓一面承攬恐後無憑立讓賣坟塋字據永远存照

說合中人張重達十

胞弟牛年十 烈十

仝男 建獻十 基十

民國二十一年陰曆三月十四日立字據人馮守祥十

代書人楊永興（押）

民國二十一年（一九三二）馮守祥等立置買墳塋契約（T053）

立寫永遠置買墳塋字據人王成哥，因為祖塋穴滿，無處葬埋。是以央請中人張重達向（問）到本庄（莊）馮守祥名下，有小墻（墻）匡湾祖塋靠左邊空閑地基一方，情愿議讓失賣與王姓，採作墳塋，永遠塟（葬）埋為業。即日憑中公議時值，作地價銀叁兩伍銭（錢）正（整）。當日湡（馮）姓親手收足，並無短少。其墳塋地基四址（至）：左至張姓坟塋為界，右至馮姓自己坟為界，前至王姓坟為界，後至楊姓地邊為界。【四】【至】分明，併【無】混淆，陰宅靈路由王姓自己祖塋上入通行。常年應納屯（屯）粮壹合叁勺，丁銀照粮攤算。自讓賣之後，倘親族人争競，有馮姓一面承攬，恐後無憑，立讓賣（買）坟塋字據永远存照。

民國二十一年陰曆三月十四日

立字據人：馮守祥（畫押）

胞弟馮牛年（畫押）

仝（同）男 馮建烈（畫押）馮建猷（畫押）馮建基（畫押）

説合中人：張重達（畫押）

代 書 人：楊永興（畫押）

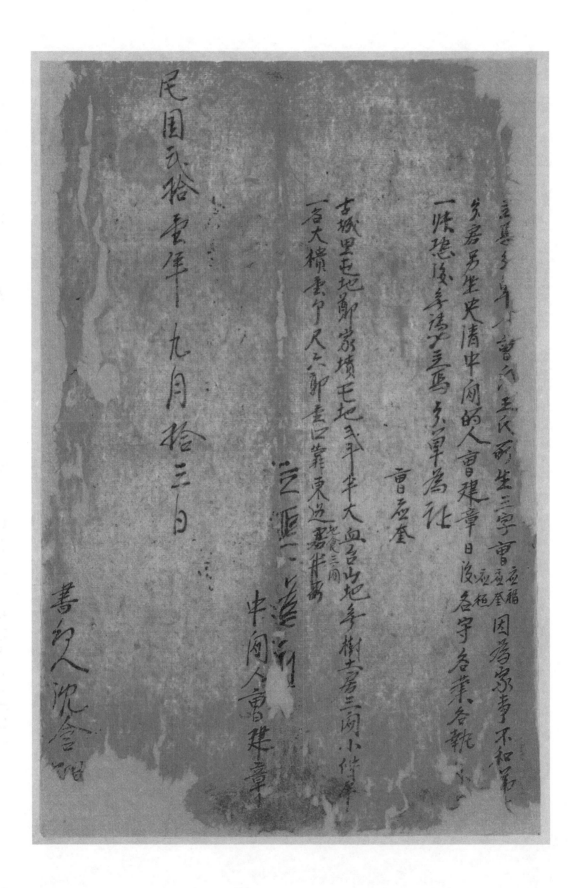

立寫分單人曾門王氏所生三子曾應福、應奎、應柏因為家事不和弟兄

分居另坐，央請中間的人曾建章，日後各守各業，各執

一張，恐後無憑，立寫分單為証

曾應奎

古城里屯地鄭家墳屯地弍斗半，大血台山地弍斗，樹木房三間，小停房

一合大櫃壹个，尺六鍋壹口，叢架東邊磨半扇 地食三斗

立匯一人 ……

中間人曾建章

民國弍拾壹年九月拾三日

書約人沈含智

民國二十一年（一九三二）曹應福等立分單契約（T054）

立寫分單人曹门王氏所生三字（子）曹应福、曹应奎、曹应桓，因為家事不和，弟【兄】分房另坐。央请中间（間）的人曹建章，日後各守各業，各執【分】【单】一張，恐後無憑，立寫分单為证。曹应奎古城里屯地、鄭家墳屯地【下】【籽】弍斗半，大血（歇）台山地無樹，土房三间（間），小□□一各（個），大樻（櫃）壹个，尺六郭（鍋）壹口，靠東边地食（倉）三間。

中间人：曹建章

書约人：沈含□

民国弍拾壹年九月拾三日

立寫永遠歸退地土文契人王更童因為使用不便今將自己祖遺本灣路東山地壹段下籽伍升合宗詢議情願永遠歸退於人是以央請中人問到本戶堂弟王三哥名下情願世守任意為業當日对中時值公估地價大洋三元整即日元契兩交並無欠少自歸退之後每年承納糧共三升七合丁銀照糧完納其地四址東至坟南至龍圩西至地北至路四址分明並無侵佔此係情出兩願並無強為一得一失萬無返悔恐後無憑立此永遠歸退文契為用

說合中人包串神保　十

民國二十二年古二月十四日立永遠歸退文契人王更童　十

書約人郭其敏　十

民國二十二年（一九三三）王更童立歸退田地契約（T055）

立寫永遠歸退地土文契人王更童，因為使用不便，今將（將）自己祖遺本湾路東乇（屯）地壹叚（段），下籽伍升（升）。合家詥（商）議，情願永遠歸退於人。是以央請中人問到本户堂弟王三奇（奇）名下，情願世守，任意為業，當日对中時值公估地價大洋三元整。即日元契两交，並無欠少。自歸退之後，每年承納糧共三升（升）七合，丁銀照糧完納。其地四址（至）：東至坟，南至壟圩（杆），西至地，北至路，四址（至）分明，並無侵佔。此係情出两願，並無强為，一得一失，萬無返（反）悔。恐後無憑，立此永遠歸退文契為用。

民國二十二年古二月十四日

立永遠歸退文契人：王更童（畫押）

說　合　中　人：包中神保（畫押）

書　　約　　人：郭英敏（畫押）

立書過割實賣屯地文契人李貴生子因為使用不足國粿由閑
大干發紀有大灘屯地壹段下籽壹斗伍升東至孫姓地南至草坡西至
李姓地北至孫姓地為界四至分明各為交界並不侵占他人寸土是以央請
中人問到先問房親户內後問地鄰再三問到李吉祥保名下情愿承
受為業當日對中三面議定每斗賣得地價大洋圓伍塊共合大洋柒塊
伍角整照以時直公吉並無勒寄準掭騍為等弊酒食在外畫字在內每年
每斗屯粮一升共合粮一升伍合易知由單湊納上倉再有退地撻洋圓壹塊
整並備日後不許撻山頭地角若有房親房內淨言者有失主一面承覓自
反悔者自忍國律一条恐後無凴立此永遠吉契為用

中間到人李秀奎十 畫字大洋五角
長毛兒十 畫字大洋五角

立賣約人李貴生子十

祖父佛毛右十 畫字大洋元
胞兄占魁十 畫字大洋一角
堂兄双福十 畫字大洋一角

過字人岳含珍

民國貳拾二年冬月初三日

民國二十二年（一九三三）李貴生子立賣屯地契約（T056）

立書過割實賣乇（屯）地文契人李貴生子，因為使用不足，國稞（課）由（攸）關，大干發（法）紀。有大灘乇（屯）地壹叚（段），下籽壹斗伍升（升），東至孫姓地，南至草坡，西至李姓地，北至孫姓地為界，四至分明，各為交界，並不侵占他人寸土。是以央請中人問到，先問房親户內，後問地鄰，再三問到李吉祥保名下，情愿承受為業。當日对中三面議定，每斗賣得地價大洋圓伍塊，共合大洋柒塊伍角整，照以（依）時值公古（估），並無勒掯準折强為等弊，酒食在外，画字在內。每年每斗乇（屯）粁（糧）一升（升），共合粁（糧）一升（升）伍合，易（已）知由单湊納上倉，再有退地墶（大）洋圓壹塊整。倘日後不許墶山頭地角，若有房親房（户）內争言者，有失主一面承覓（攬）。自【已】反悔者，自忍（認）國律一条。恐後無憑，立此永遠吉契為用。

民國貳拾二年冬月初三日

立賣约人：李貴生子（畫押）
胞兄李占魁（畫押）画字大洋一角
祖父佛毛右（畫押）画字大洋一元
堂兄李双福（畫押）画字大洋一角
中問到人：李秀奎（畫押）画字大洋五角
李長毛兒（畫押）画字大洋五角
遇字人：岳含珍（畫押）

用不足無處貸今將自己祖遺有連
斗情愿出典是以訣請中人問到任根
滿王成個名下典得大洋圓四叁塊整當日兌中言明不論年限
遠近日後有圓取續年圓典主根佃耕種隨後年見立此
典約為証
中人　閆保靈
民國廿三年歲正月廿三日立典約人張小個子
代筆[illegible]子榮

民國二十三年（一九三四）張八個子立典地契約（T057）

【立】【典】【地】【約】【人】【張】【八】【個】【子】，【因】【為】【使】用不足，無虜（處）【借】貸，今將自己祖遺有連□□□升（升），情愿出典，是以诀（央）请中人问到汪怀溝王成個名下，典得大洋圓共叁塊整，当日兑（對）中言明，不論年限远近，日後有圓取赎，無圓典主执约耕種。恐後無凴，立此典约為证。

民國廿三年夏正月廿三日

立典约人：張八個子

中　　人：闫保靈

代　　筆：杨子实

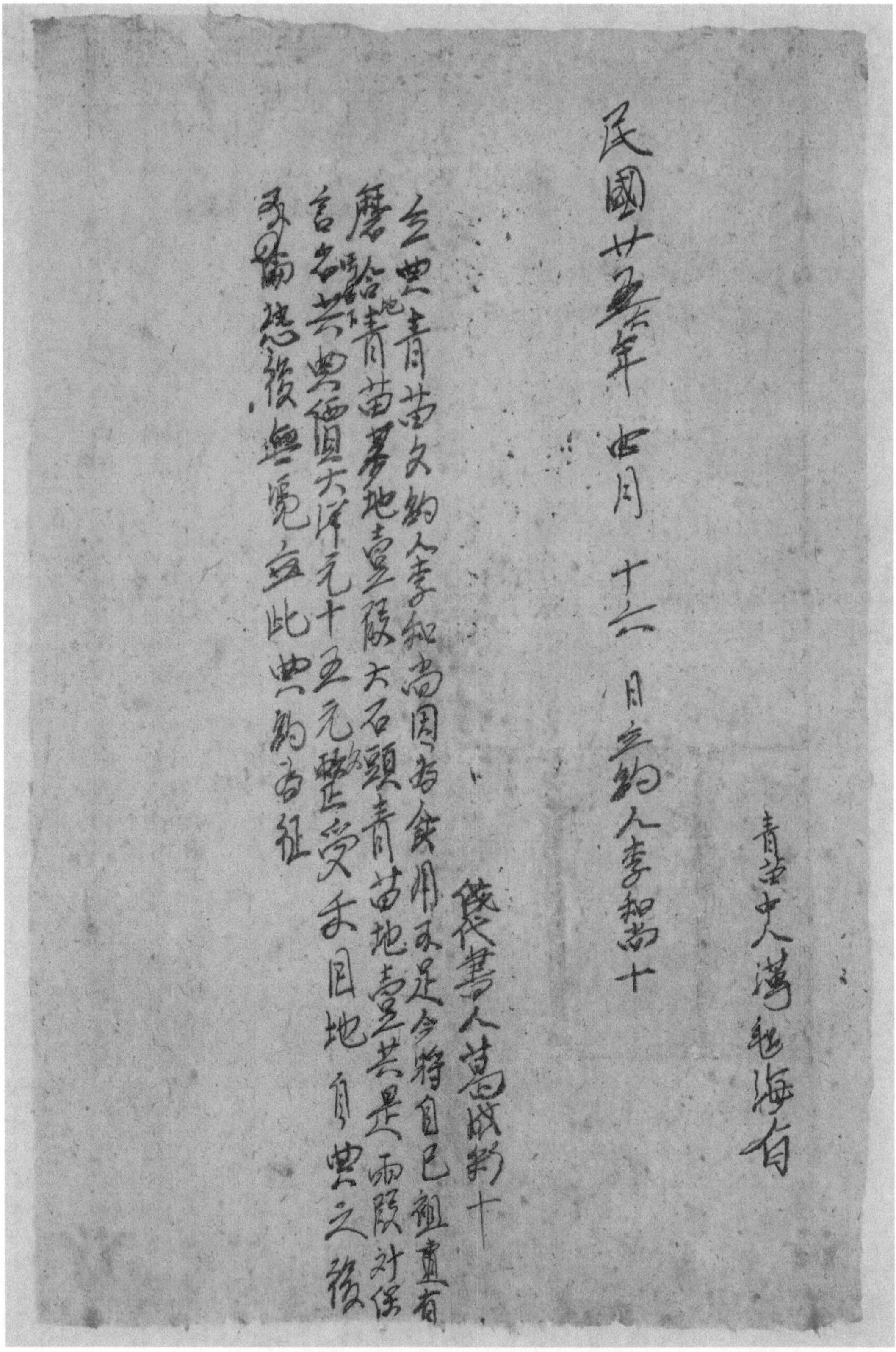
青苗中人蒲毓海有
民國廿五年 四月 十八 日立約人李和尚十
代書人葛成彩十
立典青苗文約人李和尚因爲食用不足今將自己祖遺有
磨合青苗基地壹段大石頭青苗地壹段共是兩段計價
言定共典價大洋元十五元整受手目地 自典之後
不論遠近後無憑立此典約爲証

民國二十六年（一九三七）李和尚立典青苗契約（T058）

立典青苗文约人李和尚，因為食用不足，今将（將）自己祖遺有磨合地青苗地壹叚（段），大石頭青苗地，壹共是两叚（段），对保言名（明），共典價大洋元十五元整。受禾（家）田地，自典之後□□恐後無凴，立此典约為征（證）。

民國廿六年四月十六日

立约人：李和尚（畫押）

青苗中人：薄毡海有

立寫永遠過劃屯地文契人王之先仝男貴隆父子因為天年歉收食種不給又兼遷居番域耕種不便今將自己祖遺
有台子坪方地壹段下籽弍斗伍升又有下地条地壹段下籽壹斗伍升又有搾牌子条地壹段下籽叁斗又有吓陰坡方地壹段下籽壹斗
伍升又有陰坡坪子窩地壹段下籽弍斗伍升又有陰坡嘴窩地壹段下籽壹斗伍升又有高中灣山吊地壹段下籽壹斗伍升又下
地壹段下籽壹斗又有車路地壹段下籽壹斗又有連哈坡嘴元地壹段下籽伍升又有洮路子吊地壹段下籽弍斗伍升又有陽坡坎
地壹段下籽壹斗伍升又有對坡子地兩段下籽壹斗又有台子山吊地壹段下籽壹斗伍升共地一拾伍段共下籽兩石叁斗其地四址各
有界限分明並無侵佔混淆無力耕種父子商議情願出過訣請中人張重達問到房親無人承受後問到族姪
王千神保兄弟名下情願承受永遠納粮耕種為業即日凭中公議時值作價大洋共壹百貳拾捌元正當日凭中洋契
兩交並無欠少分文自過之後其地每年應納屯粮共壹斗陸升弍合伍勺丁銀照粮攤算嗣後許千神保均入由單內日
後如有房親異言異説者有失主父子一面承攬自己如有返悔者自認兵律之罪恐後無凭立此過劃屯粮文契為據

中人張重達十

民國二十六年古五月初一日立過契人王之先　仝男　貴隆十　貴成十

房親姪男　貴生十

書契人楊隆軒

民國二十六年（一九三七）王之先等立過割屯地契約（T059）

立寫永遠過割乇（屯）地文契人王之先，仝（同）男貴隆父子，因為天年歉收，食種不給，又兼遷居番域，耕種不便，今將（將）自己祖遺有台子坪方地壹叚（段），下籽弍斗伍升（升）；又有下地条地壹叚（段），下籽壹斗伍升（升）；又有插牌子条地壹叚（段），下籽叁斗；又有吓（下）陰坡方地壹叚（段），下籽壹斗伍升（升）；又有陰坡坪子窩地壹叚（段），下籽弍斗伍升（升）；又有陰坡嘴窩地壹叚（段），下籽壹斗伍升（升）；又有高（高）中湾山吊地壹叚（段），下籽壹斗伍升（升）；又下地壹叚（段），下籽壹斗；又有車路地壹叚（段），下籽壹斗；又有連哈坡嘴元地壹叚（段），下籽伍升（升）；又有陡路子吊地壹叚（段），下籽弍斗伍升（升）；又有陽坡坟地壹叚（段），下籽壹斗伍升（升）；又有對坡子地兩叚（段），下籽壹斗；又有台子山吊地壹叚（段），下籽壹斗伍升（升）。共地一拾伍叚（段），共下籽兩石（石）叁斗。其地四址（至）各有界限分明，並無侵佔混淆。無力畊種，父子商議，情願出過，訣（央）請中人張重達問到房親，無人承受。後問到族姪王千神保兄弟名下，情願承受，永遠納粮耕種為業。即日凴中公議時值，作價大洋共壹百貳拾捌元正（整）。當日兑（對）中洋契兩交，並無欠少分文。自過之後，其地每年應納乇（屯）粮共壹斗陆升（升）弍合伍勺，丁銀照粮攤算。嗣後许千神保均入由單内。日後如有房親詈言異説者，有失主父子一面承攬。自己如有返（反）悔者，自認民律之罪。恐後無凴，立此過割乇（屯）粮文契為據。

民國二十六年古五月初一日

立過契人：王之先（手印）仝（同）男　王貴隆（畫押）
王貴成（畫押）
中　　人：張重達（畫押）
房親姪男：貴生（畫押）
書　契　人：楊隆軒（畫押）

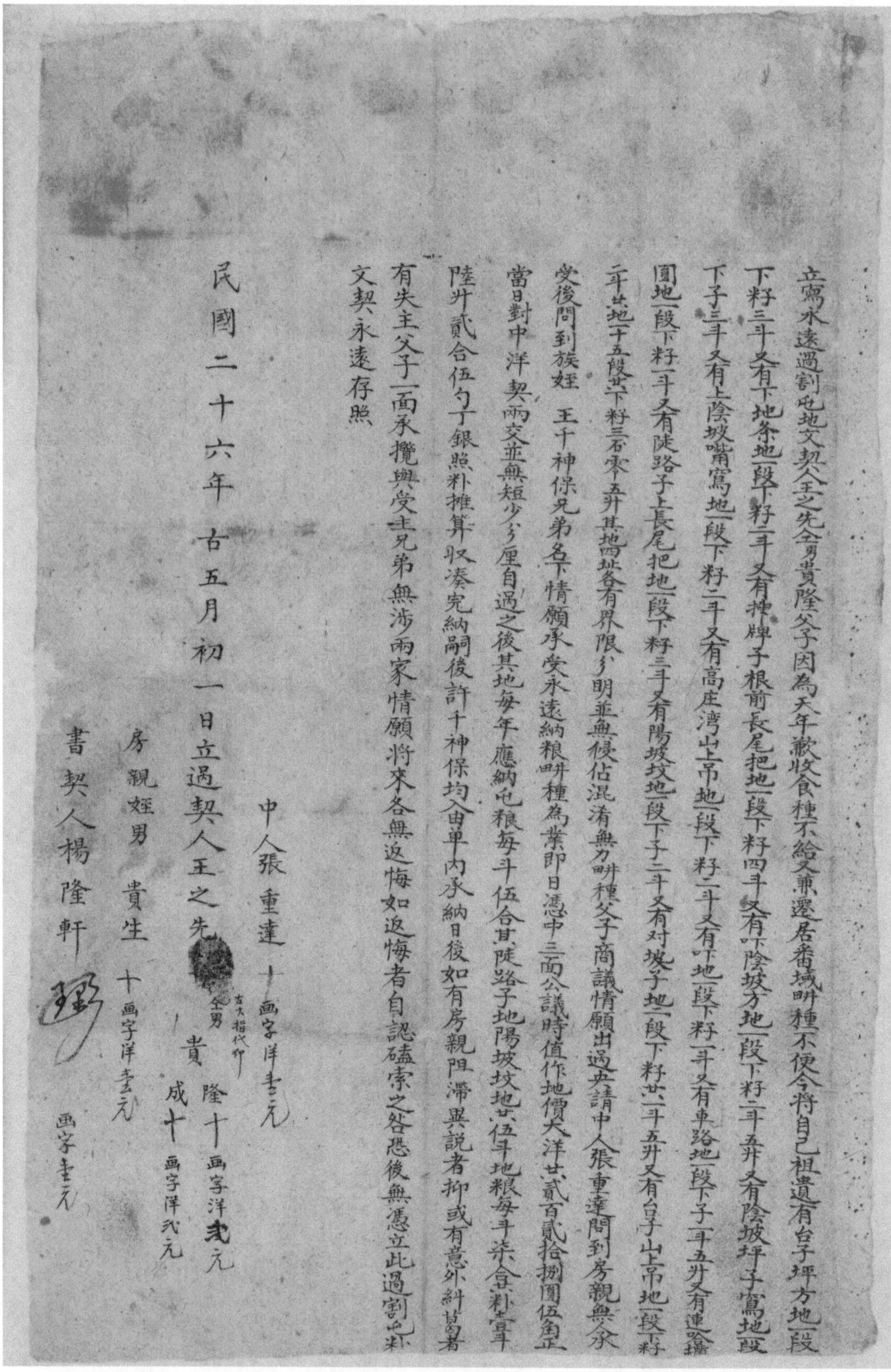

立寫永遠過割田地文契人王之先仝男貴隆父子因為天年歉收食種不給又兼遷居番域畊種不便今將自己祖遺有台子坪方地一段
下籽三斗又有下地条地一段下籽二斗又有神牌子根前長尾把地一段下籽四斗又有下陰坡方地一段下籽二斗五升又有陰坡坪子窩地一段
下子三斗又有上陰坡嘴窩地一段下籽二斗又有高庄灣山上吊地一段下籽一斗又有下地一段下籽一斗又有車路地一段下子一斗五升又有連陰攄
圓地一段下籽一斗又有陡路子上長尾把地一段下籽三斗又有陽坡坟地一段下子二斗又有对坡子地二段下籽廿一斗五升又有台子山上吊地一段下籽
二斗共地一十五段共下籽三石零五升其地四址各有界限分明並無侵佔混淆無力畊種父子商議情願出過央請中人張重達問到房親無人承
受後問到族姪　王千神保兄弟名下情願承受永遠納粮畊種為業即日憑中三面公議時值作地價大洋廿貳百貳拾捌圓伍角正
當日對中洋契兩交並無短少分厘自過之後其地每年應納田粮每斗伍合共陡路子地陽坡坟地廿伍斗地粮每斗柒合共料壹斗
陸升貳合伍勺丁銀照料摊算收凑完納嗣後許千神保均入由單內承納日後如有房親阻滯異說者抑或有意外糾葛者
有失主父子一面承攬與受主兄弟無涉兩家情願將來各無返悔如返悔者自認磕索之咎恐後無憑立此過割田地
文契永遠存照

中人張重達十　畫字洋壹元

民國二十六年古五月初一日立過契人王之先（古大指代印）

仝男貴隆十　畫字洋弍元

貴成十　畫字洋弍元

房親姪男貴生十　畫字洋壹元

書契人楊隆軒（押）　畫字壹元

民國二十六年（一九三七）王之先等立過割屯地契約（T060）

立寫永遠過割乇（屯）地文契人王之先，仝（同）男貴隆父子，因為天年歉收，食種不給，又兼遷居番域，畊種不便，今将（將）自己祖遺有台子坪方地一段，下籽三斗；又有下地条地一段，下籽二斗；又有插牌子根前長尾把（巴）地一段，下籽四斗；又有吓（下）陰坡方地一段，下籽二斗五升（升）；又有陰坡坪子窵地一段，下籽三斗；又有上陰坡嘴窵地一段，下籽二斗；又有高庄湾山上吊地一段，下籽二斗；又有吓（下）地一段，下籽一斗；又有車路地一段，下籽一斗五升；又有連哈嘴圎（圓）地一段，下籽一斗；又有陡路子上長尾把地一段，下籽三斗；又有陽坡坆地一段，下子（籽）二斗；又有对坡子地二段，下籽共一斗五升；又有台子山上吊地一段，下籽二斗。共地一十五段，共下籽三石（石）零五升。其地四址（至）各有界限分明，並無侵佔混淆。無力畊種，父子商議，情願出迵（過），央請中人張重達問到房親，無人承受。後問到族姪王千神保兄弟名下情願承受，永遠納粮畊種為業。即日憑中三面公議時值，作地價大洋共貳百貳拾捌圎（圓）伍角正（整）。當日對中洋契兩交，並無短少分厘。自迵（過）之後，其地每年應納乇（屯）粮每斗伍合，其陡路子地陽坡坆地共伍斗，地粮每斗柒合共粁（糧）壹斗陆升貳合伍勺，丁銀照粁（糧）攤算收凑完納，嗣後許千神保均入由单内承納。日後如有房親阻滞異説者，抑或有意外糾葛者，有失主父子一面承攬，與受主兄弟無涉，两家情願将（將）來各無返（反）悔。如有返（反）悔者，自認磕索之咎。恐後無憑，立此過割乇（屯）粁（糧）文契永遠（遠）存照。

民國二十六年古五月初一日

立迵（過）契人：王之先（手印）右大指代印

仝（同）男 王貴隆（畫押）画字洋弍元

王貴成（畫押）画字洋弍元

中　　人：張重達（畫押）画字洋壹元

房親姪男：貴生（畫押）画字洋壹元

書 契 人：楊隆軒（畫押）画字壹元

立寫永遠實過割屯粮文契人丁的力田為耕牛價不足國稞銀粮上納不前無處借
貸今將自己祖遺有坡草灣陽坡柯岔地一段下籽叁斗其地四址東至坡根為界南
至丁姓地為界西至路為界北至張姓地為界四址分明並無侵佔他人寸土無力耕種
闔家父子謫議情愿出過請中人張八三 怒個二人先問房親無人承售後問地畔人等
又無人承售再問到汪懷庄
王成個名下兄弟永遠耕種為業当日三面言明照依時值公估每斗作價大洋柒元伍
角共價洋弍拾弍元伍角整即日元契兩交併無虧價扣債情弊每年每斗額納屯粮伍
合丁銀黑粮攤算收湊納㕘自過之後如有房親異言若有先主一面承耽恐後無憑
立此永遠實過割文契為據

問到人張八三十
怒個十

民國二十六年古曆冬月十三日立過割屯粮文契人丁的力十
子乙個十

房親人丁哈乙個十
丁馬利克十

代書人王漢三氏隱

民國二十六年（一九三七）丁的力立過割屯糧契約（T061）

立寫永遠實過割乇（屯）粮文契人丁的力，因為耕牛價不足國稞（課），銀粮上納不前，無處借貸。今將自己祖遺有坡草灣陽坡柯岔地一叚（段），下籽叁斗。其地四址（至）：東至坡根為界，南至丁姓地為界，西至路為界，北至張姓地為界，四址（至）分明，並無侵佔他人寸土。無力耕種，闔家父子謫（商）議，情愿出過，訣（央）請中人張八三、張怒個二人先問房親，無人承售（受），後問地畔人等，又無人承售（受），再問到汪懷庒（莊）王成個名下兄弟永遠耕種為業。当日三面言明，照依時值公估每斗作價大洋柒元伍角，共價洋弍拾弍元伍角整。即日元契两交，併無虧價扣債情弊（弊）。每年每斗額納乇（屯）粮伍合，丁銀照粮攤算收凑納蒼（倉），自過之後，如有房親異言者，有失主一面承躭（擔），恐後無憑，立此永遠賣過割文契為據。

民國二十六年古曆冬月十三日

立過割乇（屯）粮文契人：丁的力（手印）子　丁乙個（畫押）

問　　到　　人：張八三（畫押）

張怒個（畫押）

房　　　　親：丁哈乙個（畫押）

丁馬利克（畫押）

代　　書　　人：王漢三氏（畫押）

立永遠賣過割屯地文契人上馬牌丁永福仝男要力亥兔父子因為世亂避難移居導河耕種不到願將
自己祖遺有破寨灣陽坡窩地一段下籽四斗又有頂頭子峪地一段下子伍升又有破寨灣陰坡柯岔窩地一段
下籽三斗共地三段共下子七斗五升其地四址各有界限分明並無混淆情願過割央請中人張八三丁必拉力二人問
到房族村鄰人等無人承受後問到汪懷溝
王殿臣兄弟名下情願售置永遠納粮畊種為業即日憑中公議時值作價每斗大洋壹拾叁圓共洋玖拾柒圓伍角
當日對中契價兩交併無欠少分文自過割之後其地每年應納屯糧每斗伍合共粮叁升柒合伍勺丁銀照
料攤算嗣後許殿臣均入由單內承納照章印契投稅倘有親族爭競抑或有重複保債意外糾轕有失主永福父子
一面承當與受主無涉自己反悔照律甘認嗑索之咎恐後無憑立此文契永遠存照

中間問到　張八三十　畫字大小貳仟文
丁必拉力十　畫字大小貳仟文
叔父丁右什子十　畫字大小壹仟貳百文

民國二十六年十二月二十五日立契人丁永福
仝男　要利亥兔十　畫字大小壹仟貳百文
彔退十　畫字大小壹仟貳百文

書契人楊隆軒（押）　潤筆資大小貳仟貳百文

民國二十六年（一九三七）丁永福等立過割屯地契約（T062）

立永遠實過割乇（屯）地文契人上馬牌丁永福仝（同）男要力亥兕（兒）父子，因為世亂避難，移居導河，耕種不到，願将自己祖遺有破寨湾楊坡窵地一段，下籽四斗；又有頂頭子哈（下）地一段，下子（籽）伍升；又有破寨灣陰坡柯岔窵地一段，下籽三斗。共地三段，共下子（籽）七斗五升（升）。其地四址（至）各有界限分明，並無混淆，情願過割，央請中人張八三、丁必拉力二人问到房族村鄰人等，無人承受。後問到汪懷溝王殿臣兄弟名下，情願售（受）置，永遠納粮畊種為業。即日憑中公議時值，作價每斗大洋壹拾叁圓，共洋玖拾柒圓（圓）伍角。當日對中契價兩交，併無欠少分文，自過割之後，其地每年應納乇（屯）糧每斗伍合，共粮叁升柒合伍勺，丁銀照粁（糧）攤算。嗣後許殿臣均入由單内承納，照章印契投税。倘有親族争競，抑或有重複（復）保債意外糾轕（葛），有失主永福父子一面承當，與受主無涉。自己反悔照律甘認磕索之咎。恐後無憑，立此文契永遠（遠）存照。

民國二十六年十二月二十五日

立契人：丁永福（手印）仝（同）男
要力亥兒（畫押）画字大糸（錢）壹仟六佰文
录退（畫押）画字大糸（錢）壹仟弍百文
中間問到：張八三（畫押）画字大糸（錢）弍仟文
丁必拉力（畫押）画字大糸（錢）弍仟文
叔父丁右什子（畫押）画字大糸（錢）壹仟弍百文
書契人：楊隆軒（畫押）润筆資大糸（錢）弍仟弍百文

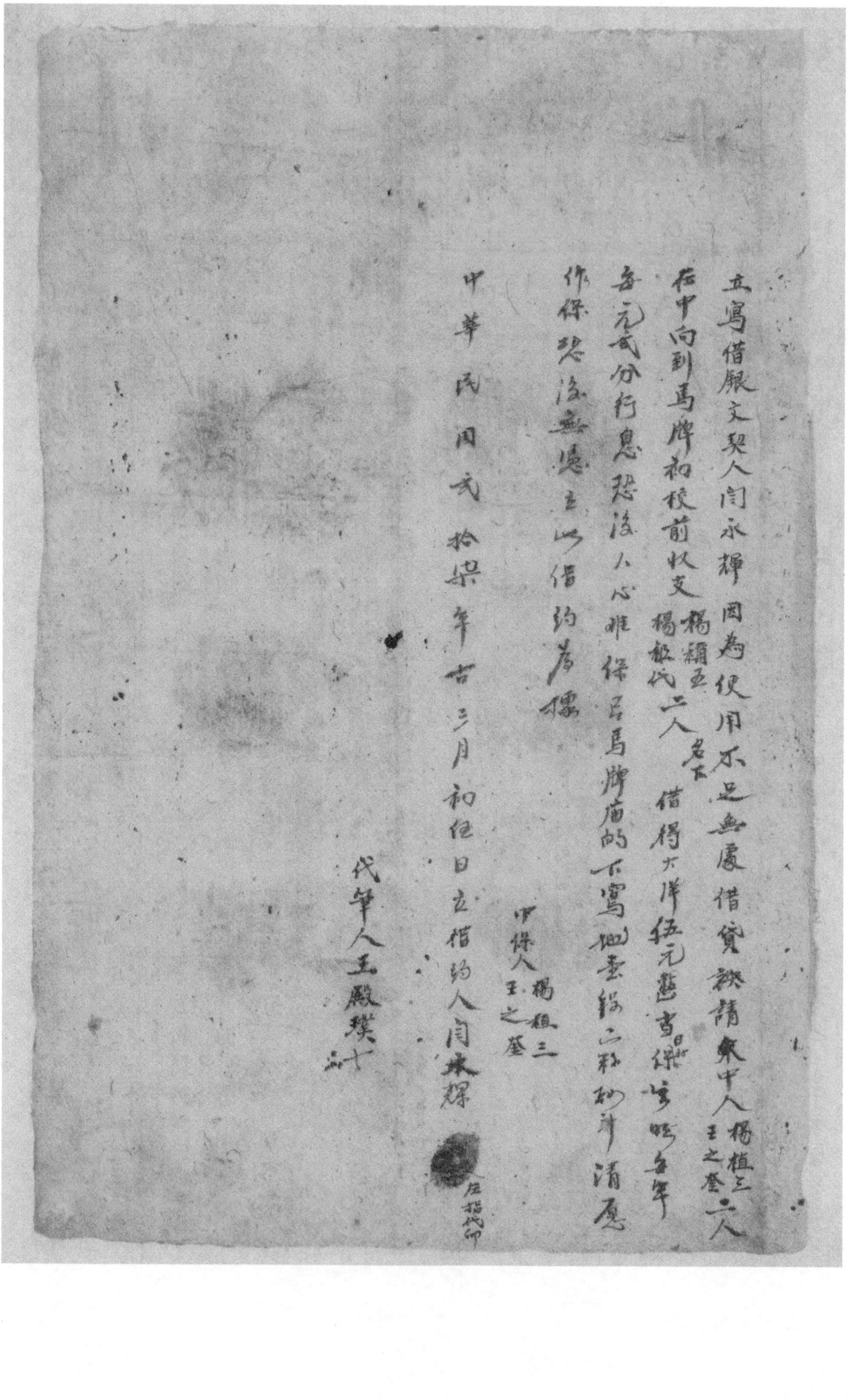
立寫借脹文契人閆永輝因為使用不足無處借貸誂請衆中人楊植三王之奎二人
在中向到馬牌祁校前收支楊積五楊敏代二人名下借得大洋伍元整言明每年
每元貳分行息恐後人心難保呈馬牌廟的下寫地壹段二畝秋後清還
作保恐後無憑立此借約爲據
中保人楊植三 王之奎
中華民國貳拾柒年古三月初伍日立借約人閆永輝 左指代印
代筆人王殿璞 畫十

民國二十七年（一九三八）閆永輝立借貸契約（T063）

立寫借銀文契人閆永輝，因為使用不足，無處（處）借貸，訣（央）請中人楊植三、王之奎二人在中向（問）到馬牌初校前收支楊稱五、楊祖代二人名下，借得大洋伍元整。当日对保言明，每年每元式分行息。恐後人心难保，有馬牌庙的下寫地壹段，下籽肆斗，清（情）愿作保。恐後無憑，立此借约為據。

中華民国式拾柒年古三月初伍日

立借约人：闫永辉（手印）左指代印

中保人：楊植三　王之奎

代筆人：王殿璞（畫押）

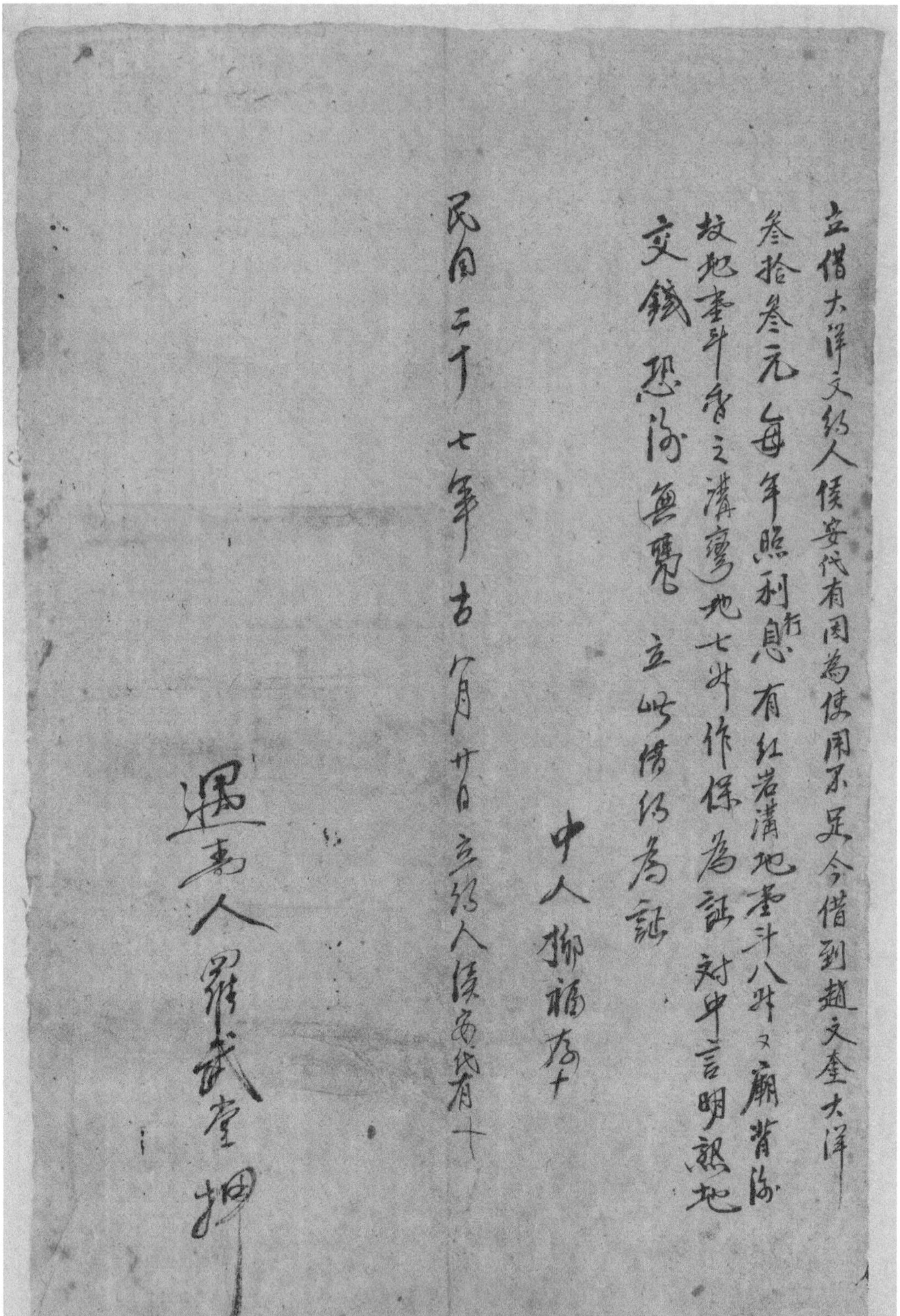
立借大洋文約人侯安代有因爲使用不足今借到趙文奎大洋
叁拾叁元每年照利行息有紅岩溝地壹斗八升又廟背後
坡地壹斗香之溝彎地七升作保爲証對中言明認地
交錢恐後無憑立此借約爲証
中人柳福存十
民國二十七年古六月廿日立約人侯安代有十
遇書人羅武堂押

民國二十七（一九三八）侯安代有立借貸契約（T064）

立借大洋文约人侯安代有，因為使用不足，今借到趙文奎大洋叁拾叁元，每年照利行息，有红岩溝地壹斗八升（升），又廟背後坟地壹斗，香之溝彎（灣）地七升（升）作保為証（證），对中言明熟（贖）地交錢（錢），恐後無凴，立此借约為証（證）。

民国二十七年古八月廿日

立约人：侯安代有（畫押）

中　人：柳福存（畫押）

遇書人：羅武堂　押

具保保人王元亭訪保李溪肥元昌二人着有逃避等情
保人願負完全責任尚新兵路費洋壹佰元整
保人親手收清訖具保保人是實
民國二十八年古五月廿二日立保保人王元亭

民國二十八年（一九三九）王禮亭立擔保契約（T065）

立保保人是王礼亭，所保李元昌、李護祖代二人若有逃避等情，保人願負完全責任，與新兵路費洋壹佰四拾元整，保人親手收清，所具保保人是实。

民国二十八年古五月廿三日

立保保人：王礼亭

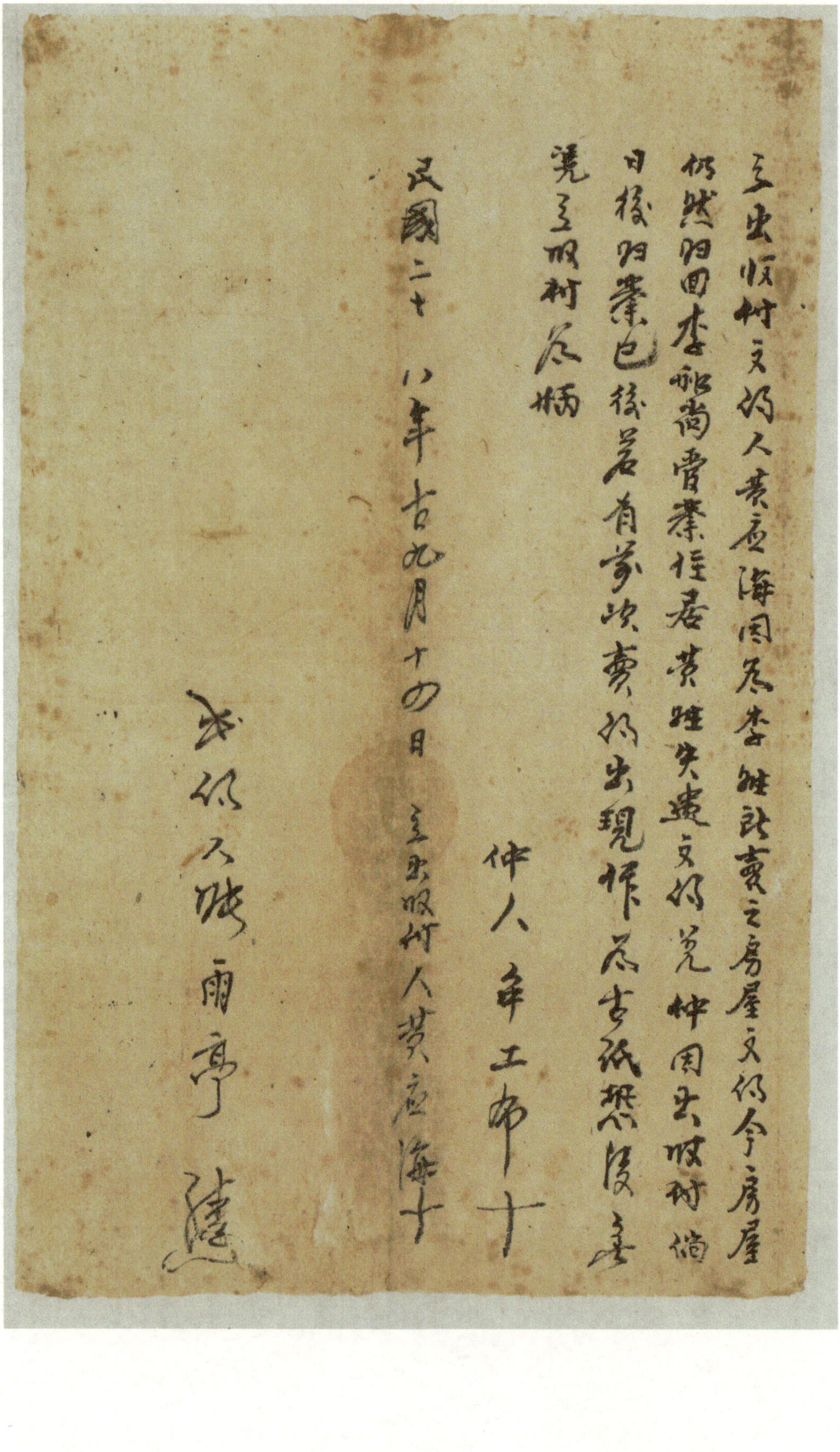

立出收付文約人黃應海，因爲李姓託賣之房屋文約，今房屋仍然歸回李永尚賣業住居，黃姓失遺文約，憑中因出收付，備日後歸業包給。若有前次賣約出現，作爲廢紙。恐後無憑，立收付爲柄。

仲人　牟工布　十

民國二十八年古九月十四日　立出收付人黃應海　十

書約人　張雨亭　筆

民國二十八年（一九三九）黃應海立收付契約（T066）

立出收付文约人黄应海，因為李姓所賣之房屋文约，今房屋仍然归回（回）李和尚當業住居，黄姓失遺文约，兑（對）仲（中）因出收付，倘日後归業已（以）後，若有黄此（姓）賣约出現，作為古纸，恐後無凴，立此收付為柄。

民國二十八年古九月十四日

立收付人：黄应海（畫押）

仲（中）人：年工布（畫押）

书约人：张雨亭（畫押）

立出收條人黃應海因為李胡哇敗典於房子半所價五元今李和尚抽回黃姓將此典約失遺因覓人言明愿出收條日後有約據出現作為古紙不用恐後無憑立出收條文約為憑

民國二十八年古九月十四日

立出收條人黃應海十

中人辛工布十

出條人路南亭筆

民國二十八年（一九三九）黃應海立收付契約（T067）

立出收付人黄应海，因為李胡哇所典的房子半所，【典】價五元，今李和尚抽囬（回），黄姓将（將）此典約失遺，因兑（對）人言明，愿出收付。倘日後有约據出現，作為古纸不用。恐後無凴，立出收付文約為柄。

民國二十八年古九月十四日

立出收付人：黄应海（畫押）

中　　人：年工布（畫押）

书　约　人：张雨亭（畫押）

立寫永遠過割屯地文契人張六一子因為食種不足今將自己祖遺有花光溝門大多勝地一段下
將貳斗其四址東至張姓地南至張姓西至楊姓地北至河溝灘為界四址分明並無侵佔他人寸土每斗
應納屯粮六合共粮壹升貳合情願過割於人是以訣請中人張全德問到汪懷庄王成哥名下闔
家謪議情願受留為業當日對中三面言明照依值公佐篠酒食畫字外每斗議定人工牛力洋叁拾貳元
伍角共合洋柒拾伍圓整當即元契兩交並無欠少亦無折扣私債強為等情自過之後任憑業主
承粮耕種永遠為業不與失主相干倘日後房親弟兄有爭言異說者有失主一面承攬若雙方有
誰翻悔者自認民新律之罪恐後無憑立此過割屯地文契永遠存照

中間到人　張全德十　楊植珊押　畫字洋各貳元

民國貳拾玖年古十月初九日立过割屯地文契人張六一子

並子　手散　合散　要少害

共畫字洋陸元

書契人李瑞五　潤筆洋貳元

民國二十九年（一九四〇）張六一子等立過割屯地契約（T068）

立寫永遠過割屯地文契人張六一子，因為食種不足，今将（將）自己祖遺有花兒溝門大多腦地一段（段），下籽貳斗，其四址（至）：東至張姓地，南至張姓【地】，西至楊姓地，北至河溝漘為界，四址（至）分明，並無侵佔他人寸土，每斗應納屯粮六合，共粮壹升（升）貳合，情願過割於人，是以訣（央）請中人張全德問到汪懷庄（莊）王成哥名下，閤（闔）家謫（商）議，情願受留為業。當日對中三面言明，照依【時】值公估，除酒食画字外，每斗議定人工牛力洋叁拾貳元伍角，共合洋陆拾伍圓整。當即元契两交，並無欠少，亦無折扣私債强為等情。自過之後，任憑業主承粮耕種，永遠為業，再不与（與）失主相干。倘日後房親弟兄有爭（争）言異説者，有失主一面承攬，若雙方有誰翻（反）悔者，自認民新律之罪。恐後無憑，立此過割屯地文契永遠存照。

民國貳拾玖年古十月初九日

立过割屯地文契人：張六一子（手印）並子張合散 張平散 張要力害
共画字陸元

中問到人：張全德（畫押）画字洋各貳元
楊植珊押

書契人：李瑞五（蓋章）潤筆洋貳元

立寫寄單人祝恒齡、祝合齡，因為弟兄分家，老三全福當兵不家，所有産業照依三股
搭手均分，指閹占産，老三共分山川田地壹石扣斗伍升，合齡寄種花樹角地一段，下籽貳斗，無
路嘴地一段，下籽壹斗，上樹子地一段，下籽叁斗伍升，泉眼子背後地一段，下籽壹斗伍升，恒齡所
寄種蕎地一段，下籽壹斗伍升，坡上子地一段，下籽壹斗伍升，貫家坪沿子地一段，下籽貳斗伍
升，三塄子一段，下籽壹斗，泉眼子方地一段，下籽貳斗，再有台子上面庄窠一處，方圓伍丈貳尺，
下餘地土連合齡所着蕎場，作為兩座場之頂補，蓋因蕎場比恒齡所分之場稍大故也。只
因寄單人不在當面，所以分單未寫，只存寄單一紙，以作後來商量之餘地，此單暫存表
兄安蓮花代字內，以免生弊。在全福未來以前，所有應出差款及債務，由恒齡、合齡二
二年均負担，恐口無憑，立此寄單為據。外批
外着乱墳灘紫灘一段，下籽壹斗，下麻灘荒灘一
段，下籽貳斗，麻次上壕背后荒灘一段，下籽叁斗
民國二十九年夏令月初二日立寫寄單人祝合齡（押）
祝恒齡（押）
親識鄰右 祝誉堯十 祝哈旦十 安蓮花代十
過書人祝仰篙棣

民國二十九年（一九四〇）祝恒齡、祝合齡立寄單契約（T069）

立寫寄单人祝恒齡、祝合齡，因為弟兄分家，老三全福當兵不【在】家，所有産業照依三股搭平均分，拈阄占産。老三共分山川田地壹石（石）捌斗伍升，合齡寄種花樹角地一叚（段），下籽弍斗；盘路嘴地一叚（段），下籽壹斗；三角子地一叚（段），下籽叁斗伍升；泉眼子背後地一叚（段），下籽壹斗伍升。恒齡所寄種蒜地一叚（段），下籽壹斗伍升；坟上子地一叚（段），下籽壹斗伍升；贯家坪沿子地一叚（段），下籽弍斗伍升；立地子一叚（段），下籽壹斗；泉眼子方地一叚（段），下籽弍斗，再有台子上面庒（莊）窠一雰（處），方圓伍丈弍尺。下餘地土連合齡所看舊場作為两座場之顶補，盖因舊場比恒齡所分之場稍大故也。只因夲（本）人不在當面，所以分单未寫，只存寄单一纸，以作後來商量之餘地。此单暫存表兄安蓮花代手內，以免生獘（弊）。在全福未來以前，所有应出差款及債務，由恒齡、合齡二二（人）平均負担，恐後無憑，立此寄单為攄（據）。

外着乱墳滩荒滩一叚（段），下籽壹斗；下麻滩荒滩一叚（段），下籽弍斗；麻次上墳背后荒滩一叚（段），下籽叁斗。

立寫寄单人：祝恒齡（手印）
祝合齡（手印）

親識鄰右：安蓮花代（畫押）
祝誉堯（畫押）
祝哈旦（畫押）

遇书人：祝仰嵩 押

民國二十九年夏仝月初二日

立賣磨灘地土文約人侯哈奇、外奇、外寅六哇因為看守不到今將自己
祖遺地名下磨台處下籽不等東止以石嘴為界南止以山根為界西止以
本姓磨出水為界北止以大河沿為界自己訣請中人來往説合先儘房
親後儘連畔多人承受只得出賣于趙文魁名下承業耕種当日対中
公議時值買價大洋叁佰伍拾元当日不欠兩交並無欠少分文土木石頭以
並在内酒食画字当日費清出入路道以應同以並無勒掯短價異契等說
每年承納料壹斗弍升永無反悔若有房親戶内爭言者有業主壹面
承攬不于錢主相干恐後無憑立此賣約永遠為據可証

說合中人　向海雲 十 画字
羅文堂 十
孝雲 十
子 謙清 七十 學
謙奎 十

民國叁拾年古六月初五日立賣約人侯哈奇
房親侯主代 十
侯李代成 十 画字大

遇書人　牟孝卿　押

民國三十年（一九四一）侯哈奇等立賣地契約（T070）

立賣磨灘地土文约人侯哈竒（奇）、郊（卯）竒（奇）、郊（卯）寅、六哇，因為看守不到，今將自己祖遺地名下磨壹處，下籽不等，東止（至）以石嘴為界，南止（至）以山根為界，西止（至）以本性（姓）磨出水為界，北止（至）以大河迯（邊）為界。自己訣（央）請中人来往説合，先儘房親，後儘連畔，無人承受。只得出賣于趙文魁名下管業耕種，当日对中公議，時值買价大洋叁佰伍拾元，当日乑（錢）業両（兩）交，並無欠少分文。木土石頭，以（一）並在内；酒食画字，当日費清；出入路道，以（一）應同行，並無勒枓（糧）短价。異（一）契賣訖，每年承纳枓（糧）壹斗弍升（升），永無反悔。若有房親户内爭（争）言者，有業主壹面承攬，不于（與）銭（錢）主相干，恐後無凴，立此賣约永远為據可証（證）。

民國叁拾年古六月初三日

立賣约人：侯哈竒（奇）（手印）

子　侯寿靈（畫押）侯貴七（畫押）侯謝奎（畫押）画字

説合中人：向海雲（畫押）画字

羅文堂（畫押）

房　親：侯王代（畫押）

侯李代成（畫押）

画字大

遇书人：牟孝卿 押

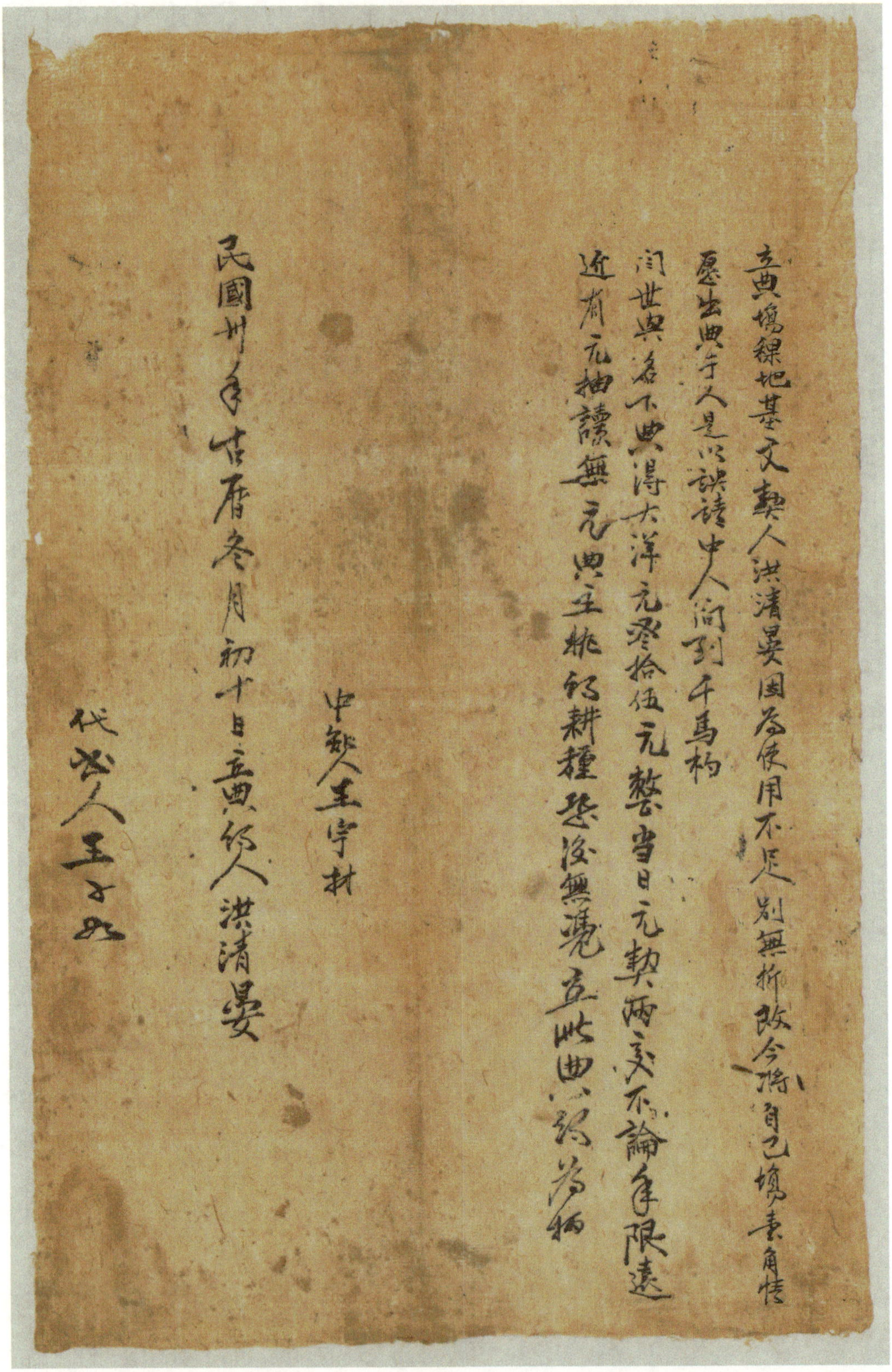

立典塲稞地基文契人洪清晏因為使用不足別無折故今將自己塲壹角情
愿出典于人是以誅請中人問到千馬杓
門世典為下典得大洋元叁拾伍元整當日元契兩交不論年限遠
近有元抽讀無元典主耕種恐後無憑立此典約為柄

中証人王守林

民國卅年古曆冬月初十日立典約人洪清晏

代筆人王子如

民國三十年（一九四一）洪清晏立典場窠地基契約（T071）

立典場稞（窠）地基文契人洪清晏，因為使用不足，别無折改，今将自己場壹角情愿出典于人，是以訣（央）請中人问到千馬杓闫世㒷（興）名下，典淂（得）大洋元叁拾伍元整，当日元契两交，不論年限遠近，有元抽讀（贖），無元典主执约耕種，恐後無凴，立此典约為柄。

民国卅年古曆冬月初十日

立典约人：洪清晏

中知人：王宇材

代書人：王子如

書立永遠租地土文契人洪清宴，因為無力耕種，今將自己祖遺有
大石頭灘地一段，下籽叁斗；上闌杆坡一段，下籽叁斗；大地上頭二地半段，下
籽各斗；梁北背後地一段，通行弍斗伍升。其門央請中人詞到，情愿出租于
劉世英名下，世世子孫任意為業。得受租價肆佰陸拾元整，当日對中交
明無欠。外酒食畫字日費用亦在契內。兩交並無短少、準折私債等弊，二家心
情意愿，並無反悔。恐後無憑，書立永遠吉契人為據。

永遠吉契

中人吳學禄十

民國叁拾叁年夏五月十二日　立租約人洪清宴　左中指押其

吳村一歸

過出人洪永清

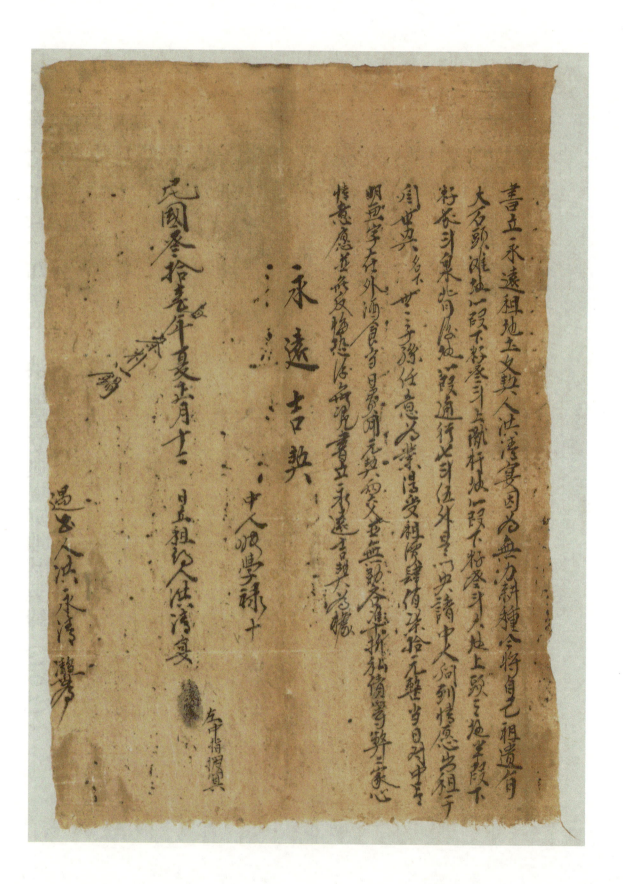

民國三十一年（一九四二）洪清晏立租地契約（T072）

書立永遠租地圡（土）文契人洪清宴，因為無力耕種，今将自己祖遺有大石頭灘地一段（段），下籽叁斗。上隴杆地一段（段），下籽叁斗。大地上頭之地半段（段），下籽貳斗。泉背後地一段（段），通行七斗伍升。是以央請中人问到情愿出租于闫世㒷（興）名下世世子孫任意為業。淂（得）受租價肆佰柒拾元整。当日对中言明，画字在外，酒食当日费用。元契两交，並無勒吝準折私債等弊。二家心情意愿，並無反悔。恐後無凴，書立永遠吉契為據。

永遠吉契

每年粁（糧）一鍋。

民國叁拾壹年夏正月十二日

立租约人：洪清宴（手印）左中指□【簸】□【箕】

中　　人：張學禄（畫押）

遇书人：洪永清（畫押）

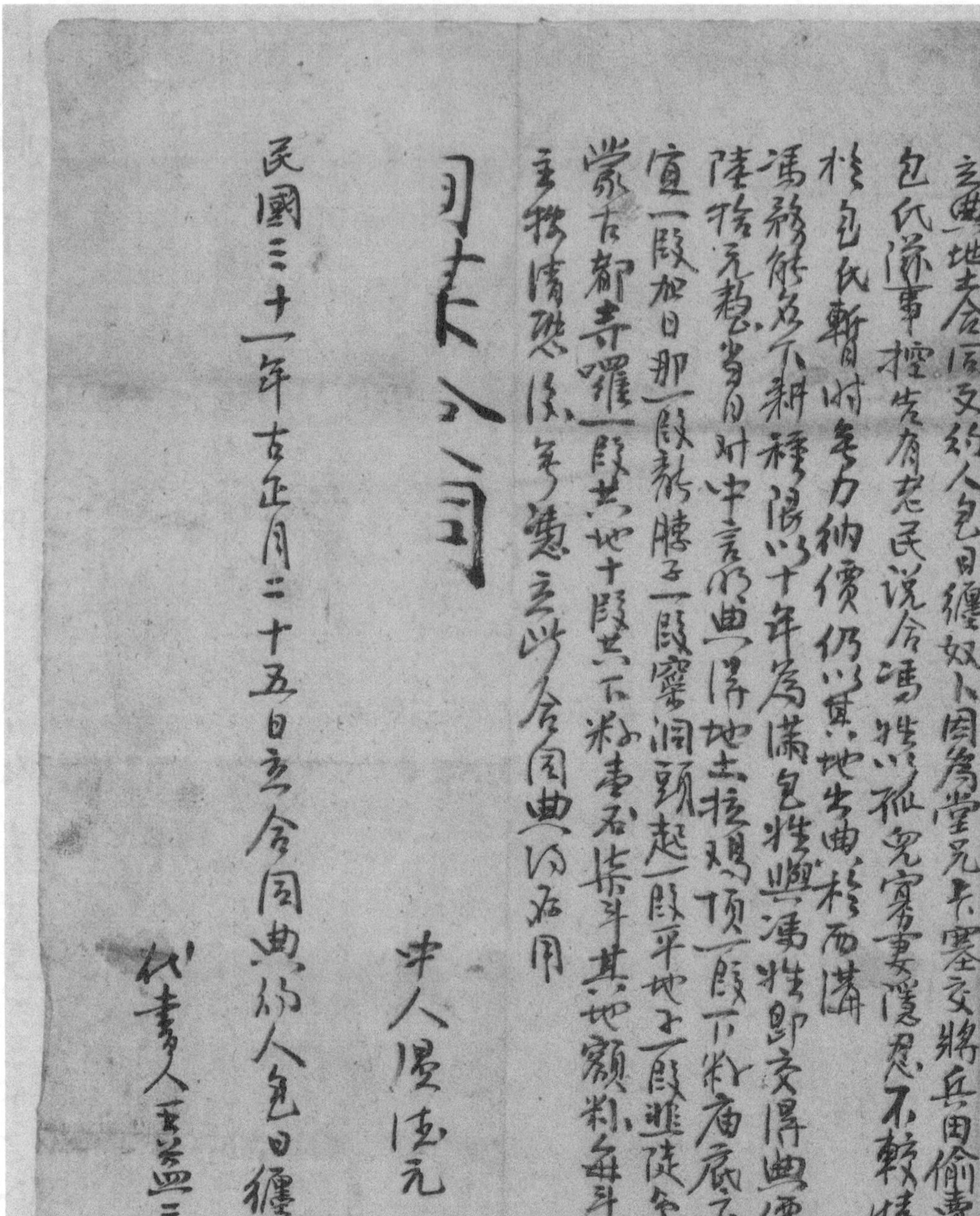
立典地土合同文約人包日纏奴卜因為堂兄卡塞交將兵田偷賣西溝馮姓其母
包氏涉事控告有老民說合馮姓以祇究寡婁隱忍不較情願將田土復活
於包氏暫時無力納價仍以其地出典於西溝
馮孫能名下耕種限以十年為滿包姓與馮姓即交得典價法幣洋肆百
陸拾元整當日對中言明典得地土拉鸡頂一段下料廟底下哈地一段蝎磨
宜一段加日那一段熬腰子一段窰洞頭起一段平地子一段斐陸爺一段巴日宜一段
蒙古都寺囉一段共地十段共下料壹石柒斗其地額料每斗叁合爺年與業
主撥清恐後無憑立此合同典約存用

中人曼德元

民國三十一年古正月二十五日立合同典約人包日纏奴卜 七斗三箕

代書人王興四三

民國三十一年（一九四二）包日纏奴卜立典地契約（T073）

立典地土合同文约人包日缠奴卜，因為堂兄卡塞交將兵田偷賣西溝馮姓，其母包氏滋事控告，有老民说合，馮姓以孤兒寡妻，隱忍不較，情願將田土復活（還）於包氏，暂时無力纳價，仍以其地出典於西溝馮務能名下耕種，限以十年為满。包姓與馮姓歸交得典價法幣洋肆百陸拾元整，当日对中言明，典得地土拉鸡顶一段（段），下籽□□，庙底下哈地一段（段），蝠鶖宜一段（段），加日那一段（段），龍脖子一段（段），窑（窑）洞頭起一段（段），平地子一段（段），韭陡个一段（段），巴日宜一段（段），蒙古都寺囉一段（段），共地十段（段），共下籽壹石柒斗，其地额粁（糧）每斗叁合，今年與業主揭（結）清。恐後無憑，立此合同典约存用。

民國三十一年古正月二十五日

立合同典约人：包日缠奴卜（手印）七斗三箕
中　　　人：温德元
代　書　人：王益三

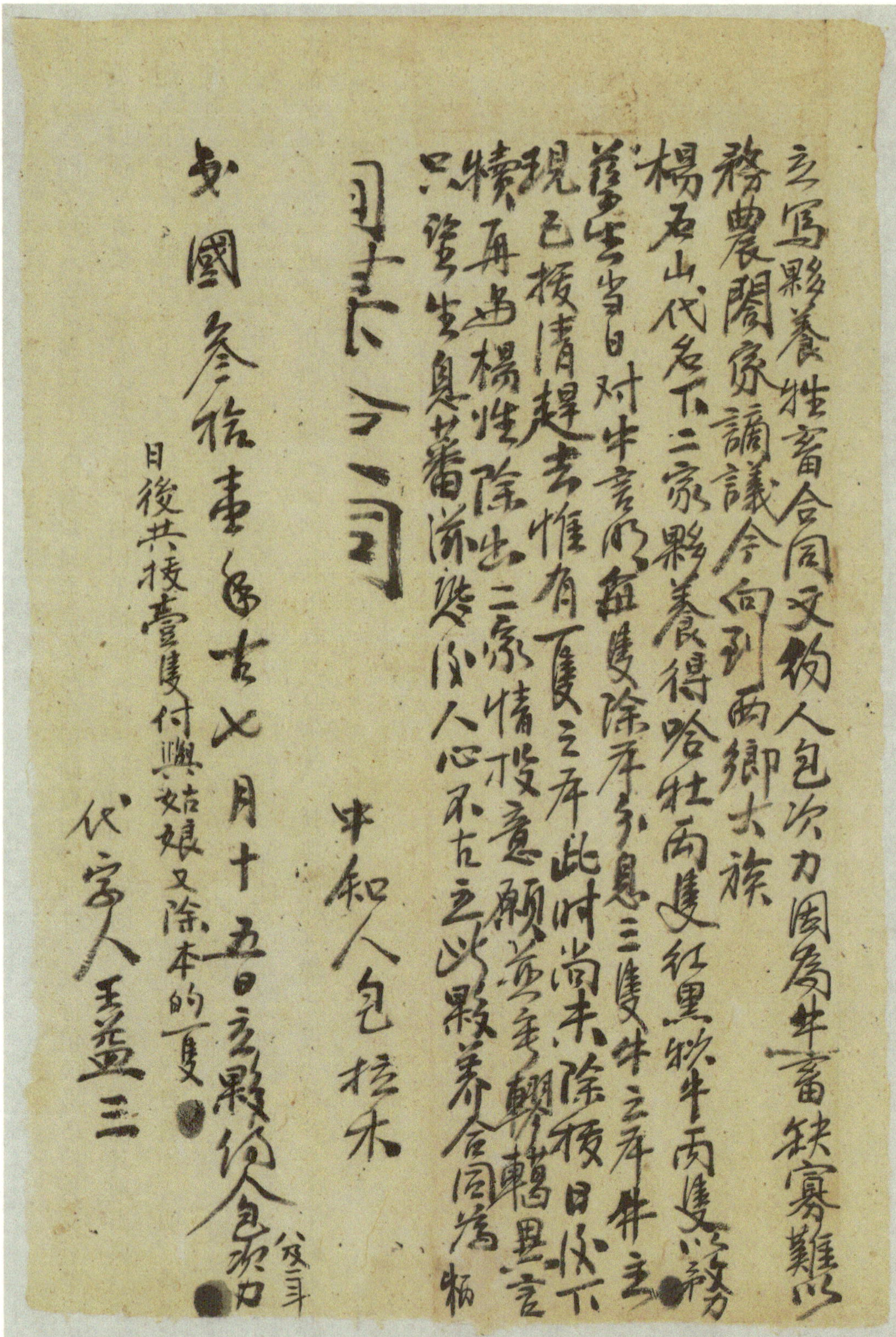

立寫夥養牲畜合同文約人包次力因為牛畜缺寡難以
務農閤家譪議今向到兩鄉大族
楊石山代名下二家夥養得哈杜兩隻紅黑牸牛兩隻以務
莊農當日对中言明每隻除本息二隻牛之本牛主
現已接清趕去惟有夏之本此时尚未除接日後下
犢再與楊姓除出二家情投意願並無轇轕異言
只望生息蕃滋恐後人心不古立此夥養合同為據

合同

中和人包拉木

民國叁拾壹年七月十五日立夥約人包次力

日後共接壹隻付與姑娘又除本的夏隻

代字人王益三

民國三十一年（一九四二）包次力立夥養牲畜契約（T074）

立写（寫）夥養牲畜合同文约人包次力，因為牛畜缺寡，難以務農，閤（闔）家謪議，今问到西鄉大族楊石山代名下，二家夥養，得哈牡两隻，红黑犊（牝）牛两隻，以務孳生。当日对中言明，每隻除本分息，三隻牛之本，牛主現已拔清趕去，惟有一隻之本，此时尚未除拔。日後下犢再與楊姓除出。二家情投意願，並無輙輵異言，只望生息蕃滋（孳），恐後人心不古，立此夥養合同為柄。

民國叁拾壹年古七月十五日

日後共拔壹隻付與姑娘又除本的一隻（手印）

立夥约人：包次力（手印）八（簸）及（箕）二斗

中　知　人：包拉木

代　字　人：王益三

立書出永遠實租庄窠地基文契人洪清晏先年祖值下科坡水夫田地坐房更泥西
至三五庄窠壹處閑衆地基四丈四尺無力修造情願轉租於人是以訣請中人向劉
本寺閏世與名下情願修造任憑為業当日三面儀定照依時直公估租價洋元
貳百塊整当日元契兩交並未欠少分文亦無筆勒折責等弊除酒食在外
西字在内其地並無粮草日后主坐寺内雜差公攤應当每年草山粮什人共攤
上蒼自失租之後一失一得別無反言異說雪毫水路照西以並通行出道路牛路草
山以並通行在内王姓園内之許挑雪不許種耕恐後無憑立此永遠實租文契
為柄

永遠吉契

說合人王宇材 十

中知人王丕顯 十

房親人洪永順 十 西字大洋陸元

民國叁拾壹年冬月拾叁日 立書出永遠實租庄窠地基文契人洪清晏 十

代书人王開元 （押）

民國三十一年（一九四二）洪清晏立租莊窠地基契約（T075）

立書永遠實租庄（莊）稞（窠）地基文契人洪清晏，先年祖值（置）下科坡水夫田地坐房，更泥西至三五庄（莊）稞（窠）壹處，间架地基四丈（丈）四尺，無力修造，情願轉租於人。是以訣（央）請中人问到本寺闫世㒷（興）名下情願修造，任億（意）為業。当日三面儀（議）定，照依時直（值），公（公）估租價洋元贰百塊整，当日元契两交，並未欠少分文，亦無筆（逼）勒折责（債）等獘（弊），除酒食在外，画字在内。其地並無粮草，日后主坐寺内雜差公摊，應當每年草山粮什人共摊上蒼（倉）。自失祖之後，一失一得，别無反言異説。雪毫（壕）水路照西（昔）以（一）並通行，出道路牛路草山以（一）（一）並通行在内。王姓园内之（衹）許【掃】雪，不许種耕，恐後無凴，立此永遠實租文契為柄。

永远吉契

民國叁拾壹年冬月拾叁日

立書永遠實租庄（莊）稞（窠）地基文契人：洪清晏（畫押）
説　合　人：王宇材（畫押）
中　知　人：王丕顯（畫押）
房　親　人：洪永顺（畫押）画字大洋陸元
代　書　人：王開元（畫押）

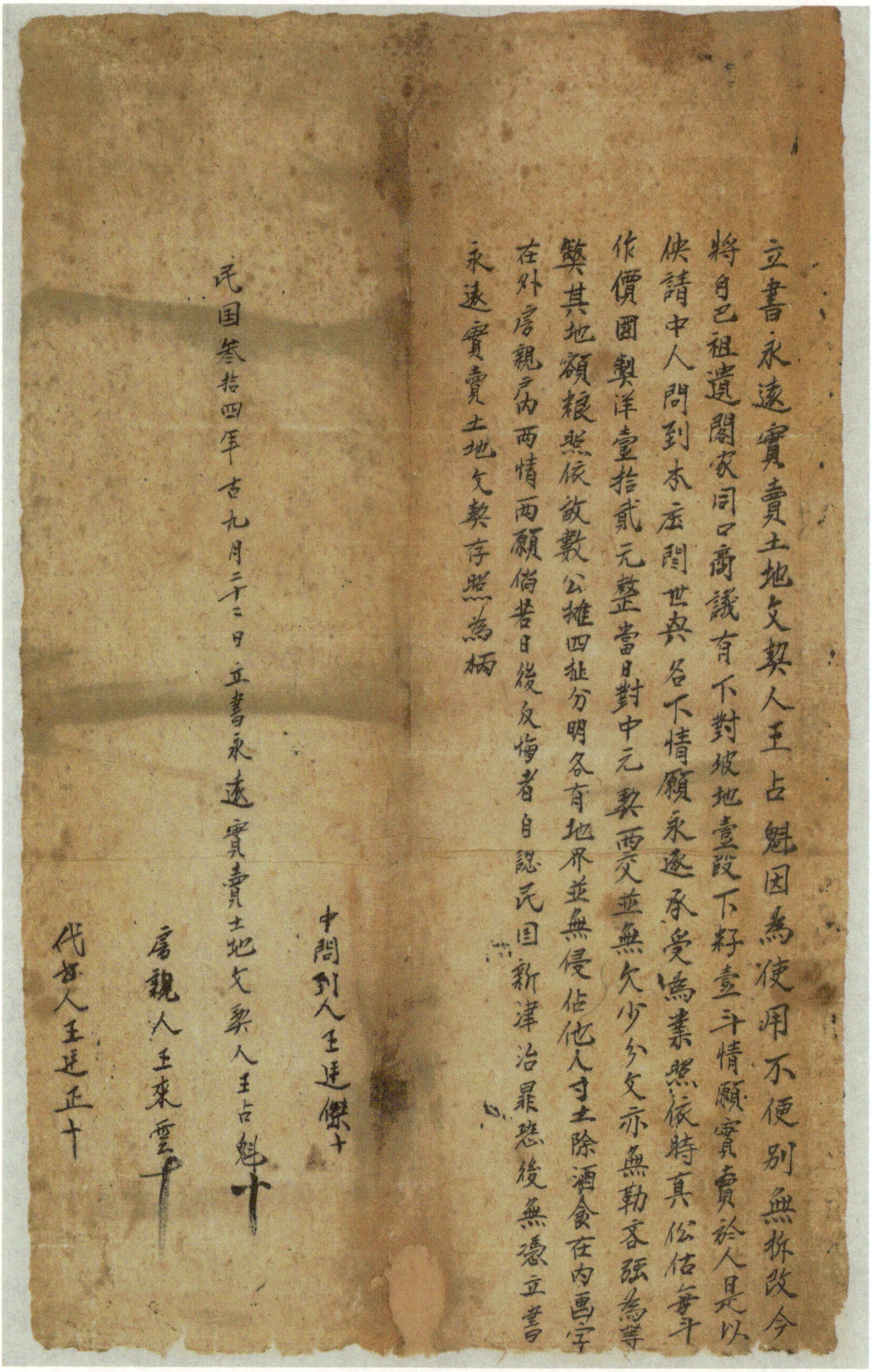

立書永遠實賣土地文契人王占魁因為使用不便別無拆改今
將自己祖遺閤家同口商議有下對坡地壹段下籽壹斗情願賣賣於人是以
俠請中人問到本莊閆世與名下情願永遠承受為業照依時真公估每斗
作價國幣洋壹拾貳元整當日對中元契兩交並無欠少分文亦無勒吝强為等
弊其地額糧照依畝數公攤四址分明各有地界並無侵佔他人寸土除酒食在內畫字
在外房親戶內兩情兩願倘若日後反悔者自認民国新津治罪恐後無憑立書
永遠實賣土地文契存照為柄

民国叁拾四年古九月二十二日立書永遠實賣土地文契人王占魁十

中間到人王廷傑十

房親人王來雲十

代書人王廷正十

民國三十四年（一九四五）王占魁立賣地契約（T076）

立書永逺（遠）實賣土地文契人王占魁，因為使用不便，别無拆改。今将（將）自己祖遺，閤（闔）家同口商議，有下對坡地壹骰（段），下籽壹斗，情願實賣於人。是以佒（央）請中人問到本庄（莊）閆世𠔥（興）名下，情願永逺（遠）承受為業。照依時真（值），仫（公）估每斗作價國㓞（幣）洋壹拾貳元整，當日對中元契两交，並無欠少分文，亦無勒吝强為等（等）獘（弊）。其地額粮照依畝數公攤。四扯（至）分明，各有地界，並無侵佔他人寸土，除酒食在内，画字在外。房親户内两情两願，倘若日後反悔者，自認民国新津（律）治罪，恐後無憑，立書永遠實賣土地文契存照為柄。

民国叁拾四年古九月二十二日

立書永遠實賣土地文契人：王占魁（畫押）

中　問　到　人：王廷傑（畫押）

房　親　人：王來雲（畫押）

代　書　人：王廷正（畫押）

立寫歸還土地文契人上馬牌治丁□□丁木合情因典來汪愢滿
王成個小紅灣坟地一段下籽肆斗適逢十八年變乱後將典約失遺典價
未知延至今日將地未贖進方訣請中間人□重達張八三二人從中說合進方
議允秉公議定典價共白洋拾伍元王成個將地贖回典價对中間人付清丁木合嗣
後有前典約出現作為廢紙進方並無反悔有丁木合方親人等反言者有木合承
攬恐後無憑立此歸還土地字據為柄

中華民國三十五年古十一月十□

立歸還土地字據人治丁氏 右大指
子 丁木合 右中指母代

中間人 張重達 十
張八三 十

代書人 張國維 押

民國三十五年（一九四六）冶丁氏子丁木合立歸還土地契約（T077）

立寫歸還土地文契人上馬牌冶丁【氏】【子】丁木合，情因典來汪怀溝王成個小紅湾坟地一段，下籽肆斗，適逢十八年变乱，後將典約失遺，典价（價）未知，延至今日，將地未贖。雙方訣（央）請中間人【張】重達、張八三二人從中説合，雙方議允，秉公議定典价（價）共白洋拾伍元，王成個將地贖囬（回），典价（價）对中間人付清，丁木合嗣後有前典約出現作為廢約，雙方並無反悔。有丁木合方親人等反言者，有木合承攬。恐後無憑，立此歸還土地字據為柄。

中華民國三十五年古十一月十□日

立歸還土地字據人：冶丁氏（手印）右大指

子 丁木合（手印）右中指母代

中　間　人：張重達（畫押）張八三（畫押）

代　書　人：張国维 押

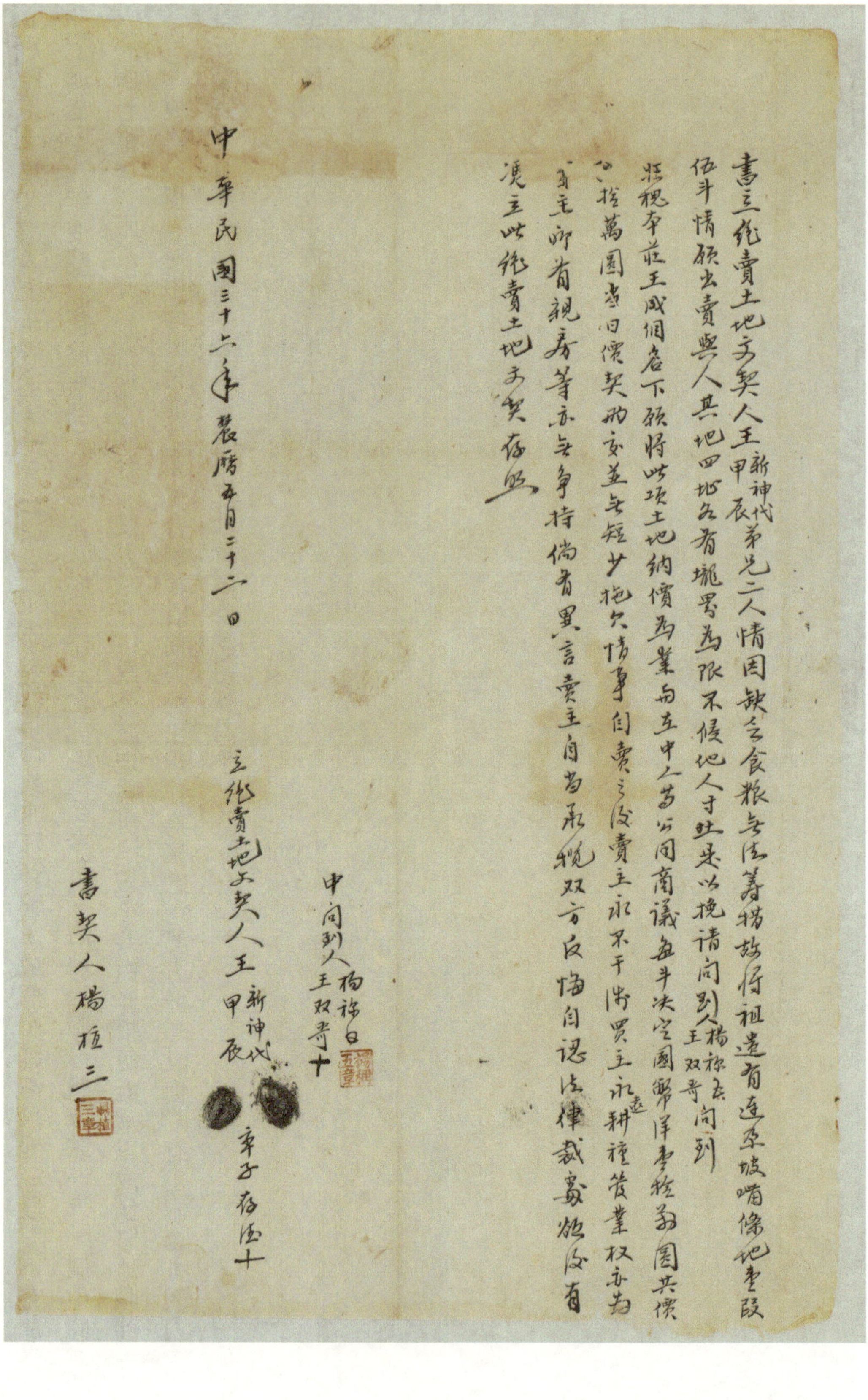

書立絶賣土地文契人王甲辰、新神代弟兄二人，情因缺乏食粮，無法籌措，故将祖遺有连本坡嘴像地壹段
伍斗，情願出賣與人，其地四址各有塄畔為限，不侵他人寸址。是以挽請向到人楊祿臣、王双奇向到
莊視本莊王成伺名下，願将此項土地納價為業。兩在中人当公同商議，每斗洋決定國幣洋壹拾萬圓，共價
〃拾萬圓，当日價契兩交，並無短少拖欠情事。自賣之後，賣主永不干涉，買主永遠耕種管業，权亦為
〃買主所有。親族等亦無爭持，倘有異言，賣主自當承擔。双方反悔，自認法律裁處。恐後有
憑，立此絶賣土地文契存照。

中華民國三十六年農曆五月二十二日

中間到人　楊祿臣　王双奇　十

立絶賣土地文契人　王甲辰　新神代

辛子存伍十

書契人　楊植三

民國三十六年（一九四七）王新神代、王甲辰立賣地契約（T078）

書立绝賣土地文契人王新神代、王甲辰弟兄二人，情因缺乏食粮，無法筹措，故将祖遺有连尕坡嘴條地壹叚（段），【下】【籽】伍斗，情願出賣與人，其地四址（至）各有壠（壟）界為限，不侵他人寸土，是以挽请问到人楊称五、王双竒（奇），问到旺槐本莊王成個名下，願将此项土地纳價為業，与在中人等（等）公（共）同商議（議），每斗决定國幣洋壹拾萬圓，共價□拾萬圓。当日價契两交，並無短少拖欠情事。自賣之後，賣主永不干涉，買主永遠耕種，管業权亦与買主所有，親房等亦無争持，倘有異言，賣主自当承揽。双方反悔，自認法律裁霧（處），欲後有凴，立此绝賣土地文契存照。

中華民國三十六年農曆五月二十二日

立绝賣土地文契人：王新神代（手印）
王甲辰（手印）率子存德（畫押）

中问到人：杨称五（蓋章）
王双竒（奇）（畫押）

書契人：楊植三（蓋章）

立賣地土文約人芦世珍因爲使用不足今將自置新堡堡子貝後水
地壹段畝数二分其地東至王姓地南至王姓地西至金姓地北至鄧姓地四至分明今
央請中人張增福説合兩家情願出賣于趙金保名下爲業耕種言明賣
價大洋陸拾萬元整當日見中交清並無欠少銀糧隨地完納親房人等同情
願酒飯畫字並在内日後有人言詞賣主承當懲後無憑立此賣約可証

中人張增福七

民國三十六年十二月十六日立賣約人芦世珍

過書人田育珍

民國三十六年（一九四七）蘆世珍立賣地契約（T079）

立賣地土文約人芦世珍，因為使用不足，今将自置新堡堡子貝（背）後水地壹叚（段），畝數二分，其地東至王姓地，南至王姓地，西至金姓地，北至鄧姓地，四至分明。今央請中人張增福說合，两家情願出買（賣）于趙全保名下為業耕種，言明賣價大洋陸拾萬元整，當日兑（對）中交清，並無欠少，銀粮隨地完納，親房人等一同情願，酒飯画字一並在内，日後有人言詞，賣主承當。恐後無凴，立此賣约可証（證）。

民國三十六年十二月十六日立賣約人：芦世珍（手印）

中　　人：張增福（畫押）

遇 書 人：田育珍

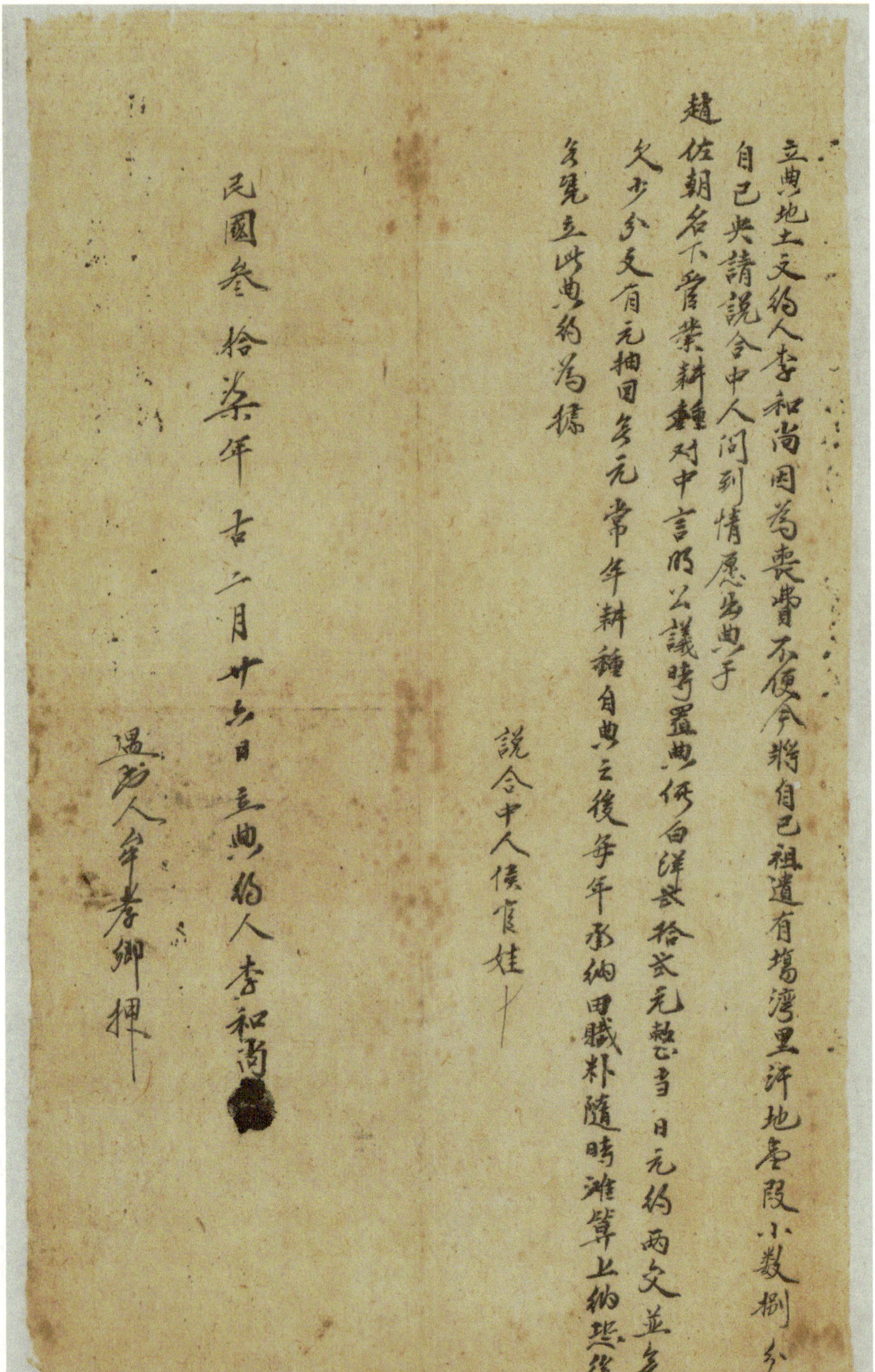

立典地土文約人李和尚因爲喪費不便今將自己祖遺有墻灣里汻地壹段小數捌分
自己央請說合中人問到情愿出典于
趙佐朝名下管業耕種对中言明公議時價典價白洋貳拾貳元整當日元約兩文並無
欠少分文有元抽回無元常年耕種自典之後每年承納田賦粮随時攤算上納恐後
無憑立此典約爲據

說合中人侯官娃　十

民國叁拾柒年古二月廿六日　立典約人李和尚

過約人牟孝卿押

民國三十七年（一九四八）李和尚立典地契約（T080）

立典地土文约人李和尚，因為喪費不便，今將自己祖遺有塲湾里汗（旱）地壹叚（段），小数捌分，自己央請説合中人，问到情愿出典于趙佐朝名下【為】業耕種，对中言明公議時置（值）典價白洋弍拾弍元整，当日元约两交，並無欠少分文，有元抽回，無元常年耕種。自典之後，每年承纳田賦粁（糧）隨時滩（攤）算上纳，恐後無凴，立此典约為據。

民國叁拾柒年古二月廿六日

立典约人：李和尚（手印）

説合中人：侯官娃（畫押）

遇　書　人：牟孝卿　押

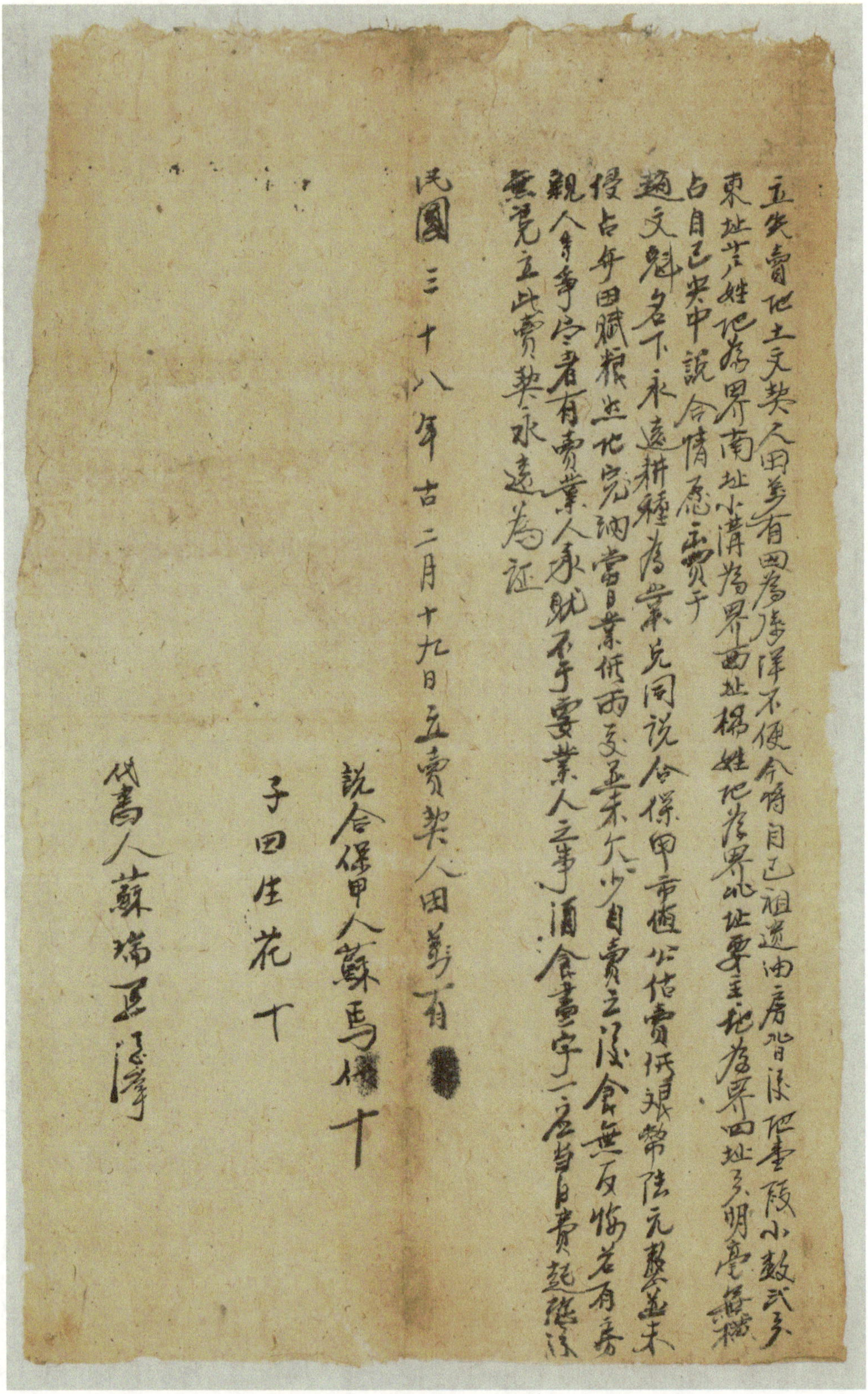

立出賣地土文契人田茂有，因為債洋不便，今將自己祖遺由房背後地壹段，小數弍斗，
東址芮姓地為界，南址小溝為界，西址楊姓地為界，北址要主地為界，四址分明，毫無摻雜
占，自己央中說合，情愿出賣于
趙文魁名下，永遠耕種為業，兌同說合保甲市值，公估賣價銀幣陸元整，並未
侵占，每田賦糧，此地完納，當日業價兩交，並未欠少，自賣之後，倘無反悔。若有房
親人等爭論者，有賣業人承就，不干要業人之事。酒食畫字一應當日費起盡清，恐後
無憑，立此賣契永遠為証。

民國三十八年古二月十九日　立賣契人田茂有

說合保甲人蘇馬保　十

子田生花　十

代書人蘇瑞澤

民國三十八年（一九四九）田萬有立賣地契約（T081）

立失（賣）賣地土文契人田萬有，因為【錢】洋不便，今将（將）自己祖遺油房背後地壹叚（段），小数式分，東址（至）芦姓地為界，南址（至）小溝為界，西址（至）楊姓地為界，北址（至）要主地為界，四址（至）分明，毫無横占，自己央中【人】説合，情愿出賣于趙文魁名下永遠耕種為業。兑（對）同说合保甲（價）市值，公估賣併（價）銀幣陆元整。並未侵占。每【年】田赋粮照地完纳。當日業併（價）兩交，並未欠少，自賣之後，食（實）無反悔。若有房親人等爭（争）言者，有賣業人承躭（擔），不于（與）要業人之事。酒食畫字，一应当日费起，恐後無凴，立此賣契永遠為证。

民國三十八年古二月十九日

立賣契人：田萬有（手印）

説合保甲人：蘇馬代（畫押）子田生花（畫押）

代書人：蘇瑞正 親筆

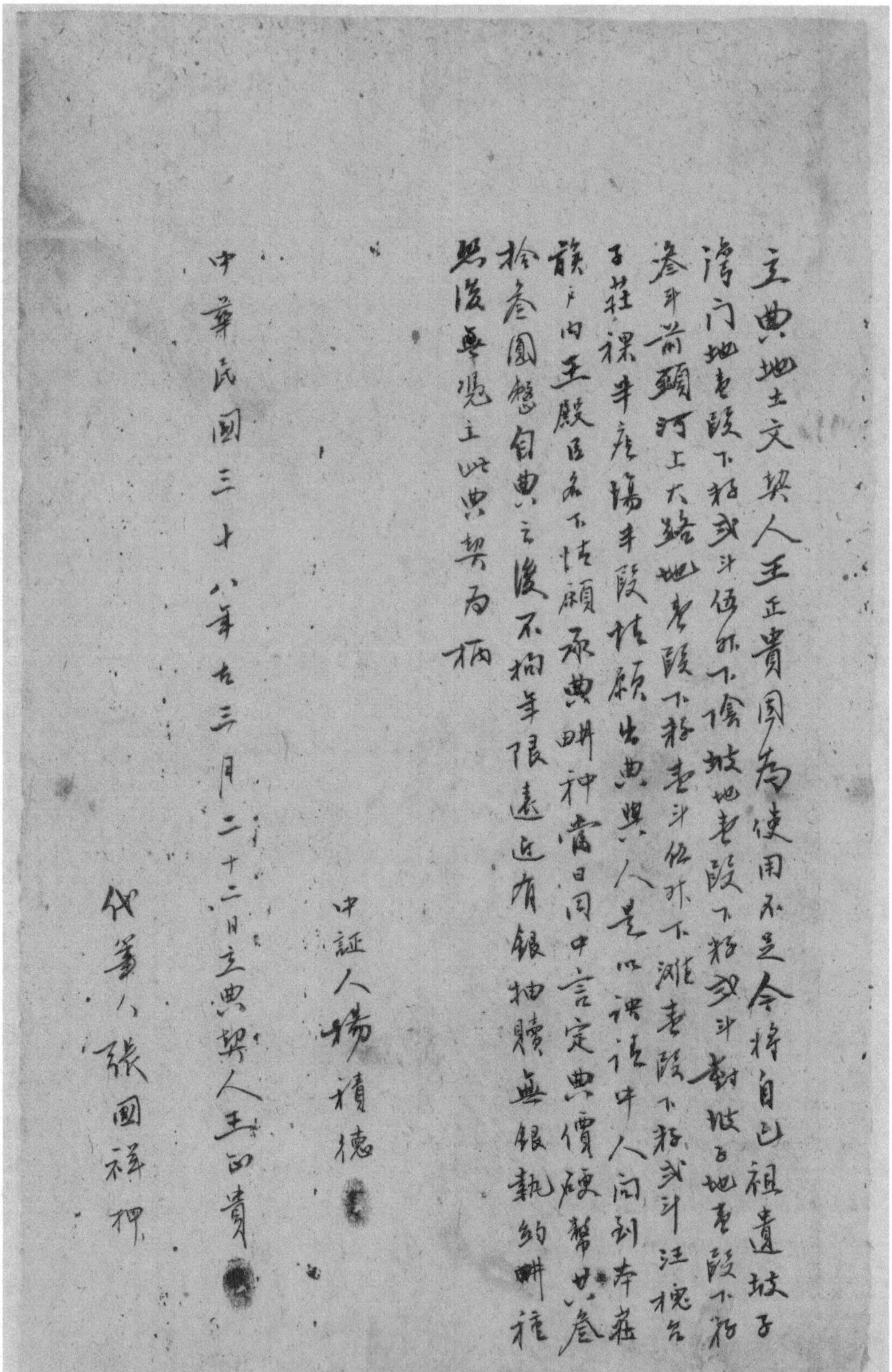

立典地土文契人王正貴因為使用不足今將自己祖遺坟子灣门地壹段下籽贰斗伍升下陰坡地壹段下籽贰斗對坡子地壹段下籽叁升前頭河上大路地壹段下籽壹斗伍升下灘壹段下籽贰斗汪槐台子莊裸半庄墻半段情願出典與人是以憑請中人同到本莊族戶内王殿臣名下情願承典耕种當日同中言定典價硬幣共叁拾叁圓整自典之後不拘年限遠近有銀抽贖無銀執約耕種恐後無憑立此典契為柄

中証人楊積德

中華民國三十八年古三月二十二日立典契人王正貴

代筆人張國祥押

民國三十八年（一九四九）王正貴立典地契約（T082）

立典地土文契人王正貴，因為使用不足，今将自己祖遺坡子灣门地壹叚（段），下籽式斗伍犿（升）；下陰坡地壹叚（段），下籽式斗；對坡子地壹叚（段），下籽叁斗；前頭河上大路地壹叚（段），下籽壹斗伍犿（升）；下灘壹叚（段），下籽式斗；汪槐台子莊稞（窠）半座塲半叚（段），情願出典與人，是以诀（央）请中人问到本莊族户内王殿臣名下，情願承典㽘种。當日同中言定，典價硬幣共叁拾叁圓整。自典之後，不拘年限遠近，有銀抽贖，無銀執约㽘種，恐後無凴，立此典契为柄。

中華民國三十八年古三月二十二日

立典契人：王正貴（手印）
中証（證）人：楊積德（手印）
代筆人：張國祥 押

立寫賣過割文契人李攀龍因為年歲飢饉糊口難度無力耕種自將自己祖遺有楊家灣
稅地壹段下籽肆斗　東趾本姓南趾楊姓西趾楊姓北趾李姓四至分明不侵佔他人之寸土兩家
出賣於人是以俠請中人先問房親地鄰無人承售再三問到本寨
李吉祥係名下永遠耕種世守任意為業當日凴中三面言明照依時置公估每斗地價大洋伍塊共合
大洋元貳拾塊整即日凴中元契兩交並無欠少分文畫字在內酒食在外其地每斗貳合半共壹升
取納上蒼以完軍餉自失之後有房親人等爭言異說者有失主人一面承攬自失之後兩家此係情出具
願日後兩家誰有返悔者自認
民國法律之罪恐後無憑立此實賣稅地文契為用

中間說合調劑人孫丙桂十
孫管成十　畫字乙元

民國三十八年古冬月十六日立寫永遠實賣稅文契人李攀龍十

全子李文昌十　畫字弍角

房親胞兄李虎成十　畫字弍角

代筆人李生華　臨

民國三十八年（一九四九）李攀龍立賣地契約（T083）

立寫（寫）實賣過割文契人李攀龍，因為年歲飢（饑）饉，糊口难度，無力耕種，自将（將）自己祖遺有楊家灣稅（水）地壹股（段），下籽肆斗，東路為界趾（至）本姓，南趾（至）楊姓，西趾（至）楊姓，北趾（至）李姓，四至分明，不侵佔他人之寸土，闔（闔）家出賣於人，是以倈（央）請中人先问房親地鄰，無人承售，再三问到本賽（寨）李吉祥保名下永遠耕種世守，任意為業。当日兑（對）中三面言明，照依時置（值），公估每斗地價大洋伍塊，共合大洋元貳拾塊整。即日兑（對）中元契两交，並無欠少分文。畫字在內，酒食在外，其地每斗貳合半，共合壹升取納上蒼（倉），以充軍餉。自失之後，有房親人等争言異説者，有失主人一面承攬，自失之後，两家此係情出具願，日後两家誰有返（反）悔者自認民國法律之罪，恐後無憑，立此实賣稅地文契為用。

民國三十八年古全月十八日

立寫永遠实賣稅文契人：李攀龍子（畫押）

仝（同）子李文昌（畫押）畫字貳角

房　親：胞兄李虎成（畫押）畫字貳角

中间说合问到人：孫丙娃子（畫押）

孫三官成子（畫押）

畫字乙（一）元

代　筆　人：李生壽（畫押）

今立了結人李悦順（印）因李如林口説臂言處了賢諸
問集呈报村長等下　招集羣众各幹部説合調
查解決李如林自己承認右大錯一合青油以碟
悬事了完

自然村長李付（印）（印）

自然農会李付（印）（印）

青年委員李（印）

分会委員李（印）（印）

公元一九五一年五月二十日

公元一九五一年李悦順與李如林了結調解書（T084）

今立了结人李悦順与李如林口説賢（閑）言處（出）了賢（閑）话，問集呈报村長案下，招集羣（群）众各幹部説合，調查解决，李如林自己承忍（認）白大絺（紙）一合，青（清）油一碗，悉（息）事了完。

公元一九五一年五月二十日

自然村長：付□（借章）李□荣（蓋章）

自然農会：付□（借章）李□（蓋章）

青年委員：李□（蓋章）李□（借章）

分会委員：李□（借章）

立寫永遠賣土地文契人申代個申過棺代因為饑饉歉收生活不過今將自己祖遺有洮溜祿
𡍼方地壹段下籽叁斗其地四至東至馮姓南至　姓西至　姓北至馮姓為界四址分明並無侵佔
他人寸土無力耕種情願賣與人訣請中間到人問到本莊
王殿臣名下兄弟謫議情願置買永遠納粮耕種為業即日憑中公議時值每斗作價硬
幣壹拾捌圓整（陸元共）當日對中洋契兩交併無欠少分文自賣之後其地任憑王姓子孫永遠
耕種為不與失主代代相干恐後無憑立此永遠賣土地文契為柄

中證人王雙個　十

中華人民共和國壹玖伍貳年農曆腊月十一日　立約人　申代個
申過棺代

二分田本記

仝字穀祿　十
仝字穀業　十

代書人楊景春

公元一九五二年申代個等立賣地契約（T085）

立寫永遠實賣土地文契人申代個、申過棺代，因為饑饉歉收，生活不過，今将（將）自己祖遺有洩溜稞坨方地壹段，下籽叁斗。其地四至：東至馮姓，南至□姓，西至□姓，北至馮姓為界，四址（至）分明，並無侵佔他人寸土，無力耕種，情願實賣與人。訣（央）請中問到人，問到本莊王殿臣名下，兄弟讁議，情願置買，永遠納粮耕種為業。即日凴中公議時值，每斗作價硬幣陆元，共壹拾捌圓整，當日對中洋契兩交，併（并）無欠少分文。自賣之後，其地任凴王姓子孫永遠耕種為【業】，不與失主代代相干，恐後無凴，立此永遠實賣土地文契為柄。

中華人民共和國壹玖伍貳年農曆臘月十七日

立約人：申代個（手印）　仝（同）子申馥稌（畫押）
申過棺代（手印）　仝（同）子申馥業（畫押）
二人均左中记
中證人：王雙個（畫押）
代書人：楊景春（蓋章）

書立实賣土地文契人大寺坡石閆金祿情因籽種無着吃食缺少实屬無法設施故將祖遺有寺边原吓陰坡
柯崗条地下籽叁斗伍升又上堖圩条地弍斗又大灸䐣地壹斗伍升三共地柒斗其四址原有塄坎為界自
不佔他人寸土閆家滴议情願出賣西人挽請同到人閆發業 楊嘛呢喜 馮承西三人同到
莊槐廣石王成個名下情願納價置買為業中見人当公年议價每斗硬幣陸元陸角共四拾陸元弍角
價契兩交並無拖欠情事自賣之後王姓永遠耕種閆姓毫不相涉嗣後双方倘有反悔異
言者語法律制裁欲後有憑特立賣契作據

楊嘛呢喜十
中间到人閆發業十
馮承西十
日立賣契人閆金祿
胞弟閆全生十

公元一九五三年農曆二月十九

書契人楊植三押

公元一九五三年閆全禄、閆全生立賣地契約（T086）

書立实賣土地文契人大寺坡庄（莊）闫全禄，情因籽種無着，吃食断尽，实属無法设施。故将祖遺有连尕吓（下）陰坡柯岔条地，下籽叁斗伍升（升）。又上壠（塄）圩（坎）条地弍斗，又大多腦地壹斗伍升（升），三共地柒斗。其四址（至）原有堦埂為界，自不佔他人寸土。冏（闔）家谪（商）议，情願出賣与人，挽请问到人闫敬業、杨嘛呢喜、馮尕得三人问到旺槐溝庄（莊）王成個名下，情願纳價置買（賣）為業，中見人等公平议價，每斗硬幣陆元陆角，共四拾陆元弍角，價契两交，並無拖欠情事，自賣之後，王姓永遠耕種，闫姓毫不相涉，嗣後双方倘有反诲（悔）異言苄（等）语，法律制裁，欲後有凴，特立賣契作據。

公元一九五三年農曆二月十九日

立賣契人：闫全禄（手印）

胞弟闫全生（畫押）

中问到人：杨嘛呢喜（畫押）

闫敬業（畫押）

馮尕得（畫押）

書 契 人：楊植三 押

立寫實賣出地文契人王貴生住小莊農重受雹災食用無着故將
房背后祖遺黑地壹斗情願出賣於人挽請中人楊富春問到
本莊王淑倜名下情願給價接受其地四至東與自己房墻相連
西與楊姓地爲界南地王貴生地爲界北與大路連界四至分明在中
人共議價銀元陸拾貳元玖角正自賣之後與賣主絶無相干
倘有房親族姓事有賣主負完全責任恐後有憑立此
賣契作據

中人楊富春　右手指

中華人民共和國一九五三年舊曆八月十五日立賣契人王貴生　右中指

代筆人張國祥

公元一九五三年王貴生立賣地契約（T087）

立寫賣賣土地文契人王貴生，情【因】莊農重受雹災（灾），食用無着，故將房背后祖遺条地壹斗，情願出賣於人，挽请中人楊富春问到本莊王成個名下，情願给價接受。其地四【至】：东與自己房塌相連，西與杨姓地為界，南址（至）王贵生地為界，北與大路連界（接），四址（至）分明。在中人寺（等）共議（議）價銀元陸拾弍元玖角正（整）。自賣之後，與賣主绝無相干，倘有房【親】争執情事，有賣主負完全責。欲後有凴，立此賣契作據。

中華人民共和國一九五三年農曆八月十五日

立賣契人：王貴生（手印）左中指

中　　人：楊富春（手印）左中指

代 笔 人：張國祥（蓋章）

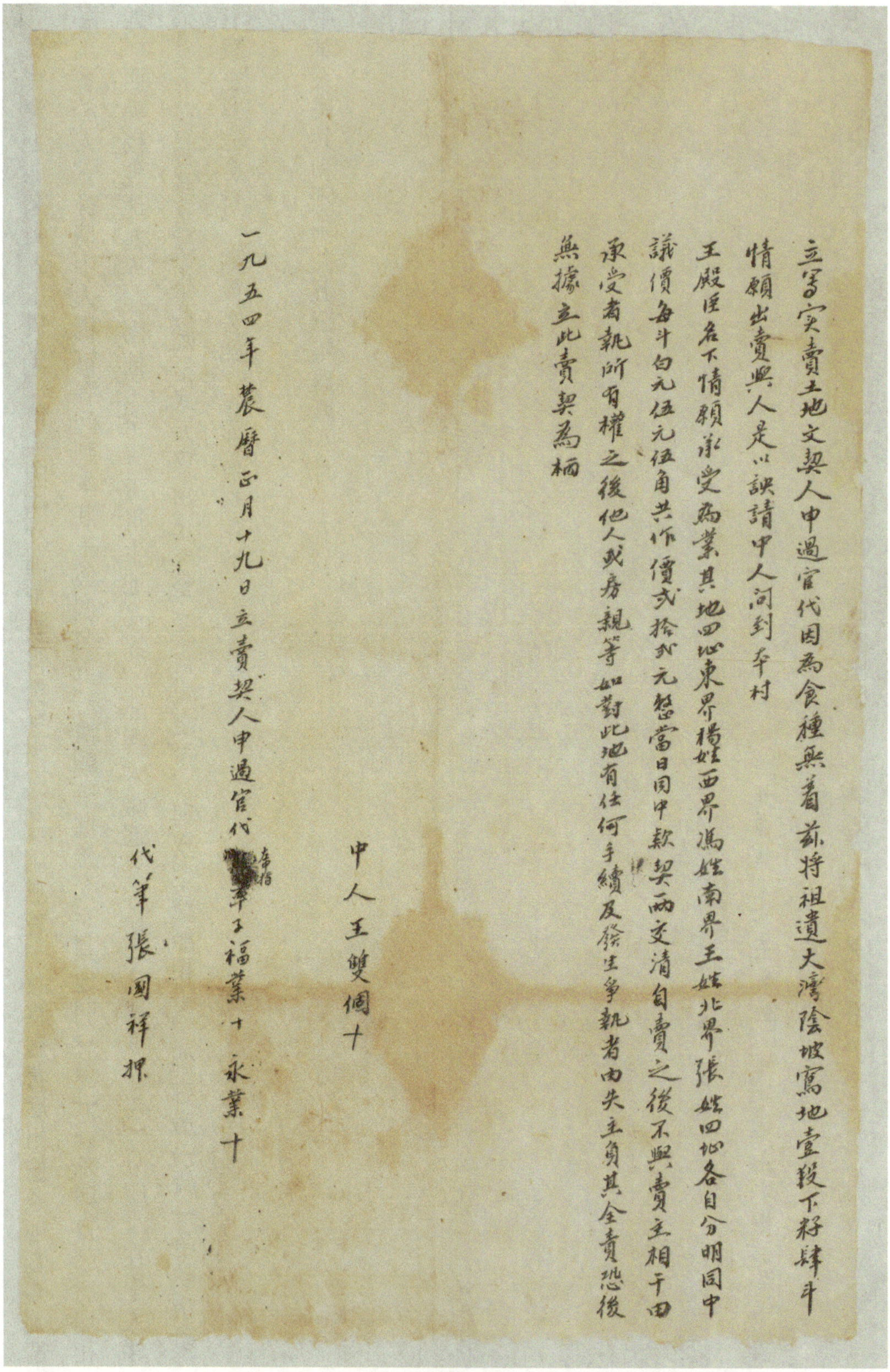

立寫實賣土地文契人申過官代因爲食種無着茲將祖遺大灣陰坡窎地壹段下籽肆斗
情願出賣與人是以請中人问到本村
王殿臣名下情願承受爲業其地四址東界楊姓西界馮姓南界王姓北界張姓四址各自分明同中
議價每斗白元伍元伍角共作價貳拾貳元整當日同中款契兩交清自賣之後不與賣主相干田
承受者執所有權之後他人或房親等如對此地有任何手續及發生爭執者由失主負其全責恐後
無據立此賣契爲柄

中人王雙個十

一九五四年農曆正月十九日立賣契人申過官代本指子福業十 永業十

代筆張國祥押

公元一九五四年申過官代立賣地契約（T088）

立寫实賣土地文契人申過官代，因為食種無着，玆将（將）祖遺大灣陰坡窵地壹段，下籽肆斗，情願出賣與人，是以訣（央）請中人问到夲（本）村王殿臣名下情願承受為業。其地四址（至），東界楊姓，西界馮姓，南界王姓，北界張姓，四址（至）各自分明，同中議價，每斗白（百）元伍元伍角，共作價式拾式元整。當日同中欵（款）契两交清。自賣之後，不與賣主相干，由承受者執所有權。之後他人或房親等如對此地有任何手續及發生爭（争）執者，由失主負其全責。恐後無據，立此賣契為柄。

一九五四年農曆正月十九日

立賣契人：申過官代（手印）左中指　率子福業（畫押）永業（畫押）

中　　人：王雙個（畫押）

代　　筆：張國祥 押

立賣地土文約人丁克明，因爲耕種不便，今將自己祖遺有破祖灣陰坡柯台地壹段，下籽伍升，四至分明，同家商議，情愿出賣。是以央請中人説到王殿臣名下爲業，看守耕種。當日對中言定大洋柒拾元正，當交無欠。自賣之後，認憑買主耕種，不與賣主相干。酒飯畫字一包在內。恐後無憑，立此賣約永遠存照爲標爲柄。

公元一九五四年農曆二月初四日　立賣約人丁克明清筆

長子丁由素　十

説合中人馬生榮　十

公元一九五四年丁克明立賣地契約（T089）

立賣地土文约人丁克明，因為籽種不便，今将自己祖遺有破祖湾陰坡柯岔地壹叚（段），下籽伍斗，四至分明，阁（闔）家商议（議），情愿出賣，是以央请中人问到王殿臣名下為業，看守耕種。当日对中市估大洋柒拾元正（整），当交無欠。自賣之後，認（任）憑要主耕種，不與賣主相干，酒飯画字一包在内。恐後無憑，立此賣约永遠存照為據為柄。

公元一九五四年農曆二月初四日

立賣约人：丁克明　清（親）筆　長子丁由素（畫押）

说合中人：馬生桊（畫押）

立典地土文契人申代因為食种不足别無改变今將自己祖遺
有言房路条地一段下籽弍斗情愿出典是以缺情中人向到本庄
王馥臣名下典得地價白洋弍拾叁元正當日对中言明不倫年限
遠近有洋抽贖無洋典主执約耕种恐後無凴立此典約為凴

中人楊晁奎押

公元一九五四年古二月初四日立典約人申代何

左中斗

代書人張國维押

公元一九五四年申代個立典地契約（T090）

立典地土文契人申代【個】因為食种不足，别無改变，今将（將）自己祖遺有言彦（沿）路条地一段，下籽弍斗，情愿出典。是以詇（央）情（請）中人问到夲（本）庄王殿臣名下。典得地價白洋弍拾叁元正（整），當日对中言明，不倫（論）年限遠近，有洋抽贖，無洋典主执约耕种，恐後無憑，立此典约為憑。

公元一九五四年古二月初四日

立典约人：申代個（手印）左中斗
中　　人：楊鼎奎 押
代 書 人：張國维 押

立遂实賣土地文契人申代哥，[illegible]情因食中不足，别無設法，今將自己祖遺

有言嶺路条地一段，下籽式斗，[illegible]同家商議，情愿出賣與[illegible]，是以請中人同到

王殿臣名下情愿承受為業，即日憑中公估地價每斗白洋壹拾壹元伍角，共

地價白洋式拾叁元正。自賣之後，此地粮差均由受主承攬，嗣後許王姓

世世耕种，不干申姓代代相干。嗣後有房親人等異言者，有失主一面

承當；失主自己反悔者，自認法律之制裁。恐後無憑，立此永遠实

賣土地文契為柄。

並無侵佔他人寸土

代書人

公元一九五四年古六月初九日立永遠实賣土地文約人申代哥

仝子由

同到乙乙

公元一九五四年申代哥立賣地契約（T091）

立【寫】【永】遠实賣土地文契人申代哥，情因食种不足，別無改变，今將自己祖遺有言顔（沿）路条地一段（段），下籽弍斗。其地四至，东至金姓地为【界】，南至坡为界，西至申姓地为界。闶（闔）家商議，情愿出賣，是以訣（央）中人问到王殿臣名下情愿承受為業，即日凴中公估地價，每斗白洋壹拾壹元伍角，共地價白洋弍拾叁元正（整）。自賣之後，此地粮差均由受主承攬，嗣後許王姓世世耕种，不于（與）申姓代代相干，嗣後有房親人等（等）爭（争）言者，有失（事）主一面承當，失主自己反悔者，自認法律之制裁，恐後無凴，立此永遠实賣土地文契为柄。

並無侵佔他人寸土。

公元一九五四年古二月初九日

立永遠实賣土地文约人：申代哥

仝（同）子申□□

问到□□

代書人

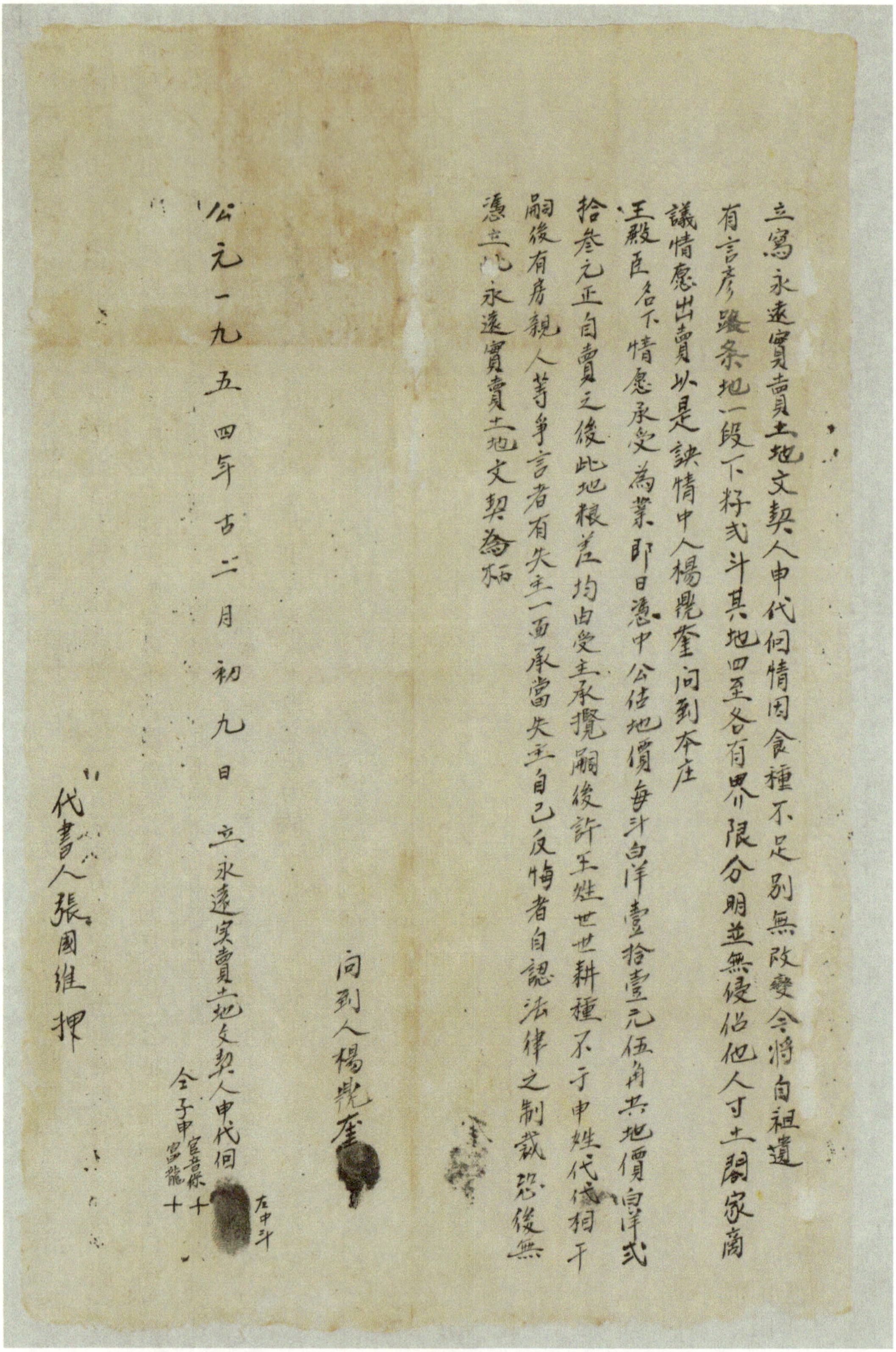

立寫永遠實賣土地文契人申代伺情因食種不足别無改變今將自祖遺
有言彦路条地一段下籽弍斗其地四至各有界限分明並無侵佔他人寸土閤家商
議情愿出賣以是訣情中人楊彪奎向到本庄
王殿臣名下情愿承受為業即日憑中公估地價每斗白洋壹拾壹元伍角共地價白洋弍
拾叁元正自賣之後此地根差均由受主承攬嗣後許王姓世世耕種不于申姓代伺相干
嗣後有房親人等爭言者有失主一面承當失主自己反悔者自認法律之制裁恐後無
憑立此永遠實賣土地文契為标

向到人楊彪奎

立永遠实賣土地文契人申代伺 左中斗
仝子申官音保十
申當龍十

公元一九五四年古二月初九日

代書人張國維押

公元一九五四年申代個立賣地契約（T092）

立寫永遠賣土地文契人申代個，情因食種不足，别無改變，今将（將）自【己】祖遺有言彦（沿）路条地一段，下籽弍斗，其地四至各有界限分明，並無侵佔他人寸土。閤（闔）家商議，情愿出賣，以是訣（央）请中人楊鼎奎问到本庄王殿臣名下情愿承受為業。即日憑中公估地價，每斗白洋壹拾壹元伍角，共地價白洋弍拾叁元正（整）。自賣之後，此地粮差均由受主承攬，嗣後許王姓世世耕種，不于（與）申姓代代相干。嗣後有房親人等爭（争）言者，有失主一面承當，失主自己反悔者，自認法律之制裁。恐後無憑，立此永遠賣土地文契為柄。

公元一九五四年古二月初九日

立永遠賣土地文契人：申代個（手印）左中斗 仝（同）子 申官音保（畫押）

申富龍（畫押）

问到人：楊鼎奎（手印）

代書人：張國维 押

立寫單人祝恒齡、祝合齡，因爲弟兄分家，去三金福當兵，不家所有産業
照以三股搭平均分拈鬮占産，老三共分山川田地壹石捌斗伍升。
祝恒齡寫種蒜地壹段，下籽壹斗伍升；坡口子地壹段，下籽壹斗伍升；賀家埣沿子地一段，下籽
弍斗伍升；立坡子一段，下籽乙斗；泉左邊地方壹段，下籽弍斗；台子上面處恒齡方才的地糞工方
子梨樹在内，有恒齡耆手。只因本人不在當面，所以分未寫，只存寫單一紙，以作後
來商量之餘地。此單暫存表兄恒齡處，寫字爲用。

合同吉單

農會組長 祝安唯 佛慶十
村長 來恢

公元壹玖伍伍年古七月初九日 立寫單人祝金福

遇本人祝丕顯十

公元一九五五年祝全福立寄分單契約（T093）

立寫寄单人祝恒齡、祝合齡，因为弟兄分家，老三全福當兵不【在】家，所有産業，照以三股搭平均分，拈阄占産。老三共分山川田地壹石（石）駟（肆）斗伍升（升）。祝恒齡寄種蒜地壹段（段），下籽壹斗伍升（升）；坟口子地壹段（段），下籽壹斗伍升（升）；貫家坪沿子地一段（段），下籽式斗伍升（升）；立地子一段（段），下籽乙（一）斗；泉左邊方地壹段（段），下籽式斗；台子上面雾（處），恒齡方才的地箕（基）乙（一）方子，梨樹在内，有恒齡看手（守）。只因本人不在當面，所以分【单】未寫，只存寄单一纸，以偹（備）後来商量之餘地。此单暫存表兄恒齡壹字為用。

公元壹玖伍伍年古七月初九日

立寫寄单人：祝全福
農會组長：祝佛慶（畫押）
祝後哇
村　　長：祝来顺
書　　人：祝丕顯（畫押）

立寫典、賣莊窠文契人楊□□一个，因為自己居住不便，今將自己莊
窠一座，房屋共計八間，一座，在內椽檁碌石墻窠土並四弟在內，系路北
道，仍舊通行。其四至：東止台子，南至張姓，西至路，北止，俱為界，
四至八明，並無混雜。出來侯信到人才走得，是夫自志情愿，典賣叁年（即一九六二
年古正月一日起至一九六四年十二月止）。先請問到人張□□，先問到張家个名下
椽木混合，言定典價白洋□拾元，當即交兄，中言明，契洋兩交，並無欠少。今
歷自典后，由張家个居住，倘后日久有人異言者，有張家个一力承當；
若自己翻言者，有張家个執契稟官罰究。恐后人心不古，立此典賣
契永遠存照為用。

公元一九六二年古正月初一日立典契人徐然個（押）右中指

問到人張敏个

寫契人趙成文

公元一九六二年冶然個立典賣莊窠契約（T094）

立寫典卖莊窠文契人冶然个（個），因為自己居住不便，今将（將）自己莊窠一處，房屋共計八间，前塲一處在内，柱碇磉（磩）石壜（兩）窠，土基以（一）并在内，出路水道仍旧通行。其四至东止（至）台子，南至張姓，西至官路，北止（至）分（焊）伙（火）为界，四至分明，并无混雜，也未侵佔别人寸土，於是自己情愿典卖叁年（即一九六二年古正月一日起至一九六四年十二月止），央请问到人张奴个、张六二子、张乙四毛，先问到张尕个名下往来说合，三家言定典价白洋柒拾元正（整），当即兑（對）中言明，契洋两交，并无欠少分厘。自典后，由张尕个居住。倘后日久有人爭（争）言者，有冶然个一面承当，若自己翻言者，直（祇）张尕个执契禀官罰罪。恐后人心不古，立此典契永远存照为用。

公元一九六二年古正月初一日

立典契人：冶然個（手印）右中指

问到人：张奴个
张六二子
张乙四毛（蓋章）

写書人：敏成文

立字據人趙伏才，因爲堂弟趙尕娟妻楊氏年少，並無脚下結子，合央媒証趙廷忠、馬學易二人說合，兩家情愿，生下次子，年以二歲，同户老人、親友、鄰家奉出長並布壹对，猪一口，对于親房奉出。日後爲人長大，立門丁户，立于趙尕相之門。日後有人爭競言詞，趙伏才、楊氏壹面承當。恐後無憑，立此字爲証。

十二月　吉日　立字人趙伏才　十

親房人趙良田　廷元　廷彥

老鄰人趙良民　良有　良存　戊伏　四爺　尕民　尕道　五叉

媒証趙廷忠　馬學易　代笔

趙伏才立過繼契約（T095）

立字據人趙伏才，因為堂弟趙尕相妻楊氏年少並無脚下结子。今央媒证趙廷忠、馬学易二人说合，两家情愿，生下次子，年以（已）二嵗（歲），同户老人親友鄰家，奉出毛兰布壹对、猪一口，对于親房奉出，日後成人長大，立門丁（頂）户，立于趙尕相之門，日後有人争競言词，趙伏才、楊氏石当面成（承）当，恐後無凴，立此字【據】為证。

十二月初九日

立　字　人：趙伏才（畫押）

親　房　人：趙廷元

趙良田

趙廷彦

鄰人、老人：趙四爷

趙良善　趙尕成　趙五七

趙良有　趙尕道

趙良存

趙成伏

媒証（證）：趙廷忠　馬学易　代書

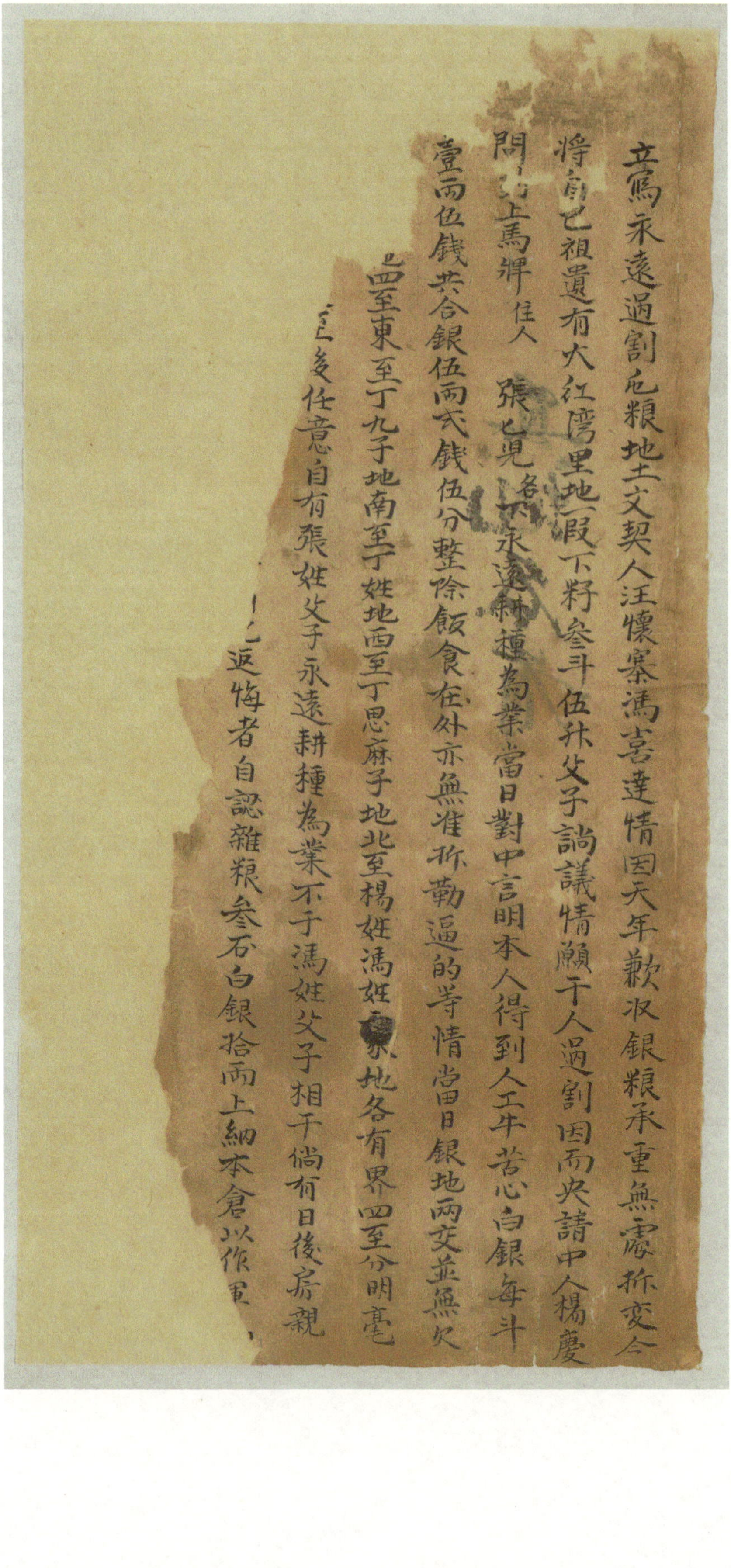

立爲永遠過割糧地土文契人汪懷寨馮喜達情因天年歉收銀糧承重無處拆变今
將自己祖遺有大紅灣里地一段下籽叁斗伍升父子詢議情願于人過割因而央請中人楊慶
問□上馬渒住人　張乜兒名下永遠耕種為業當日對中言明本人得到人工牛苦心白銀每斗
壹兩伍錢共合銀伍兩弍錢伍分整除飯食在外亦無准折勒逼的等情當日銀地兩交並無欠
少四至東至丁九子地南至丁姓地西至丁思麻子地北至楊姓馮姓□界地各有界四至分明毫
□□後任意自有張姓父子永遠耕種為業不于馮姓父子相干倘有日後房親
□□返悔者自認雜糧叁石白銀拾兩上納本倉以作罪

馮喜達過割屯糧地土契約（T096）

立寫永遠過（過）割乇（屯）粮地土文契人汪懷寨馮喜（喜）達，情因天年歉收，銀粮承（沉）重，無雰（處）折变。今将（將）自己祖遺有大红湾里地一段（段），下籽叁斗伍升（升）。父子誚（商）議情願于（與）人過（過）割，因而央請中人楊慶問到上馬牌住人張七兒名下永遠耕種為業。當日對中言明，本人得到人工牛苦心白銀每斗壹両（兩）伍銭（錢），共合銀伍両（兩）弍銭（錢）伍分整，除飯食在外，亦無准折勒逼的等情。當日銀地两交，並無欠【少】，【其】【地】四至，東至丁九子地，南至丁姓地，西至丁思麻子地，北至楊姓、馮姓二家，地各有界，四至分明，毫□□□，至（之）後任意自有張姓父子永遠耕種為業，不于（與）馮姓父子相干，倘有日後房親□□□返（反）悔者，自認雜粮叁石（石），白銀拾両（兩），上纳本倉以作軍【需】。

下編　岷州民間契約文書

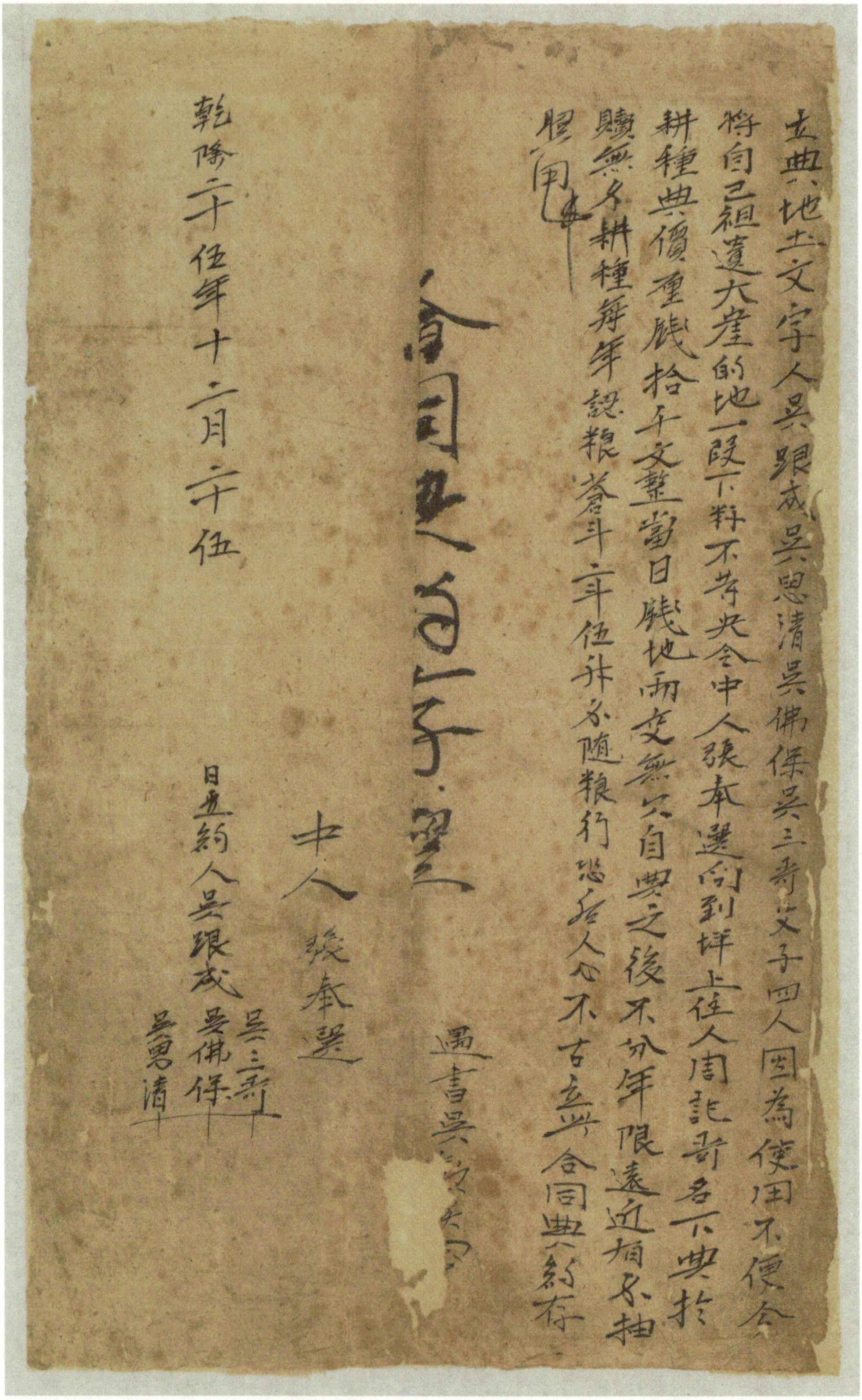
立典地土文字人吳跟成、吳思清、吳佛保、吳三哥父子四人，因為使用不便，今
將自己祖遺大崖的地一段，下籽不等，央今中人張奉選，說到坪上住人周託哥名下典於
耕種。典價重錢拾千文整，當日錢地兩交無欠。自典之後，不拘年限遠近，有錢抽
贖，無錢耕種，每年認糧蒼斗斗伍升，分隨糧行。恐後人心不古，立典合同典約存
照用。

合同是人自立字墨

過書吳[illegible]

中人　張奉選

日立約人　吳跟成　吳佛保　吳三哥　吳思清

乾隆二十伍年十二月二十伍

乾隆二十五年（一七六〇）吴跟成等立典地契約（M001）

立典地圡（土）文字人呉（吴）跟成、呉（吴）思清、呉（吴）佛保、呉（吴）三竒（奇）父子四人，因為使用不便，今将（將）自己祖遺大崖的地一叚（段），下籽不寺（等）。央令中人張奉選，问到坪上住人周記竒（奇）名下典扵（與）耕種，典價厘銭（錢）拾千文整，當日銭（錢）地两交無欠。自典之後，不分年限遠近，有糸（錢）抽贖，無糸（錢）耕種，每年認粮萫（倉）斗二斗伍升（升），糸（錢）随粮行。恐后人心不古，立此合同典約存照用。

乾隆二十伍年十二月二十伍日

立約人：吴跟成（畫押）
吴三竒（奇）（畫押）
吴佛保（畫押）
吴思清（畫押）

中　人：張奉選

過　書：呉（吴）□□

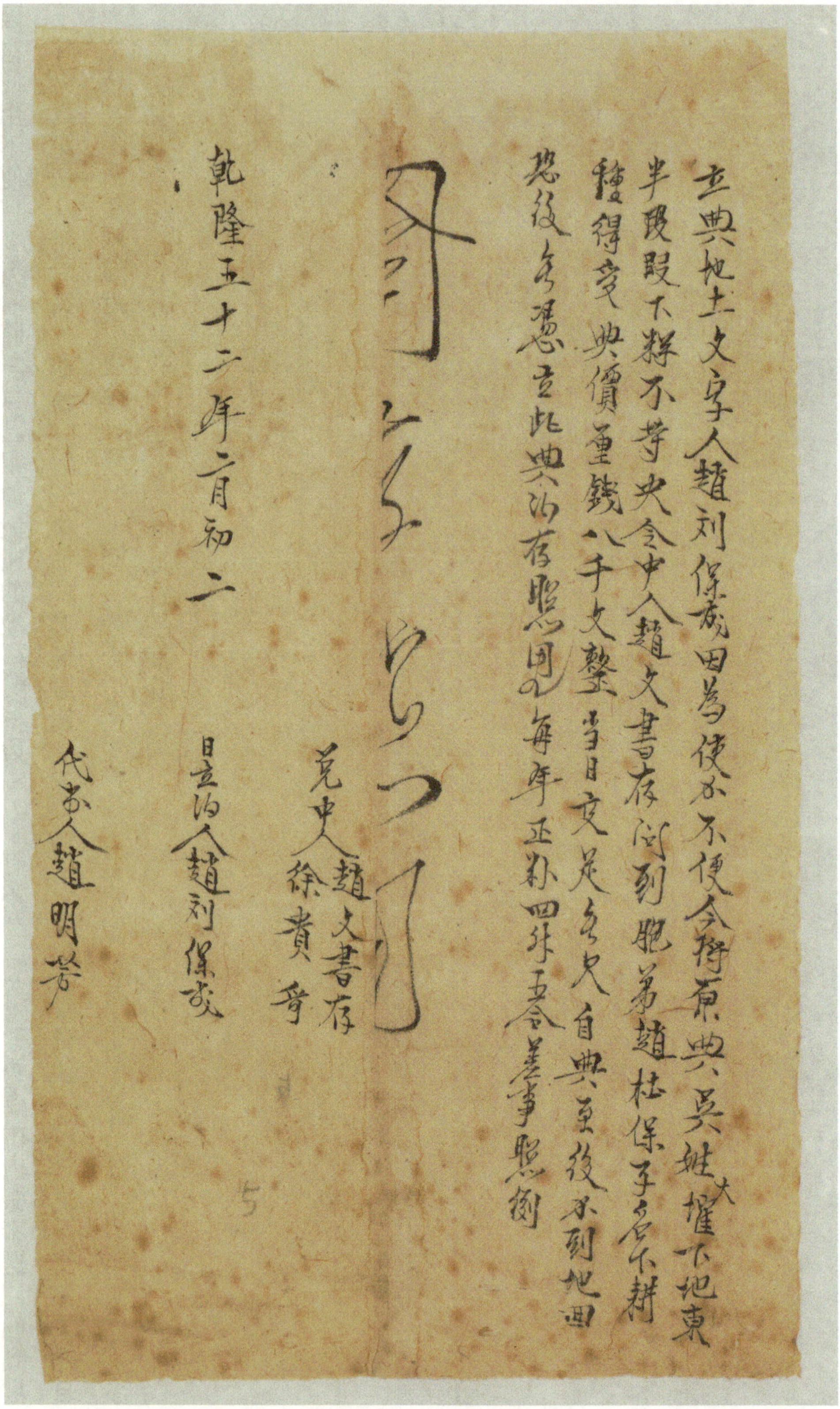

立典地土文字人趙刘保成因爲使用不便今將原典吳姓大攉下地東半段段下粮不等央仝中人趙文書存說到胞弟趙杜保手名下耕種得受典價重錢八千文整當日交足無欠自典至後不到地回恐後無憑立此典約存照同日每年正納四升五合差事照例

[illegible]

見中人趙文書存
徐貴

乾隆五十二年二月初二

立約人趙刘保成

代書人趙明芳

乾隆五十二年（一七八七）趙劉保成立典地契約（M002）

立典地土文字人趙刘保成，因為使杀（錢）不便，今将（將）原典吳姓大堆下地東半段，叚（暇）下籽不寺（等），央令中人趙文書存问到胞弟趙杜（杜）保子名下耕種，得受典價厘銭（錢）八千文整，当日交足無欠。自典至（之）後，杀（錢）到地囬（回）。恐後無憑，立此典约存照用，每年正（徵）粁（糧）四升（升）五合，差事照例。

乾隆五十二年二月初二日

立约人：趙刘保成

兑（對）中人：趙文書存

徐貴哥（奇）

代书人：趙明芳

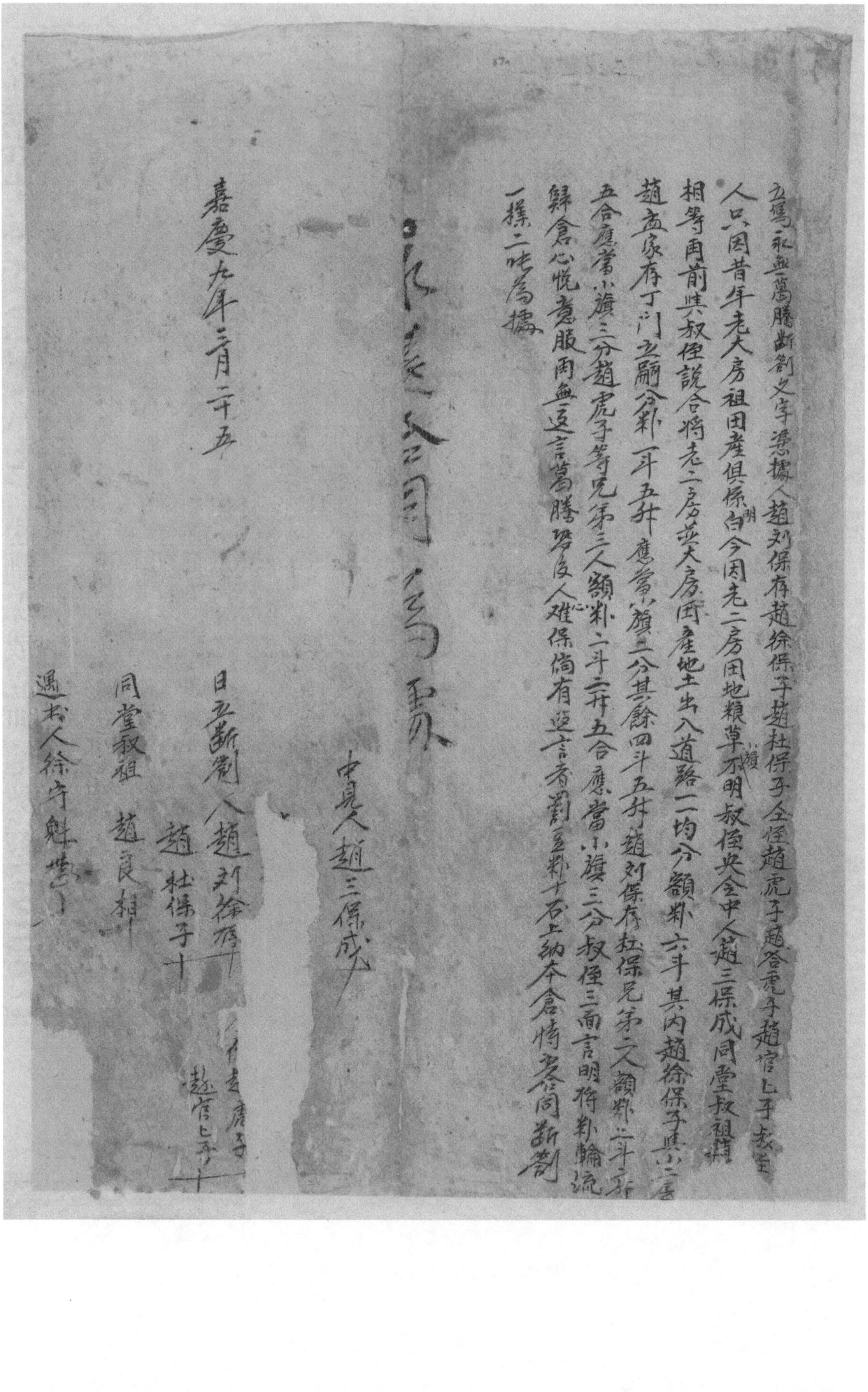

立寫永無葛藤斷劊文字憑據人趙刘保存、趙徐保子、趙杜保子、仝侄趙虎子、趙荅虎子、趙官七子叔侄
人只因昔年老大房祖田產俱係白明，今因老二房田地粮草不明，小旗叔侄央仝中人趙三保成、同堂叔祖相
等再前與叔侄說合，將老二房並大房所産地土出入道路一一均分，額粮六斗。其内趙徐保子與小二房
趙孟家存丁门立嗣，分粮一斗五升，應當小旗二分；其餘四斗五升，趙刘保存、杜保兄弟二人額粮二斗二升
五合，應當小旗三分；趙虎子等兄弟三人額粮二斗二升五合，應當小旗三分。叔侄三面言明，将粮輪流
歸倉，心悦意服，再無返言葛藤。恐後人心难保，倘有返言者，罰豆粮十石上納本倉。情愿同斷劊
一樣二紙為據。

永遠合同為照

嘉慶九年三月二十五日立斷劊人趙刘徐存十
趙杜保子十
仝侄趙虎子
趙官七子十

中見人趙三保成十

同堂叔祖趙良相十

過書人徐守魁筆

嘉慶九年（一八〇四）趙劉保存等立永無葛藤契約（M003）

立冩（寫）永無葛騰断劄（札）文字憑摅（據）人：趙刘保存、趙徐保子、趙杜（杜）保子仝（同）侄趙虎子、趙哈虎子、趙官匕子。叔侄【几】人，只因昔年老大房祖田産俱係明白，今因老二房田地粮草小旗不明，叔侄央令中人趙三保成同堂叔祖趙【良】相等再（在）前與叔侄説合，将（將）老二房並大房田産地土出入道路一一均分。額粁（糧）六斗，其内趙徐保子與小二房趙孟家存丁门立嗣，分粁（糧）一斗五升（升），應當小旗二分。其餘四斗五升（升），趙刘保存杜（杜）保兄弟二人額粁（糧）二斗二升（升）五合，應當小旗三分。趙虎子等兄弟三人額粁（糧）二斗二升（升）五合，應當小旗三分。叔侄三面言明，将（將）粁（糧）輪流歸（歸）倉，心悦意服，再無返言葛騰。恐後人心难保，倘有返言者，罰豆粁（糧）十石（石），上纳夲（本）倉。特立合同断劄（札），一様二張為摅（據）。

嘉慶九年三月二十五日

立断劄（札）人：【趙】【徐】【保】【存】【（畫押）】【趙】【哈】【虎】【子】【（畫押）】

趙刘徐（保）存（畫押）　趙虎子（畫押）

趙（杜）保子（畫押）　趙官匕子（畫押）

中　見　人：趙三保成（畫押）

同堂叔祖：趙良相（畫押）

遇　书　人：徐守魁（畫押）

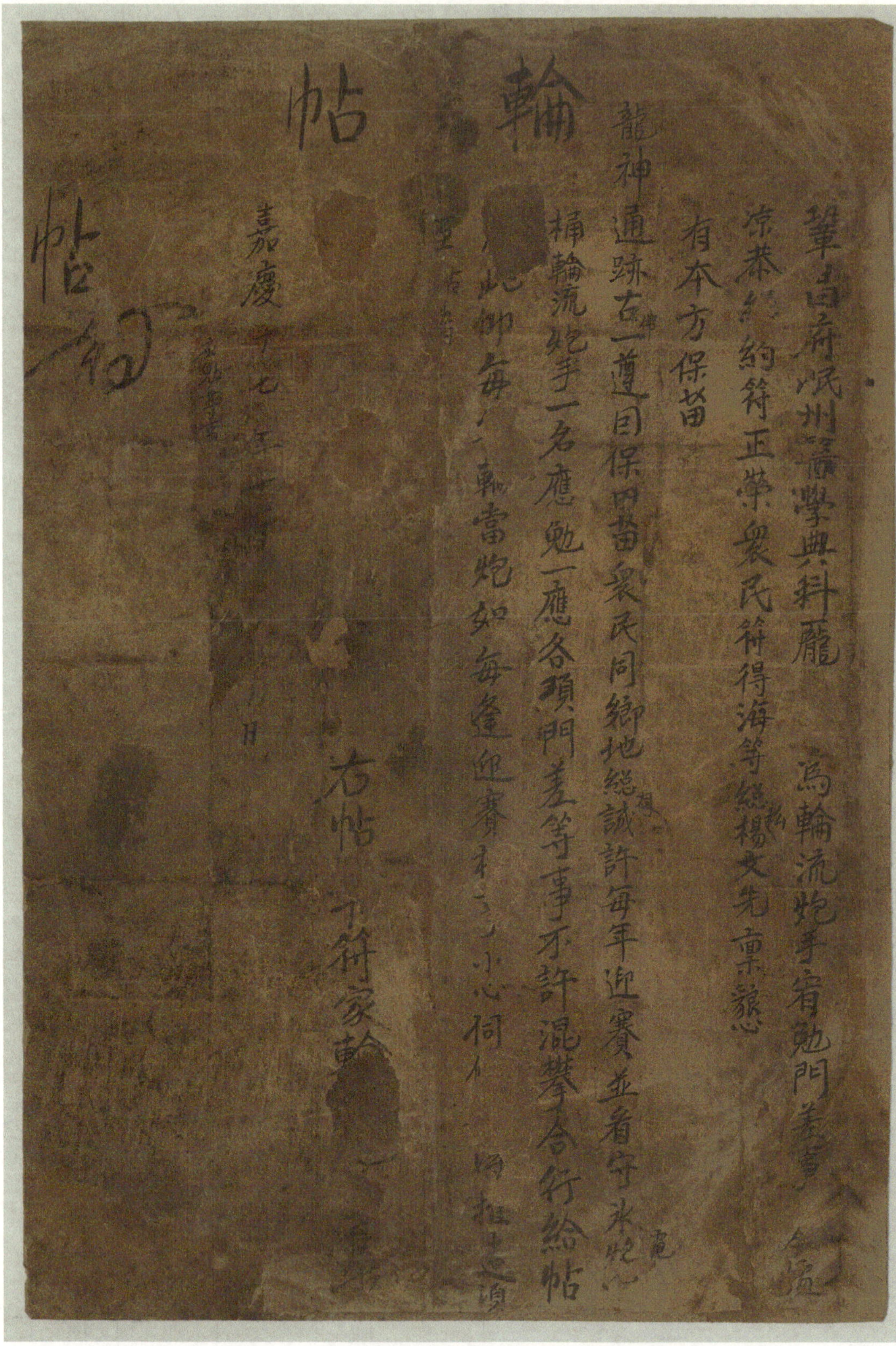

鞏昌府岷州番學典科龐　為輪流炮手宥勉門差事　令遵
涼恭[illegible]約符正榮衆民符得海等總揚文先稟懇
有本方保留
龍神通跡古一道，曰保留衆民同鄉地總誠許每年迎賽並看守來炮
捕輪流炮手一名，應勉一應各項門差等事，不許混攀，合行給帖
[illegible]此仰每年輪當炮，如每逢迎賽[illegible]小心伺候[illegible]
右帖下符家輪
輪帖
嘉慶十七年　月　日
帖

輪貼（非契約）（M004）

輪帖

鞏昌府岷州醫學典科龎（龐）爲輪流炮手宥勉門差事。今□涼恭【總】約符正榮，衆民符得海等，総（總）私（私）楊文先稟（稟）懇（懇）。

有夲（本）方保苗

龍神通跡古佛一遵回保田苗，衆民同鄉地総（總）祠誠許每年迎（迎）賽，並看守氷（冰）雹炮□桶輪流炮手一名，應勉一應各項門差等事，不許混攀，合行給帖。□此仰每□輪當炮，如每逢迎（迎）賽，村事小心伺【候】。□□推□項至帖□。

右帖□【下】符家輪□□准此

嘉慶十七年十一月□日

應勉寺（等）事

立典地土文字人趙杜家保子因為使用不便今將自己祖遺由為使不用便河便宜
地一畝下字不等央令中人徐兵月成子說合問道下塞主人徐嶜老二字得到典價
大錢五百文整當日薊地月交不分年進日夫有外抽擋年分更種立此典約
存日用

[illegible]

中人徐兵兩成子

日立約人趙杜保家子

代中人劉存福

嘉慶十八年十一月十四
秋穫六大石外

嘉慶十八年（一八一三）趙杜家保子立典地契約（M005）

立典地圡（土）文字人趙杜（杜）家保子，因為使用不便，今将（將）自己祖遺因為使不用便河便（邊）宜地一殷（段），下字（籽）不等，央令中人徐呉（吴）刅（兩）成子説合，問道（到）下寨主（住）人徐哈老二子，得到典價大錢（錢）五百文整，當日前（錢）地刅（兩）交，不分年進日久，有

𠂎（錢）抽贖，無𠂎（錢）更（耕）種，立此典約存用。

每年粁（糧）八大官升（升）。

喜（嘉）慶十八年十一月十四日

立約人：趙杜（杜）保（家）家（保）子

中　人：徐無（吴）兩成子

代书人：刘存福

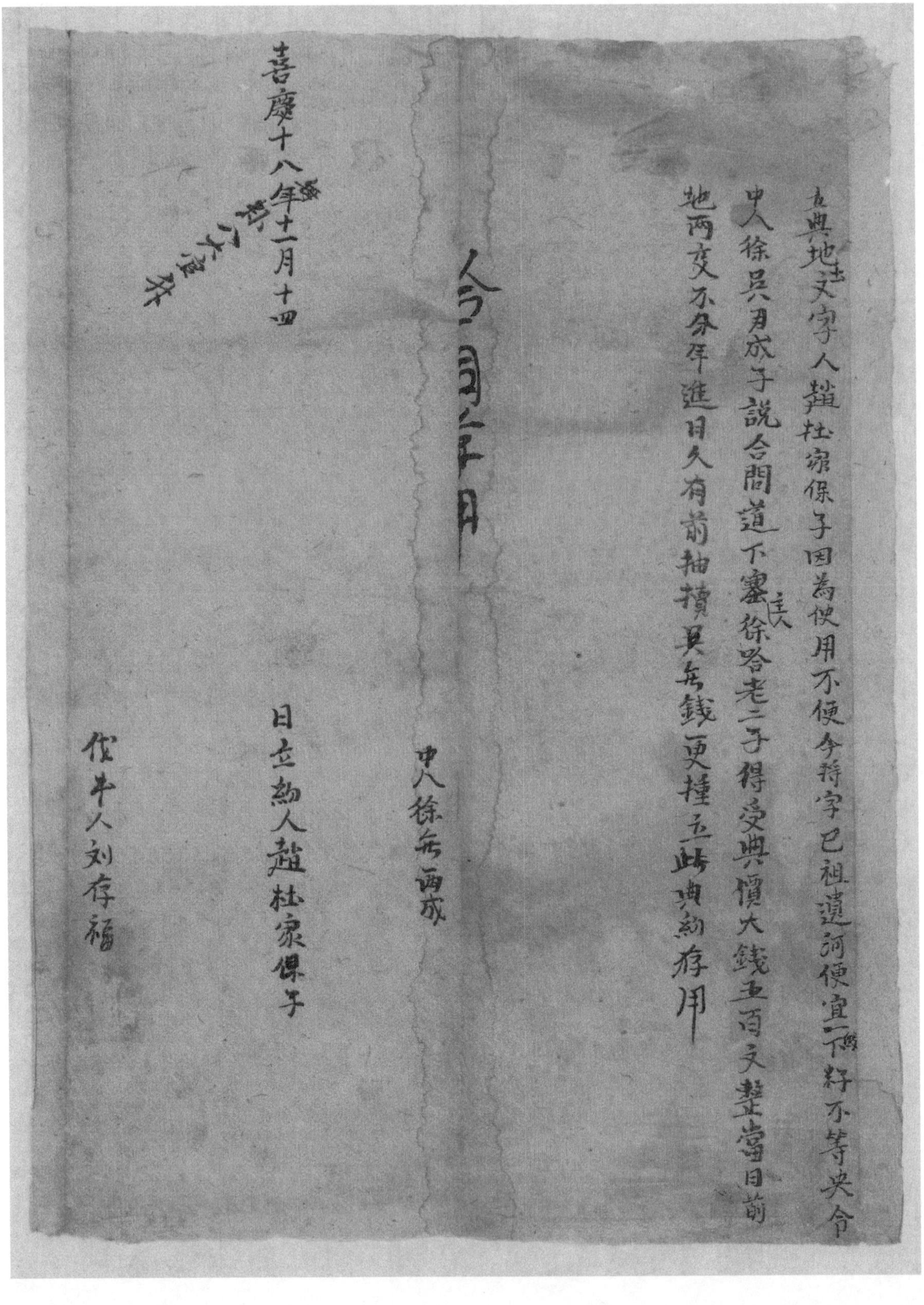
立典地土文字人趙杜家保子因為使用不便今將字已祖遺河便宜一段下籽不等央令
中人徐吳月成子說合問道不塞徐路老二子得受典價大錢五百文整當日前
地兩交不欠分厘進日久有前抽贖吳岳錢更掉立此典約存用
合同存用
中人徐岳兩成
嘉慶十八年十一月十四日立約人趙杜家保子
[illegible]
代筆人刘存福

嘉慶十八年（一八一三）趙杜家保子立典地契約（M006）

立典地圡（土）文字人趙杜（杜）家保子，因為使用不便，今将（將）字（自）己祖遺河便（邊）宜【地】一叚（段），下籽不等，央令中人徐呉（吴）刄（兩）成子説合，問道（到）下塞（寨）主（住）人徐哈老二子，得受典價大銭（錢）五百文整，當日前（錢）地两交，不分年進日久，有前（錢）抽贖，無銭（錢）更（耕）種。立此典約存用。

每年粁（糧）八大官升（升）。

喜（嘉）慶十八年十一月十四日

立約人：趙杜（杜）家保子

中　人：徐無（吴）两成

代书人：刘存福

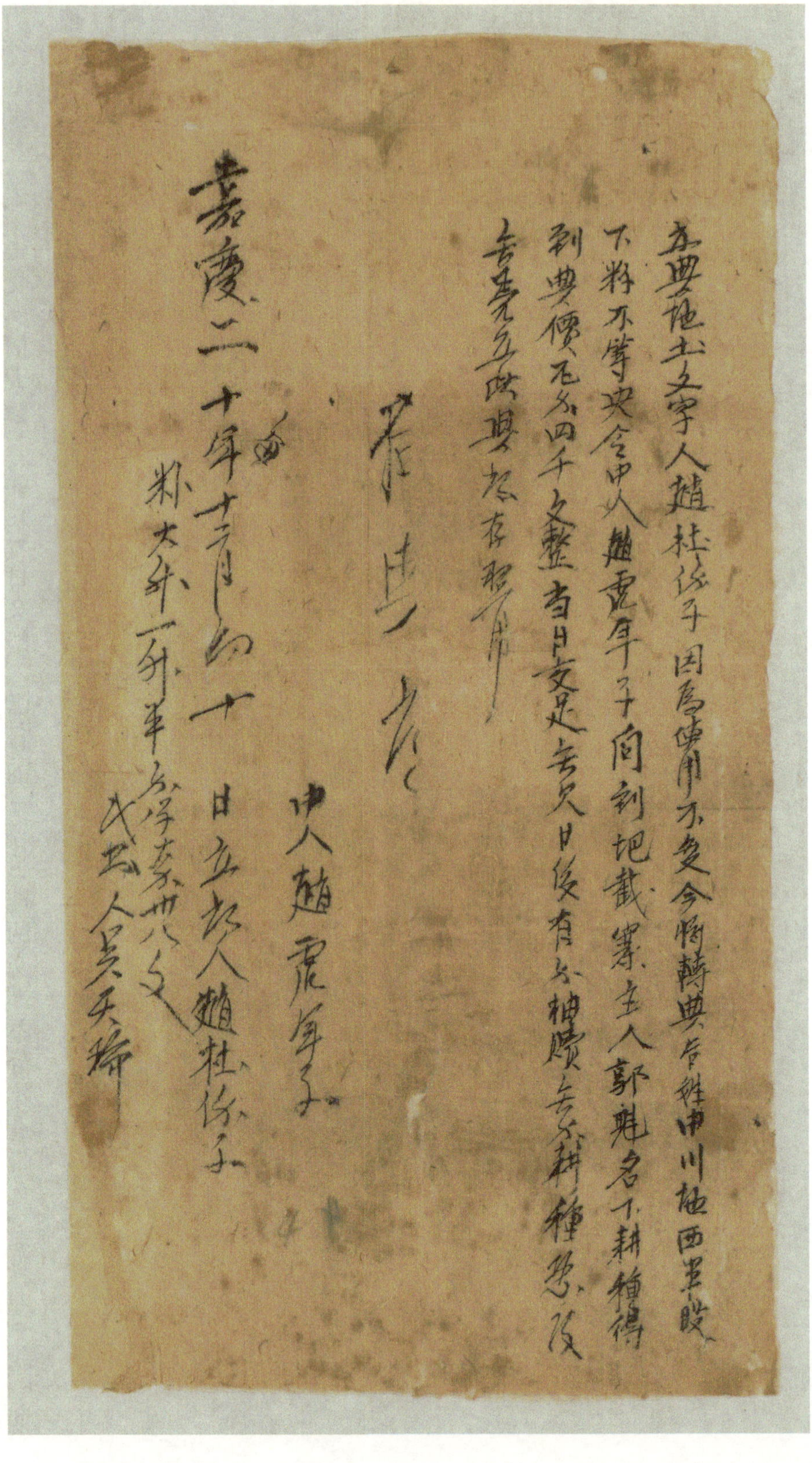
立典地土文字人趙杜保子因爲使用不便今將轉典自排申川地西里畝
下料不等央今中人趙霞年子向到地載案主人郭魁名下耕種得
到典價錢四千文整当日交足無欠日後有人相贖無人耕種恐後
無憑立此典約存照用
存照　人在
中人趙霞年子
嘉慶二十年十二月初十日立典人趙杜保子
糧大升一升半每年分學東卅八文
代書人吳天瑞

嘉慶二十年（一八一五）趙杜保子立典地契約（M007）

立典地圡（土）文字人趙杜（杜）保子，因為使用不变（便），今将（將）轉（專）典后姓中川地西半㱾（段），下籽不等。央令中人趙虎年子问到把截寨主（住）人郭魁名下耕種，得到典價【厘】⺄（錢）四千文整，当日交足無欠。日後有⺄（錢）抽贖，無⺄（錢）耕種。恐後無凴，立此典约存照用。每年粁（糧）大㪺（升）一㪺（升）半，⺄（錢）□大⺄（錢）卅八文。

嘉慶二十年十二月初十日

立约人：趙杜（杜）保子

中　人：趙虎年子

代书人：吴天瑞

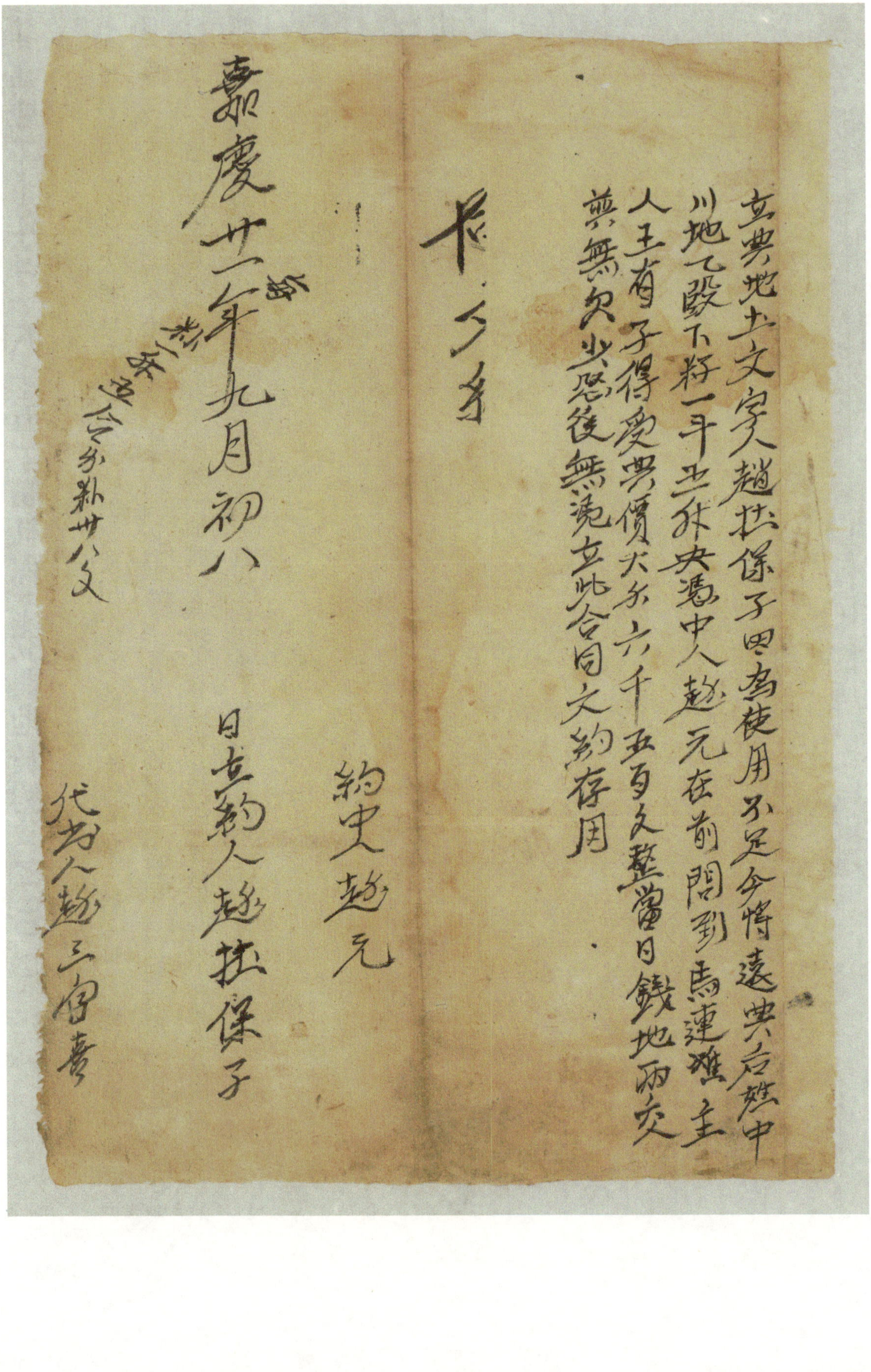
立賣地土文字人趙抾保子四為使用不足今將遠賣右旗中川地乙段下籽一斗五升央憑中人趙元在前問到馬蓮灘主人王有子得受賣價大錢六千五百文整當日錢地兩交并無欠少恐後無憑立此合同文約存用

長久為

約中人趙元

日立約人趙抾保子

代書人趙三字書

嘉慶廿一年九月初八

每稅一錢五分合分稅廿八文

嘉慶二十一年（一八一六）趙杜保子立典地契約（M008）

立典地圡（土）文字人趙杜（杜）保子，因為使用不足，今将（將）遠（原）典后姓中川地乙（一）叚（段），下籽一斗五升（升）。央憑中人趙元在前問到馬連滩主（住）人王有子，得受典價大𥫽（錢）六千五百文整，當日銭（錢）地两交，並無欠少。恐後無凴，立此合同文約存用。每年粁（糧）一升（升）五合，𥫽（錢）粁（糧）卅八文。

嘉慶廿一年九月初八日

立約人：趙杜（杜）保子

約中人：趙元

代书人：趙三官喜

立典地土文字人趙刘奇〻子因為使用不便今將自己祖遺西頭山上民地
籽不等每年正糧六升央令中人李五十三說合同到本寨住人趙相
名下耕種憑中言明典價大錢六串五百零廿五文整當日交足〻
自典之後不分年限遠近有錢抽贖無錢耕種恐後無憑立此典約
據

道光拾年十二月初十日地住趙張花子趙保成向地戶趙張花子名下復又大錢貳串伍佰文
復立中人李貴喜
書字人李勤修

日後前約存而不用

[illegible]

憑中人李五十三

嘉慶二十一年十二月十八日立典約人趙刘奇

道光二十八年十二月十二日地主人趙戶保向地戶趙張花成名下復借大錢二千六百文整
復中人王撲苗
代書人閻文彬
地主人王喜寶

嘉慶二十一年（一八一六）趙劉奇子立典地契約（M009）

立典地玉（土）文字人趙刘竒（奇）子，因為使用不便，今将（將）自己祖遺西頭山上民□□，【下】籽不等（等），每年正（徵）粎（糧）六升（升）。央令中人季五十三説合，问到本寨住人趙根□名下耕種。兑（對）中言明典價大豸（錢）六串五百零廿五文整，当日交足【無】【欠】。自典之後，不分年限遠近，有豸（錢）抽贖，無豸（錢）耕種，恐後無凴，立此典约【為】摅（據）。

日後前约古帋（紙）不用

嘉慶二十一年十二月十八日

立典约人：趙刘竒（奇）
兑（對）中人：季五十三
代书人：閆文彩

道光拾年十二月初十日地住（主）趙虎保成向地户趙跟花子名下復大豸（錢）弍串伍佰文

復豸（錢）中人：季虎喜
书字人：季勤修

道光二十八年十一月十五日地主趙户保向地户趙朱扎成名下復大豸（錢）一千六百文整

復豸（錢）中人：王换（換）单
代书人：王嘉賓

立賣地土文字人趙杜保子因為使用不足今將荀匠溝道上
地下地一段下籽九升央憑中人王才保子問到本家主人徐月元承
名下耕種得受賣價大錢一千五百文整當日交足並無欠少分
釐地里恐後無憑立此賣約存照用

指乂乂為不虛

中人王才保子

道光六年二月初二日　立賣約人趙杜保子

之糧六升

代書人趙彥文

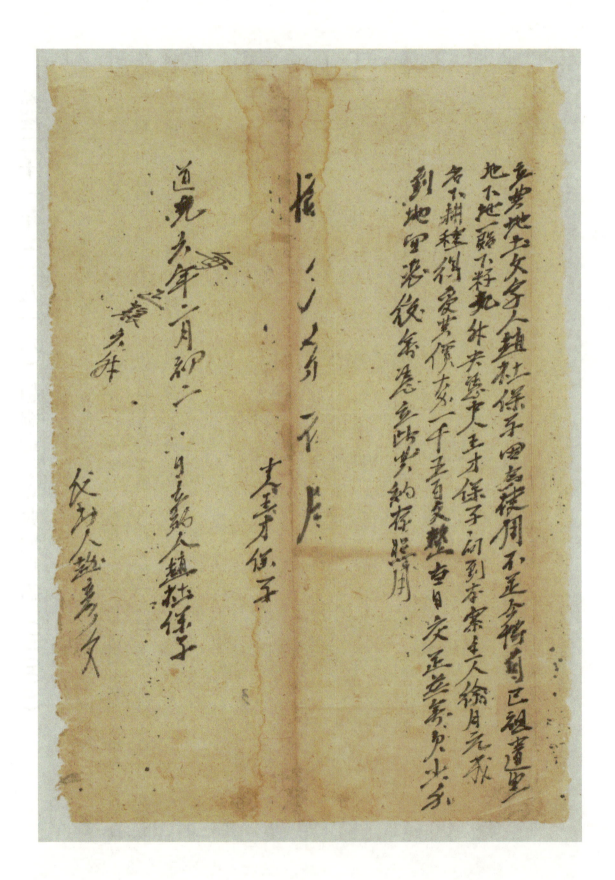

道光六年（一八二六）趙杜保子立典地契約（M010）

立典地圡（土）文字人趙杜保子，因為使用不足，今将（將）自己祖遺生地下地一叚（段），下籽九升（升）。央憑中人王才保子，问到本寨主（住）人徐月元成名下耕種，得受典價大糸（錢）一千五百文整，当日交足，並無欠少，糸（錢）到地囬（回）。恐後無憑，立此典約存照用。

每年正（徵）粮六升（升）。

道光六年二月初二日

立约人：趙杜（杜）保子

中　人：王才保子

代书人：趙彦文

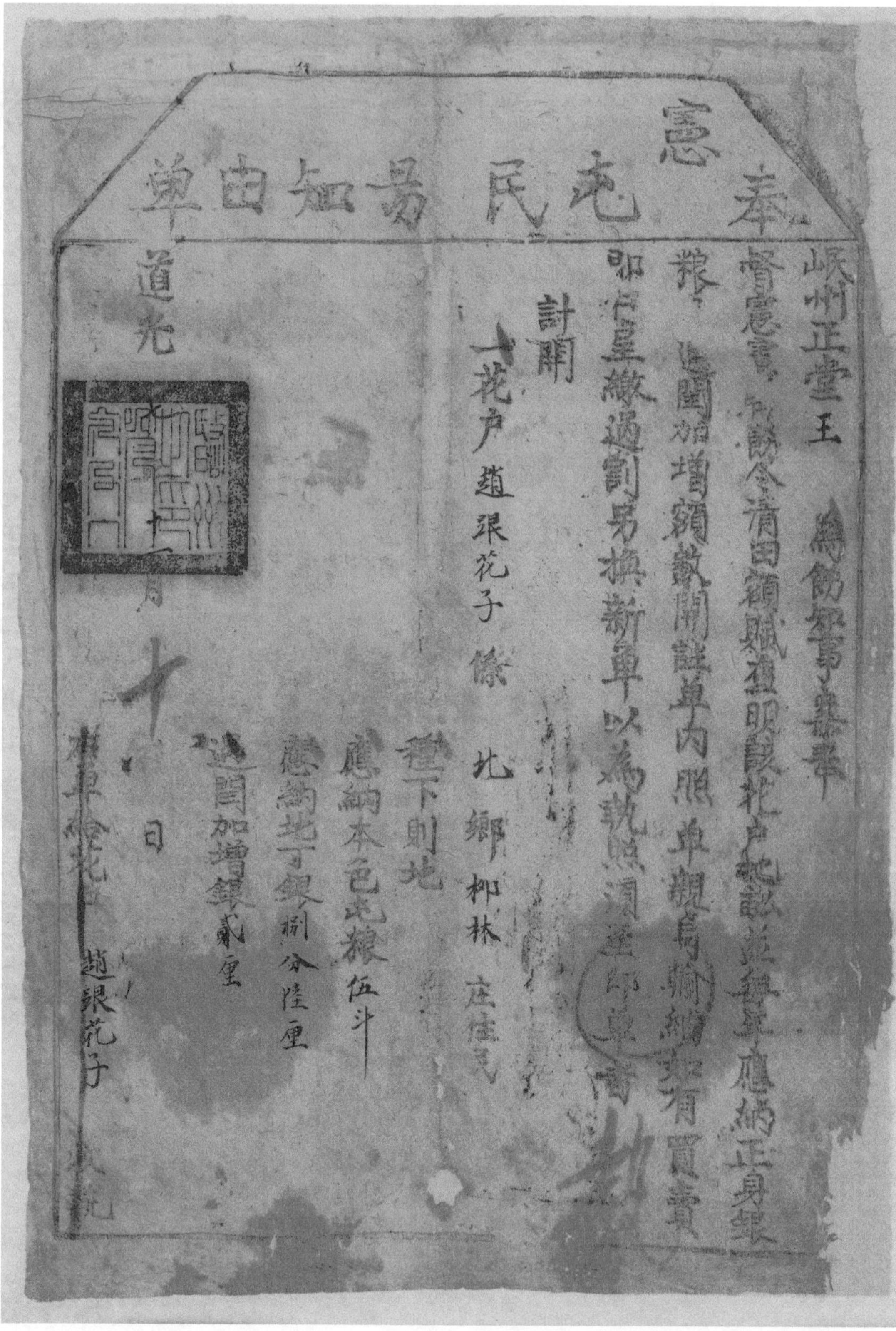

奉憲花民易知由单

岷州正堂王　為飭知事案奉
督憲○札飭令清田額賦查明該花户地畝並銀糧應納正身銀
糧○並閏加增額數開註單内照單觀另輸納如有買賣
即行呈繳過割另換新單以為執照須至單者

計開

一花户趙跟花子　係　北鄉柳林　庄住民
中下則地
應納本色京糧伍斗
應納地丁銀捌分陸厘
並閏加增銀貳厘

道光　月　十　日

給單給花户　趙跟花子

奉憲屯民易知由單（非契約）（M011）

奉憲屯民易知由单

岷州正堂王　為飭知事案舉

督憲賫□飭令清田額賦，查明該花户地畝並每年應納正身銀粮，□遇閏加增額數開詳单内。照单親身輸

納，如有買賣，即日呈繳。過（過）割另換（换）新单，以為執照，須至印单者。

計開

一花户趙跟花子　係北鄉栁（柳）林庄住民

種下則地

應納本色屯粮伍斗

應納地丁銀捌分陸厘

遇閏加增銀貳厘

道光七年十一月十日

右单給花户　趙跟花子　收執

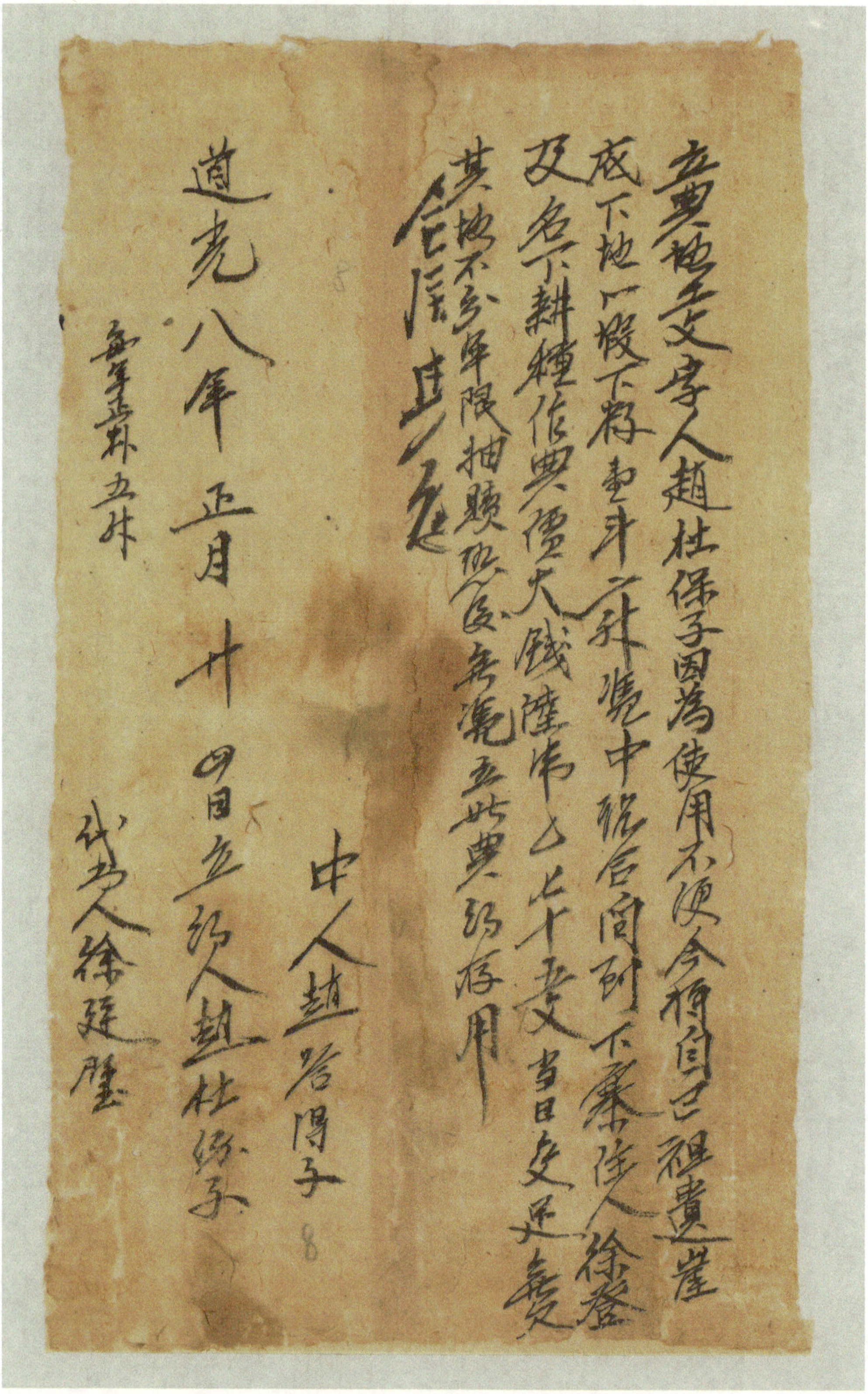

立典地文字人趙杜保子因爲使用不便今將自己祖遺崖
底下地一塅下籽壹斗一升憑中說合同到本寨住人徐登
名下耕種作典價大錢陸佰七十文當日交足無欠
其地不分年限抽贖恐後無憑立此典約存用
合同具為定

中人趙登得子

道光八年正月廿四日立約人趙杜保子

每年正料五升

代書人徐廷璧

道光八年（一八二八）趙杜保子立典地契約（M012）

立典地土文字人趙杜保子，因為使用不便，今将（將）自己祖遺崖底下地一段，下籽壹斗二𠦃（升），凭中说合，问到下寨住人徐登及名下耕種，作典價大錢（錢）陸串〇七十五文，當日交足無欠，其地不分年限抽贖。恐後無凴，立此典约存用。

每年正（徵）粮五𠦃（升）。

道光八年正月廿四日

立约人：趙杜保子

中　人：趙哈得子

代书人：徐廷璧

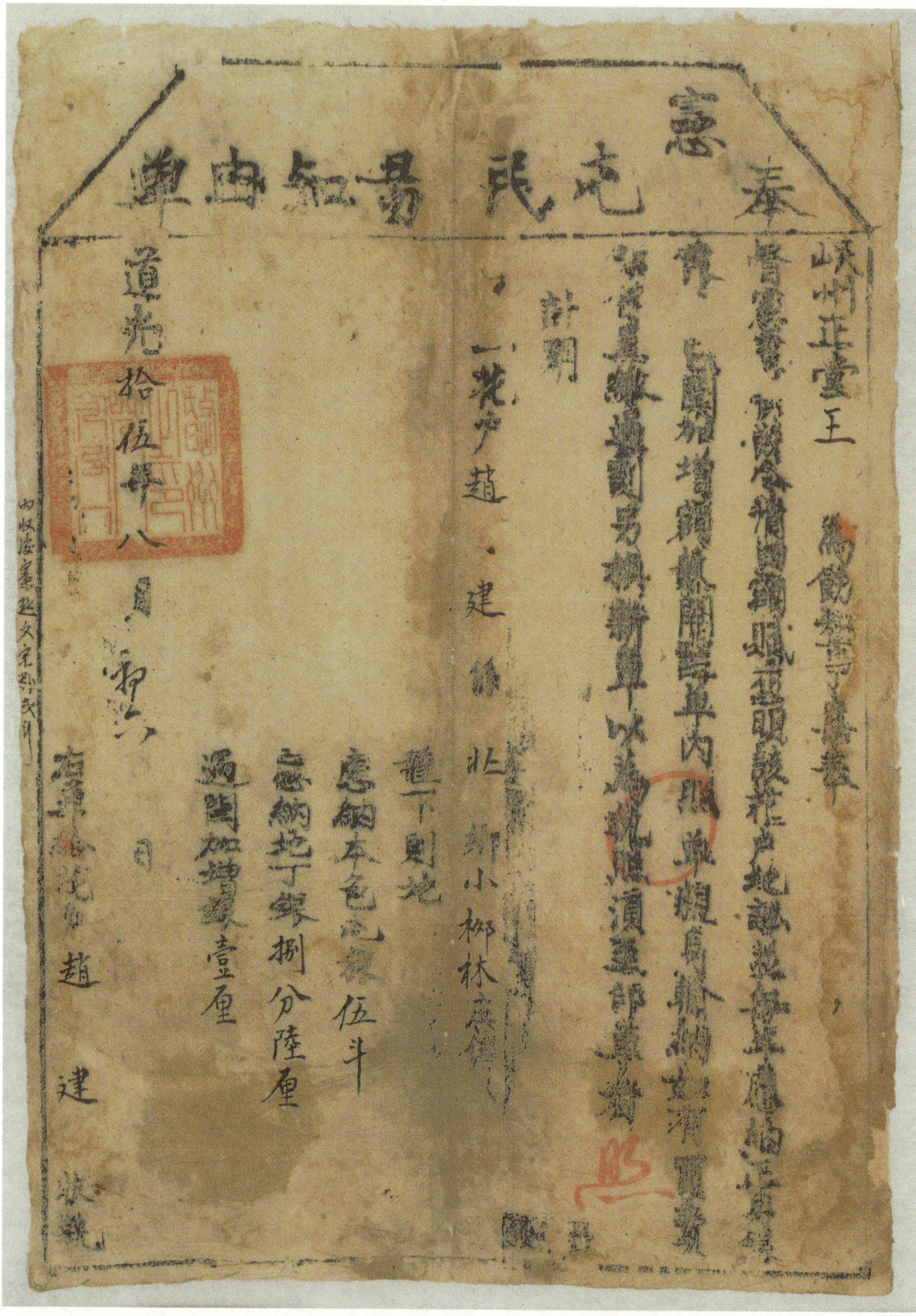

奉憲[illegible]民易知由單

岷州正堂王　為飭發[illegible]事，案奉

督憲[illegible]，[illegible][illegible][illegible][illegible][illegible][illegible][illegible]頭[illegible]花户地[illegible][illegible][illegible]單應納正[illegible][illegible]

[illegible]　[illegible][illegible]加增[illegible][illegible]開[illegible]單内[illegible][illegible][illegible][illegible][illegible]納[illegible][illegible][illegible][illegible]

[illegible][illegible][illegible][illegible][illegible][illegible][illegible][illegible]單[illegible]以[illegible][illegible][illegible]須[illegible][illegible][illegible][illegible]

計開

一花户趙　建　[illegible]　北　鄉小椰林[illegible]

[illegible]下則地

應納本色[illegible]粮伍斗

應納地丁銀捌分陸厘

通閏加增[illegible]壹厘

道光拾伍年八月初六日

花户[illegible]趙建[illegible]

奉憲屯民易知由單（非契約）（M013）

奉憲屯民易知由单

岷州正堂王　為飭知事案舉

督憲竇□飭令清田額賦，查明該花户地畝並每年應納正身銀粮□，遇閏加增額數開詳单内。照单親身輸納，如有買賣，即時呈繳。過（過）割另換（換）新单，以為執照，須至印单者。

計開

一花户趙建　係北鄉小栁（柳）林庄住民

種下則地

應納本色屯粮伍斗

應納地丁銀捌分陸厘

遇閏加增銀壹厘

道光拾伍年八月初六日

右单給花户　趙建　收執

内收後寨趙文宋粁（糧）弍斗

立典地土文字人趙徐濟今將祖遺麻地灣子地一段下籽石[illegible]

憑中說合典于徐姓得名下耕種得受典價大錢參千

文整其地不分年限抽贖恐後無憑立此典約存用

作[illegible]生[illegible]

同見 徐文秀

無

道光十六年九月初七日立約人趙徐得

王彩代筆

見約人 徐拜慶

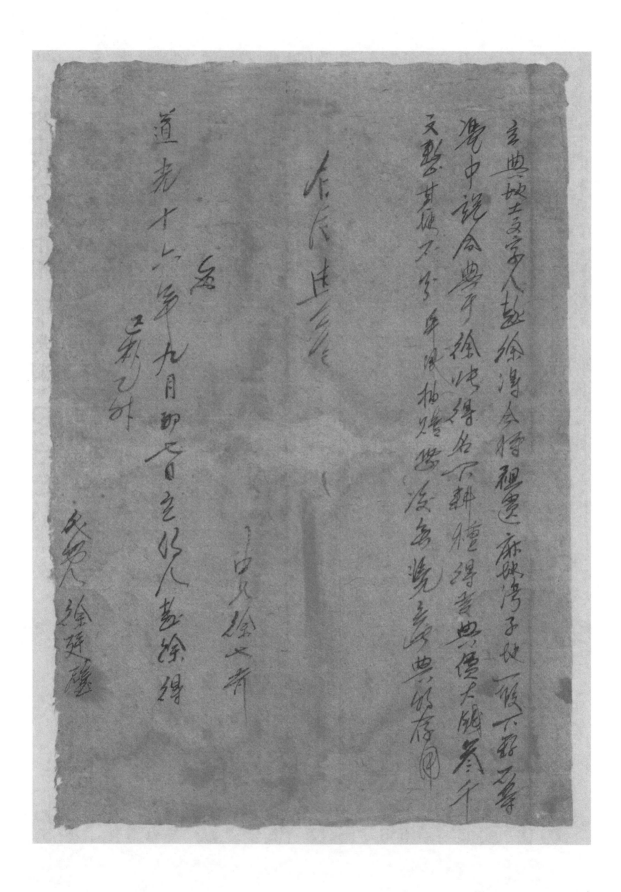

道光十六年（一八三六）趙徐得立典地契約（M014）

立典地土文字人趙徐淂（得），今将祖遺麻地湾子地一段，下籽不等，凴中説合，典于徐張得名下耕種，得受典價大銭（錢）叁千文整，其地不分年限抽贖，恐後無凴，立此典约存用。每年正（徵）粁（糧）乙升（升）。

道光十六年九月初七日

立约人：趙徐得
中　人：徐七奇
代书人：徐廷璧

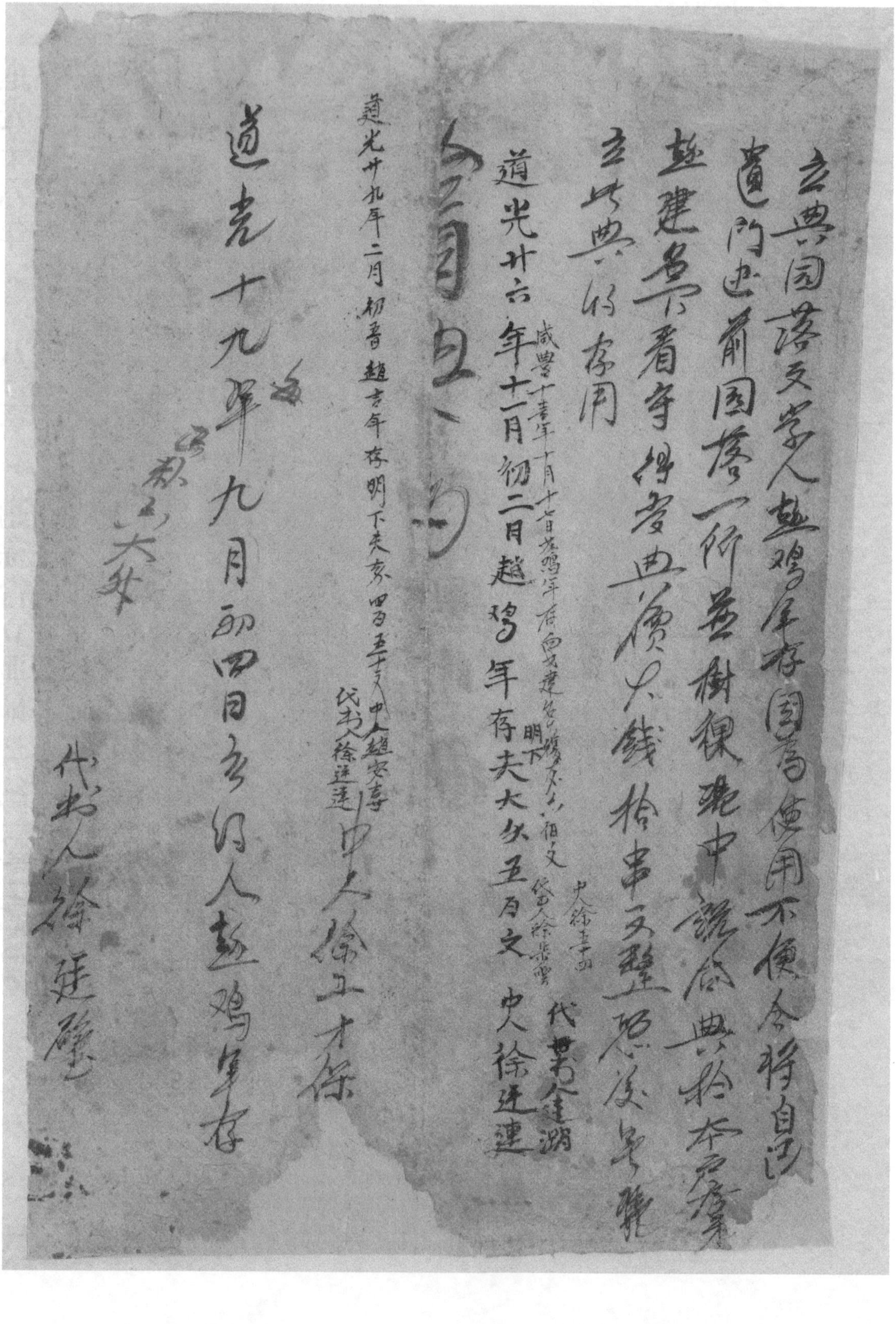
立典園落文字人趙鷄年存因爲使用不便今將自己
道門北前園落一所并樹棵說中說合典給本房叔
趙建邦看守得受典價大錢拾串文整恐後無憑
立此典約存用
道光廿六年十一月初二日趙鷄年存夫大錢五百文　中人徐進連
咸豐十三年十月十七日趙鷄年存向趙建邦明下錢□佰文　代書人徐步雲　中人徐玉山
代書人連淵
合同
道光廿九年二月初□趙吉年存明下夫錢四百五十文　中人趙安壽　代書人徐進連
中人徐玉才保
道光十九年九月初四日立約人趙鷄年存
代書人徐廷璧

道光十九年（一八三九）趙鷄年存立典園落契約（M015）

立典园落文字人趙鸡年存，因為使用不便，今将（將）自己【祖】遺門边前园落一所並樹稞，凴中説合，典扵（于）夲（本）户房弟趙建名下看守，得受典價大錢（錢）拾串文整，恐後無凴，立此典约存用。

每年正（徵）粆（糧）六大升（升）。

道光十九年九月初四日

立约人：趙鸡年存

中　人：徐王才保

代书人：徐廷璧

道光廿六年十一月初二日趙鸡年存明（名）下夫（復）大糸（錢）五百文

代书人：建□

中　人：徐廷連

道光廿九年二月初五日趙吉（鷄）年存明（名）下夫（復）大糸（錢）四百五十文

中　人：趙安喜

代书人：徐廷連

咸豐十壹年十月十七日趙鸡年存向趙建名下復大糸（錢）六佰文

中　人：徐五十四

代书人：徐步雲

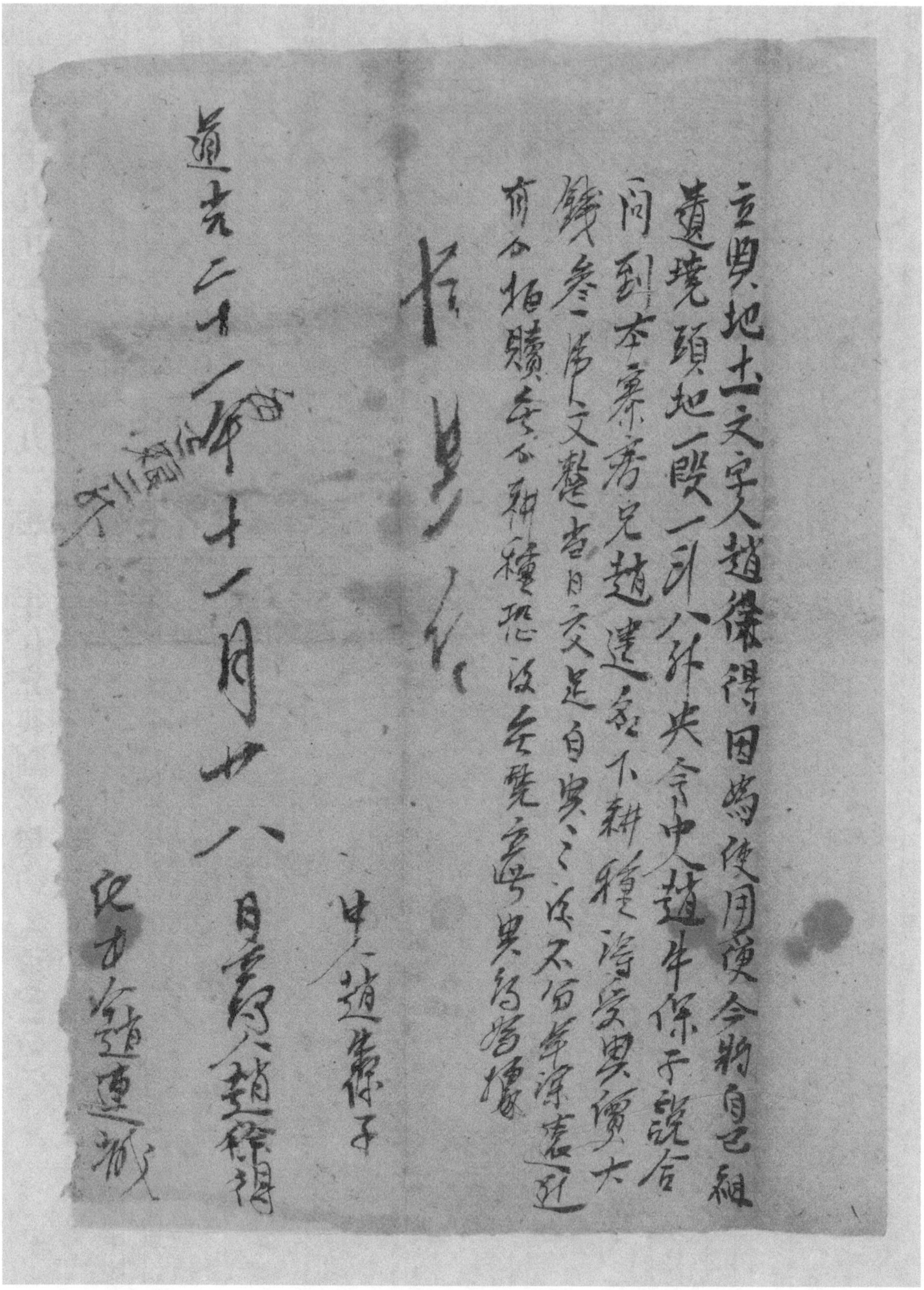
立典地土文字人趙保得因爲使用今將自己祖
遺墳頭地一段一斗八升央令中人趙牛保子說合
同到本寨房兄趙建義下耕種治受典價大
錢叁千文整當日交足自典之後不得年深遠近
有分栢贖任從耕種恐後無憑立典字爲據
長[illegible][illegible]
中人趙牛保子
道光二十一年十一月廿八日立字人趙保得
代書人趙建議

道光二十一年（一八四一）趙徐得立典地契約（M016）

立典地圡（土）文字人趙徐得，因為使用不便，今将（將）自己祖遺墝（墝）頭地一叚（段），【下】【籽】一斗八升（升），央令中人趙牛保子説合，问到夲（本）寨房兄趙建名下耕種，淂（得）受典價大錢（錢）叁串文整，当日交足。自典之後，不分年深遠近，有錢（錢）抽贖，無𢆶（錢）耕種，恐後無凴，立此典约為據。

每年正（徵）粮二升（升）。

道光二十一年十一月廿八日

立约人：趙徐得

中　人：趙牛保子

代书人：趙連城

立典地土文字人趙徐得因爲使用不足今將自己
祖遺受地下地一畝下子八升央憑中人趙見問
到本寨主人趙隨百有子名下耕種得受典大錢
二串五百文整當日交足自典自後不分年深遠近
有錢抽贖無錢耕種恐後無憑立此典約存用

中人趙見

道光二十二年十一月十七日立約人趙徐得

代书人馬進財

道光二十二年（一八四二）趙徐得立典地契約（M017）

立典地玉（土）文字人趙徐得，因為使用不足，今将（將）自己祖遺受地下地一叚（段），下子（籽）八升（升），央凂中人趙見【説】【合】，問到本寨主（住）人趙隨百有子名下耕𤱶（種）。得受典【價】大銭（錢）二串五百文鏊（整），当日交足。自典自（之）後，不分年深遠近，有糸（錢）抽贖，無糸（錢）耕種。恐後無凂，立此典約存用。

每年正（徵）良（糧）六升（升）。

道光二十二年十一月十七日

立约人：趙徐得

中　人：趙見

代书人：馬進財

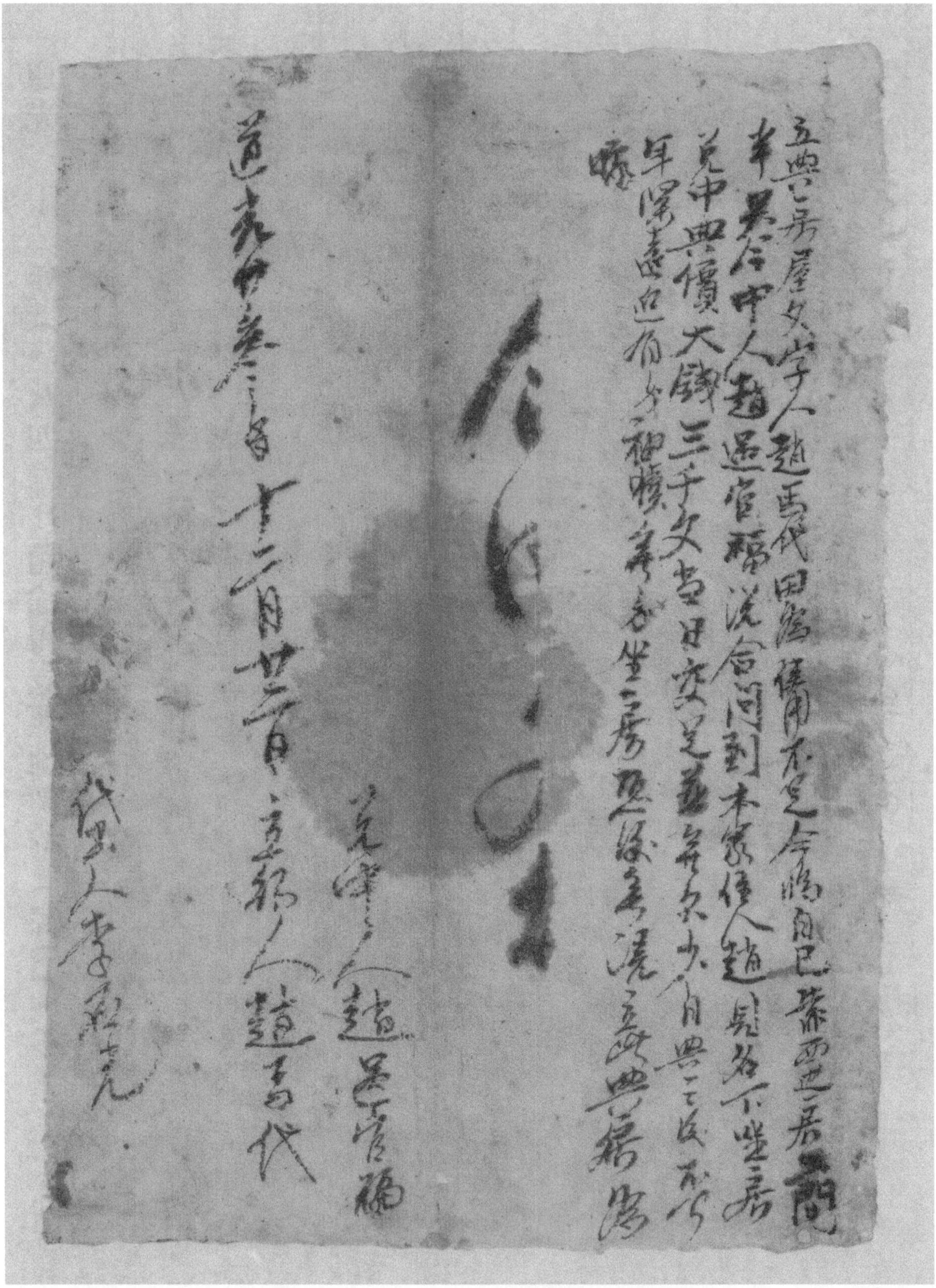

立與二房屋文字人趙丙代，因爲使用不足，今將自己葉西邊二房二間半，央合中人趙遇官、穆洪合同到本家侄人趙昆名下坐居，

言中與價大錢三千文，當日交足，並無欠少，自與之後，不許

年深遠近，伯叔兄弟親族爭奪，坐房恐係無憑，立此與房爲

據。

道光廿五年十二月廿二日　立與房人趙丙代

說合人趙遇官、穆洪

代筆人李承先

道光二十三年（一八四三）趙馬代立典房屋契約（M018）

立典房屋文字人趙馬代，因為使用不足，今將自己靠西边房二間半，央令中人趙過（過）官福说合，问到本家（寨）住人趙見名下坐房，兑（對）中典價大銭（錢）三千文，当日交足，並無欠少。自典之後，不分年深遠近，有糸（錢）抽贖，無糸（錢）坐房，恐後無凴，立此典房為據。

道光廿叁年十二月廿二日

立　约　人：趙馬代
兑（對）中人：趙過（過）官福
代　書　人：李石光

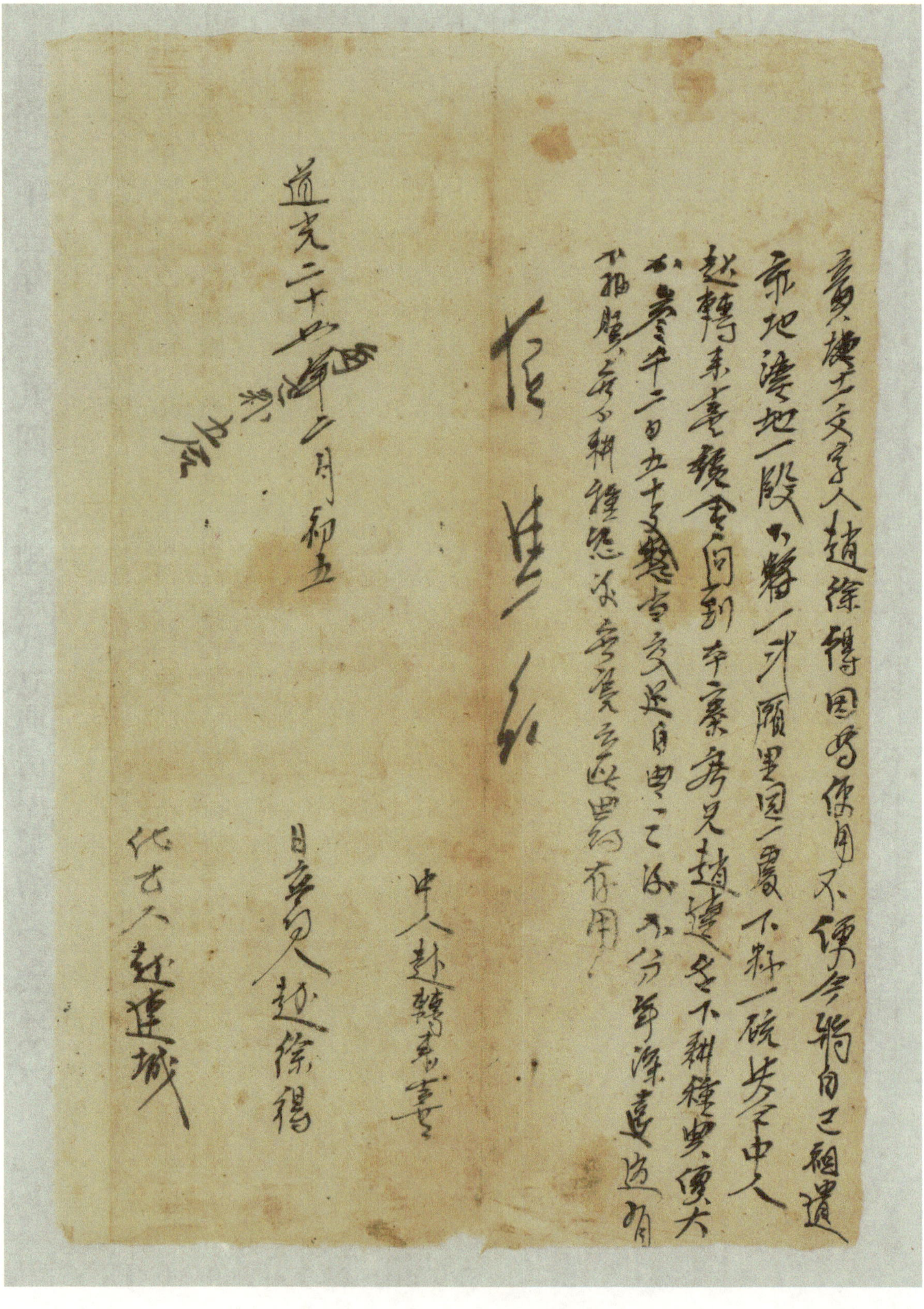

賣捷土文字人趙徐得因爲使用不便，今將自己祖遺
京地灣地一段，下籽一斗，頗里園一處，下籽一碗，央今中人
趙轉來壹說合，同到本家房兄趙建名下耕種，典價大
錢叁千二百五十文整，當交足，自典之後，不分年深遠近，有
錢抽贖，無錢耕種，恐後無憑，立典約存用。

信生照

中人趙轉喜書

同典人趙徐得

代書人趙建城

道光二十四年二月初五 典約 立

道光二十四年（一八四四）趙徐得立典地契約（M019）

立典地土文字人趙徐得，因為使用不便，今将（將）自己祖遺麻地湾地一叚（段），下籽一斗，願里园一厦（處），下籽一碗（碗），央令中人趙轉來喜，今问到夲（本）寨房兄趙連名下耕種。典價大⺼（錢）叁千二百五十文整，当【日】交足。自典之後，不分年深遠近，有⺼（錢）抽贖，無⺼（錢）耕種。恐後無凴，立此典约存用。

每年正（徵）粆（糧）五合。

道光二十四年二月初五日

立约人：趙徐得

中　人：趙轉來喜

代书人：趙連城

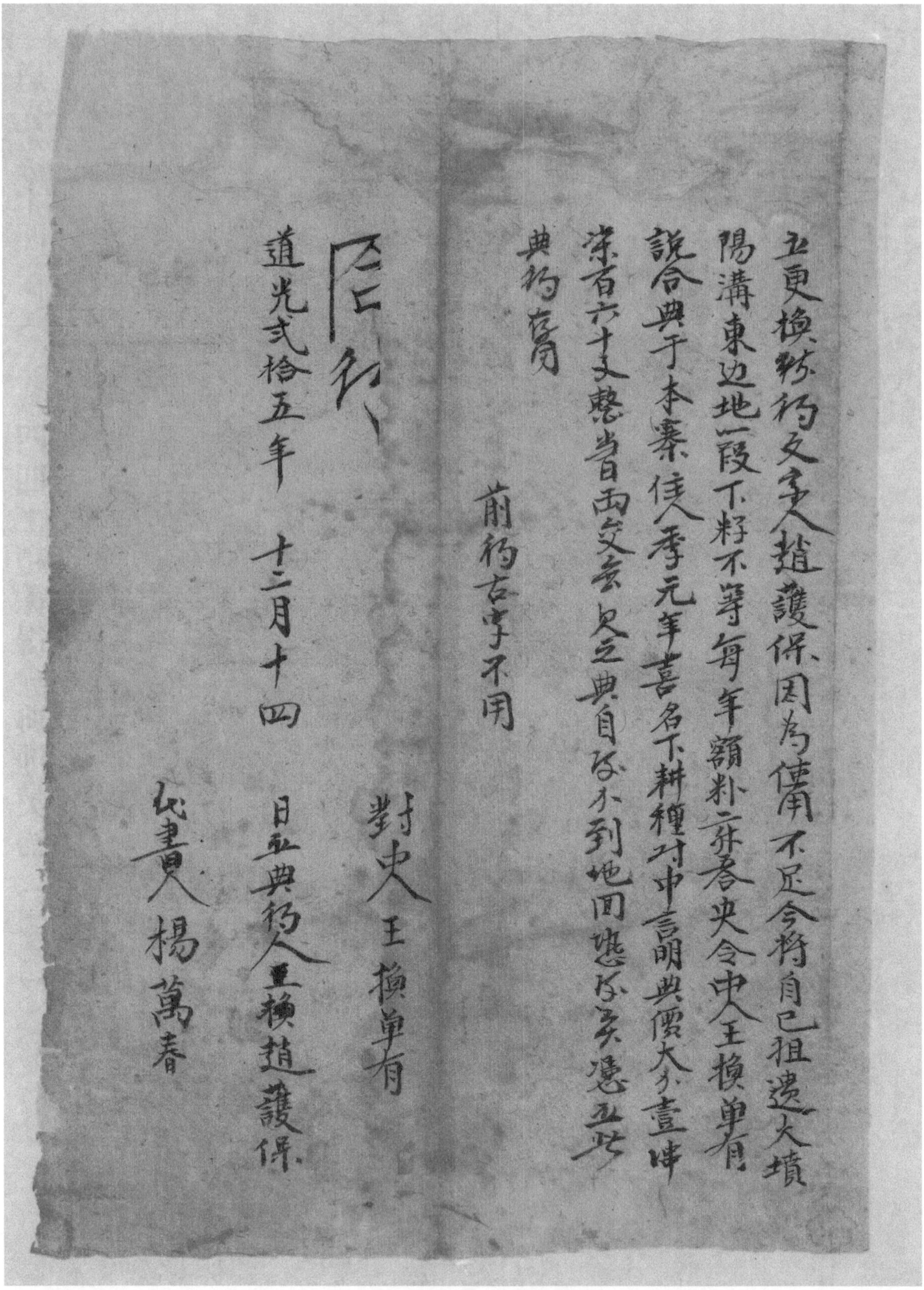
立更換耕約文字人趙護保因為使用不足今將自己祖遺大墳
陽溝東边地一段下籽不等每年額料二升春央令中人王換单有
說合典于本寨住人李元年喜名下耕種对中言明典價大錢壹吊
柒百六十文整当日兩交無欠之典自後不到地回悉聽另憑立
典約爲憑
前約古字不用
對中人王換单有
日立典約人王換趙護保
代書人楊萬春
立約
道光弍拾五年　十二月十四

道光二十五年（一八四五）趙護保立典地契約（M020）

立更换（换）新约文字人趙護保，因為使用不足，今将（將）自己祖遺大墳陽溝東边地一叚（段），下籽不等，每年額粁（糧）二升（升）五合。央令中人王換（换）单有説合，典于本寨住人季元年喜名下耕種。对中言明，典價大糸（錢）壹串柒百六十文整。当日両（兩）交無欠。之（自）典自（之）後，糸（錢）到地囬（回）。恐後無憑，立此典约存用。

前约古字不用

道光弍拾五年十二月十四日

立典約人：趙護保

對中人：王換（换）单有

代書人：楊萬春

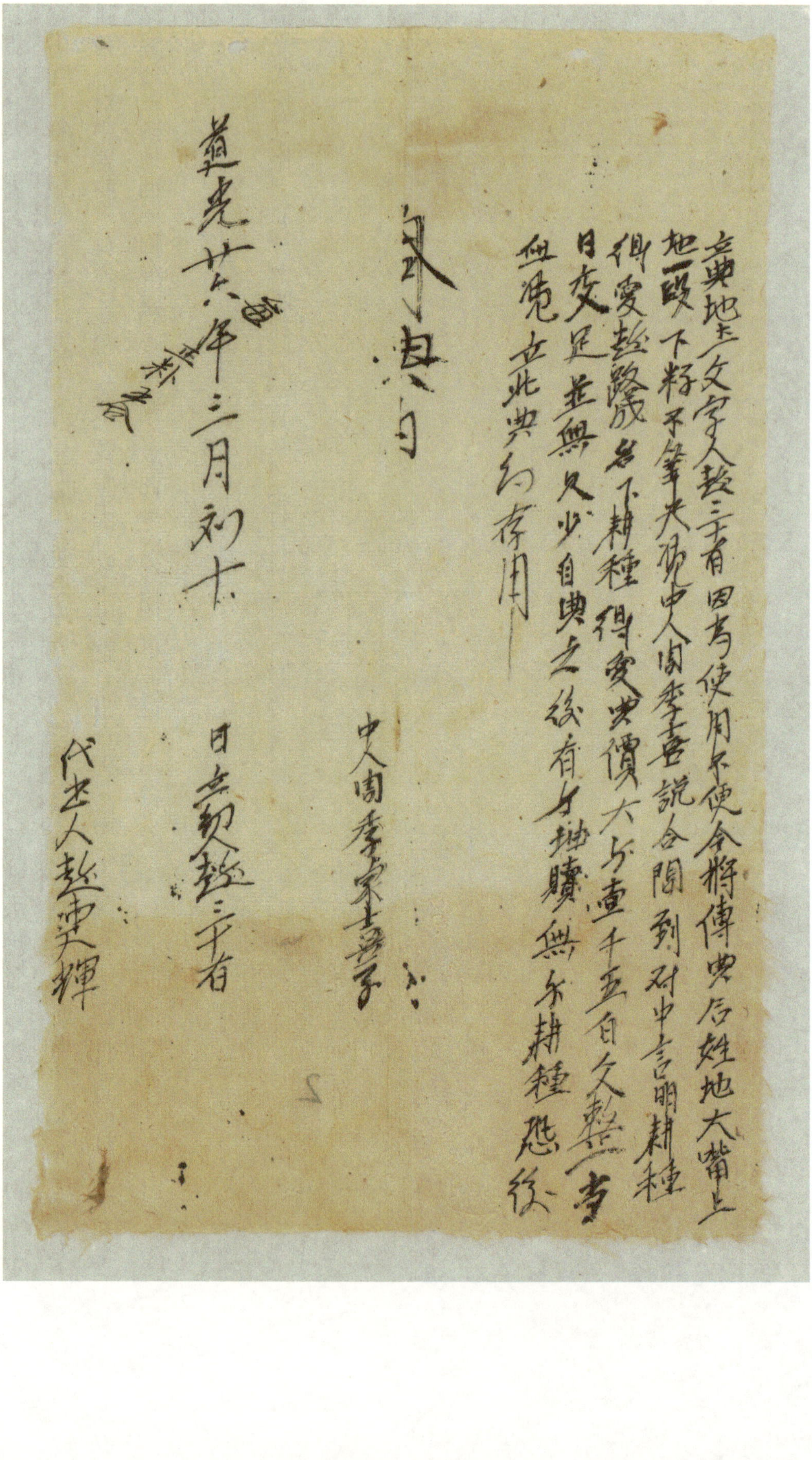

立典地土文字人趙三千有因為使用不便今將傳典吕姓地大嘴上
地一段下籽子斗半央覓中人閻季喜說合隨到对中言明耕種
得受趙發成名下耕種得受典價大錢壹千五百文整當
日交足並無欠少自典之後有本地贖無本耕種恐後
無憑立此典約存用

[illegible]　日

中人閻季喜押

道光廿六年三月初十

每年籽種石

日立典約趙三千有

代書人趙雲輝

道光二十六年（一八四六）趙三十有立典地契約（M021）

立典地圡（土）文字人趙三十有，因為使用不便，今將傳（專）典后姓地大嘴上地一叚（段），下籽不等。央澋中人周季喜說合，問到对中言明耕種，得受趙路成名下耕種，得受典價大糸（錢）壹千五百文整，当日交足，並無欠少。自典之後，有糸（錢）抽贖，無糸（錢）耕種。恐後無澋，立此典约存用。

每年正（徵）粎（糧）五合。

道光廿六年三月初十日

立约人：趙三十有

中　人：周季家喜子

代书人：趙連輝

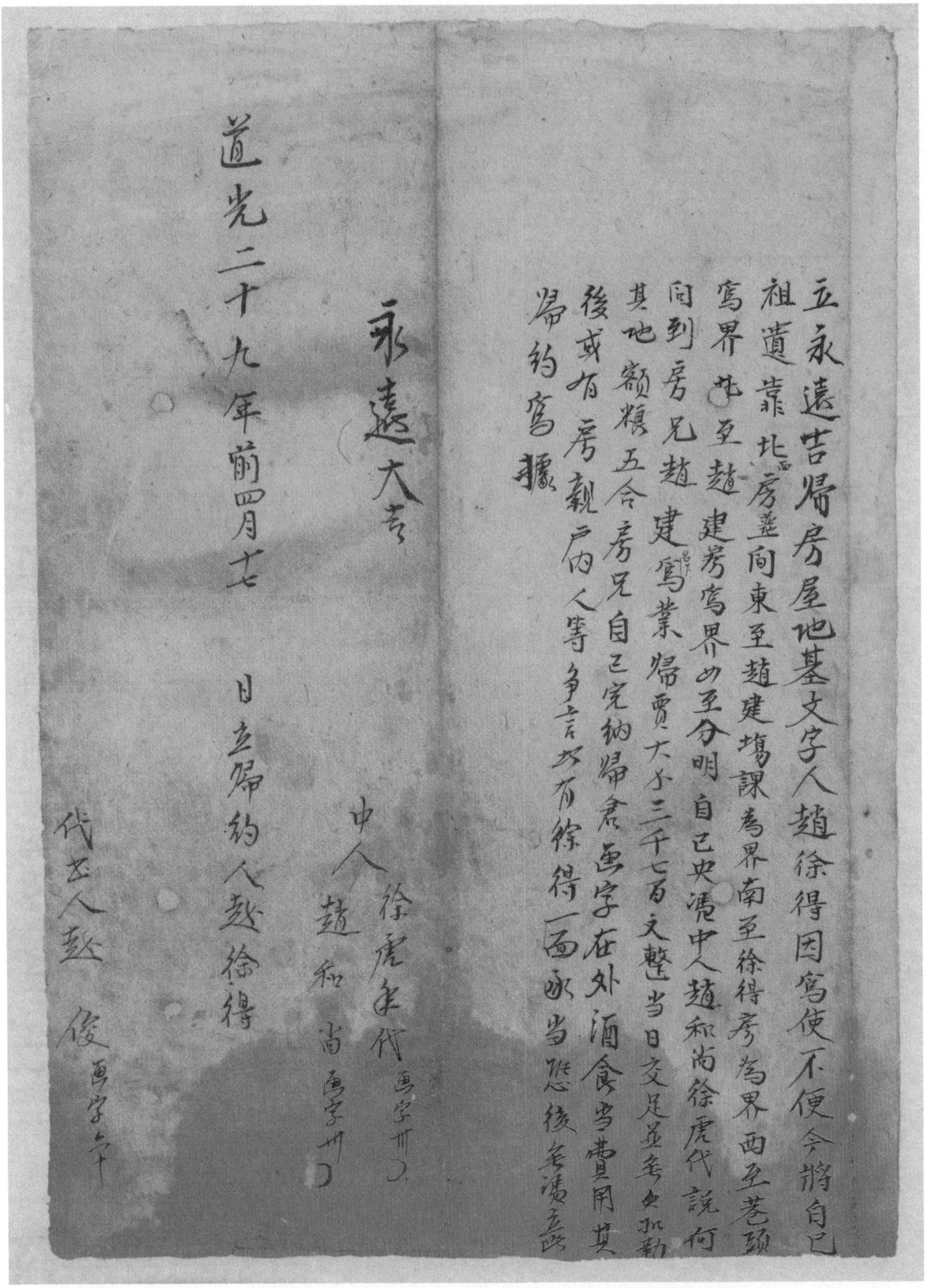

立永遠吉帰房屋地基文字人趙徐得因爲使不便今將自己
祖遺靠北西房壹向東至趙建塲課爲界南至徐得房爲界西至巷頭
爲界北至趙建房爲界四至分明自己央凂中人趙和尚徐虎代説向
向到房兄趙建名下爲業帰賣大小三千七百文整当日交足並無欠扣勒
其地額糧五合房兄自己完納帰倉画字在外酒食当費用其
後或有房親户内人等争言有徐得一面承当恐後無憑立
帰約爲據

永遠大吉

中人　徐虎彔代　画字卅
　　　趙和尚　画字卅

道光二十九年前四月十七日立帰約人趙徐得

代书人趙俊　画字六十

道光二十九年（一八四九）趙徐得立賣房屋地基契約（M022）

立永遠吉帰（歸）房屋地基文字人趙徐得，因為使【用】不便，今将（將）自己祖遺靠北面房並地一間，東至趙建場課（窠）為界，南至徐得房為界，西至巷頭為界，北至趙建房為界，四至分明。自己央浼中人趙和尚、徐虎代説何（合），问到房兄趙建名下為業，帰（歸）賈（價）大糸（錢）三千七百文整，当日交足，並無扣勒。其地額粮五合，房兄自己完纳帰（歸）倉。画字在外，酒食当【日】費用。其後或有房親户内人等争言【者】，有徐得一面承当，恐後無浼，立此帰（歸）约為據。

永遠大吉

道光二十九年前四月十七日

立帰（歸）约人：趙徐得

中　　人：徐虎手代　画字卅文

　　　　趙和尚　画字卅文

代　书　人：趙俊　画字六十文

立賣地土文字人趙建，因為使用不便，今將轉賣本家赤地灣子地二段，下籽不算，央合中人趙兒年成子在前說合，賣于本家住人徐廷才名下耕種。出賣上地賣價大錢叁仟文，下地賣價大錢四仟文整，當日交足，並無欠少。自賣之後，不分年限，遠近辦抽贖，無干耕種。恐後無憑，立賣照約存用。

永　遠　為　據

中人　趙兒年成子

日賣人　趙建

代書人　趙連城

道光廿年十二月十三

[illegible]

道光三十年（一八五〇）趙建立典地契約（M023）

立典地圡（土）文字人趙建，因為使用不便，今将（將）轉典夲（本）家麻地湾子地二叚（段），下籽不等，央令中人趙兔年成子在前说合，典于夲（本）寨住人徐廷才名下耕種。典價上地典價大銭（錢）叁串文，下地典價大銭（錢）四串文整。当日交足，並無欠少。自典之後，不分年限遠近，有【錢】抽贖，無糸（錢）耕種。恐後無凴，立此典约存用。
每年共糾（糧）二𠦃（升）五合。

道光卅年十一月十三日

立约人：趙建
中　人：趙兔年成子
代书人：趙連城

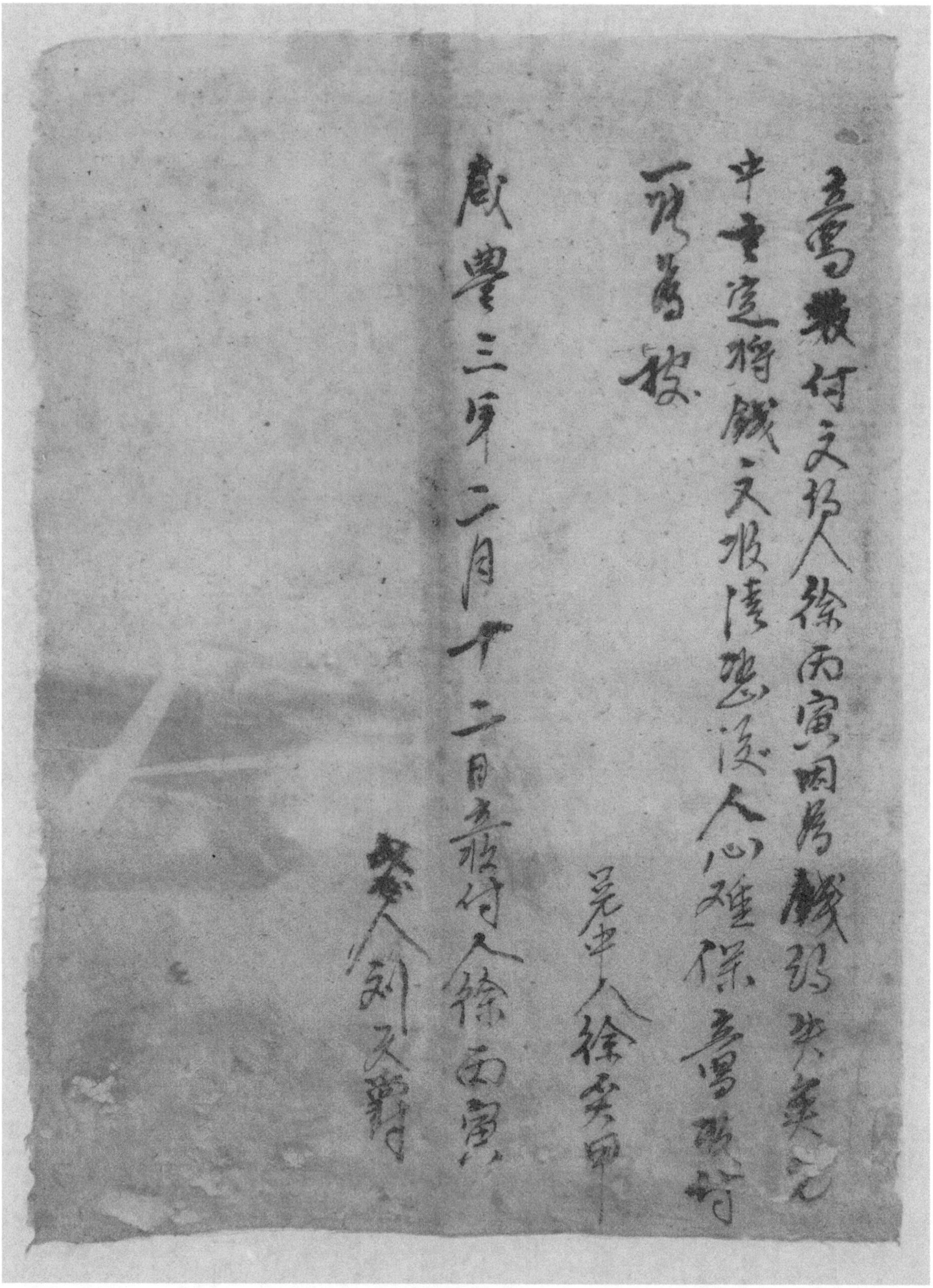

立寫收付文約人徐丙寅因爲錢務與吳兊中重這將錢文收清恐後人心难保立寫收付一張爲據

見中人徐寅卯

咸豐三年二月十二日立收付人徐丙寅

代筆人劉文爵

咸豐三年（一八五三）徐丙銀立收付契約（M024）

立寫收付文约人徐丙寅，因為銭（錢）约失矣（遺），兑（對）中言定，将（將）銭（錢）文收清，恐後人心难保，立骂（寫）收付一张為據。

咸豐三年二月十二日

立收付人：徐丙寅
兑（對）中人：徐𡗝甲
代书人：刘文爵

永遠吉

咸豐叁年九月初九

中人趙猴年有　畫字一分三分十
老民人趙孝壬戌有　畫字一分八分十
趙羊(?)壬子　畫字三分十
月立永遠人趙和尚
母　畫字二分十
叔父趙更(?)花子　畫字一分八分十
趙昔考子　畫字六分十
趙蘆(?)喜子　畫字六分十
代筆人趙道成

立永遠吉賣房屋地基文字人趙和尚因爲使用不便今將自己祖遺本輩後房三間
地基出入道路以旧通行央令中人趙猴年有在前説合同到本家房叔趙徐得名下
永遠爲業東至本家巷頭爲界南至本家房爲界西至房背後頭爲北至本家墻爲界四
至分明各有地畔爲界对中言明賣價大錢壹拾弍串文整當日交足並無欠少酒食
畫字在内若有房親户内爭言者有房侄趙和尚一面承當不干房叔之事每年額粮五合差事
隨行恐後無憑立此吉賣爲據

咸豐三年（一八五三）趙和尚立賣房屋地基契約（M025）

立永遠吉賣房屋地基文字人趙和尚，因為使用不便，今将（將）自己祖遺庙輩（背）後房三間、地基、出入道路，以（依）旧通行。央令中人趙猴年有在前説合，问到夲（本）家房叔趙徐得名下永遠為業。東至夲（本）家巷頭為界，南至夲（本）家房為界，西至房輩（背）後破（坡）為【界】，北至夲（本）家塲為界，四至分明，各有地畔為界。对中言明，賣價大錢（錢）壹拾式串文整，当日交足，並無欠少，酒食□□画字在内。若有房親户内争言者，有房侄趙和尚一面承当，不干房叔之事。每年額粮五合，差事随行。恐後無凴，立此吉賣為擄（據）。

咸豐叁年九月初九日

立永遠【賣】【約】人：趙和尚

母 画字二乑（錢）（畫押）

叔父趙更花子 画字一乑（錢）二分（畫押）

趙苗奇子 画字六分（畫押）

趙隨喜子 画字六分（畫押）

中人：趙猴年有 画字一乑（錢）二分（畫押）

老民人：李壬戌有 画字六分（畫押）

趙军王子 画字六分（畫押）

代書人：趙連城（畫押）

中人刘成得

咸豐四年四月初三日立當字人趙[?]

代书人趙連城

立寫當字人趙得得因為使用不便今向

當到岩的下地西半塊當到

孫名下大錢叁千五伯文整是中言定

秋後八月內還如過日期或典或種聽[?]收

恐覓立[?]當约為據

咸豐四年（一八五四）趙徐得立當地契約（M026）

立冩（寫）契文约人趙徐得，因為使用不便，今问當到岩的（底）下地西半叚（段），当到徐名下大錢（錢）叁千五佰文整，兑（對）中言定月秋後八月内还，如过日期或典或種。恐後無凴，立此当约為摅（據）。

咸豐四年四月初三日

立约人：趙徐得
中　人：刘成得
代書人：趙連城

立典地土文字人趙徐得因為使用不便，今將自己
祖遺崖底下地西半段下籽八升，憑中説合典與
下寨徐丙寅名下耕種，得受典價大錢叁千
五百文整，其地不分年限，抽贖憑後無憑，立
此典約存用。

天同白[illegible]

中人　劉成得

咸豐四年四月初三日立約人趙徐得

每
立秋六升

代書人徐廷璧

咸豐四年（一八五四）趙徐得立典地契約（M027）

立典地土文字人趙徐得，因為使用不便，今将（將）自己祖遺崖底下地西半塅（段），下籽八升（升），凴中説合，典于下寨徐丙寅名下耕種，得受典價大銭（錢）叁千五百文整。其地不分年限抽贖，恐後無凴，立此典约存用。

每年正（徵）粁（糧）六升（升）。

咸豐四年四月初三日

立约人：趙徐得

中　人：刘成得

代書人：徐廷璧

更換字約人趙徐得因為使用不足，今將自己祖遺産所下堡上立
地西半段坐下方地壹段，出下籽貳斗，央今中人說合同針
永泰趙名下耕種，言明典價大錢壹拾伍串壹百文，整當日交足
典之後錢到地回，恐後無憑，立出典約為證

同治六年六月十三日付青稞三斗、豆子三斗、麥子一斗、大錢壹串文

付約人趙徐得
中人代書吳正誼

咸豐伍年十二月十五
又收青斗四文

立約人趙徐得
中人趙世清
達有功書

咸豐五年（一八五五）趙徐得立典地契約（M028）

【立】更換（換）新约人趙徐得，因為使用不足，今将（將）自己祖遺崖的底下路上方地西半段（段），路下方地壹段（段），共下籽弍斗。央令中人说合，问到永泰趙名下耕種，言明典價大錢（錢）壹拾伍串壹百文整，当日交足。自典之後，錢（錢）到地回（回），恐後無凴，立此典约為证。

每年【征】粆（糧）共壹斗四升（升）。

立约人：趙徐得

中　人：趙世清

咸豐伍年十一月十七日

達有功書

同治六年二月十三日付青禾三斗，豆子三斗，麦子一斗，大錢（錢）壹串文。

付约人：趙徐得

中人代书：吳正誼

立更換約人趙徐得因為使用不足今將自己祖遺產的坐
上之地一畢一段坐下方地土一段共下籽弍斗 央仝中人說合同弍
永泰趙祭耕種言明典價錢壹拾伍千文整當日交足自典
之後錢到 地回恐後無憑立此典約為記

同治六年二月十三日付青禾三斗豆子三斗麥子一斗大錢一佰文
[illegible]
付約人趙徐得
中人吳正道

咸豐拾年十一月十八日
[illegible]

中人趙仰倩
立更約人趙徐得

達有功書

咸豐五年（一八五五）趙徐得立典地契約（M029）

立更換（换）新约人趙徐得，因為使用不足，今将自己祖遺崖的（底）【下】路上方地西半段（段），路下方地壹段（段），共下籽弍斗。央令中人说合，問到永泰趙名下耕種，言明典價大乑（錢）壹拾伍串一百文整，当日交足。自典之後，錢（錢）到地囘（回），恐後無凴，立此典约為证。

每年【征】粆（糧）共壹斗四升（升）。

立约人：趙徐得

中　人：趙世清

咸豐伍年十一月十七日

達有功書

同治六年二月十三日付青禾三斗，豆子三斗，麦子一斗，大錢（錢）一串文。

付 约 人：趙徐得

中人代书：吳正誼

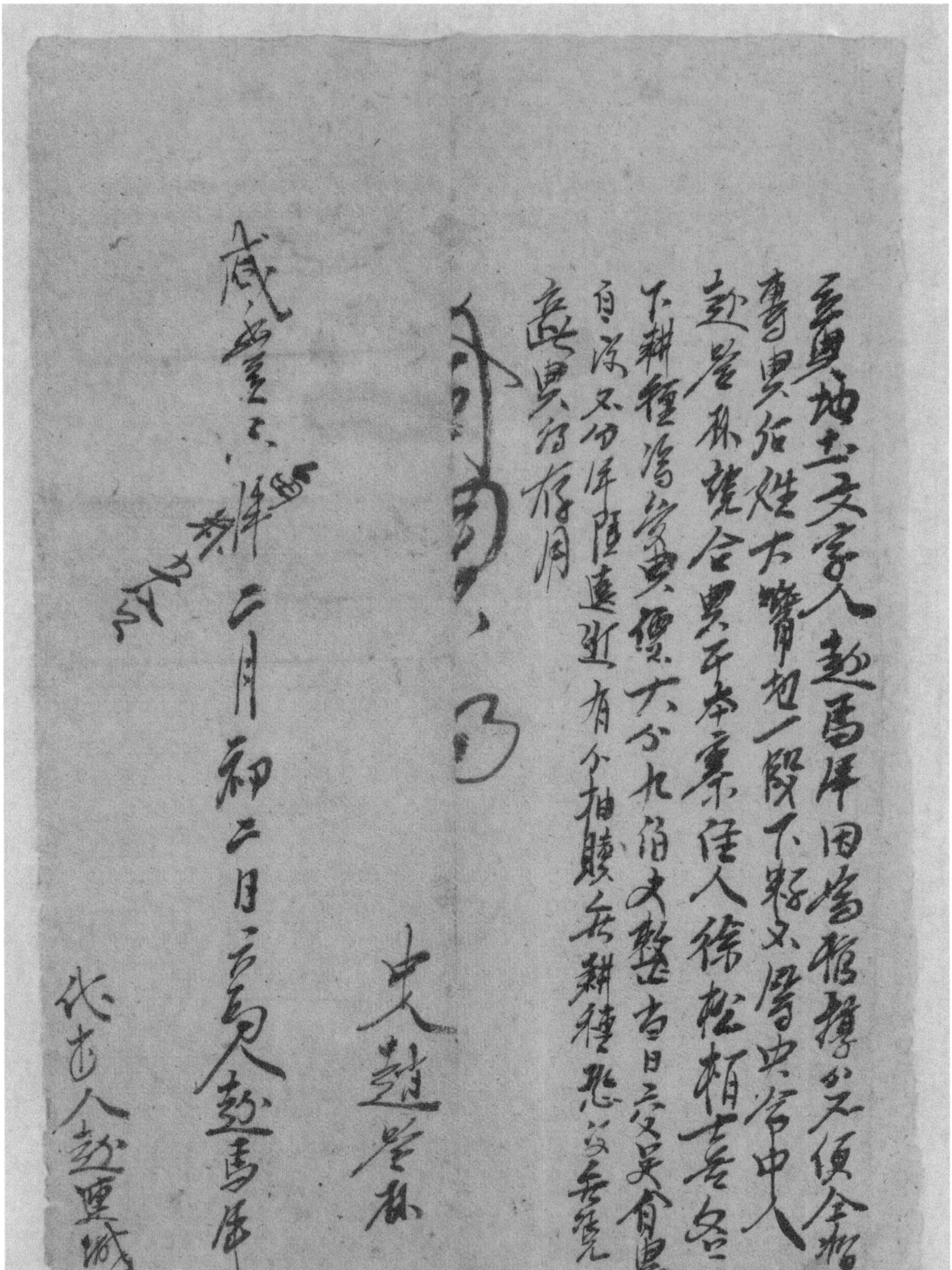

立賣地土文字人趙馬保因爲糧差不便今將
壽與伯姓大彎地一段下籽又斗央請中人
趙登林號合與本寨住人徐松柏去名
下耕種當受價大錢九佰文整當日交足會與
自從不分保隨遠近有人相賭無耕種恐後無憑
立賣與爲存用

中人趙登林

咸豐六年二月初二日立賣人趙馬保

代書人趙連城

咸豐六年（一八五六）趙馬年立典地契約（M030）

立典地圡（土）文字人趙馬年，因為棺槨（椁）⺲（錢）不便，今将（將）專典后姓大嘴地一叚（段），下籽不等。央令中人趙哈林説合，典于夲（本）寨住人徐松柏喜名下耕種，憑受典價大⺲（錢）九佰文整，当日交足。自典自（之）後，不分年限遠近，有⺲（錢）抽贖，無【錢】耕種。恐後無凴，立此典約存用。

每年【征】粁（糧）五合。

咸豐六年二月初二日

立约人：趙馬年
中　人：趙哈林
代书人：趙連城

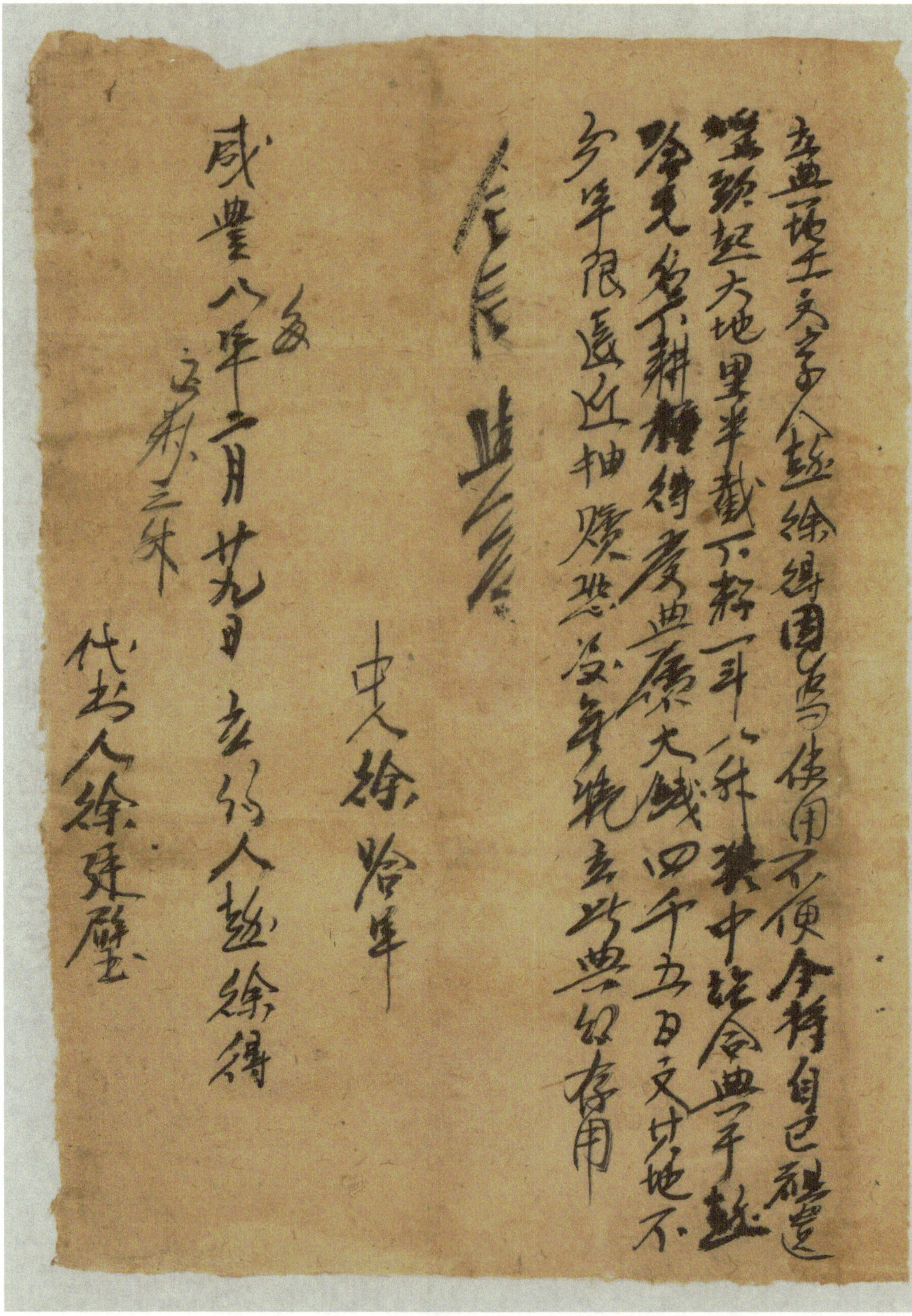

立當地土文字人趙徐得，因為使用不便，今將自己祖遺嵯頭起大地里半，載下籽一斗八升，請中說合，當于趙徐先名下耕種。得受當價大錢四千五百文，其地不分年限遠近，抽贖照原錢。立此當約存用。

存照

中人　徐瑢年

多

立秋三年

咸豐八年二月廿九日　立約人　趙徐得

代書人　徐廷璧

咸豐八年（一八五八）趙徐得立典地契約（M031）

立典地土文字人趙徐得，因為使用不便，今将（將）自己祖遺嘴頭起大地里半截，下籽一斗八升（升），央中说合，典于趙哈兒名下耕種。得受典價大銭（錢）四千五百文。其地不分年限遠近抽贖。恐後無凴，立此典约存用。

每年正（徵）粁（糧）三升（升）。

咸豐八年二月廿九日

立约人：趙徐得

中　人：徐哈年

代书人：徐廷璧

立寫永無葛藤清據人趙徐得、趙和尚叔侄二人，因為堂兄趙建先

年將下寨地背後官地半所，對於本戶六集趙先為業，叔侄二

人占地二角，央請中人趙華玉等說合，於叔侄二人尋趁頂

補地價大錢八千文，當日交足，並無加勒。日後返回悔

後無憑，立此永遠存無葛藤為據。墳門口華房地基　華玉　逆下合

趙建玉馬家十字路邑地一段，趙和尚占前匡里地一段，大坟上窯……二……人

中人趙華玉十

百林十

萬有十

咸豐八年十一月十七日立清據人趙徐得、趙和尚

代書人徐廷麟書

咸豐八年（一八五八）趙徐得、趙和尚立永無葛藤契約（M032）

立寫（寫）永無葛滕（藤）凴據人趙徐得、趙和尚叔侄二人，因為堂兄趙建先年将（將）下寨背後官地半所對扵（于）夲（本）户下寨趙先為業，叔侄二人占地二角。央凴中人趙羊玉等説合，扵（于）叔侄二人尋起頂補地價大銭（錢）八千文，当日交足，並無扣勒。日後返逥（悔），恐後無凴，立此永遠在（再）無葛滕（藤）為據。

場門口草房地基□□□。趙建占馬家十字路口地一塅（段），趙和尚占前匡里地一塅（段），大坟上边大□□□

咸豐八年十一月十七日

立凴據人：趙徐得　趙和尚（畫押）

中　　人：趙百林（畫押）

趙羊玉（畫押）

趙猴年有（畫押）

代 書 人：徐廷璧（畫押）

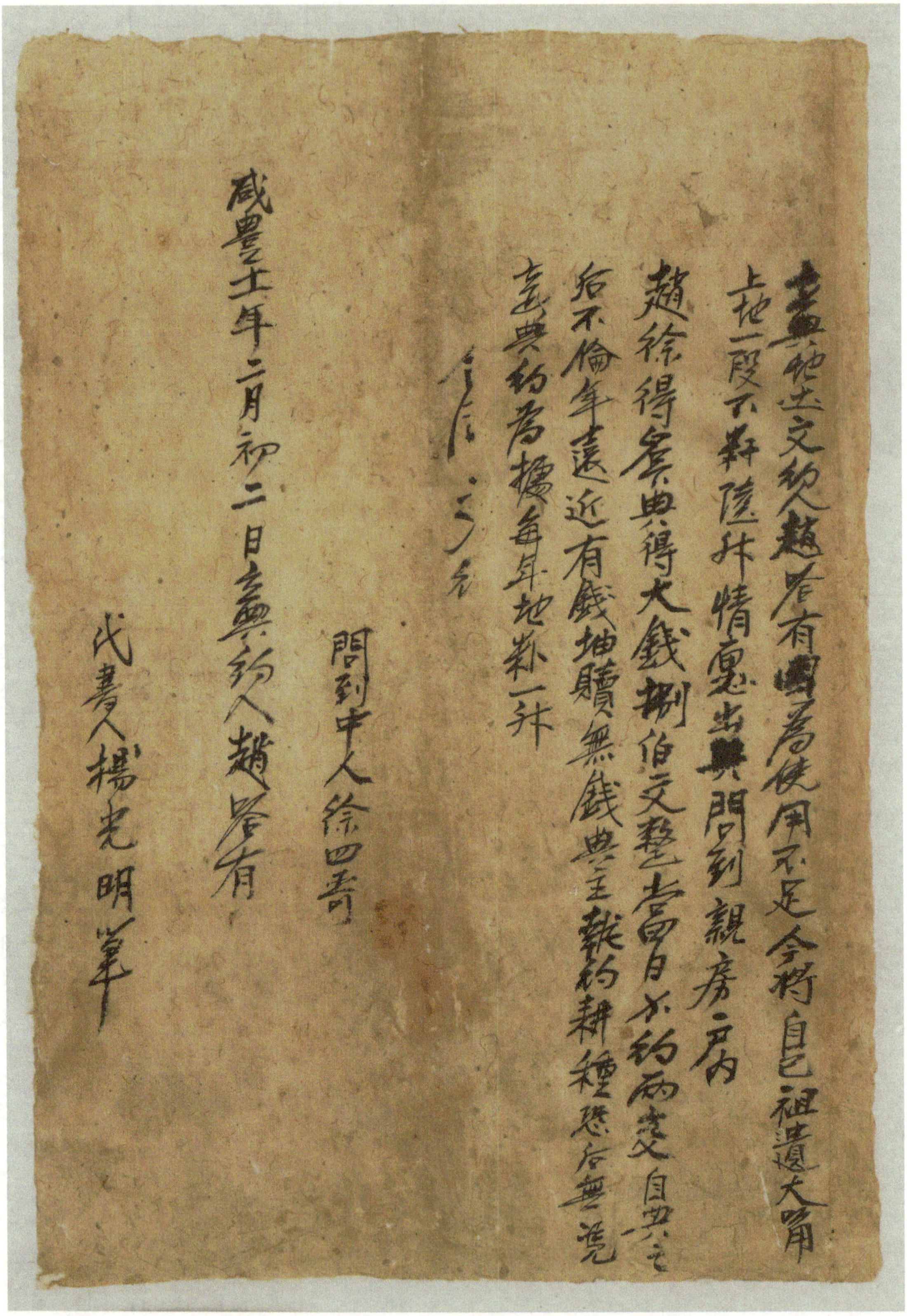

立典地土文約人趙登有因爲使用不足今將自己祖遺大嘴
上地一段不料隨升情愿出典問到親房二房內
趙徐得名下典得大錢捌伯文整當日分約兩交自典之
后不論年遠近有錢抽贖無錢典主執約耕種恐后無憑
立典約爲據每年地糧一升

合同

問到中人徐四奇

咸豐十一年二月初二日立典約人趙登有

代書人楊光明筆

咸豐十一年（一八六一）趙哈有立典地契約（M033）

立典地圡（土）文约人趙哈有，因為使用不足，今将（將）自己祖遺大喻（嘴）上地一叚（段），下籽陸升（升），情愿出典。問到親房户内趙徐得名下，典得大銭（錢）捌佰文整。當日⿱乂八（錢）约两交，自典之后，不倫（論）年【限】遠近，有銭（錢）抽贖，無銭（錢）典主執约耕種，恐后無凴，立此典约為攄（據）。每年地粁（糧）一升（升）。

咸豐十一年二月初二日

立典约人：趙哈有
問到中人：徐四竒（奇）
代 書 人：楊光明 筆

典地土文約人趙明有因為使用不足，今將自己祖遺大嘴土地一段，下籽陸升，情愿出典，問到親房戶內趙徐得名下典得大錢捌伯文整，當日分約兩交。自典之后，倫年遠近，有錢抽贖，無錢不典，主照約耕種。恐后無憑，立出典約爲據。每年地糧一升。

合同文約

問到中人　徐四壽

咸豐十一年二月初二日　典約人　趙明有

代書人　楊明筆

咸豐十一年（一八六一）趙哈有立典地契約（M034）

立典地圡（土）文约人趙哈有，因為使用不足，今将（將）自己祖遺大喻（嘴）上地一叚（段），下籽陸**廾**（升），情愿出典，問到親房户内趙徐得名下典得大錢（錢）捌佰文整，當日**孒**（錢）約兩交。自典之后，【不】倫（論）年【限】遠近，有錢（錢）抽贖，無**孒**（錢）典主執约耕種，恐后【無】凴，立此典约為搇（據）。每年地粁（糧）一**廾**（升）。

咸豐十一年二月初二日

立典约人：趙哈有

問到中人：徐四竒（奇）

代書人：楊明筆

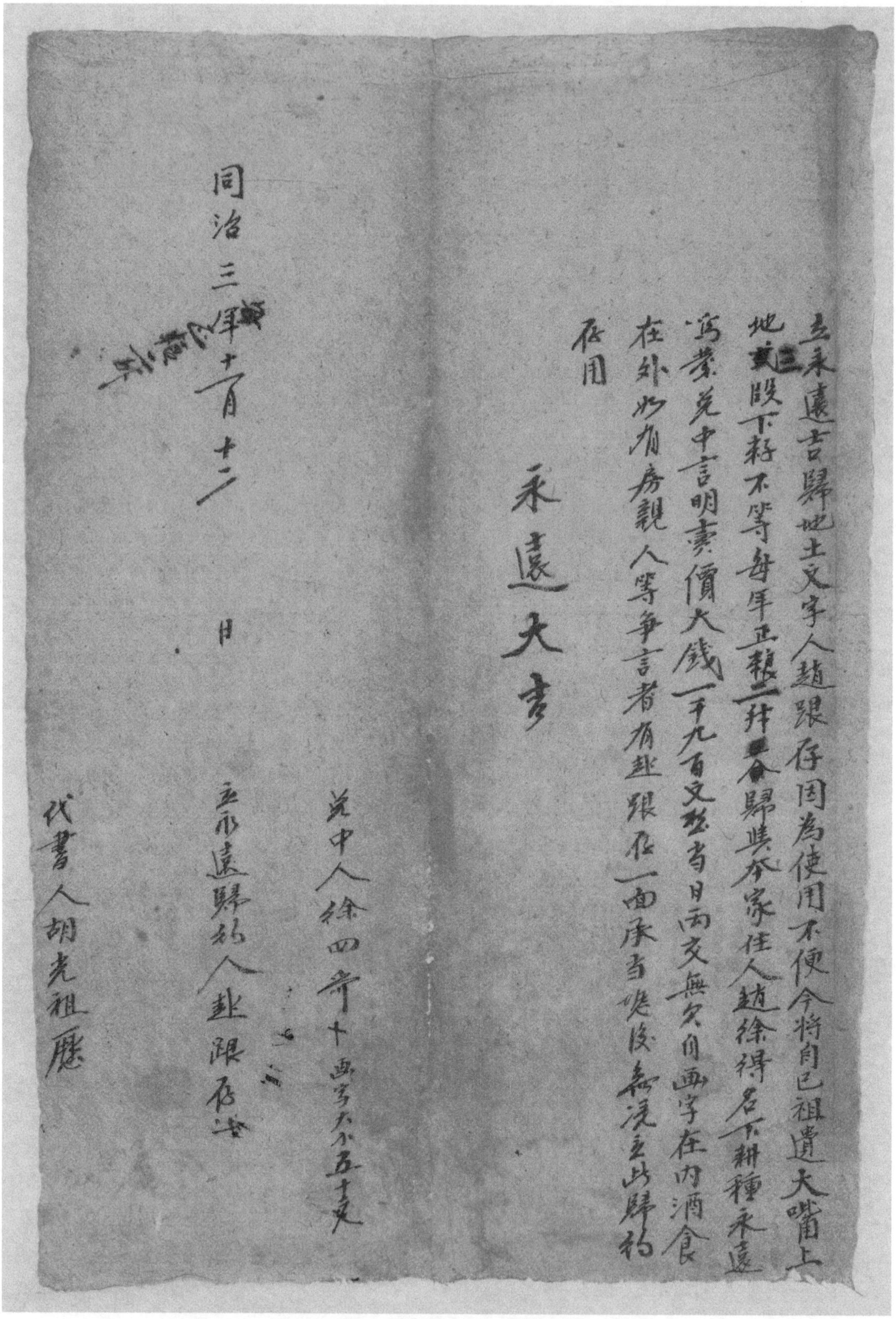
立永遠吉歸地土文字人趙跟存因為使用不便今將自己祖遺大嘴上
地三段下籽不等每年正糧二升一合歸與本家住人趙徐得名下耕種永遠
為業凭中言明賣價大錢一千九百文整當日兩交無欠自画字在內酒食
在外如有房親人等爭言者有趙跟存一面承當恐後無憑立此歸約
存用

永遠大吉

凭中人徐四斉十　画字大小五十文

立永遠歸約人趙跟存　押

代書人胡光祖　應

同治三年十月十二日

同治三年（一八六四）趙跟存立歸地契約（M035）

立永遠吉歸地土文字人趙跟存，因為使用不便，今將（將）自己祖遺大嘴上地三叚（段），下籽不等，每年正（徵）粮二升（升），歸與（于）夲（本）家住人趙徐得名下耕種，永遠爲業。兑（對）中言明，賣價大銭（錢）一千九百文整，当日両（兩）交無欠。自画字在内，酒食在外。如有房親人等争言者，有趙跟存一面承当。恐後無湀，立此歸約存用。

每年正（徵）粮二升。

永遠大吉

同治三年十一月十二日

立永遠歸约人：趙跟存（畫押）

兑（對）中人：徐四竒（奇）（畫押）画字大　（錢）五十文

代　書　人：胡光祖（畫押）

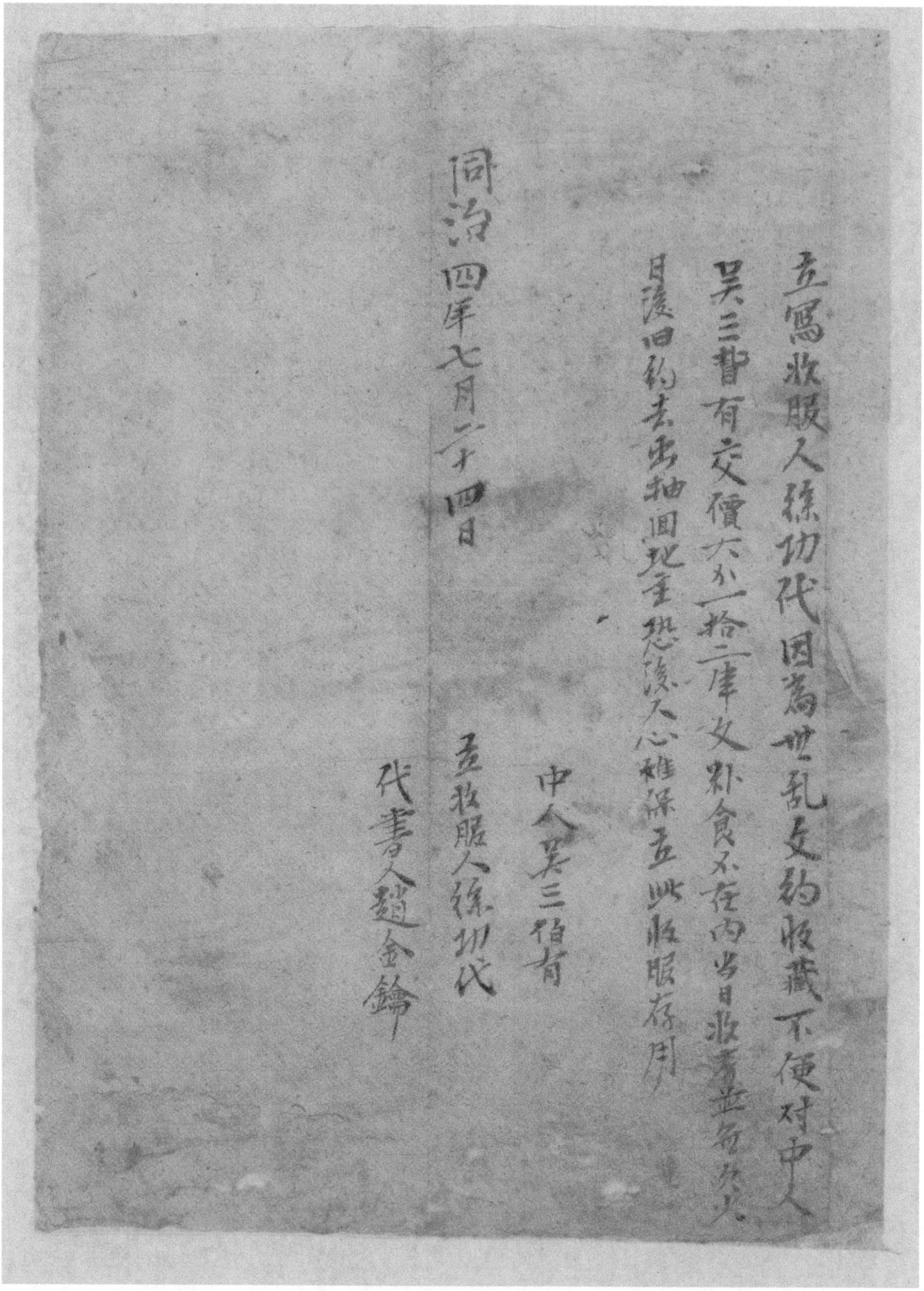

立寫收服人孫功代因為世乱文約收藏不便对中人
吴三伯有交價大小一拾二串文外食不在内当日收清並無欠少
日後回約去出抽回地主恐後人心難憑立此收服存用

中人吴三伯有

立收服人孫功代

代書人趙金錀

同治四年七月二十四日

同治四年（一八六五）徐功代立收付契約（M036）

立寫（寫）收服（付）人徐功代，因為世乱，文约收藏不便，对中人吴三背（伯）有交價大夅（錢）一拾二串文，粁（糧）食不在內，当日收清，並無欠少，日後旧约去出抽囬（回）地主，恐後人心难保，立此收服（付）存用。

同治四年七月二十四日

立收服（付）人：徐功代

中　　人：吴三伯有

代　書　人：趙金鑰

立寫收付徐功代因為世乱文約不便今將趙占規
下川地一段將地價並賤一概清楚並無欠少日後文約尋出
歸回地主恐後無憑立此收付存用

中人趙登代

同治四年八月廿四日立收付人徐功代請筆

同治四年（一八六五）徐功代立收付契約（M037）

立冩（寫）收付人徐功代，因為世乱，文约不便，今将（將）趙中規下川地一叚（段），将（將）地價並賬一一收清，並無欠少，日後文约□出歸回地主。恐後無凴，立此收付存用。

同治四年八月廿四日

立收付人：徐功代 清（親）筆

中　　人：趙答代

立寫收付文字人趙連城因爲陽□

不能北水田爲之決還于本家趙龍在有

名下耕種，典價大小錢洋文當日交足，恐

後人回難保此後有更贖

同治四年九月　日　　立收付人趙連城

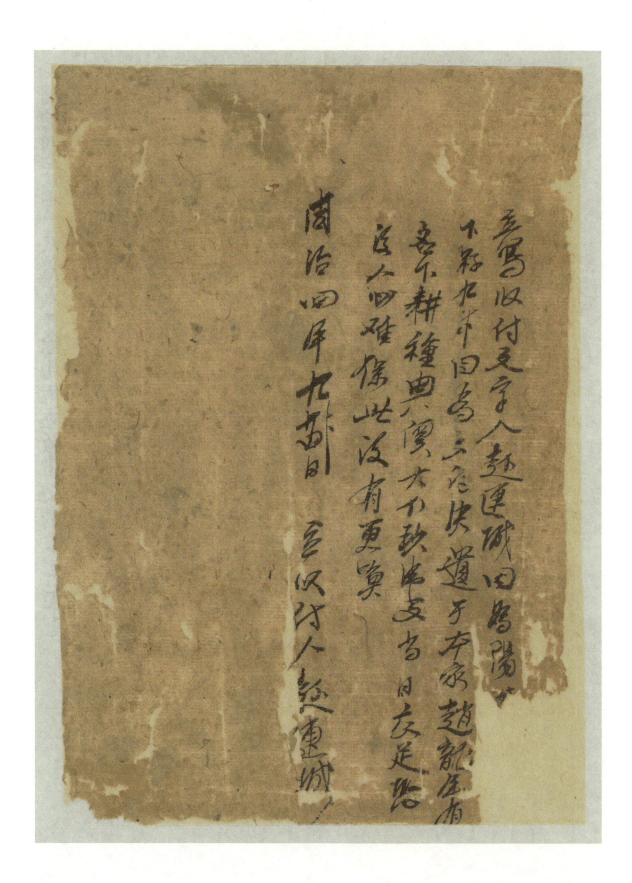

同治四年（一八六五）趙連成立收付契約（M038）

立寫收付文字人趙連城，因為陽□□□，下籽九升（升），因為文約失遺，于夲（本）家趙龍年有名下耕種，典價大糸（錢）玖串文，当日交足，恐後人心难保，此【後】有更喚（換）。

同治四年九月廿四日

立收付人：趙連城

立寫收服人趙金鑰因為世事便乱文约收藏不便今有柳林寨

趙路和尚擠去崖底下趙姓的祖遺石地一段下籽一斗五升與價京一拾三千

五百文當日对中人將價以一交清恐後無憑立此收服存用

中人刘継仔子

同治七年二月廿六日立收服人趙金鑰書

同治七年（一八六八）趙金鑰立收付契約（M039）

立寫（寫）收服（付）人趙金鑰，因為世事便（變）乱，文约收藏不便。今有柳林寨趙哈和尚擅（抽）去岩底下趙姓的祖遺方地一叚（段），下籽一斗五廾（升），典價大千（錢）一拾三串五百文，當日对中人將（將）價以（一）一交清。恐後無凴，立此收服（付）存用。

同治七年二月廿六日

立收服（付）人：趙金鑰書

中　　人：刘【猴保】子

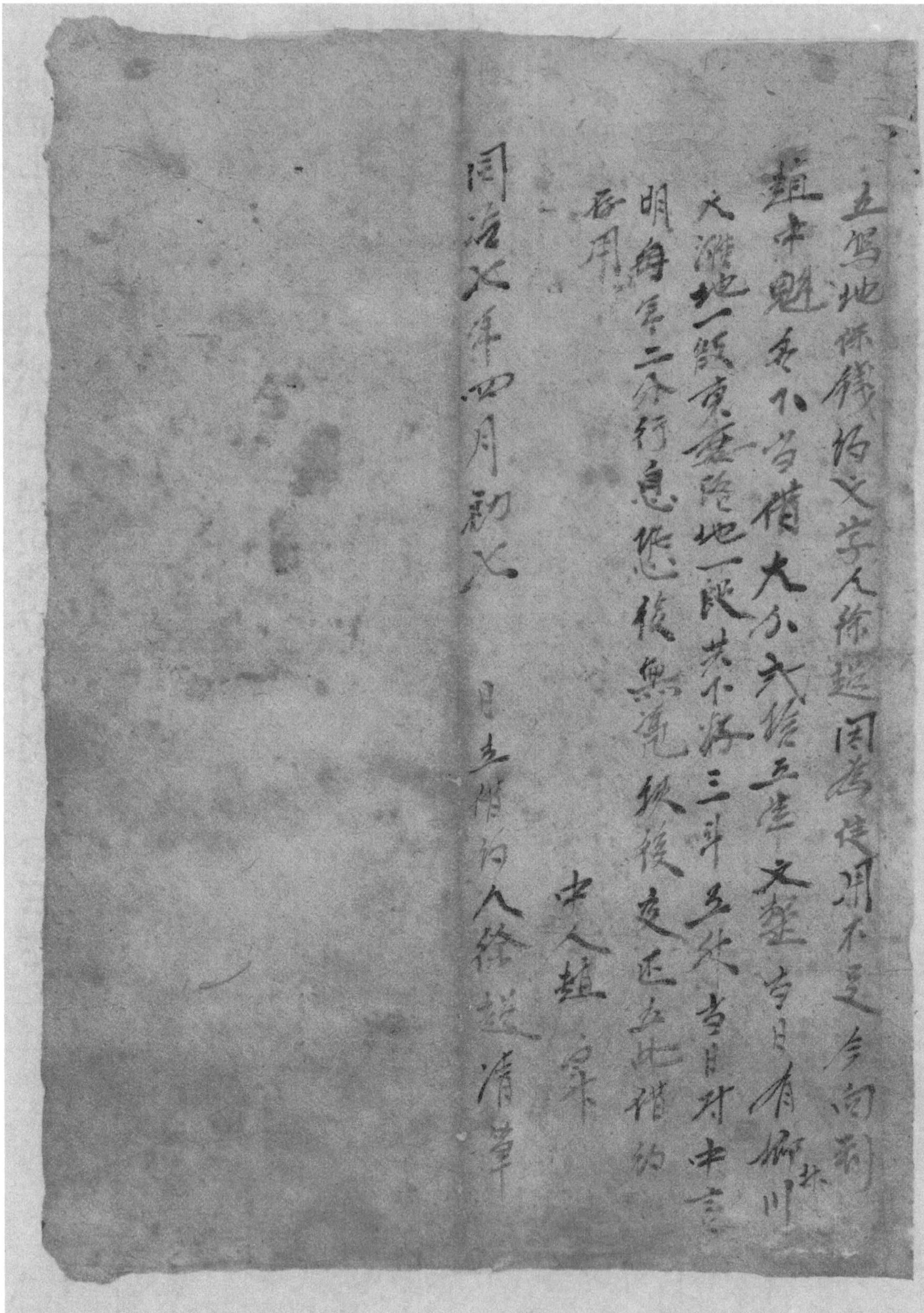

立寫地抵錢約文字人徐趙同爲使用不足，今向劉
趙中魁名下當借大分錢五串文整，當日有柳林川
大灘地一段，東塞陀地一段，共下籽三斗五升，當日對中言
明，每年二分行息，恐後無憑，收後交還，立此借約
存用。
中人趙卓
同治八年四月初八日立借約人徐趙清草

同治七年（一八六八）徐超立借貸契約（M040）

立寫（寫）地保錢（錢）約文字人徐超，因為使用不足，今问到趙中魁名下，当借大钅（錢）弍拾五串文整，当日有柳林川大灘地一段，東□路地一段（段），共下籽三斗五升（升）。当日对中言明，每年二分行息。恐後無凴，秋後交还，立此借約存用。

同治七年四月初七日

立借约人：徐超 清（親）筆

中　人：趙昇（昇）

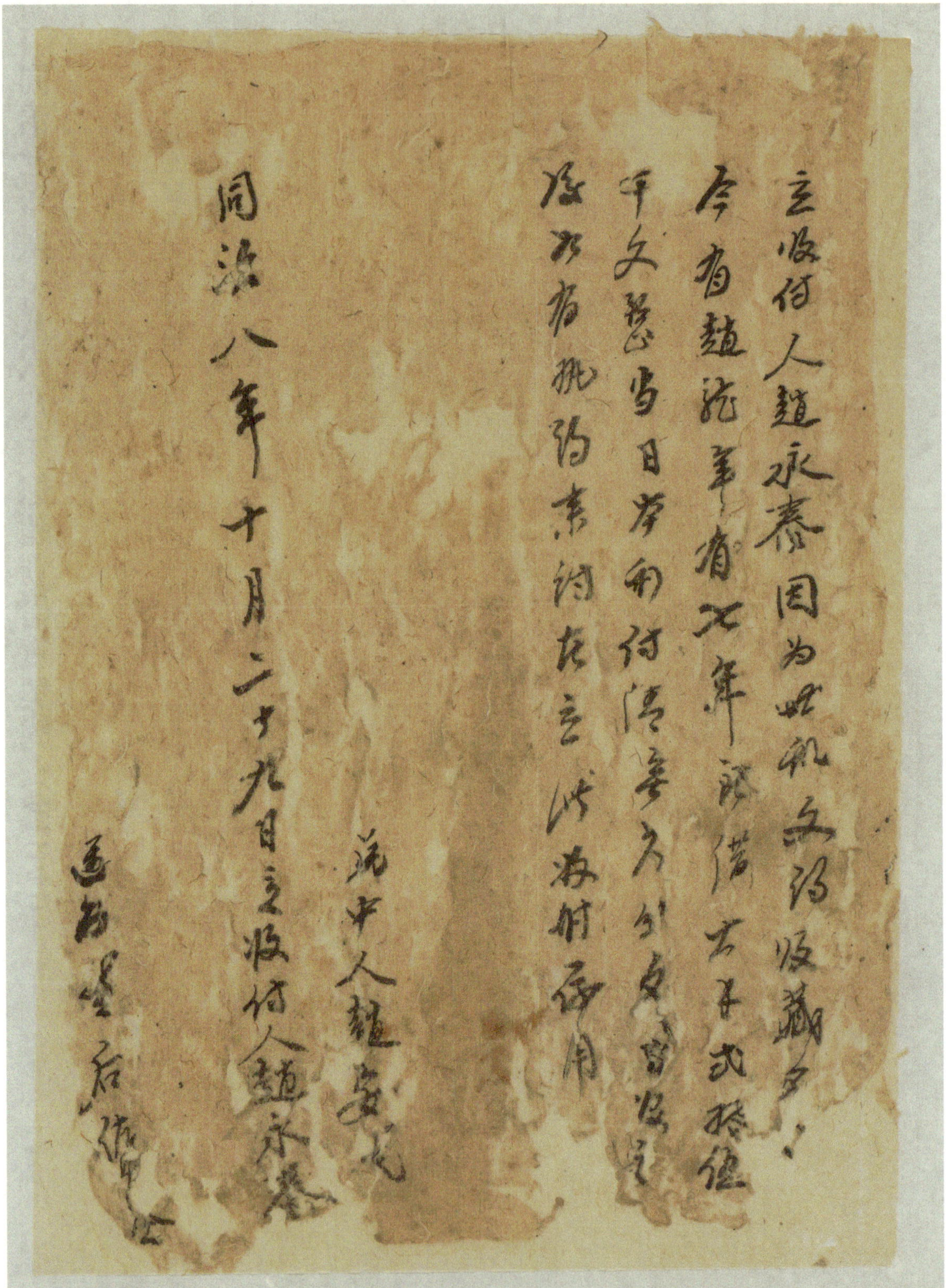

立收付人趙永泰因為此帋無得收藏字，
今有趙德華有七年所借去本式拾伍
千文整，當日本利付清，無欠分文，當收足。
後若有執出舊約者，立此作廢用。

說中人趙安（押）

同治八年十月二十九日立收付人趙永泰

通筆堂后佑（押）

同治八年（一八六九）趙永春立收付契約（M041）

立收付人趙永春，因为世乱，文约收藏不【便】，今有趙龍年有七年所借大彡（錢）弍拾伍千文整，当日夲（本）利付清無欠分文，□□□後如有执约来讨，故立此收付存用。

同治八年十月二十九日

立收付人：趙永春

兑（對）中人：趙安□

遇书人：后佐□□

立典地土文字人趙鬼有，因為缺用不便，今將自己祖遺
業的下路上土地一段，下籽八升，本中人説合，同到下寨
住人趙晏武名下典價大錢陸串文整，正當日交足
並無少欠，有分抽贖，無分耕種，恐後無憑，立此
典約存用

[illegible]

同治玖年 [illegible] 八月一十九
日立約人趙鬼有
説中人徐秉术
代書人趙中魁

同治九年（一八七〇）趙兔有立典地契約（M042）

立典地圡（土）文字人趙兔有，因為使用不便，今将（將）自己祖遺崖的（底）下，路上土地一段（段），下籽八升。央令中人说合，问到下寨住人趙安武名下，典價大錢（錢）陸串文整，当日交足，並無少欠，有𠂢（錢）抽贖，無欠（錢）耕種。恐後無凴，立此典约存用。每年正（徵）粁（糧）六升（升）。

同治玖年八月一十九日

立　约　人：趙兔有

兑（對）中人：徐金林

代　書　人：趙中魁

立出地土字人趙隨積有，因為使用不足，今將專買
白楊嘴上李姓祖手上地一段，下籽不等，央中說
到本寨住人馬名下出賣，錢伍串，當有文整，
當日出地，兩交不欠，恐後無憑，立此出賣存用。
出約為據
對中人　趙璟富
同治十年四月初十日　立出人　趙隨積
代書人　徐昇

同治十年（一八七一）趙隨柏有立典地契約（M043）

立典地【土】文字人趙隨柏有，因為使用不足，今将（將）專典白樣嘴上季姓粧（莊）子上地一段（段），下籽不等，央【令】中【人】，问到本寨住人馬名下，典【價】大銭（錢）伍串五百文整，当日𢇁（錢）地両（兩）交無欠，恐後無凴，立此典存用。

每年粮式𤏡（升）。

同治十年四月初十日

立约人：趙隨柏有
对中人：趙跟富
代書人：徐昇（昇）

立寫收府人馬進祿因為文約收藏不便今有趙建六父

弟回落價錢壹拾千文整 當日對中言定日後若有文約

查出不用 並無別言 恐後無憑 立此收府為記

中人趙椒林

日立收府人馬進祿

同治十年五月廿五

代書人徐步雲

同治十年（一八七一）馬進禄立收付契約（M044）

立寫（寫）收府（付）人馬進禄，因為文约收藏不便，今有趙建交来园落價糸（錢）壹拾千文整。当日对中言定，日後若有文约古字不用，在（再）無别言，恐後無憑，立此收府（付）為証（證）。

同治十年五月廿五日

立收府（付）人：馬進禄

中　　人：趙成林

代　書　人：徐步雲

立典地土文約人趙中魁因為使用不便，使今將轉典李

姓湖家坡前地大小三段，下籽不等，央中人說合，向到本家

侄人蔡三官名下淂受，典價大錢叁仟伍百文整，當日凭中言

明，有錢抽贖，無錢耕種，自典至後不分年限遠近，恐後

無憑，立此典字為據。

[illegible]

見中人　松木匠

光緒三年二月十八日　立典字人趙中魁青筆

光緒三年（一八七七）趙中魁立典地契約（M045）

立典地圡（土）文约人趙中魁，因為使用不便，使今将（將）專典季姓湖家坟前地大小三叚（段），下籽不等（等）。央令中人说合，问到夲（本）寨住人蔡三官名下，淂（得）受典價大銭（錢）叁佰（串）伍百文整。当日兑（對）中言明，有銭（錢）抽贖，無銭（錢）耕種，自典至（之）後，不分年限遠近。恐後無凴，立此典约為摅（據）。

每年正（徵）粁（糧）三升。

光绪三年二月十八日

立典约人：趙中魁 青（親）筆

兑（對）中人：松木园

立出典地土文字人趙中魁因為使用不便今將萬莫路雄大嘴
地一段出典與本寺界中人說合同到彥親侄人
趙鮮貴名下典價大錢肆仟文整當日兑市言明違約還不
贖照原錢還無所要錢原用

每年糧一斗外

憑中人趙二代子

光緒四年二月廿二日　立約人趙中魁書押

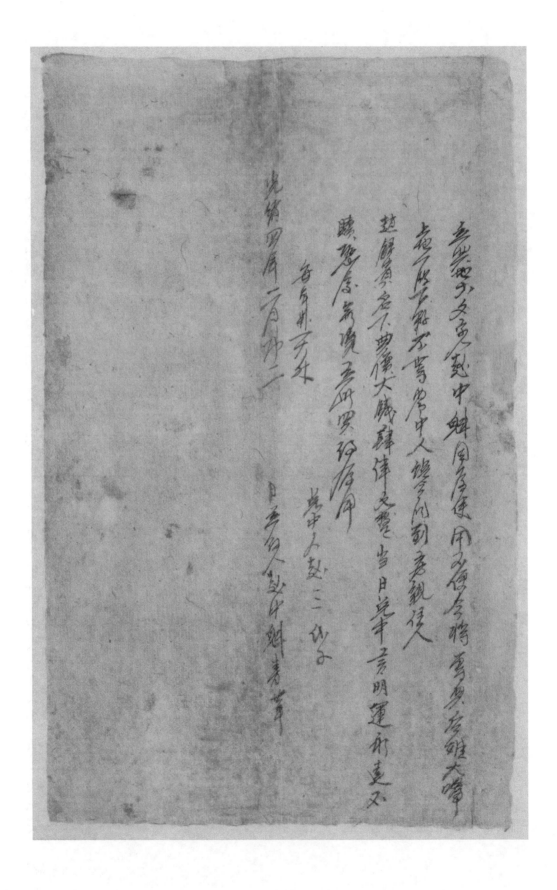

光緒四年（一八七八）趙中魁立典地契約（M046）

立典地圡（土）文字人趙中魁，因為使用不便，今将（將）專典后姓大嘴上地一段，下籽不等（等）。央令中人说合，问到親房住人趙銀貴名下，典價大錢（錢）肆佴（串）文整，当日兑（對）中言明，運永遠不贖。恐後無憑，立此典约存用。

每年糾（糧）一大升（升）。

光绪四年二月初二日

立　约　人：趙中魁　青（親）筆

兑（對）中人：趙三保子

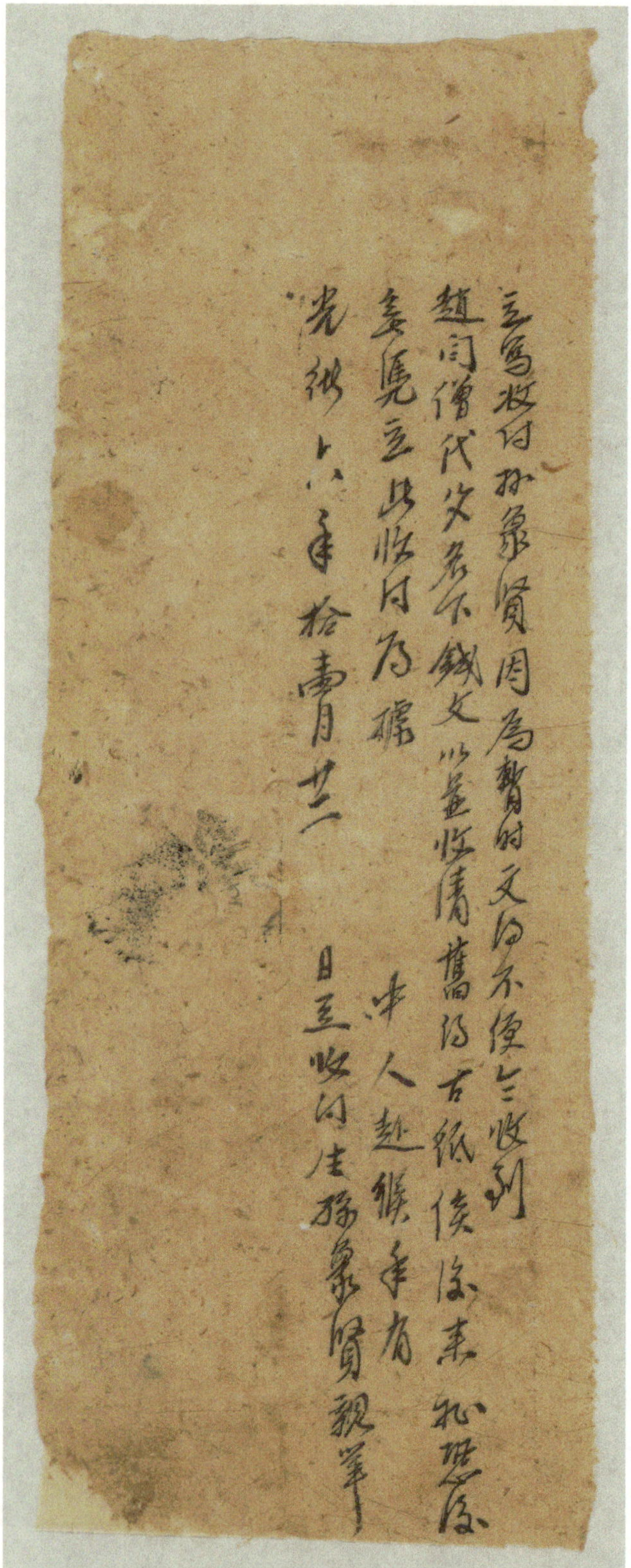

立寫收付孫彖賢因為暫時文約不便今收到
趙同僧代交各下錢文以並收清舊約古紙後除來私想廢
無憑立此收付為據
　　　中人趙繼丰有
光緒六年拾壹月廿二日立收付人孫彖賢親筆

光緒六年（一八八〇）孫象賢立收付契約（M047）

立寫（寫）收付孙象賢（賢），因為暫时文约不便，今收到趙冐僧代父名下錢（錢）文以（一）並收清，舊約古纸後來□，恐後無憑，立此收付為據。

光绪六年拾壹月廿二日

立收付生：孫象賢（賢）親筆

中　人：趙猴年有

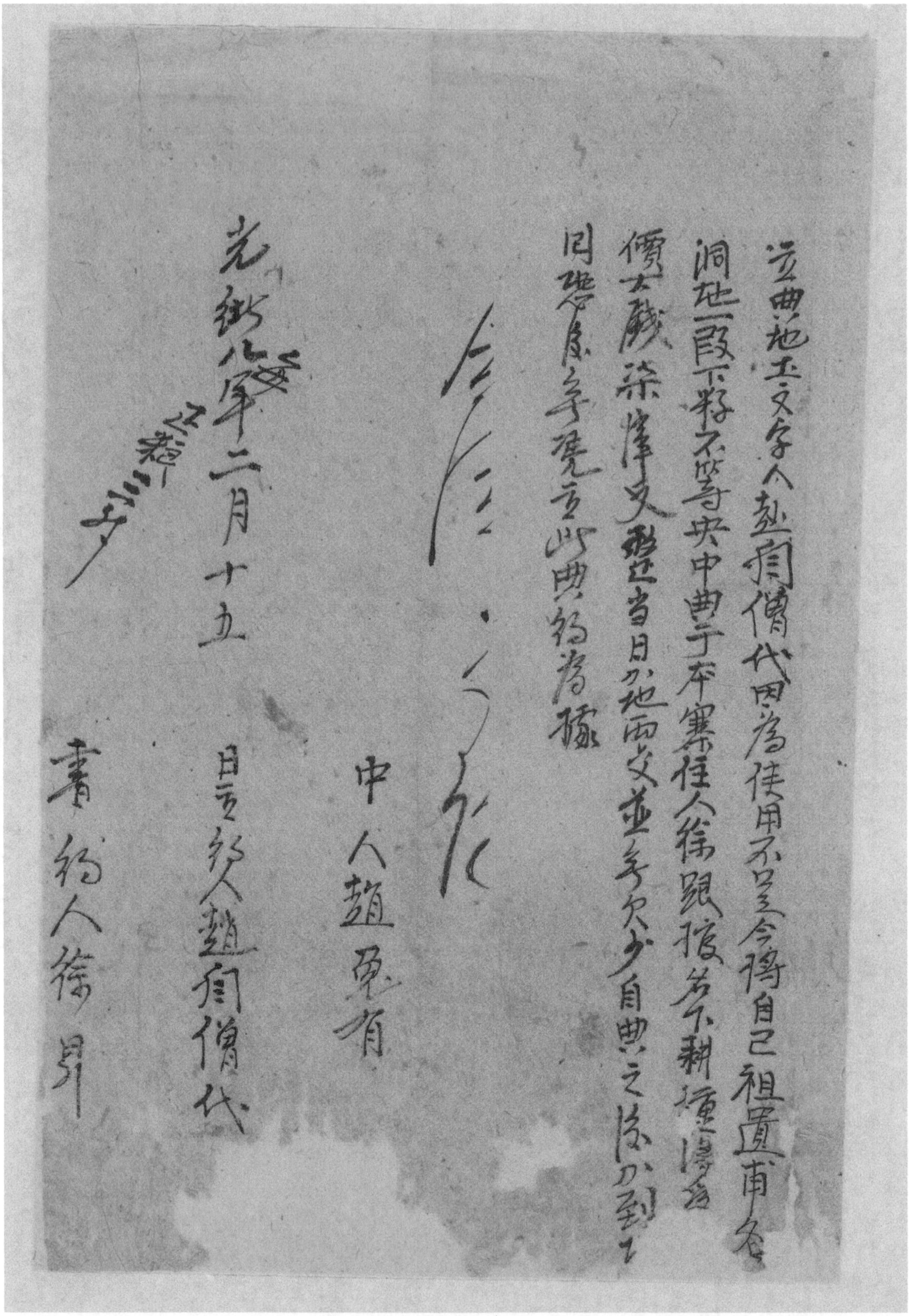
立典地土文字人趙有僧代因為使用不足今將自己祖置通甫冬
洞地一段下籽不等央中典于本寨住人徐跟狼名下耕種得受
價大錢柒佰文整当日地価文並无欠少自典之後办到土
同贖原手無言此典約為據

合同

中人趙桑有

光緒八年二月十五日　[illegible]

立約人趙有僧代

書約人徐昇

光緒八年（一八八二）趙閆僧代立典地契約（M048）

立典地圡（土）文字人趙闫僧代，因為使用不足，今将（將）自己祖遺甫各洞地一叚（段），下籽不等，央中【人】典于夲（本）寨住人徐跟稼名下耕種，得受【典】價大銭（錢）柒伡（串）文整，当日乑（錢）地両（兩）交，並無欠少，自典之後，乑（錢）到地囬（回），恐後無凴，立此典约為據。

每年正（徵）粮三升（升）。

光緒八年二月十五日

立约人：趙闫僧代

中　人：趙兔有

書约人：徐昇

立寫賬約人趙何價氏因為使用不足今賬到
趙新成名下賬得大小錢壹串八百文整當日言明至窯年
二月內交清若過日期每月照例行息恐後無憑立
此賬約存據
光緒八年十二月十一日立賬約人趙何價氏
中人李道生
過錢人孫昇

光緒八年（一八八二）趙閆僧代立賒錢契約（M049）

立馮（寫）賒約人趙闫僧代，因為使用不足，今賒到趙新成名下，賒淂（得）大糸（錢）壹串八百文整，当日言明月（約）至壹年二月内交清，若违日期。每月照例行息，恐後無凴，立此賒约為據。

光緒八年十二月十一日

立约人：趙闫僧代

中　人：季道生

遇书人：徐昇

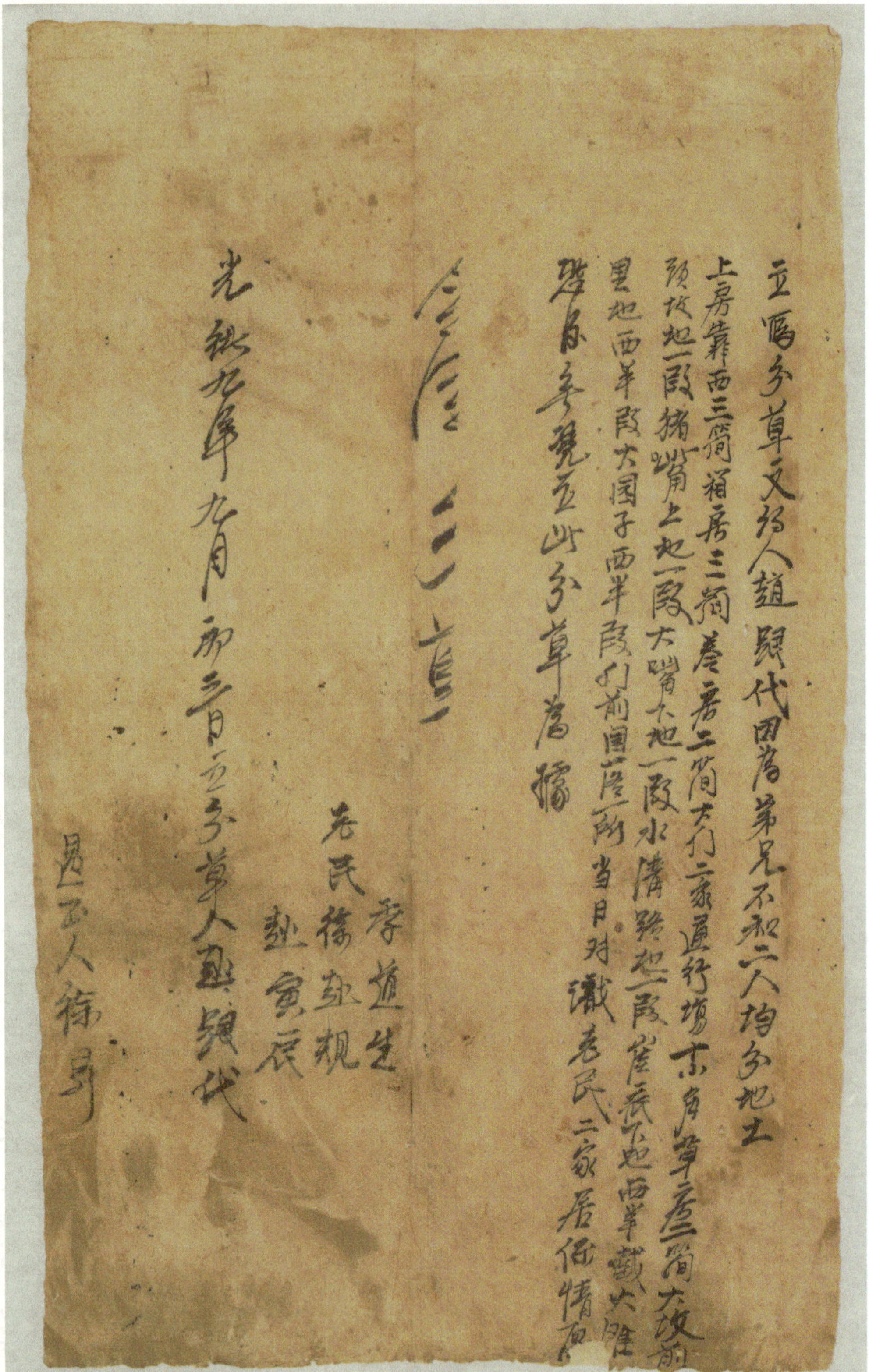
立寫分單文約人趙顯代因爲弟兄不和二人均分地土
上房靠西三間廂房三間巷房二間大門二家通行場東角草房三間大坡前
頭坡地一段豬嘴上地一段大嘴下地一段水清灣地一段崖底下地西半截大陰
里地西半段大園子西半段以前園屋所當日對
識老民二家居係情願
遵依分單立此分單爲據
合同三張
老民 李道生 徐趙規 趙寅辰
光緒九年九月初三日立分單人趙顯代
見立人徐昇

光緒九年（一八八三）趙跟代立分單契約（M050）

立写（寫）分草文约人趙跟代，因為弟兄不和，二人均分地土，上房靠西三简（間），箱（厢）房三简（間），卷（圈）房二简（間），大门二家通行，塲東角草房二简（間），大坟前頭坟地一段（段），猪嘴上地一段（段），大嘴下地一段（段），水溝路地一段（段），崖底下地西半截，大【灘】里地西半段（段），大园子西半段（段），门前园落一所。当日对识（識）老民，二家居（俱）係情愿，恐後無凴，立此分草為據。

光绪九年九月初三日

立分草人：趙跟代
老　民：季道生
　　　　徐趙規
　　　　趙寅□
遇书人：徐昇

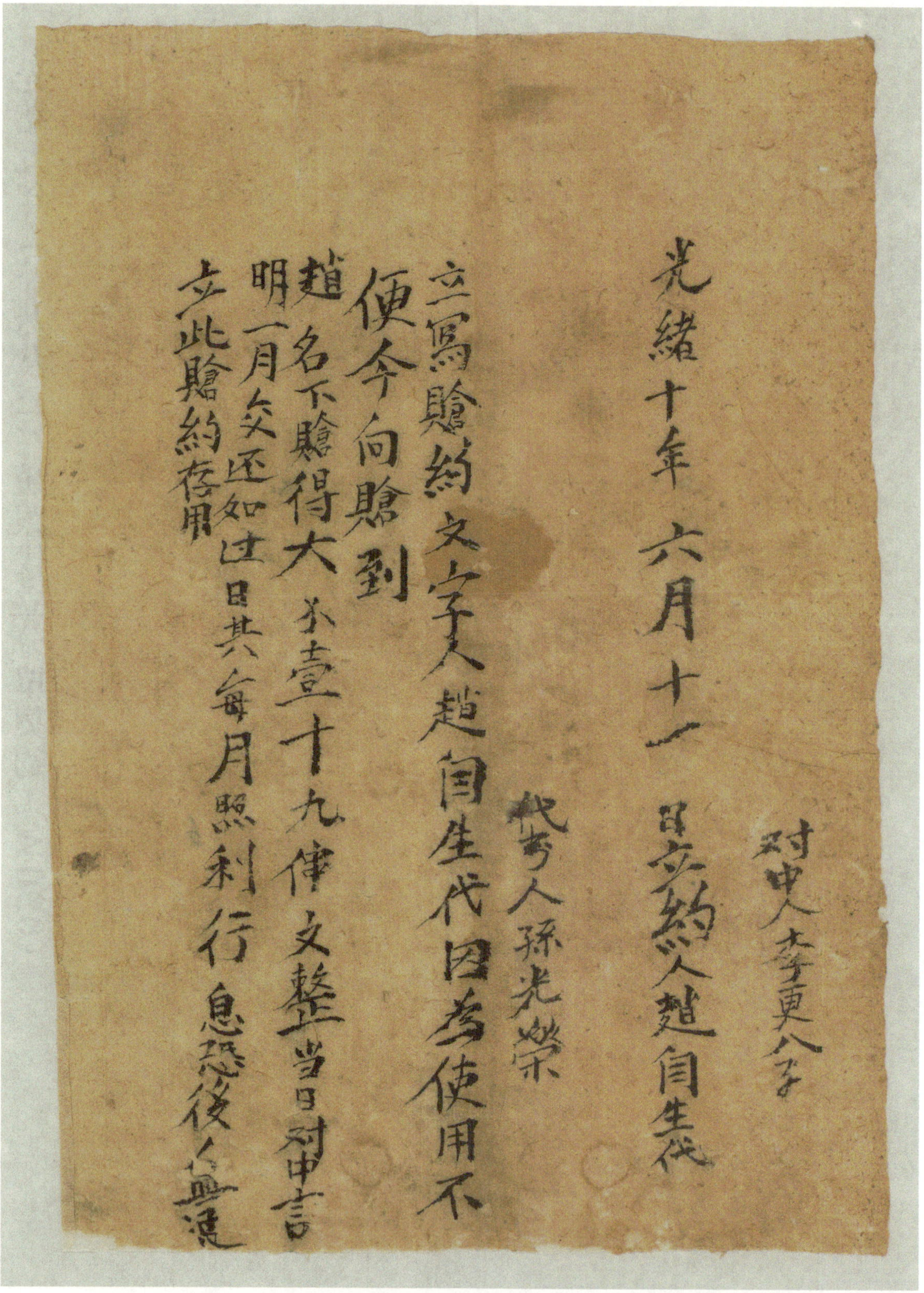
对中人李更八字
光緒十年六月十一日立約人趙自生代
代书人孫光榮
立寫贍約文字人趙自生代因為使用不
便今向贍到
趙名下贍得大錢壹十九千文整當日对中言
明一月交还如过日共每月照利行息恐後人無憑
立此贍約存用

光緒十年（一八八四）趙閆生代立賒錢契約（M051）

立寫賒約文字人趙闫生代，因為使用不便，今向賒到趙名下，賒得大糸（錢）壹十九倠（串）文整，当日对中言明一月交还，如过日其（期），每月照利行息，恐後人無凴，立此賒約存用。

光緒十年六月十一日

立約人：趙闫生代
对中人：李更八子
代书人：孫光榮

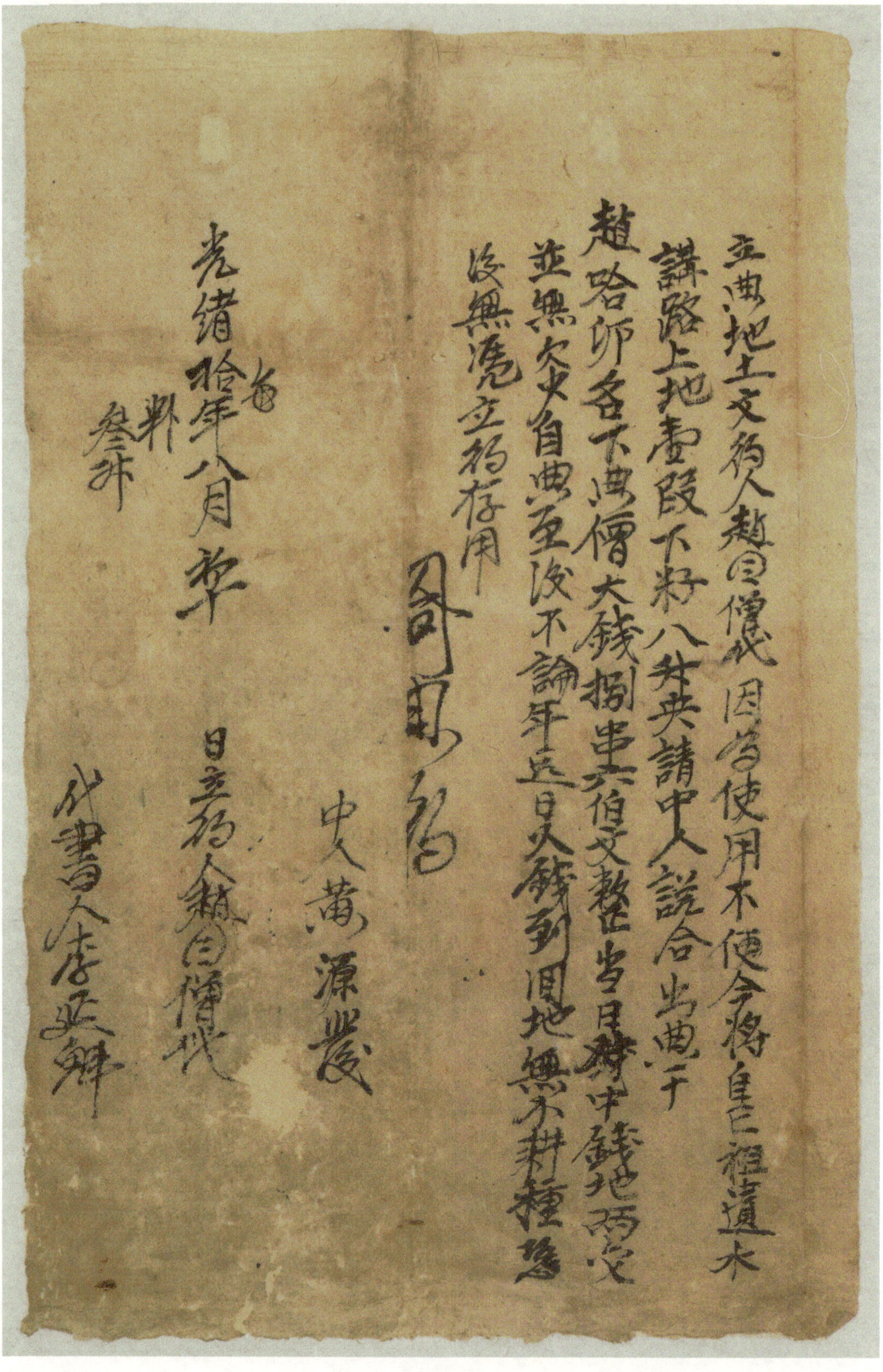

立典地土文約人趙回僖成 因為使用不便今將自己祖遺大
講路上地壹段下籽八升央請中人說合出典于
趙哈卯名下出典價大錢捌串六伯文整其當日對中錢地兩交
並無欠少自典至後不論年近日久錢到回地無不耕種恐
後無憑立約存用

合同為照

中人黃源發

光緒拾年八月廿 日立約人趙回僖成

每籽叁升

代書人李延舞

光緒十年（一八八四）趙閆僧代立典地契約（M052）

立典地土文约人趙闫僧代，因為使用不便，今将（將）自己祖遺水講（溝）路上地壹叚（段），下籽八**升**（升），央請中人説合，出典于趙哈卯名下，典價大錢（錢）捌串六佰文整，当日对中銭（錢）地两交，並無欠少。自典至（之）後，不論年远日久，銭（錢）到囬（回）地，無𢆉（錢）耕種，恐後無凴，立约存用。

每年粁（糧）叁**升**（升）。

光绪拾年八月初十日

立约人：趙闫僧代

中　人：黄源**泼**（發）

代書人：李延魁

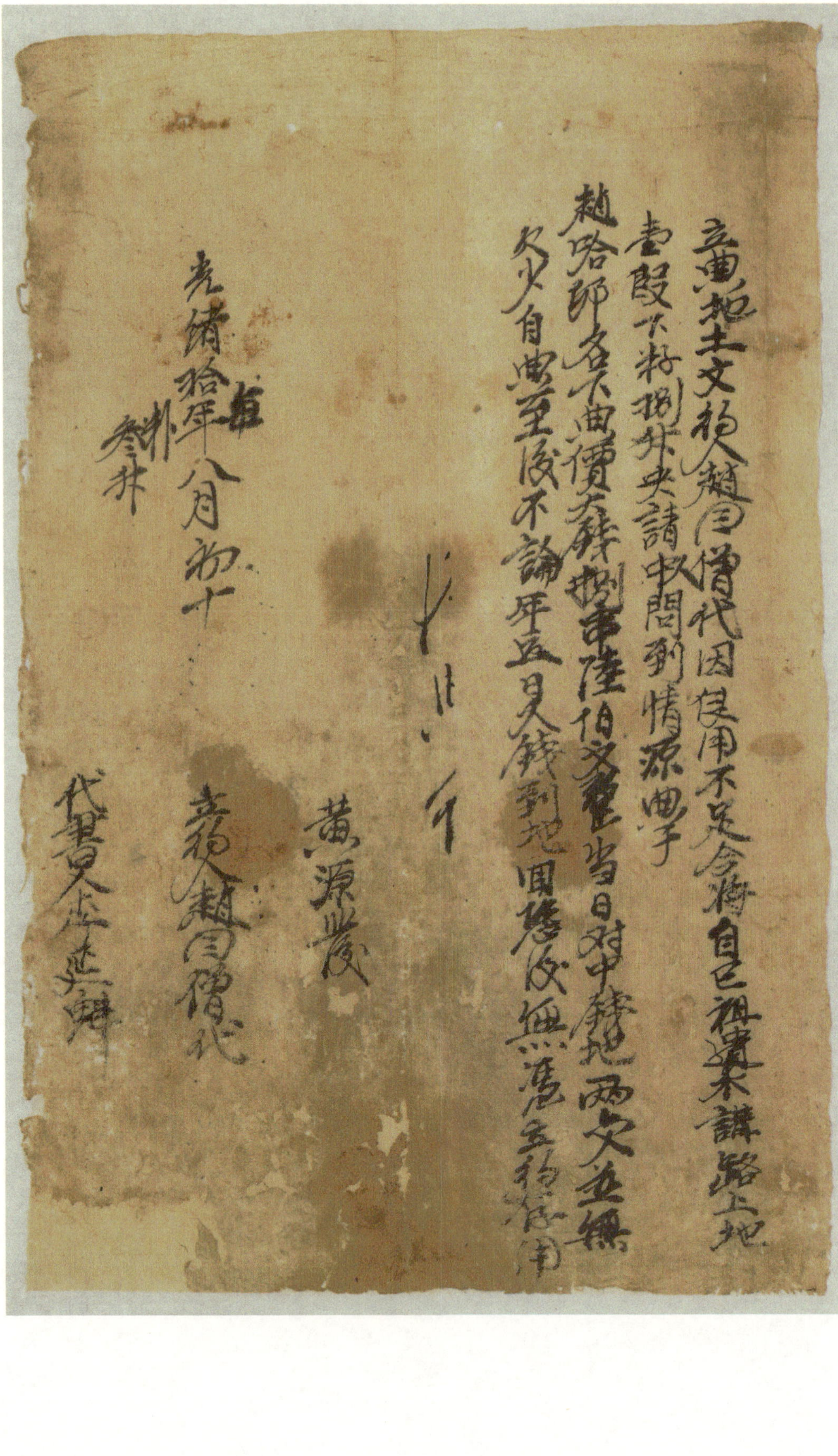

立當地土文約人趙國僧代因使用不足，今將自己祖遺業本講路上地壹段，不料掛牌央請中間劉情源曲手
趙路卿名下當價大錢捌串陸伯文整，當日對中錢地兩交，並無
欠少，自當至後，不論年近日久，錢到地回，隨便無准[illegible]稍[illegible]

黃源發

立約人趙國僧代

代書人[illegible]

光緒拾年八月初十日　立

光緒十年（一八八四）趙閆僧代立典地契約（M053）

立典地土文约人趙闫僧代，因使用不足，今将（將）自己祖遺水講路上地壹叚（段），下籽捌廾（升），央請中人問到，情源（愿）典于趙哈卯名下，典價大銭（錢）捌串陸佰文整，当日对中銭（錢）地两交，並無欠少，自典至（之）後，不論年远日久，銭（錢）到地囬（回），恐後無凴，立约存用。

每年粆（糧）叁廾（升）。

光绪拾年八月初十【日】

立约人：趙闫僧代

【中】【人】：黄源泼（發）

代書人：李延魁

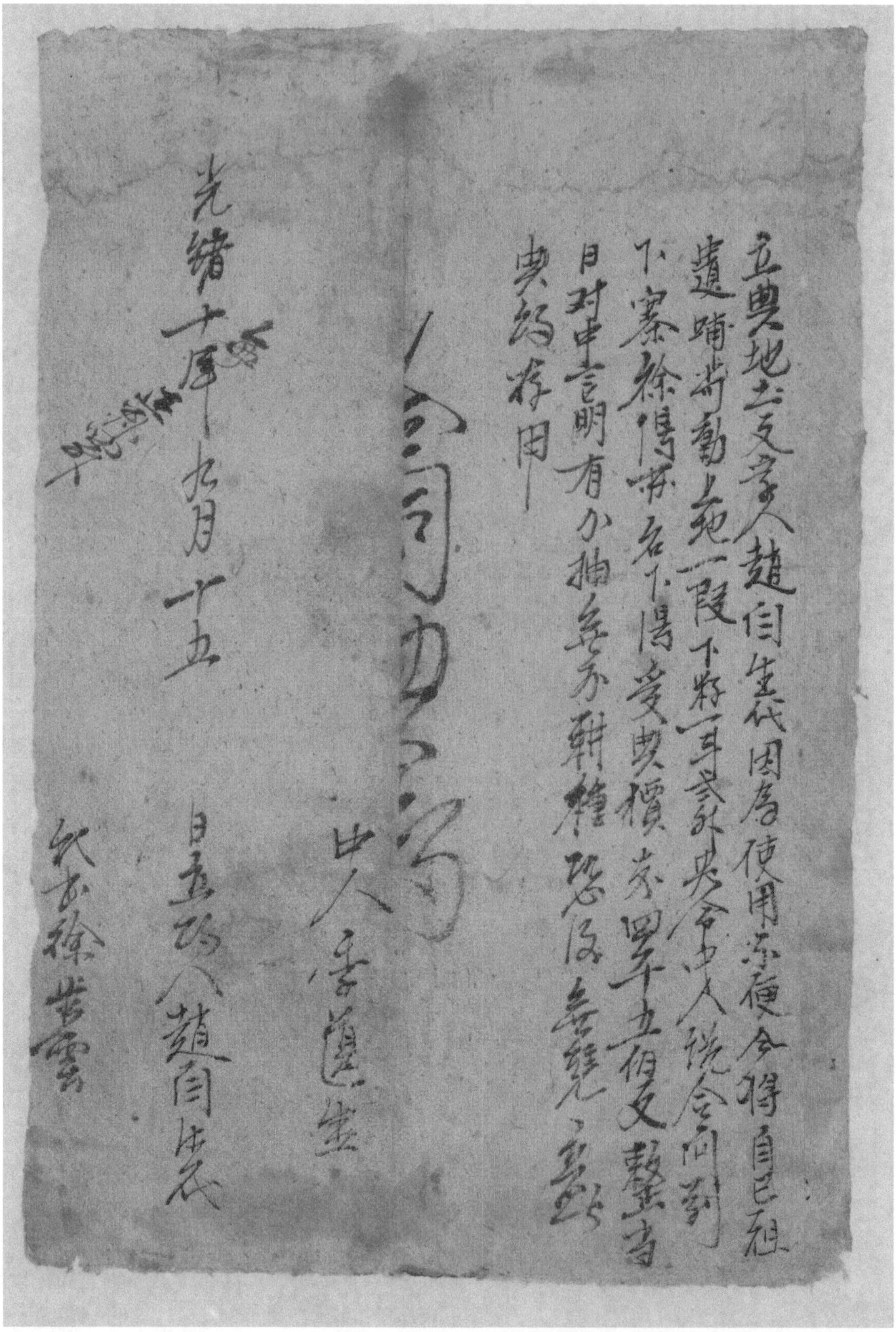

立典地土文字人趙自生代因爲使用不便今將自己祖
遺哨嶺勳上地一段下籽一斗貳升央令中人說合問到
下寨徐傳英名下承受典價錢四千五伯文整當
日对中言明有分抽無分耕種恐後無憑立
典約存用

光緒十年九月十五日立典約人趙自生代
中人李道生
代書徐英雲

光緒十年（一八八四）趙閆生代立典地契約（M054）

立典地圡（土）文字人趙闫生代，因為使用不便，今将（將）自己祖遺哺竒（奇）動上地一叚（段），下籽一斗弍升（升）。央令中人说合，问到下寨徐得林名下，得受典價大糸（錢）四千五佰文整，当日对中言明，有糸（錢）抽【贖】，無糸（錢）耕種。恐後無凴，立此典约存用。每年正（徵）粁（糧）四升（升）。

光绪十年九月十五日

立约人：趙闫生代
中　人：季道生
代　書：徐步雲

立寫揭錢文約人趙元生代因為使用不足今向到

徐得林名下揭得大錢九仟五十文整七月初一交

过若过日期每月照例行息恐後無憑立此揭約存用

中人徐壬俄

同立約人趙元生代

代書人周四娃

光緒拾一年二月初五

光緒十一年（一八八五）趙元生代立贍錢契約（M055）

立寫（寫）搶（贍）錢（錢）文約人趙元生代，因為使用不足，今问到徐得林名下，搶（贍）得大錢（錢）九佰五十文整，七月初一交过，若过日其（期），每月照例行息，恐後無凴，立此搶（贍）約存用。

光緒拾一年二月初五日

立約人：趙元生代

中　人：徐壬成

代書人：周四娃

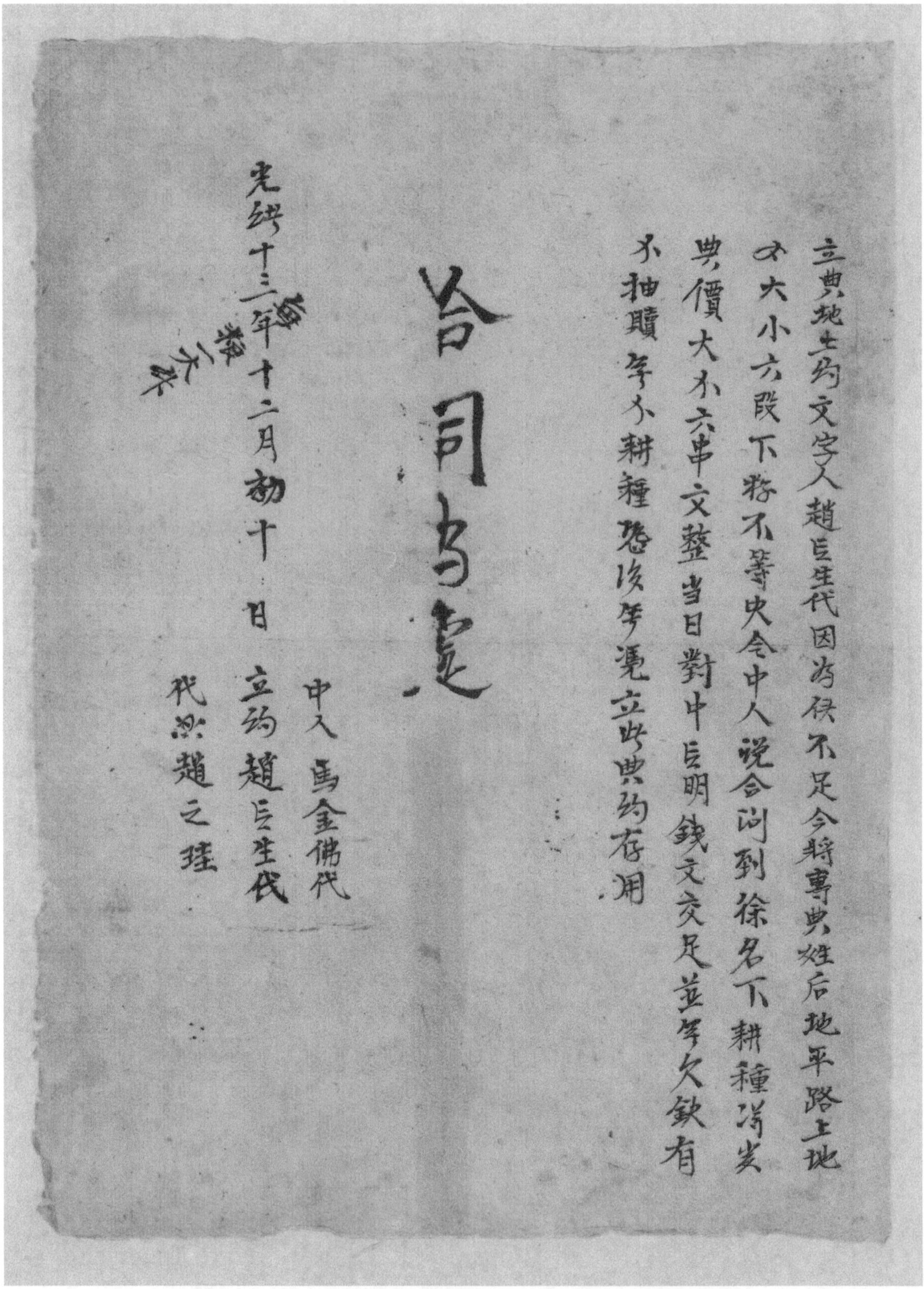

立典地土約文字人趙巨生代因為缺不足今將尃典姓后地平路上地
又大小六段下將不等央令中人說合問到徐名下耕種為業
典價大小六串文整當日對中巨明錢文交足並無欠缺有
不抽贖年不耕種恐後無憑立此典約存用

合同為憑
光緒十三年十二月初十日
中人　馬金佛代
立約　趙巨生代
代筆　趙之珪

光緒十三年（一八八七）趙言生代立典地契約（M056）

立典地土约文字人趙言生代，因為使【用】不足，今将（將）專典姓后地平路上地ナ（有）大小六段（段），下籽不等，央令中人说合，问到徐名下耕種，淂（得）【受】典價大⺝（錢）六串文整，当日對中言明，錢（錢）文交足，並無欠鈌（缺）。有⺝（錢）抽贖，無⺝（錢）耕種。恐後無凴，立此典约存用。

每年粮一大𫶧（升）。

光绪十三年十二月初十日

立约【人】：趙言生代

中　　人：馬金佛代

代书【人】：趙之珪

立出收復人趙牛代成因為錢約不便今有趙頁代
名下出收復一張收本錢一千文整当日对中言明若有錢約
有收復可証恐後無憑立此收復為証

中人趙緒福

如有借約古字不用

光緒十四年八月廿二日　立收復人趙牛代成

代書徐登選

光緒十四年（一八八八）趙牛代成立收付契約（M057）

立出收復（付）人趙牛代成，因為銭（錢）约不便，今有趙更代名下出收復（付）一𢗋（張），收大糸（錢）一千文整。当日对中言明，若有銭（錢）约，有收復（付）可証（證）。恐後無凴，立此收復（付）為証（證）。

如有借约古字不用。

光绪十四年八月廿二日

立收復（付）人：趙牛代成

中　　人：趙徐福

代　書【人】：徐登選

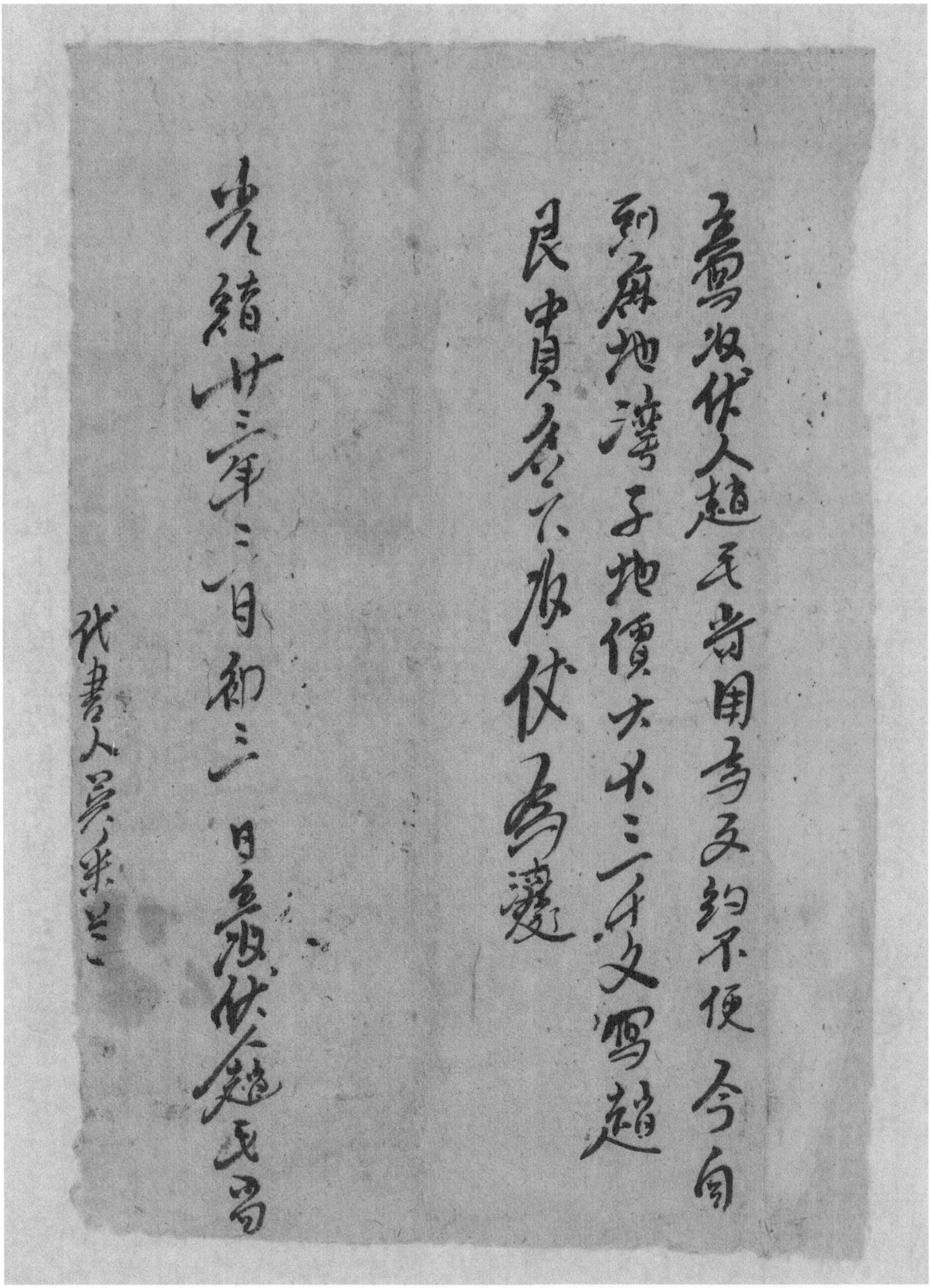

立當收伏人趙氏爲因用錢文約不便今向
到麻地灣子地價大米三斗文寫趙
艮貴名下收伏爲憑
光緒廿三年三月初三日立收伏人趙氏啚
代書人吳采芝

光緒二十三年（一八九七）趙毛奇立收付契約（M058）

立寫（寫）收伏（付）人趙毛竒（奇），因為文约不便，今問到麻地湾子地價大糸（錢）三千文，寫（寫）趙艮貴名下收伏（付）為【憑】。

光绪廿三年三月初三日

立收伏（付）人：趙毛竒（奇）

代　書　人：吳采兰

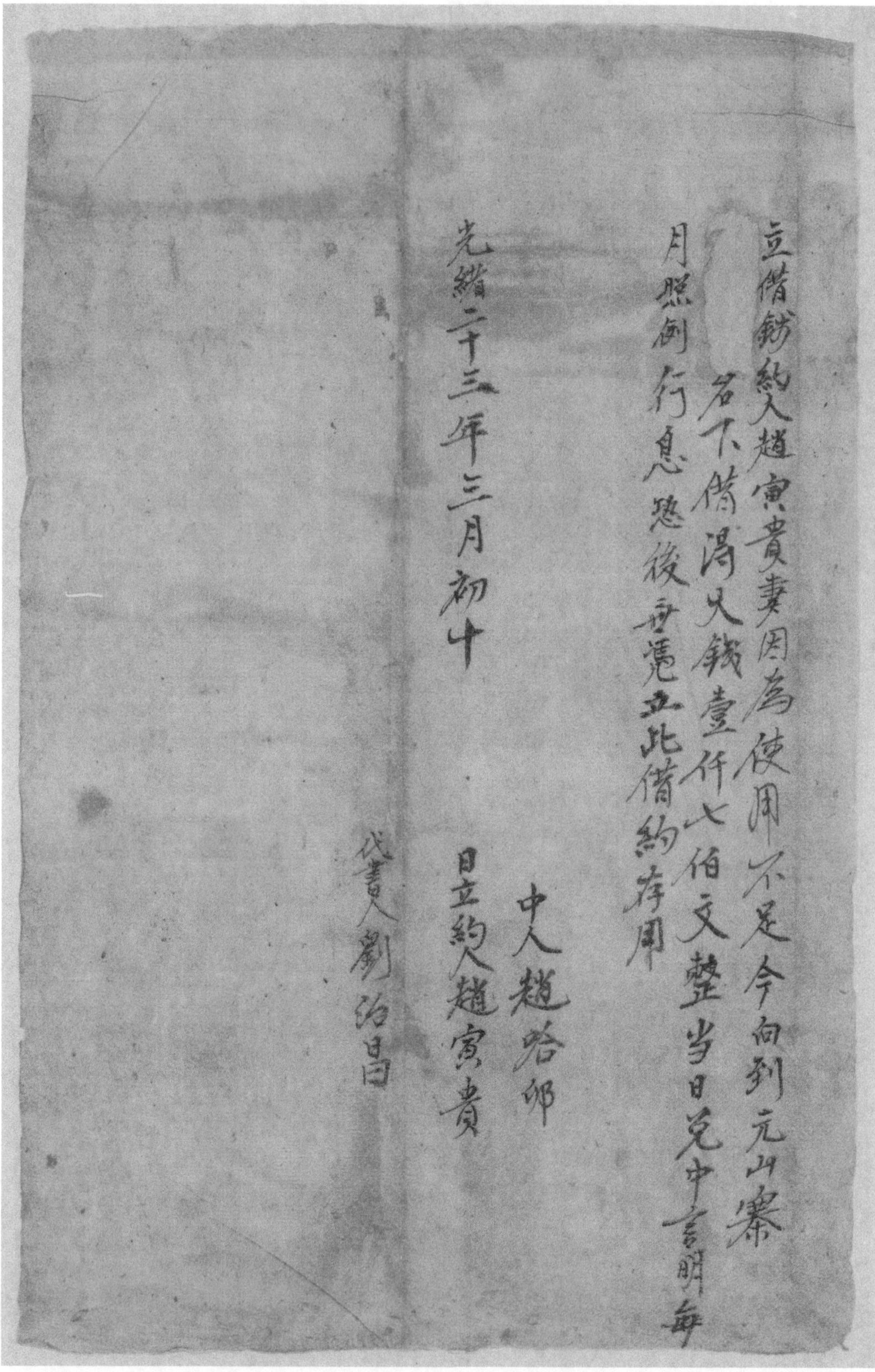

立借錢約人趙寅貴妻因爲使用不足今向到元山寨

名下借渴大錢壹仟七佰文整当日見中言明每

月照例行息恐後無憑立此借約存用

中人趙哈卿

日立約人趙寅貴

光緒二十三年三月初十

代書人劉紹昌

光緒二十三年（一八九七）趙寅貴妻立借貸契約（M059）

立借銭（錢）約人趙寅貴妻，因為使用不足，今问到元山寨□□□名下，借淂（得）大銭（錢）壹仟七佰文整，当日兑（對）中言明，每月照例行息，恐後無凴，立此借約存用。

光緒二十三年三月初十日

立約人：趙寅貴

中　人：趙哈卯

代書人：劉治昌

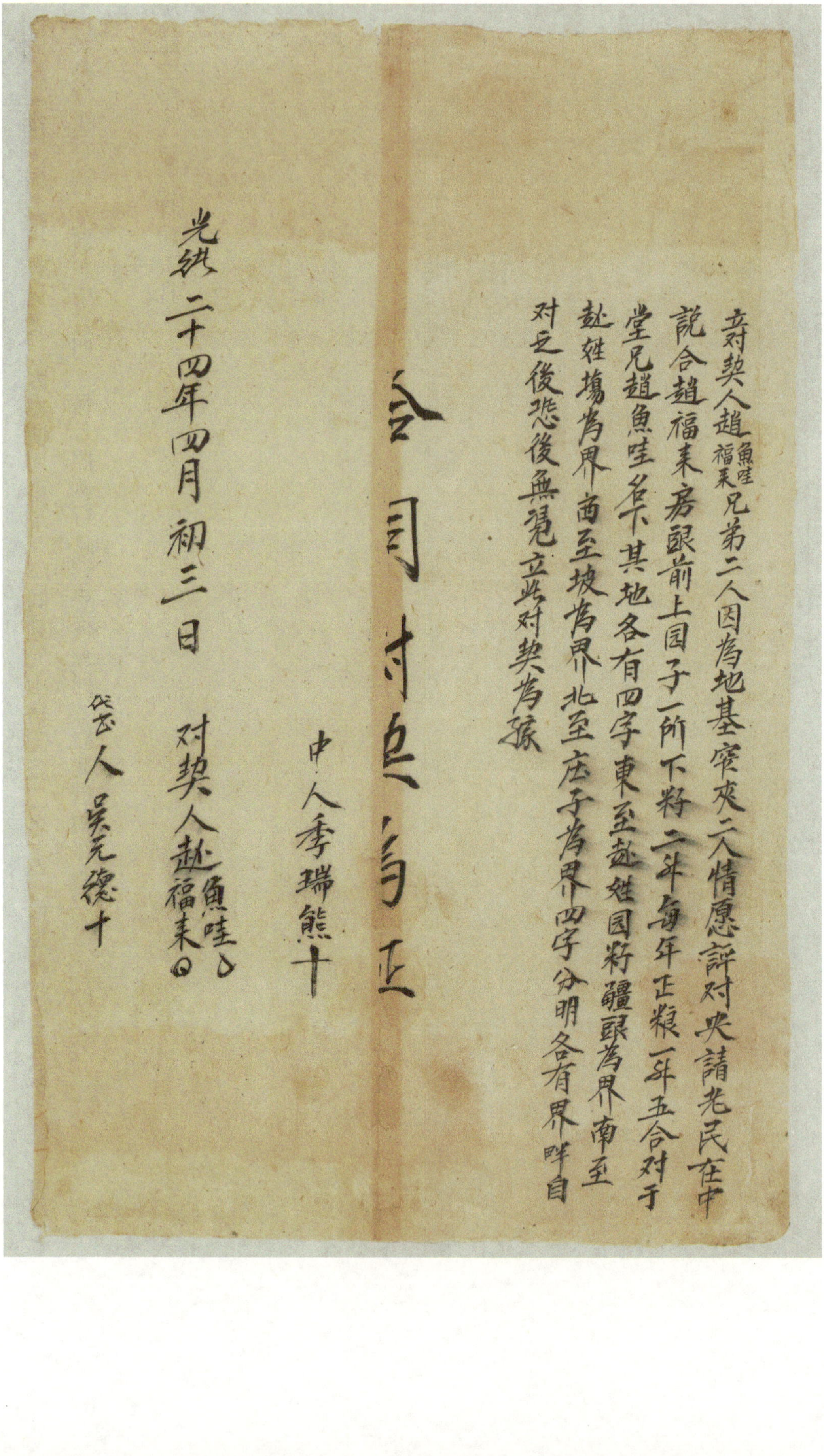

立对契人趙魚哇、福来兄弟二人，因為地基窄夾，二人情愿評对，央請老民在中説合。趙福来房跟前上园子一所，下将二斗，每年正粮一升五合，对于堂兄趙魚哇名下。其地各有四字：東至赵姓园将疆跟為界，南至赵姓場為界，西至坡為界，北至庄子為界。四字分明，各有界畔。自对之後，恐後無憑，立此对契為據。

合同对契為正

中人　季瑞熊十

光緒二十四年四月初三日　对契人　赵魚哇◯　福来◯

代书人　吴元德十

光緒二十四年（一八九八）趙魚哇、趙福來立對契約（M060）

立对契人趙魚哇、趙福来兄弟二人，因為地基窄夾（狹），二人情愿評对。央請老民在中説合，趙福来房瑅（跟）前上园子一所，下籽二升（升），每年正（徵）粮一升（升）五合，对于堂兄趙魚哇名下。其地各有四字（至），東至趙姓园籽（子）疆（牆）瑅（跟）為界，南至趙姓塲為界，西至坡為界，北至庒（莊）子為界，四字（至）分明，各有界畔。自对之後，恐後無凴，立此对契為據。

光绪二十四年四月初三日

对契人：趙魚哇（畫押）

趙福来（畫押）

中　人：季瑞熊（畫押）

代書人：吴元德（畫押）

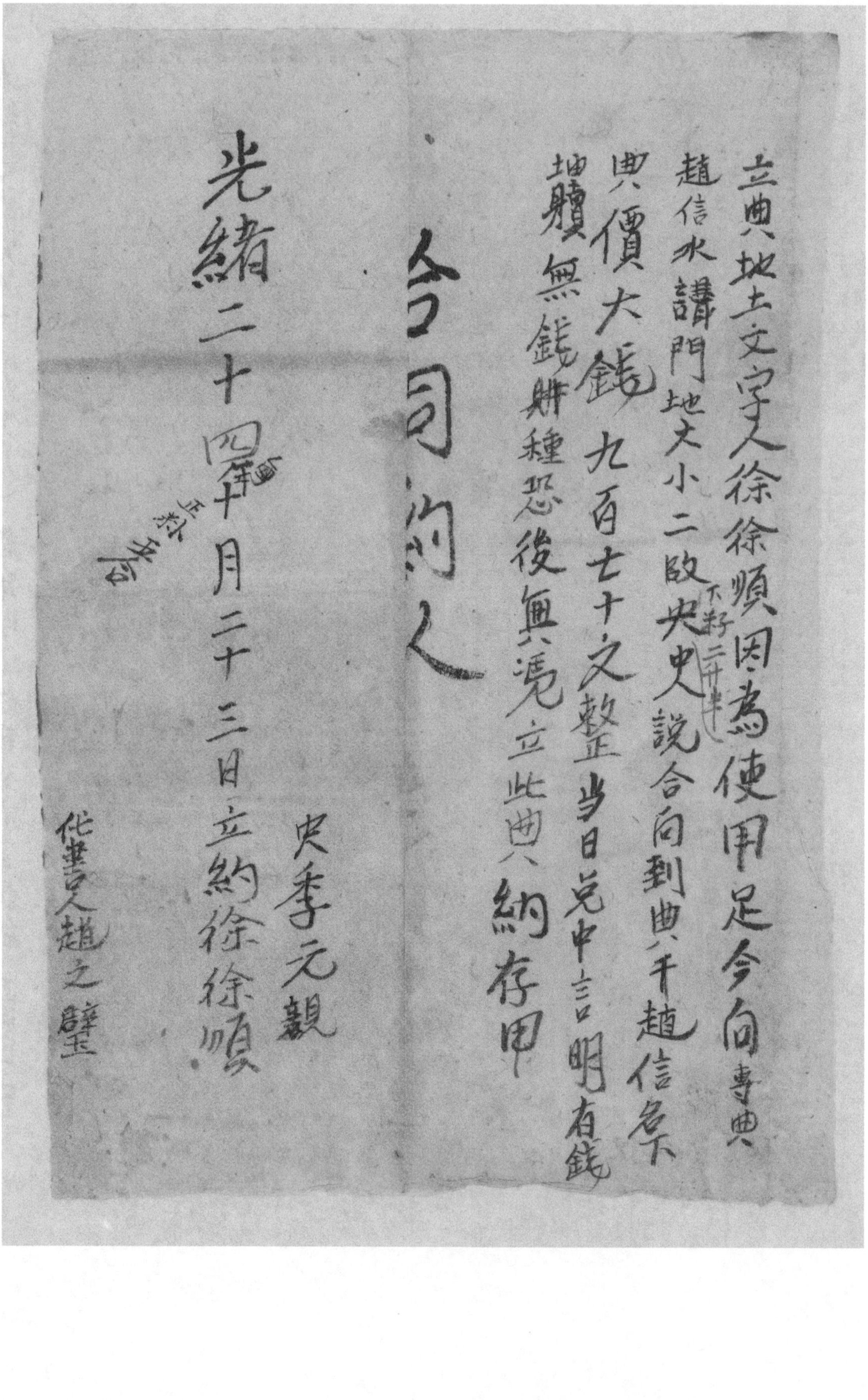

立典地土文字人徐徐順因為使用足今向專典
趙信水講門地大小二畝下籽二斗半央中說合向到典于趙信名下
典價大錢九百七十文整當日兌中言明有錢
地贖無錢耕種恐後無憑立此典納存用

合同約人

光緒二十四年十月二十三日立約徐徐順

中人季元觀

代書人趙之璧

光緒二十四年（一八九八）徐徐順立典地契約（M061）

立典地土文字人徐徐順，因為使用【不】足，今同專典趙信水講（溝）門地大小二段（段），下籽二升半。央中人説合，同到典于趙信名下，典價大錢（錢）九百七十文整，当日兑（對）中言明，有錢（錢）抽贖，無錢（錢）耕種。恐後無凴，立此典約存用。

每年正（徵）籵（糧）五合。

光緒二十四年十月二十三日

立約【人】：徐徐順

中　　人：季元親

代 書 人：趙之璧

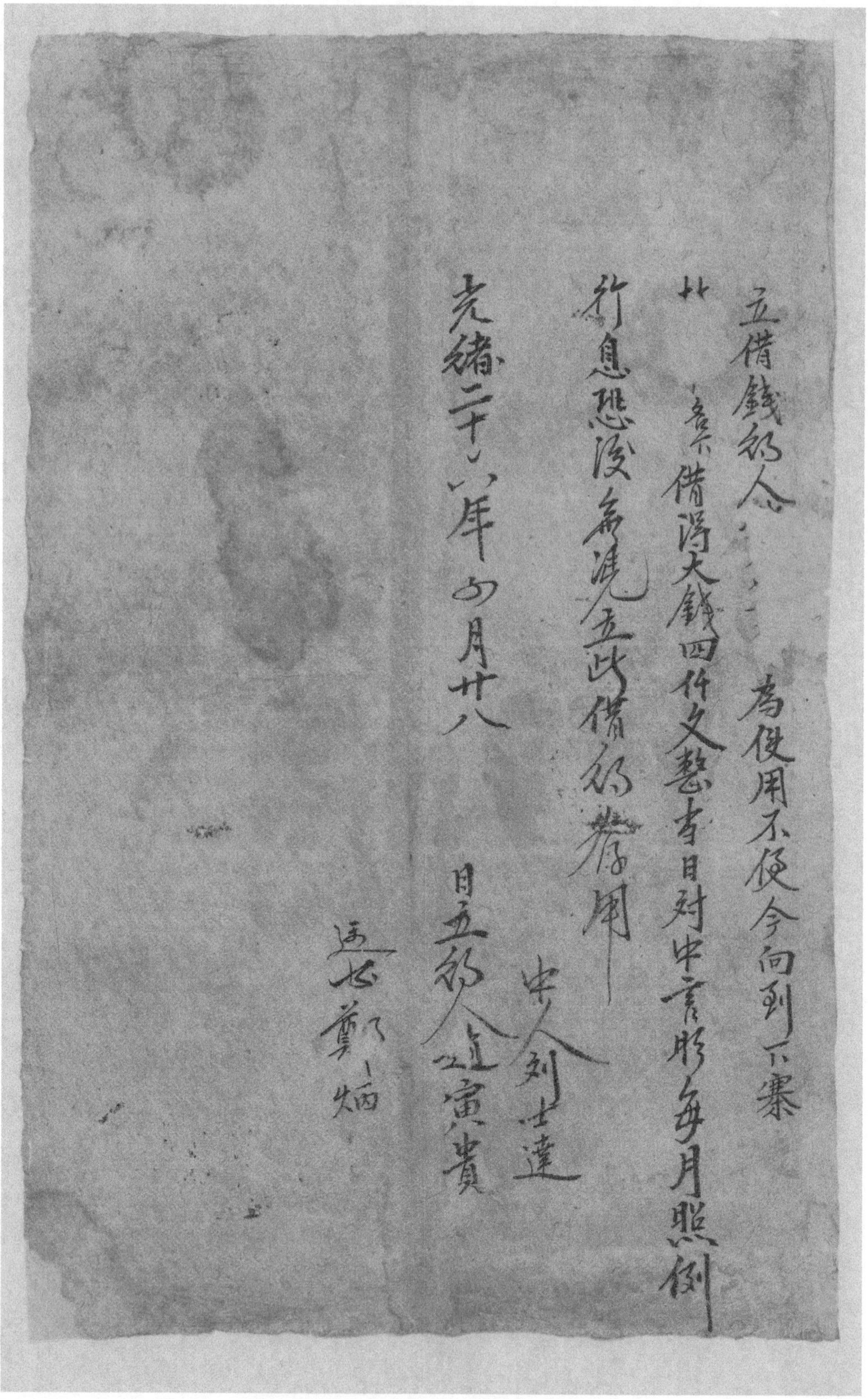
立借錢約人＿＿＿ 為使用不便今向到下寨
卄 名下借得大錢四仟文整當日对中言明每月照例
行息恐後無凭立此借約存用
光緒二十八年四月廿八 日立約人[　]寅貴
中人刘士達
延世鄭焰

光緒二十六年（一九〇〇）趙寅貴立借貸契約（M062）

立借銭（錢）约人【趙】【寅】【貴】，【因】為使用不便，今问到下寨趙□□名下，借淂（得）大銭（錢）四仟文整，当日对中言明，每月照例行息。恐後無凴，立此借约存用。

光緒二十六年四月廿八日

立约人：趙寅貴

中　人：刘士達

遇　书：鄭炳

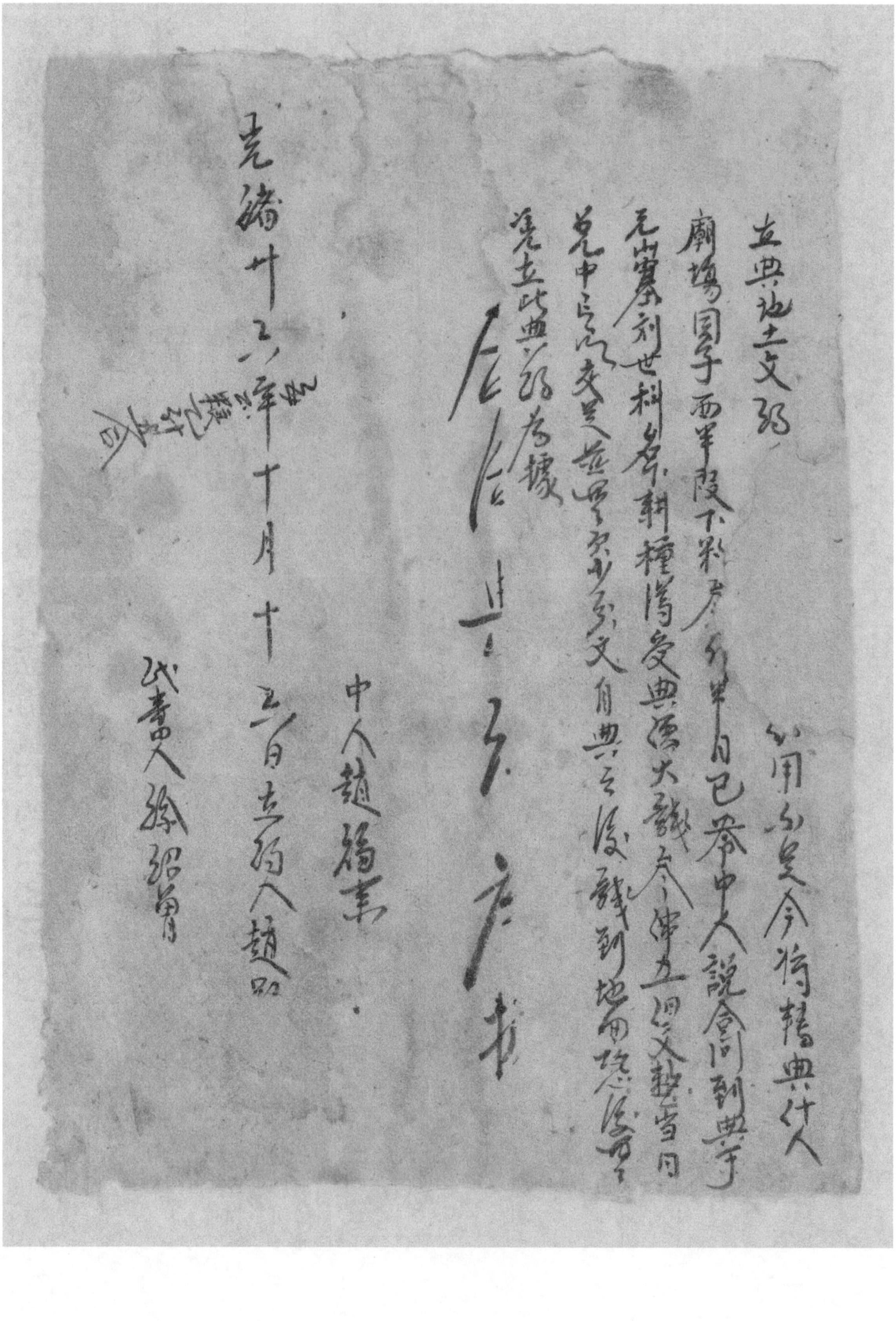
立典地土文約人　　公用不足，今將舊典什人
廟塢園子面半段，下係五分半，自己委中人說合同，到典主
名下寨剎世科名下耕種，當受典價大錢叁拾伍千文整，當日
憑中一亦交足，並無欠少分文。自典之後，錢到地回，恐後無憑，
為立此典約存據。

中人　趙福業

光緒廿六年十月十五日　立約人　趙[illegible]

代書人　孫紹曾

光緒二十六年（一九〇〇）趙□典園契約（M063）

立典地土文约□□□，【因】【為】【使】用不足，今将（將）转典什人廟場园子西半叚（段），下籽叁升（升）半。自己央令中人説合，问到典于元山寨刘世科名下耕種，淂（得）受典價大錢（錢）叁佛（串）五佰文整，当日兑（對）中言明交足，並無欠少分文。自典之後，錢（錢）到地囬（回），恐後無凴，立此典约為據。

每年正（徵）粮乙（一）升五合。

光绪廿六年十月十六日

立约人：趙□

中　人：趙福来

代書人：徐紹曾

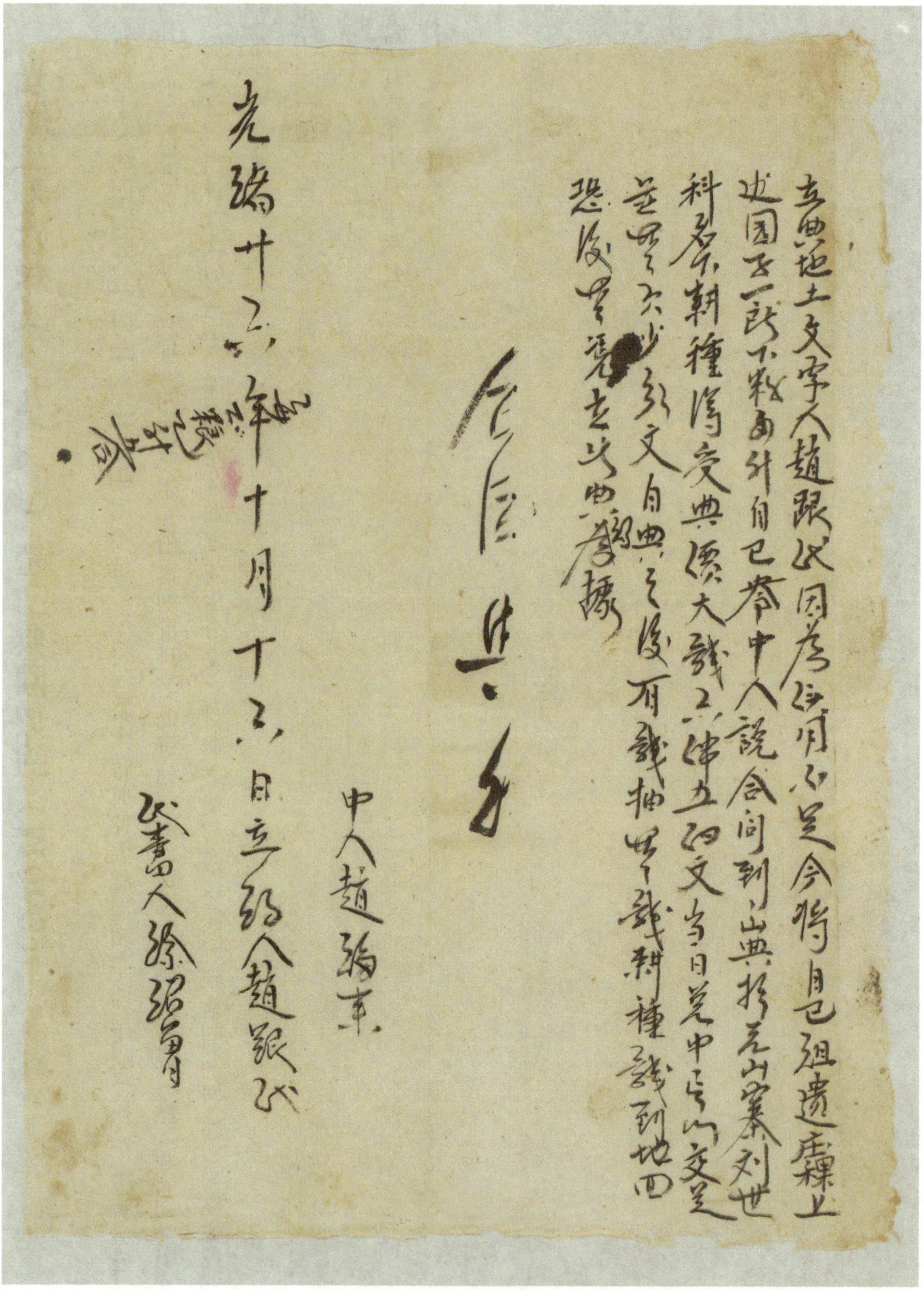

立典地土文字人趙跟代因為使用不足今將自己祖遺遺庄稞上边園子一段下粮五升自己央中人說合同到山典與荒山寨刘世科名下耕種得受典價大錢三十仟五佰文當日交中人交足並無欠少分文自典之後有錢抽典無錢耕種錢到地回恐後無憑立此典約為據

合同共分

中人趙福東

光緒廿六年十月十六日立約人趙跟代

[illegible]

代書人孫堀胄

光緒二十六年（一九〇〇）趙跟代立典園契約（M064）

立典地土文字人趙跟代，因為使用不足，今将（將）自己祖遺庄（莊）稞（窠）上边园子一所，下籽四升。自己央令中人説合，问到出典扵（于）元山寨刘世科名下耕種，淂（得）受典價大銭（錢）六佛（串）五佰文，当日兑（對）中言明交足，並無欠少分文，自典之後，有銭（錢）抽【贖】，無銭（錢）耕種，銭（錢）到地囬（回）。恐後無凴，立此典约為據。

每年正（徵）粮乙（一）升五合。

光绪廿六年十月十六日

立约人：趙跟代
中　人：趙福来
代書人：徐紹曾

立典地土文約人季隨娃因為使用不足今將自己祖遺
西頭山上平一段下籽不等自己請中人向到柳林寨住
人趙之璧名下耕種得受典價大錢弍串六百文整當
日錢地兩交並無欠少自典之後錢到地回恐後無憑
立此典約為據

合同典約為正

中人趙兔保

光緒二十七年八月廿八日立約人季隨娃

每年出糧五合

遇书人趙之珪

光緒二十七年（一九〇一）季隨娃立典地契約（M065）

立典地玉（土）文约人季隨娃，因為使用不足，今将（將）自己祖遺西頭山上平【地】一叚（段），下籽不等。自己央令中人问到栁（柳）林寨住人趙之璧名下耕種。得受典價大銭（錢）弍串六百文整，当日銭（錢）地両（兩）交，並無欠少。自典之後，銭（錢）到地囘（回）。恐後無憑，立此典约為據。

每年正（徵）粮五合。

光緒二十七年八月廿八日

立约人：季隨娃

中　人：趙兔保

遇書人：趙之珪

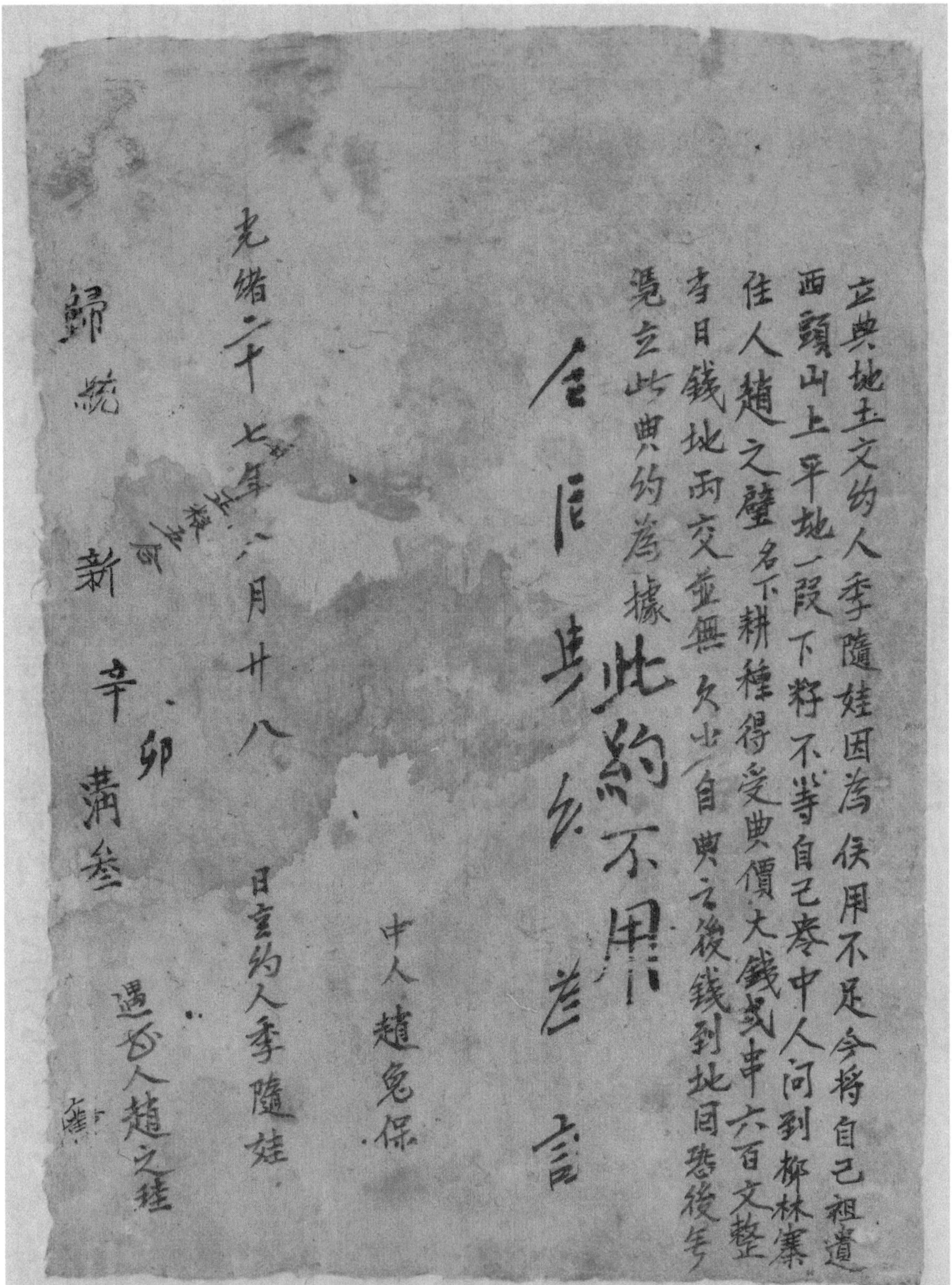
立典地土文约人季隨娃因爲使用不足今將自己祖遺
西頭山上平地一段下籽不等自己尋中人问到柳林寨
住人趙之璧名下耕種得受典價大錢弍串六百文整
当日錢地兩交並無欠少自典之後錢到地回恐後無
憑立此典约爲據

[illegible]

此約不用

中人趙兔保

光緒二十七年[illegible]八月廿八日立约人季隨娃

歸號　新　辛卯　滿叁

過約人趙之璉

光緒二十七年（一九〇一）季隨娃立典地契約（M066）

立典地𡈽（土）文约人季隨娃，因為使用不足，今将（將）自己祖遺西頭山上平地一叚（段），下籽不等，自己央令中人问到栁（柳）林寨住人趙之璧名下耕種，得受典價大銭（錢）弍串六百文整，当日銭（錢）地両（兩）交，並無欠少，自典之後，銭（錢）到地囬（回），恐後無凴，立此典约為據。

每年正（徵）粮五合。

立约人：季隨娃

中　人：趙兔保

遇書人：趙之珪

光緒二十七年八月廿八日

此约不用

立寫永遠實賣地土文契人李瑞熊因為使用不足無物拆變今將自己祖遺西頭山上地四段
下平地東至李姓地為界南至李姓地為界西至李姓地為界北至李姓地為界上地西至蔡姓地
為界四至分明不估他人寸土情願出賣於人是以央請中人徐元順問到本寨主人趙之璧名下
當日對中三面議定照依時值賣得地價大錢貳拾貳仟陸百文整即日對中錢契兩交並無
勒吝準折等弊其地下籽叁斗銀粮業主自己取納歸倉承庫每年屯粮肆升丁銀照粮攤算自賣
之後若有房親户内人等爭言者有李姓一面承當不與趙姓相涉酒食在外畫字在内恐後無憑立
此永遠實賣大吉文契為據

永遠大吉

對中人　徐元順　十
趙龍代成　十
畫字

光緒貳拾捌年九月初十

日立永遠實賣文契人李瑞熊（押）
並子李魁　十

書契人王韡南應

光緒二十八年（一九〇二）季瑞熊立賣地契約（M067）

立寫永遠實賣地土文契人季瑞熊，因為使用不足，無物拆變，今將自己祖遺西頭山上地四段（段），下平地東至季姓地為界，南至季姓地為界，西至季姓地為界，北至季姓地為界，上地西至蔡姓地為界，四至分明，不佔他人寸土，情願出賣於人。是以央請中人徐元順，問到本寨主（住）人趙之璧名下，當日對中三面議定，照依時值，賣得地價大錢貳拾貳仟陸百文整。即日對中錢契兩交，並無勒吝準折等獘（弊）。其地下籽叁斗，銀粮（糧）業主自己取納歸倉承庫。每年屯粮（糧）肆升，丁銀照粮（糧）攤算。自賣之後，若有房親户内人等爭（争）言者，有季姓一面承當，不與趙姓相涉，酒食在外，畫字在内，恐後無憑，立此永遠實賣大吉文契為據。

永遠大吉

光緒貳拾捌年九月初十日

立永遠實賣文契人：季瑞熊（畫押）並子季魁（畫押）

對　中　人：徐元順（畫押）

趙龍代成（畫押）

書　契　人：王煒南（畫押）

立典地文約人趙銀貴因爲使用不便今將自
己祖遺麻地灣嶺上里地一段六籽不等央中人
説到徐舉年有名下耕種得受典價大小四仟
文整當日對中交足無欠恐後無憑立此典約
為证

一依耕人外

每年糧五合

光緒二十捌年九月十五日立典約人趙銀貴

中人趙更順

遥坏鄭炳

光緒二十八年（一九〇二）趙銀貴立典地契約（M068）

立典地圡（土）文约人趙銀貴，因為使用不便，今將自己祖遺麻地湾山崗上里地一叚（段），下籽不等。央令中人问到徐鼎年有名下耕種，淂（得）受典價大夂（錢）四仟文整，当日对中交足無欠。恐後無凴，立此典约為证。

每年粮五合。

光绪二十捌年九月十五日

立约人：趙銀貴

中　人：趙更順

遇　書：鄭炳

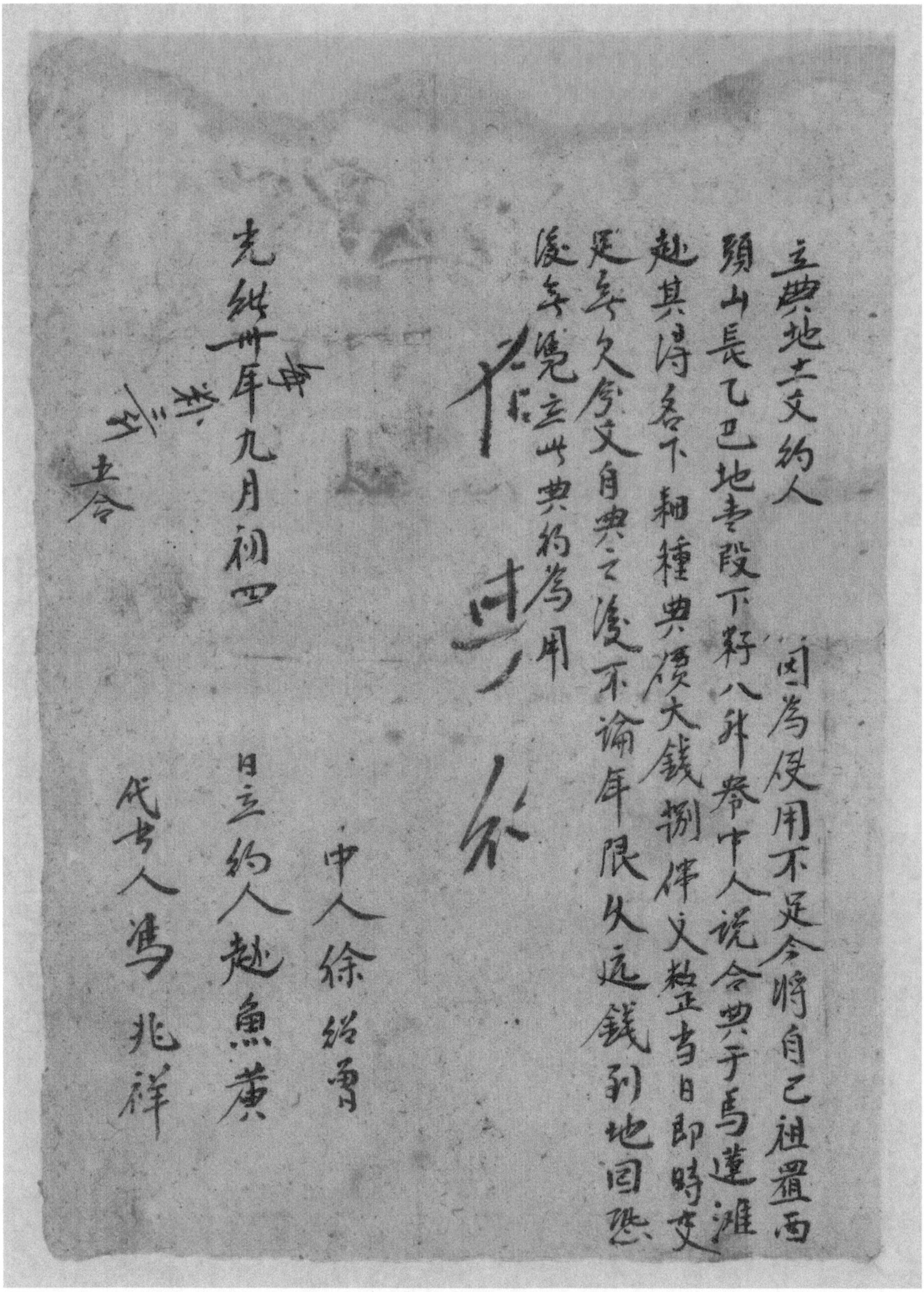

立典地土文約人　因為使用不足，今將自己祖置西

頭山長乙巴地壹段，下籽八升，奉中人說合，典于馬蓮灘

趙其淂名下耕種，典價大錢捌仟文整，當日即時交

足無欠。今文自典之後，不論年限久遠，錢到地回。恐

後無憑，立此典約為用。

中人　徐紹曾

光緒卅年九月初四日立約人趙魚廣

代書人馮兆祥

光緒三十年（一九〇四）趙魚廣立典地契約（M069）

立典地土文约人【趙】【魚】【广】，因為使用不足，今将（將）自己祖置西頭山長乙巴地壹叚（段），下籽八升（升）。央令中人说合，典于馬蓮灘趙其淂（得）名下耝（耕）種，典價大錢（錢）捌俥（串）文整，当日即時交足，無欠分文。自典之後，不谕（論）年限久远，钱（錢）到地囘（回），恐後無凴，立此典约為用。

每年粁（糧）三升五合。

光绪卅年九月初四日

立约人：趙魚廣

中　人：徐绍曾

代書人：馮兆祥

立寫借錢文約人趙〻〻，因為使用不足，今向到坪上寨

吳桂馨名下借得大錢叁仟玖佰文整，當日對中言明每

月照例行息，以崖底下地壹段下種壹斗作保，錢文恐後無

憑，立此借約為據。

此約不用　中人趙〻瑾

光緒卅一年九月初一日立借約人趙寅貴

書約人徐建烈

光緒三十一年（一九〇五）趙寅貴立借貸契約（M070）

立寫（寫）借錢文约人趙【寅】【貴】，因為使用不足，今问到坪上寨吴桂馨名下，借淂（得）大錢叁仟玖佰文整，当日對中言明，每月照例行息。以崖底下地壹叚（段），下籽壹斗，作保錢文，恐後無凴，立此借约為據。

光绪卅一年九月初一日

此约不用

立借约人：趙寅貴

中　人：趙之珪

書约人：徐建烈

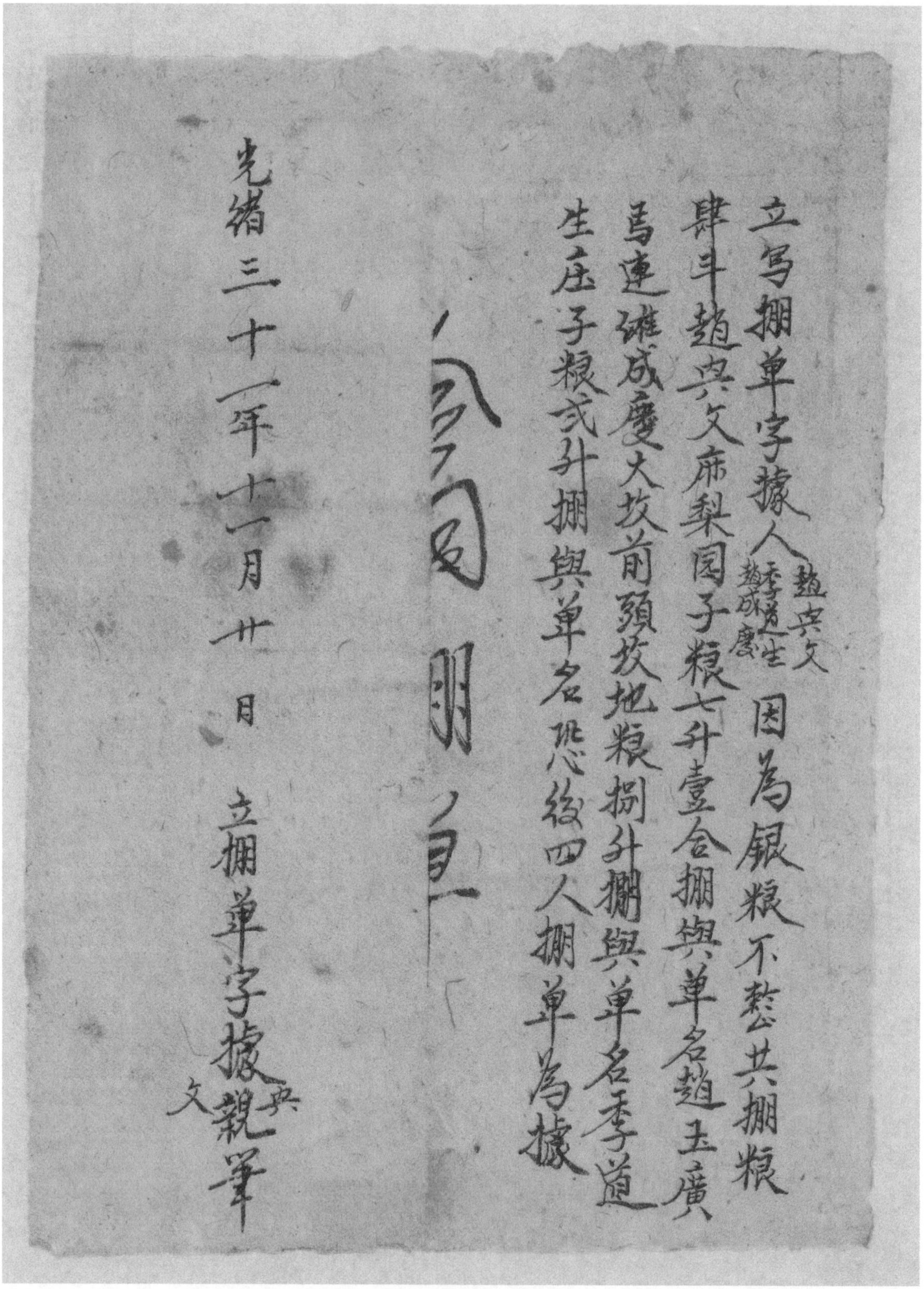

立写掤單字據人(趙興文 季道生 趙成慶)因為銀粮不楚共掤粮
肆斗趙興文希梨园子粮七升壹合掤與單名趙玉廣
馬連趙成慶大坟前頭坟地粮捌升掤與單名季道
生庄子粮弍升掤與單名恐後四人掤單為據

光緒三十一年十一月廿日　立掤單字據　興文親筆

光緒三十一年（一九〇五）趙興文等立棚契約（M071）

立写棚单字據人趙㒷（興）文、季道生、趙成慶，因為銀粮不整，共棚粮肆斗，趙㒷（興）文麻梨园子粮七升壹合，棚與单名；趙玉廣馬連灘成慶大坆前頭坆地粮捌升，棚與單名；季道生庒（莊）子粮弍升，棚與單名。恐後【無】【憑】，四人棚单為據。

光绪三十一年十一月廿日

立棚单字據㒷（興）文 親筆

典地土文約人李隨林因為使用不足今將自己祖遺白楼嘴上地一段下
籽弍斗自己請中人說合出典于元山寨世興名下耕種得授典價大
錢拾串文整当日对中交足並無欠少之典之後錢到地回恐口無憑
立此典約為証

合同典約

此約不用

中人李般元

日立約人李隨林

光緒三十四年九月二十九

[illegible]

書約人周建功

光緒三十四年（一九〇八）季隨林立典地契約（M072）

立典地土文约人季隨林，因為使用不足，今将（將）自己祖遺白様嘴上地一段，下籽弍斗。自己央令中人説合，出典于元山寨世㒷（興）刘名下耕種，得授（受）典價大錢（錢）拾串文整，当日对中交足，並無欠少。之（自）典之後，銭（錢）到地迴（回），恐口無凴，立此典约為証（證）。

每年粁（糧）八升倉升。

立约人：季隨林

中　人：季殷元

書约人：周建功

光緒三十四年九月二十九日

此约不用

立寫典約文契人趙寅貴因為供用不足今將自己
祖遺下寨崖底下方地乙段下籽乙斗憑中人問到元山
坪吳金慶名下耕種時值典價大錢捌仟柒佰文整
憑中交足並無欠少自典之後錢到地回恐後無憑立
此典約為據

合同典約

每年除料淨租叁色大斗五升

光緒叁拾四年全月廿四日立典約人趙寅貴

成料壹斗

憑中人李興家

代書人牟仁山

光緒三十四年（一九〇八）趙寅貴立典地契約（M073）

立寫（寫）典约文契人趙寅貴，因為使用不足，今将（將）自己祖遺下寨崖底下方地乙（一）段（段），下籽乙（一）斗，央令中人问到元山坪吳全慶名下耕種，时值典價大錢捌仟柒佰文整，兑（對）中交足，並無欠少。自典之後，錢到地回（回），恐後無凴，立此典约為據。

每年除粁（糧）淨（净）租（租）叁包弍斗五升。

每年粁（糧）叁升。

光绪叁拾四年全月廿四日

立典约人：趙寅貴

兑（對）中人：季贠（輿）家

遇书人：季仁山

立寫典約文契人趙寅貴因爲係用不足今將自己
祖下寨崖底下方地乙段下籽乙斗叁中人問到元山坪
吳全慶名下耕種時值典價大錢捌仟柒伯文整出說
中交足並無欠少自典之後錢到地回恐後無憑立
此典約爲據

合同其照

每年除扒淨租叁色弍斗五升

光緒叁拾四年全月廿四日　每斗秋倉斗

立典約人趙寅貴
說中人李興家
代筆人李仁山

光緒三十四年（一九〇八）趙寅貴典地契約（M074）

立寫（寫）典約文契人趙寅貴，因為使用不足，今将（將）自己祖【遺】下寨崖底下方地乙（一）段（段），下籽乙（一）斗。央令中人问到元山坪吴全慶名下耕種，时值典價大錢捌仟柒佰文整，兑（對）中交足，並無欠少。自典之後，錢到地回（回）。恐後無凴，立此典约為據。

每年除粁（糧）淨（净）租叁色（包）弍斗五升。

每年粁（糧）叁升。

光绪叁拾四年仝月廿四日

立典约人：趙寅貴

兑（對）中人：季贠（興）家

遇书人：季仁山

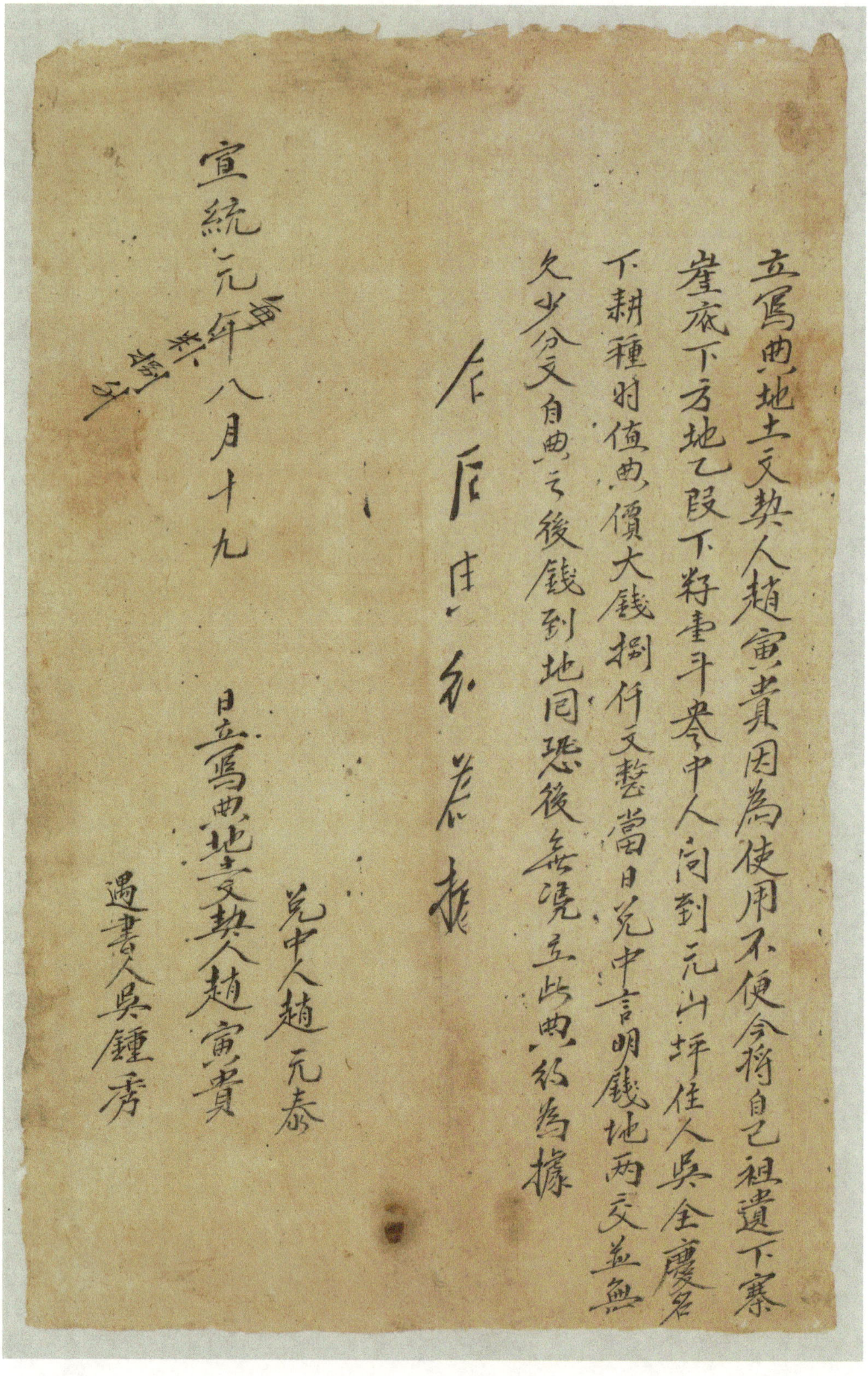

立寫典地土文契人趙寅貴因為使用不便今將自己祖遺下寨
崖底下方地乙段下籽壹斗叁中人向到元山坪住人吳全慶名
下耕種时值典價大錢捌仟文整當日兌中言明錢地兩交並無
欠少分文自典之後錢到地回恐後無凴立此典約為據

合同典約存據

憑中人趙元泰

立寫典地土文契人趙寅貴

過書人吳鍾秀

宣統元年八月十九日

每料捌升

宣統元年（一九〇九）趙寅貴立典地契約（M075）

立冩（寫）典地土文契人趙寅貴，因為使用不便，今将（將）自己祖遺下寨崖底下方地乙（一）段（段），下籽壹斗，央令中人问到元山坪住人吳全慶名下耕種，時值典價大銭（錢）捌仟文整，當日兊（對）中言明，銭（錢）地两交，並無欠少分文。自典之後，銭（錢）到地囘（回）。恐後無凴，立此典約為據。

每年粁（糧）捌升。

宣統元年八月十九日

立冩（寫）典地土文契人：趙寅貴

兊（對）　　中　　人：趙元泰

遇　　書　　人：吳鍾秀

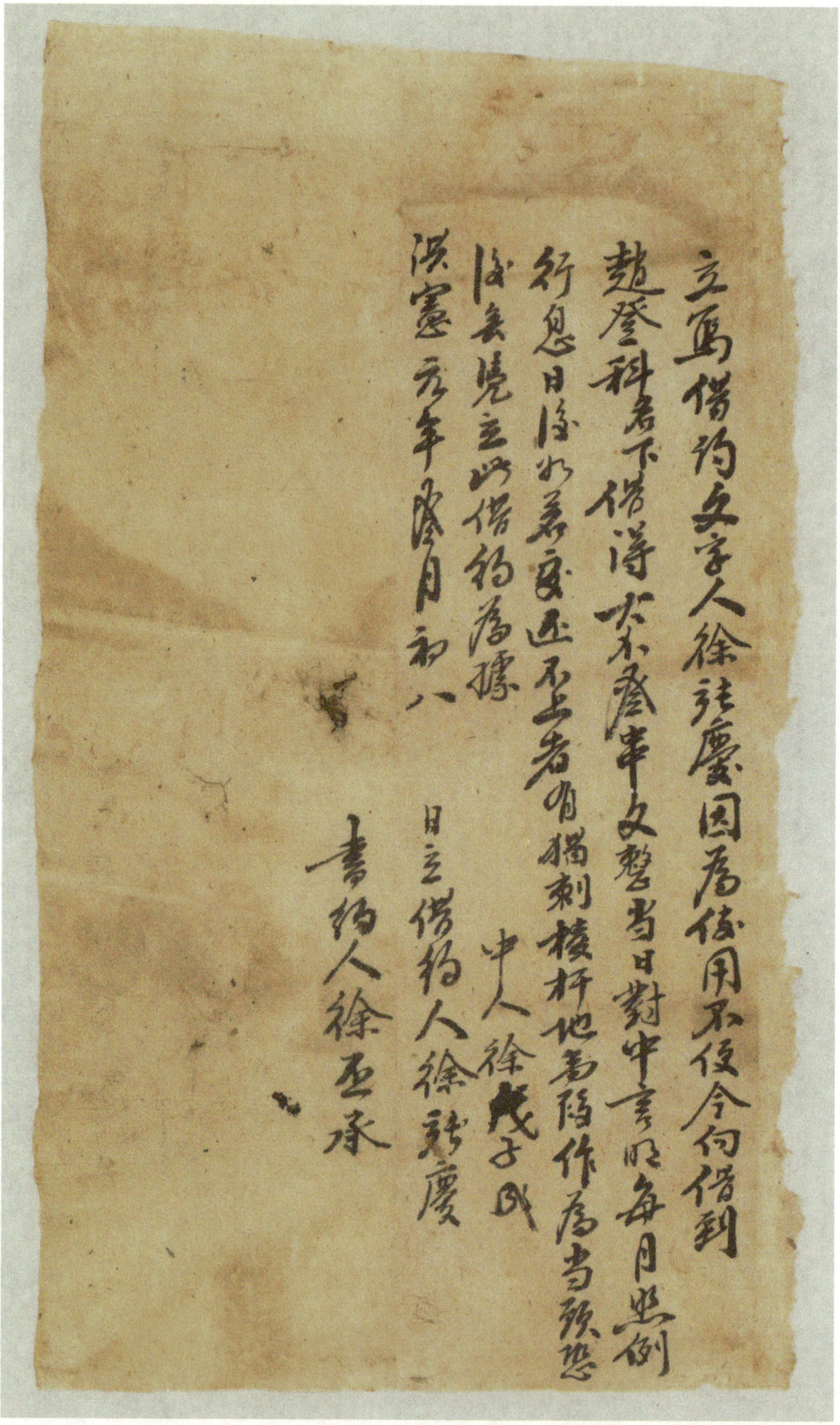

立寫借約文字人徐鋕慶因爲使用不便今向借到
趙登科名下借得大錢叁串文整當日對中言明每月照例
行息日後如若本利不上者有猫刺稜杆地爲陪作爲当頭恐
後無憑立此借約爲據
洪憲元年叁月初八
日立借約人徐鋕慶
中人徐茂子成
書約人徐丕承

民國五年（一九一六）徐張慶立借貸契約（M076）

立冩（寫）借约文字人徐張慶，因為使用不便，今问借到趙登科名下借得大㦮（錢）叁串文整，当日對中言明，每月照例行息。日後如若交还不上者，有猫刺棱杆地壹叚（段）作為当頭，恐後無凴，立此借约為據。

洪憲元年叁月初八日

立借约人：徐張慶
中　　人：徐戊子成
書 约 人：徐丕承

立寫地保錢約宗跟運，因為使用不足，今向到板林寨趙廣唯名下借占大錢弍仟伍百文整，當日憑中言明，每月照例行息，支當拖布溝土地一段，下籽八斗，作為當頭，恐後無憑，立此借約存用。

中人宗丑娃

民國五年三月廿二日立約人宗跟運

代書人孫碧曾

民國五年（一九一六）宋跟適立借貸契約（M077）

立冩（寫）地保錢约宋跟适，因為使用不足，今问到柳林寨趙廣哇名下借得大錢弍俈（串）伍百文整，当日兑（對）中言明，每月照例行息，支当坨布湾上地一叚（段），下籽八廾（升），作為当頭。恐後無凴，立此借约存用。

民国五年六月廿二日

立约人：宋跟适
中　人：宋丑哇
代書人：徐紹曾

立典地土文約人趙艮貴因為使用不便今將自己祖
遺小石埃地壹段下程系等自己奉中人說合同到典
于徐朝禄名下耕種典價大錢六串文整當日不
地無灾並無爭欠自典之後錢到地回恐後無憑立
此典約存用　人信是人約
臘月內地主回戶後交參佰五十文經收人徐啟星
中人徐張慶
存
批出
存
民國五年十二月廿六日立約人趙艮貴
書約人趙子瑜

民國五年（一九一六）趙艮貴立典地契約（M078）

立典地土文约人趙艮貴，因為使用不便，今将自己祖遺小石埃（崖）地壹段（段），下籽不等，自己央令中人说合，问到典于徐朝禄名下耕種，典價大夆（錢）六百文整，当日夆（錢）地两交，並無少欠，自典之後，錢到地回（回），恐後無憑，立此典约存用。

每年粁（糧）五合。

民国五年十二月廿六日

立约人：趙艮貴

中　人：徐張慶

書约人：趙子瑜

臘月内地主向户復交叁佰五十文

續约人：徐啟運

立寫永遠歸地土文約人徐貴慶，因為使用不便，今將自己祖遺大他灣地上下
弍段，下籽不等，東至泉灣為界，南至徐姓地為界，西至趙姓徐姓地為界，北至
以坡為界，四至分明，地界各有朧畔。自己揚言出賣，儘問親房地鄰，無人留佃，
因日央請中人李如芳說合，問到鄉抹寨主人趙登科名下耕種，永远為業。時值歸
價大錢弍仟文整，當日即時交足，並無勒令，並無強為。自歸之後，酒飲一搃劃在，
畫字一包在內，每年正粮叁合。如若日後有房親戶內爭言者，有徐貴慶一面承
當。恐後無憑，立此永远歸約為據。

永遠大吉

民國六年二月廿五日立歸約人徐貴慶 十

中人丙代書李如芳畫字壹白二十通

民國六年（一九一七）徐貴慶立賣地契約（M079）

立寫（寫）永遠歸地土文約人徐貴慶，因為使用不便，今将（將）自己祖遺大他湾地上下弍段（段），下籽不等。東至泉湾為界，南至徐姓地為界，西至趙姓、徐姓地為界，北至以坡為界，思（四）至分明，地界各有隴（壟）伴（畔），自己揚言出賣，偏（遍）問親房地鄰，無人留佃，因日央請中人季如芳説合，問到栁（柳）林寨主（住）人趙登科名下耝（耕）種，永远為業，時值歸價大錢（錢）弍佰（串）文整，当日即時交足，並無勒令，並無強為。自歸之後，酒食一棹（桌）刘（留）庄（莊），画字一包在内，每年正（徵）粁（糧）叁合。如若日後有房親户内人等争言者，有徐貴慶一面承当，恐後無憑，立此永远歸約為據。

永遠大吉

民國六年二月廿五日

立　歸　約　人：徐貴慶（畫押）

中人丙（并）代書：季如芳　画字壹百二十【文】

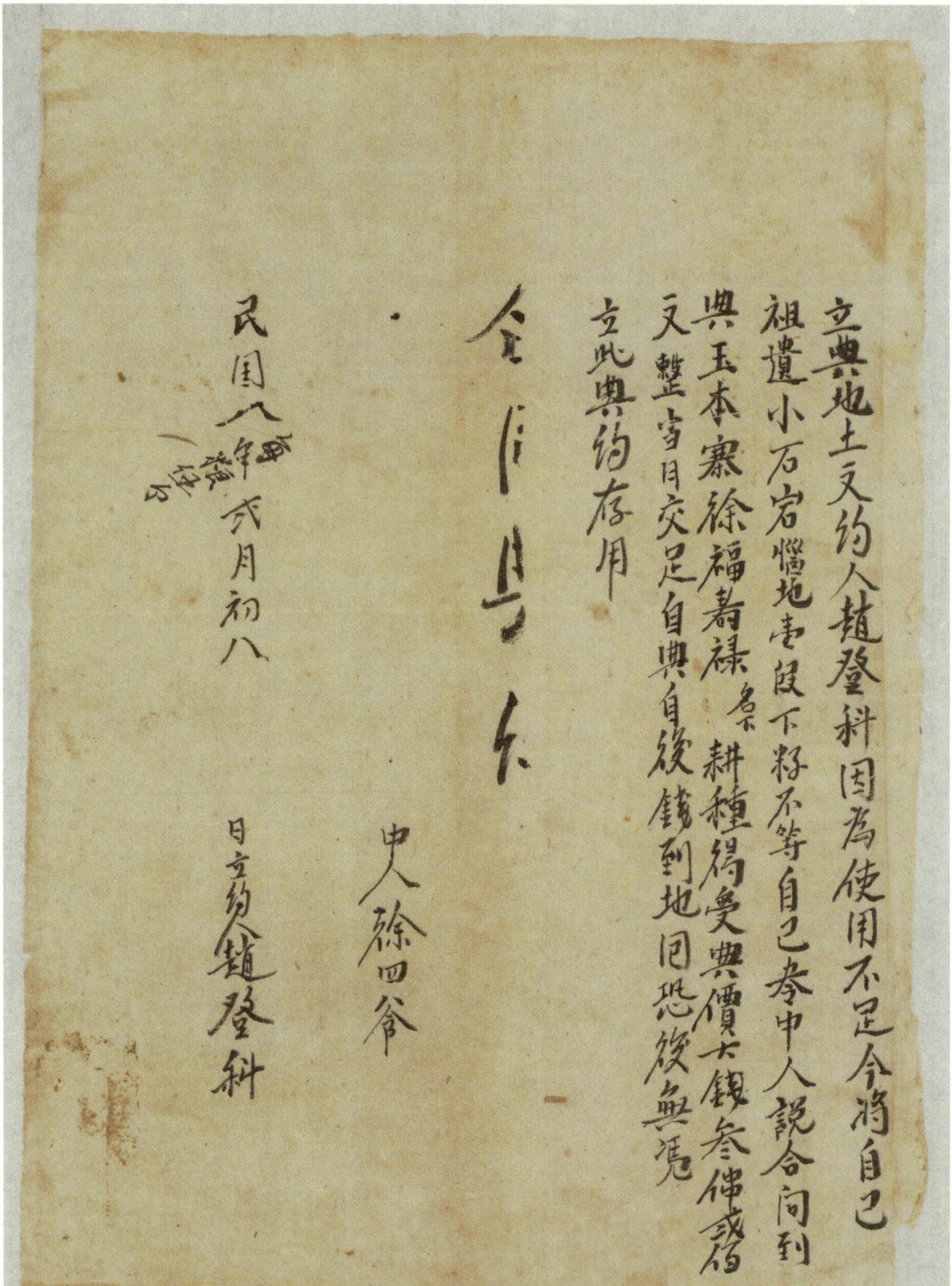

立典地土文約人趙登科，因為使用不足，今將自己
祖遺小石岩𡎚地壹段，下籽不等，自己夲中人說合，向到
典玉本寨徐福壽禄名下耕種，得受典價大錢叁佰贰佰
文整，當日交足。自典自後，錢到地回。恐後無憑，
立此典約存用。

合同為據

中人　徐四爺

民国八年[illegible]贰月初八日　立約人　趙登科

民國八年（一九一九）趙登科立典地契約（M080）

立典地土文约人趙登科，因為使用不足，今将自己祖遺小石岩腦地壹段，下籽不等，自己央令中人説合，问到典玉（于）本寨徐福壽禄名下耕種，得受典價大錢（錢）叁佛（串）式佰文整，当日交足，自典自（之）後，钱（錢）到地囘（回），恐後無凴，立此典约存用。每年【徵】粮伍个（合）。

立约人：趙登科

中　人：徐四倉

民国八年式月初八日

立換新約人趙連廣因為使用不足，今將自己祖遺
鵬晉洞上地壹段，下籽不等，訣請中人說合，向本家
房親趙玉順名下耕種，典價大錢六串文整，當
日交足無欠。錢地兩交，錢到地回，恐後無憑，
立此典約為証。

代作生紹炎音

前約十字不用　　中人趙三神保

民国捌年八月十二日　立約人趙連廣

仝契三執

仝人趙廷禎

民國八年（一九一九）趙連廣立典地契約（M081）

立換（換）新约人趙連廣，因為使用不足，今将（將）自己祖遺鵬竒（奇）洞上地壹段，下籽不等，詇（央）請中人説合，问【到】本家房親趙玉順名下耕種，典價大錢六串文整，当日交足無欠，錢地両（兩）交，錢到地田（回），恐後無憑，立此典约為証（證）。

每年正（徵）粮三升（升）。

前约古子（字）不用

民国捌年八月十二日

立约人：趙連廣

中　人：趙三神代

書　人：趙廷楨

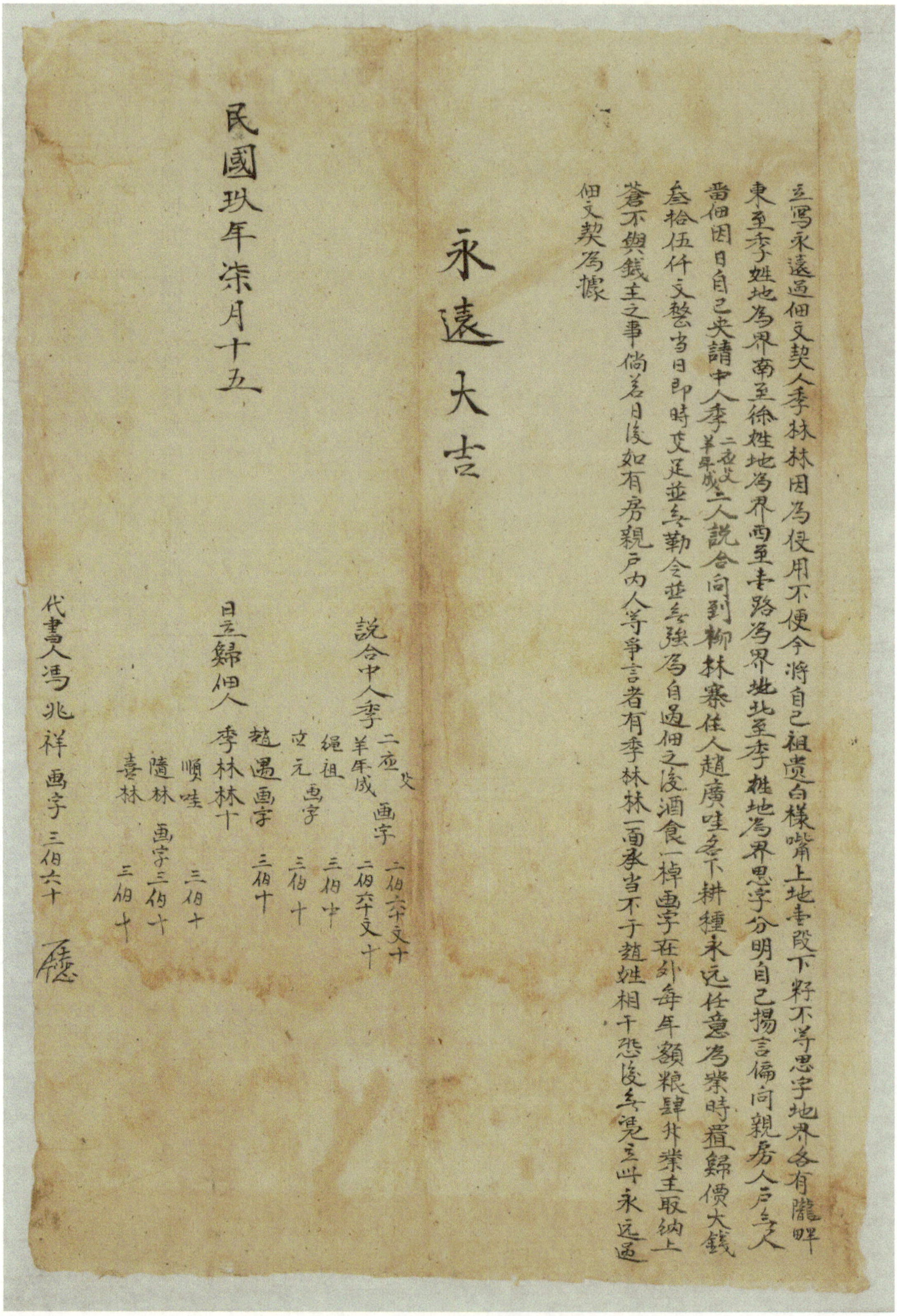

立寫永遠過佃文契人李林林因為使用不便今將自己祖遺白樣嘴上地壹段下籽不等思字地界各有隴畔
東至李姓地為界南至徐姓地為界西至壹路為界地北至李姓地為界思字分明自己揚言徧向親房人戶無人
當佃因日自己央請中人李二應文羊年成二人說合向到柳林寨住人趙廣哇名下耕種永遠任意為業時值歸價大錢
叁拾伍仟文整當日即時交足並無勒令並無強為自過佃之後酒食一棹畫字在外每年額粮肆升業主取納上
倉不與錢主之事倘若日後如有房親戶內人等爭言者有李林林一面承當不于趙姓相干恐後無憑立此永遠過
佃文契為據

永遠大吉

說合中人李二應文　畫字　二佰六千文十
羊年成　二佰六千文十
繩祖　三佰中
立元　畫字　三佰十
趙遇　畫字　三佰十
日立歸佃人　李林林十
順哇　三佰十
隨林　畫字三佰十
喜林　三佰十
代書人馮兆祥　畫字　三佰六十　〔押〕

民國玖年柒月十五

民國九年（一九二〇）季林林立賣地契約（M082）

立冩（寫）永遠過（過）佃文契人季林林，因為使用不便，今將（將）自己祖遺白樣嘴上地壹段（段），下籽不等，思（四）字（至）地界各有隴（壟）畔，東至季姓地為界，南至徐姓地為界，西至壹（以）路為界，北至季姓地為界，思（四）字（至）分明。自己揚言偏（遍）问親房人户無人啚（願）佃，因日自己央請中人季二应父、季羊年成二人説合，问到柳林寨住人趙廣哇名下耕種，永远任意為業，時置歸（歸）價大錢（錢）叁拾伍仟文整，当日即時交足，並無勒令，並無強為。自過（過）佃之後，酒食一棹（桌），画字在外，每年額粮肆升（升），業主取纳上蒼（倉），不與錢（錢）主之事，倘若日後如有房親户内人等（等）爭（争）言者，有季林林一面承当，不于（與）趙姓相干，恐後無憑，立此永远過（過）佃文契為據。

永遠大吉

民國玖年柒月十五日

立（歸）佃人：季林林（畫押）
季順哇 三佰（畫押）
季隨林 画字 三佰（畫押）
季喜林 三佰（畫押）
説合中人：季二应父 画字 二佰六十文（畫押）
季羊年成 二佰六十文（畫押）
季绳祖 画字 三佰（畫押）
季应元 三佰（畫押）
趙遇 画字 三佰（畫押）
代書人：馮兆祥 画字三佰六十【文】（畫押）

立合同棚料单人赵登科、登奎兄弟二人，因为合料零碎，二家论议，

赵登科将崖底下立地子一段、大坡前树滩一所付与登奎，退二

家料八升，以为自己永远之由業，每年登科相帮登奎承

纳上合登科与登奎棚料四升，登奎向登科每年

取纳承合，恐后无凭，立此棚料合同单为证。

八斤折谷八升

说合中人徐佛代

日立棚料单人赵登科、登奎

民国拾年九月十八

邑北人王鹤鸣

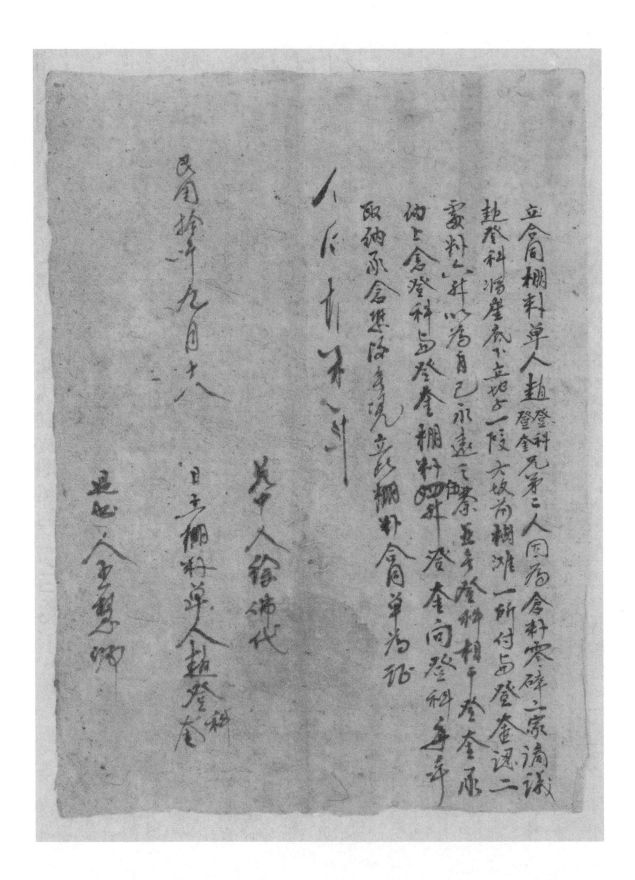

民國十年（一九二一）趙登科、趙登奎立棚糧單契約（M083）

立合同棚粁（糧）单人趙登科、趙登奎兄弟二人，因為倉粁（糧）零碎，二家谪（商）議（議），趙登科将（將）崖底下立地子一叚（段），大坟前樹滩一所付与登奎認（認）二雺（處）粁（糧）六升，以為自己永遠之業，並無登科相干，登奎承纳上倉。登科与登奎棚粁（糧）伍升（升），登奎向登科每年取纳承倉，恐後無凴，立此棚粁（糧）合同单為证。

民国拾年九月十八日

立棚粮单人：趙登科 趙登奎

兑（對）中人：徐佛代

遇　書　人：王慧卿

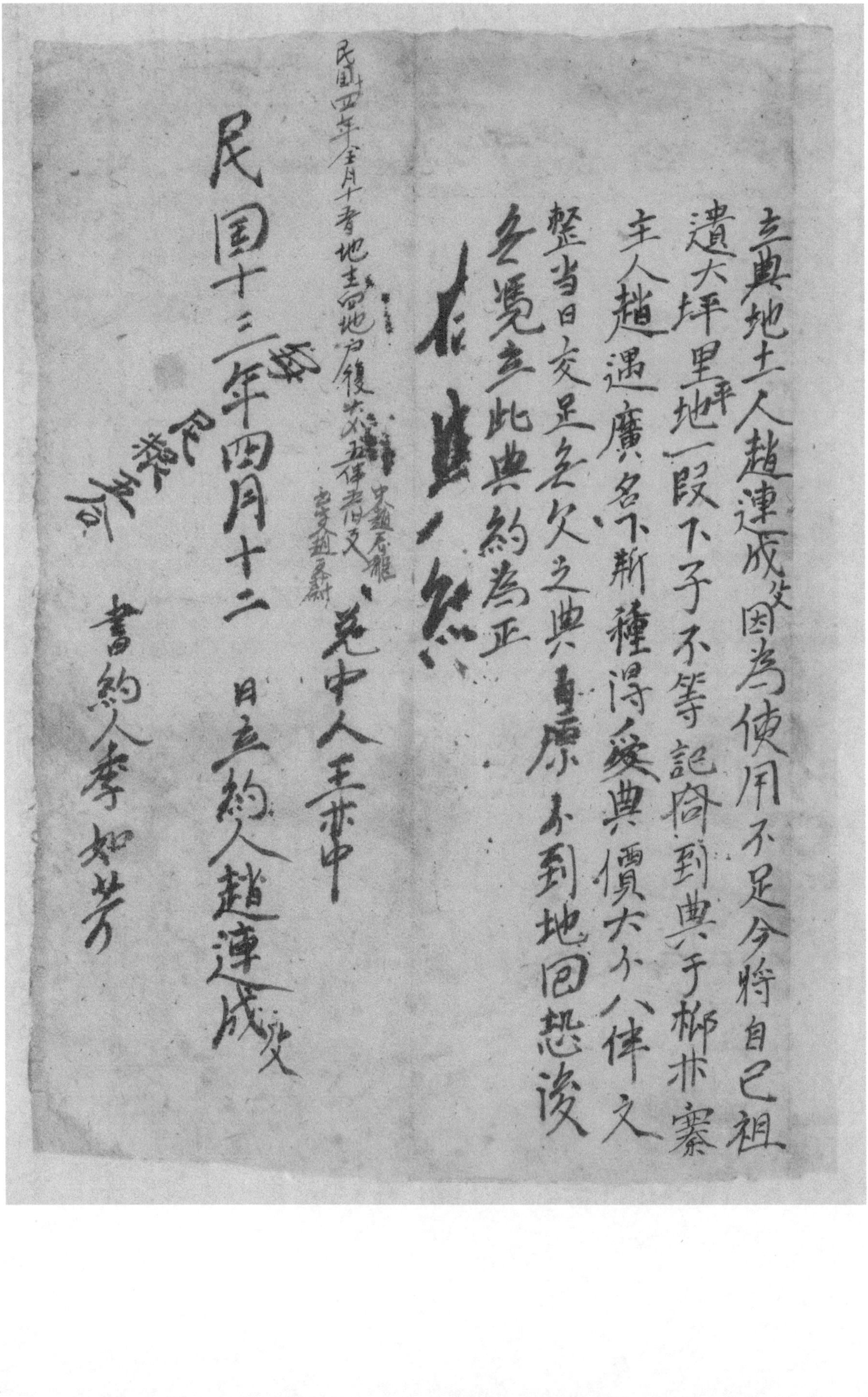
立典地土人趙連成父因為使用不足今將自己祖
遺大坪里平地一段下子不等記尙到典與于栁林寨
主人趙遇廣名下耕種得受典價大个八伴之
整当日交足無欠之典原到地回贖後
無憑立此典約為正
右典人照
民國卅四年全月十晝地主向地户復收洋五伴老日文　中人趙存懷　中人趙承尉
憑中人王林中
民國十三年四月十二日立約人趙連成父
書約人李如芳

民國十三年（一九二四）趙連成父立典地契約（M084）

立典地土【文】【字】人趙連成父，因為使用不足，今将（將）自己祖遺大坪里平地一叚（段），下子（籽）不等，記（説）合问到典于栁（柳）林寨主（住）人趙遇廣名下耕種，湏（得）受典價大糸（錢）八伡（串）文整，当日交足無欠，之（自）典之後，糸（錢）到地囘（回），恐後無凴，立此典約為正（證）。

每年民粮五合。

民国十三年四月十二日

立　約　人：趙連成父

兊（對）中人：王林中

書　約　人：季如芳

民国十四年全月十五日地主向地户復大糸（錢）五伡（串）五佰文

中　人：趙春龍

書字人：趙文蔚

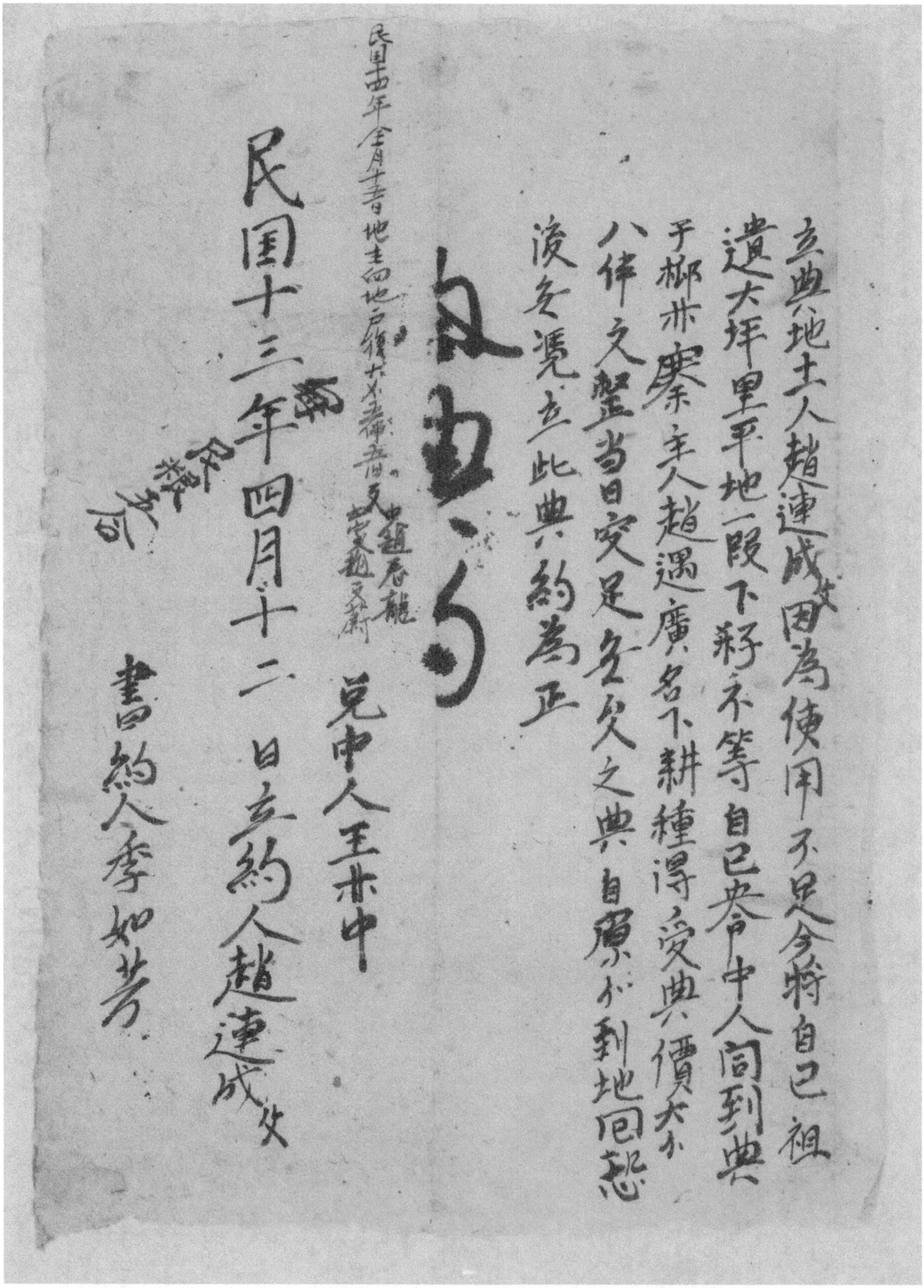

立典地土人趙連成父因為使用不足今將自己祖
遺大坪里平地一段下籽不等自己央中人同到典
于椒𡊨寨主人趙渭廣名下耕種得受典價大分
八仟文整当日交足無欠之典自願分剩地回恕
後無憑立此典約為正

見中人王林中

民国十三年四月十二日立約人趙連成父

書約人李如芳

民國十三年（一九二四）趙連成父立典地契約（M085）

立典地土【文】【字】人趙連成父，因為使用不足，今将（將）自己祖遺大坪里平地一段（段），下籽不等，自己央令中人问到典于栁（柳）林寨主（住）人趙遇廣名下耕種，淂（得）受典價大糸（錢）八伻（串）文整，当日交足無欠，之（自）典自（之）後，糸（錢）到地囘（回）。恐後無凴，立此典约為正（證）。

每年民粮五合。

民国十三年四月十二日

立　約　人：趙連成父

兑（對）中人：王林中

書　約　人：季如芳

民国十四年全月十五日地主向地户復大糸（錢）五伻（串）五佰文

中　　人：趙春龍

書字人：趙文蔚

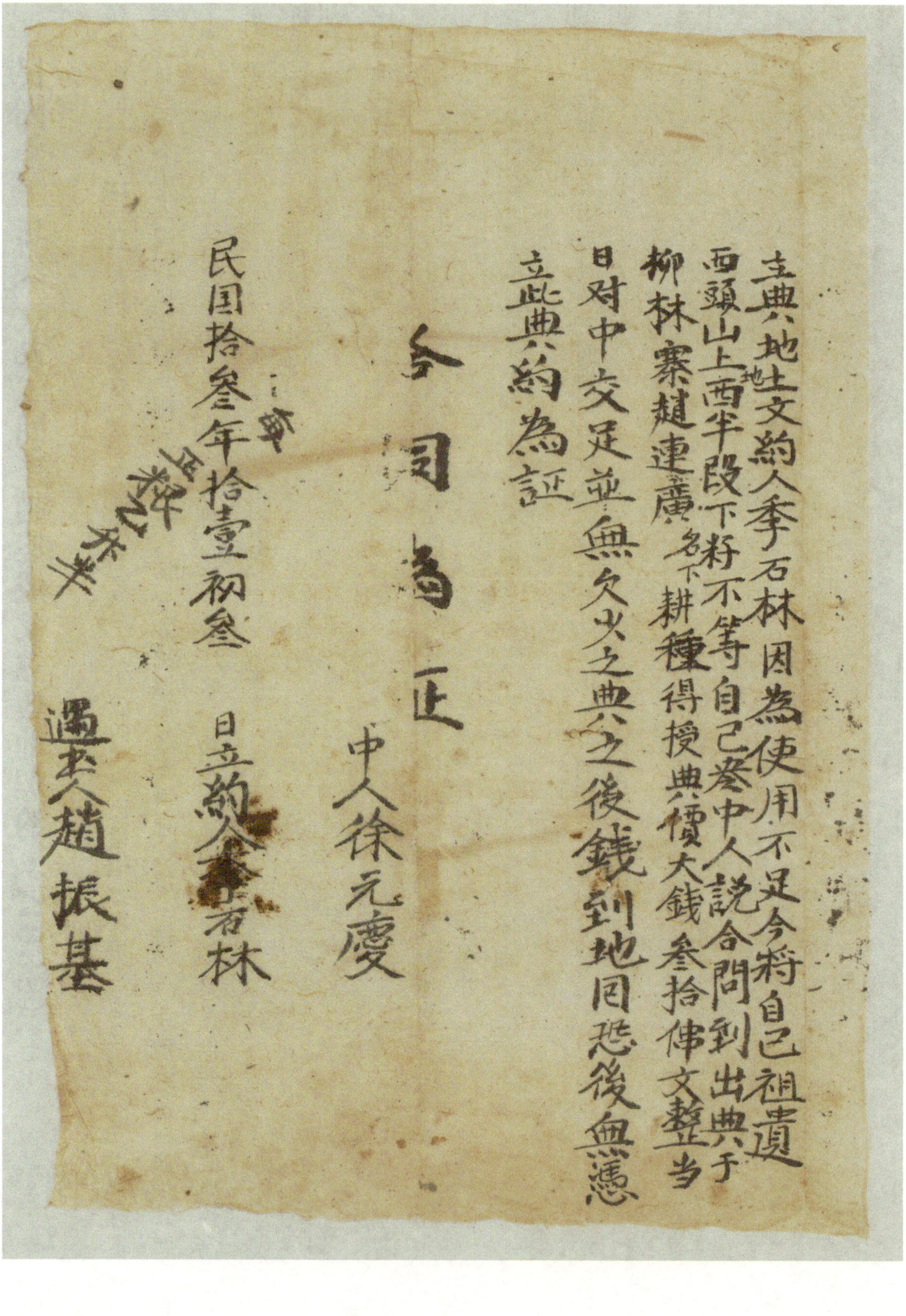

立典地土文約人季石林因為使用不足今將自己祖遺
西頭山上地西半段下將不等自己尋中人說合問到出典于
柳林寨趙連廣名下耕種得授典價大錢叁拾伸文整当
日对中交足並無欠少之典之後錢到地回恐後無憑
立此典約為証

合同為証

中人徐元慶

民国拾叁年拾壹月初叁日立約人季石林

每年正粮乙升半

過耒人趙振基

民國十三年（一九二四）季石林立典地契約（M086）

立典地土文約人季石林，因為使用不足，今将（將）自己祖遺西頭山上地西半叚（段），下籽不等，自己央令中人説合，問到出典于柳林寨趙連廣名下耕種，得授（受）典價大銭（錢）叁拾伸（串）文整，当日对中交足，並無欠少。之（自）典之後，銭（錢）到地囘（回），恐後無憑，立此典約為証（證）。

每年正（徵）粮乙（一）升（升）半。

民国拾叁年拾壹【月】初叁日

立約人：季石林

中　人：徐元慶

遇書人：趙振基

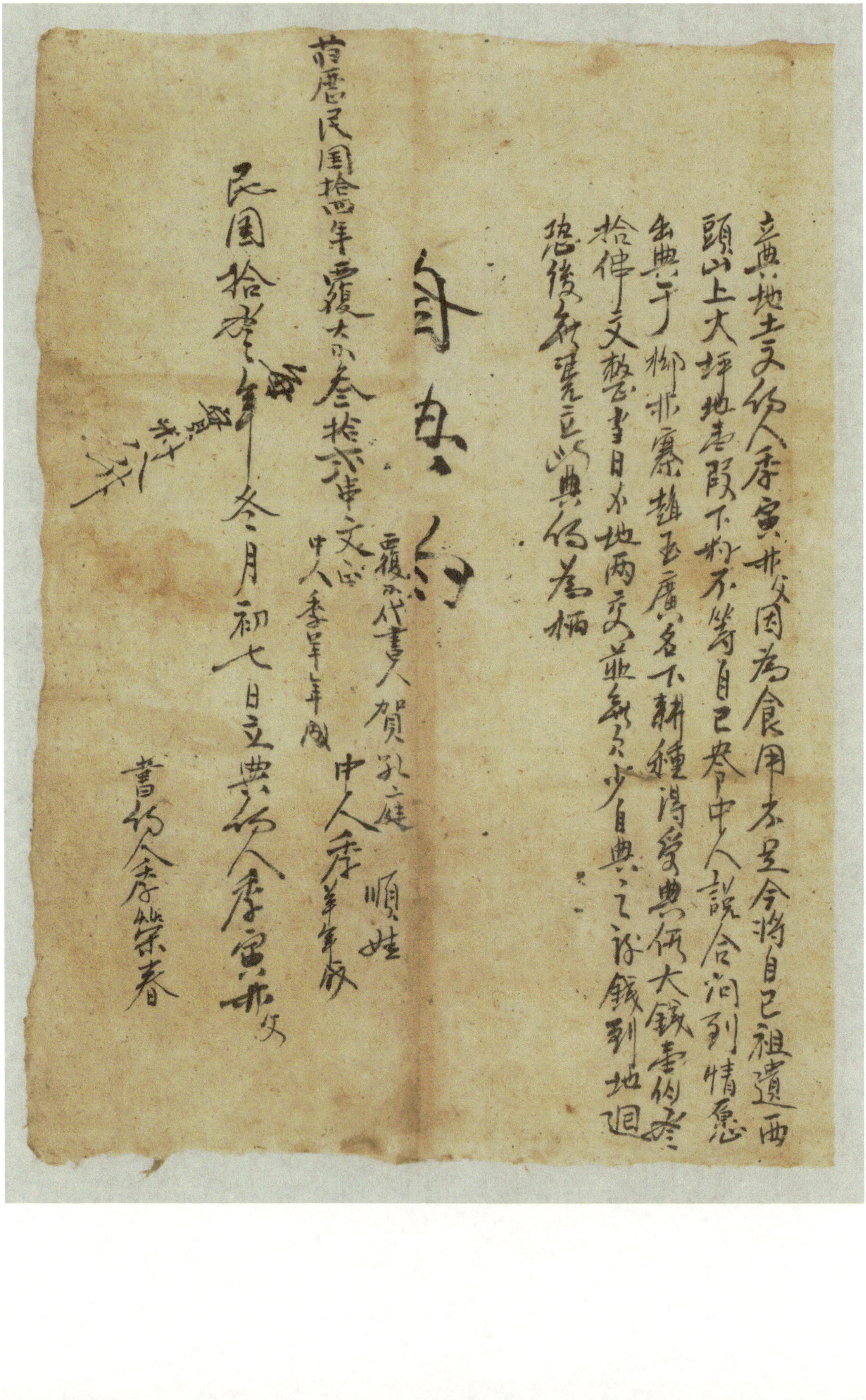
立典地土文約人李寅非父因為食用不足今將自己祖遺西
頭山上大坪地壹段下將不等自己尋中人說合商到情愿
出典于柳非寨趙玉廣名下耕種淂受典價大錢壹伯叁
拾伴文整當日小地兩交並無欠少自典之後錢到地迴
恐後無憑立此典約為柄

前歷民国拾四年霞復太小叁拾陸串文正
中人李早年成
霞復小代書人賀孔庭
中人李華年成　順娃
民国拾叁年冬月初七日立典約人李寅非父
書約人李紫春

民國十三年（一九二四）季寅林父立典地契約（M087）

立典地土文约人季寅林父，因為食（使）用不足，今将（將）自己祖遺西頭山上大坪地壹叚（段），下籽不等，自己央令中人説合，问到情愿出典于栁（柳）林寨趙玉廣名下耕種，淂（得）受典價大錢（錢）壹佰叁拾伻（串）文整，当日糸（錢）地兩交，並無欠少，自典之後，錢（錢）到地迴（回），恐後無凴，立此典约為柄。

每年實粁（糧）八升（升）。

民国拾叁年冬月初七日

立典约人：季寅林父

中　　人：季順娃　季羊年成

書 约 人：季榮春

舊曆民国拾四年覆（復）大糸（錢）叁拾弍串文整

中　　人：季羊年成

覆（復）糸（錢）代書人：賀孔庭

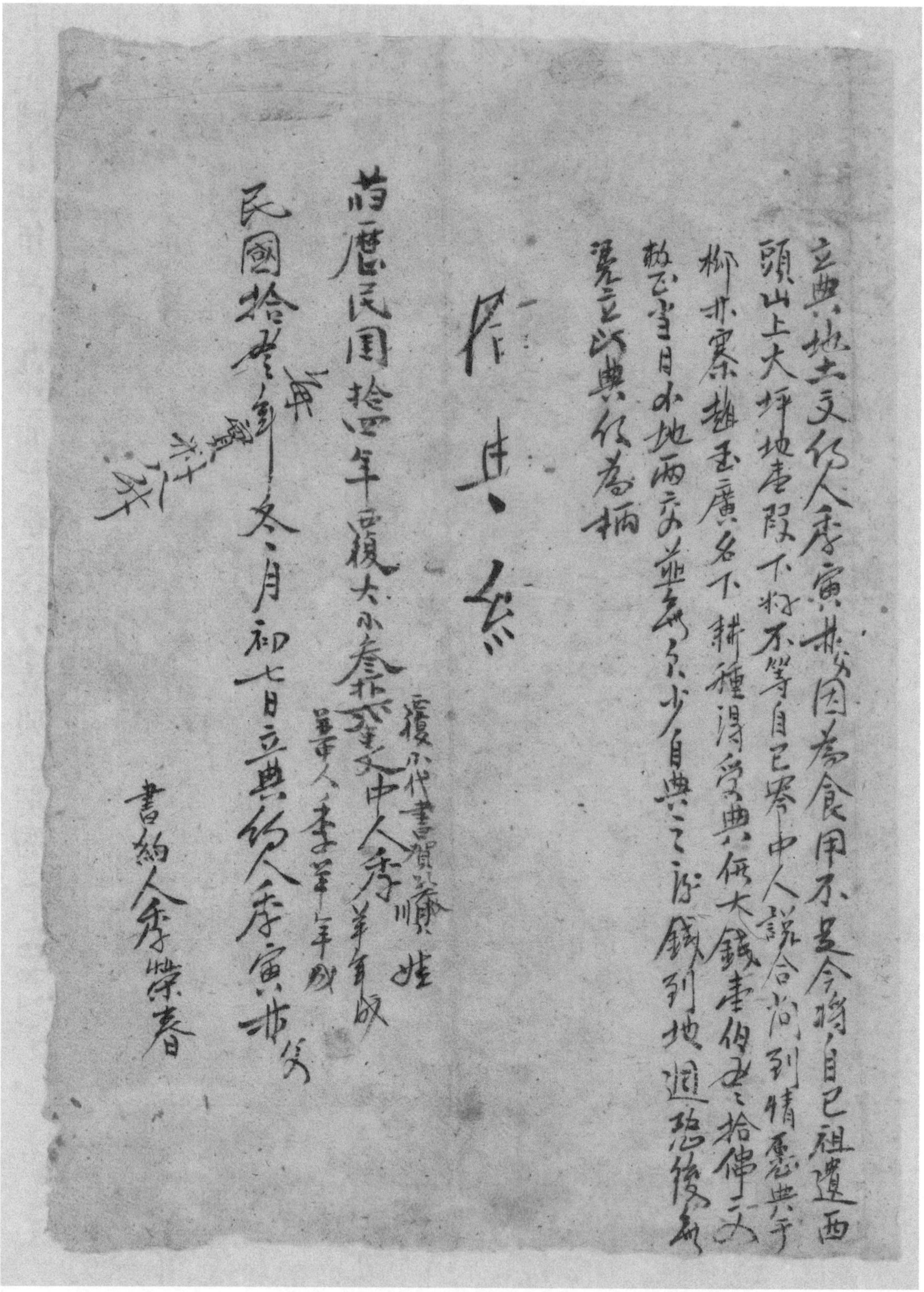

立典地土文約人季寅虎因為食用不足今將自己祖遺西
頭山上大坪地壹段下籽不等自己尋中人說合尚到情愿典于
柳林寨趙玉廣名下耕種得受典價大錢壹佰伍〃拾伍千文
故下當日水地兩交並無欠少自典之后錢到地退恐後無
憑立此典約為柄

作典人丢

前歷民國拾四年已復大小秦靜文　中人季羊年成
復不代書賀順娃
畢中人李羊年成

民國拾叁年冬月初七日立典約人季寅虎父
寅　贖　求　洪

書約人季榮春

民國十三年（一九二四）季寅林父立典地契約（M088）

立典地土文约人季寅林父，因為食（使）用不足，今將自己祖遺西頭山上大坪地壹叚（段），下籽不等，自己央令中人説合，问到情愿典于栁（柳）林寨趙玉廣名下耕種，淂（得）受典價大銭（錢）壹佰零拾俥（串）文整，当日糸（錢）地両（兩）交，並無欠少，自典之後，钱（錢）到地迴（回），恐後無凴，立此典约為柄。

每年實粁（糧）八升（升）。

民國拾叁年冬月初七日

立典约人：季寅林父

中　人：季順娃　季羊年成

書約人：季榮春

舊曆民国拾四年覆（復）大糸（錢）叁拾弍串文

並　中　人：季羊年成

覆（復）糸（錢）代書：賀孔□

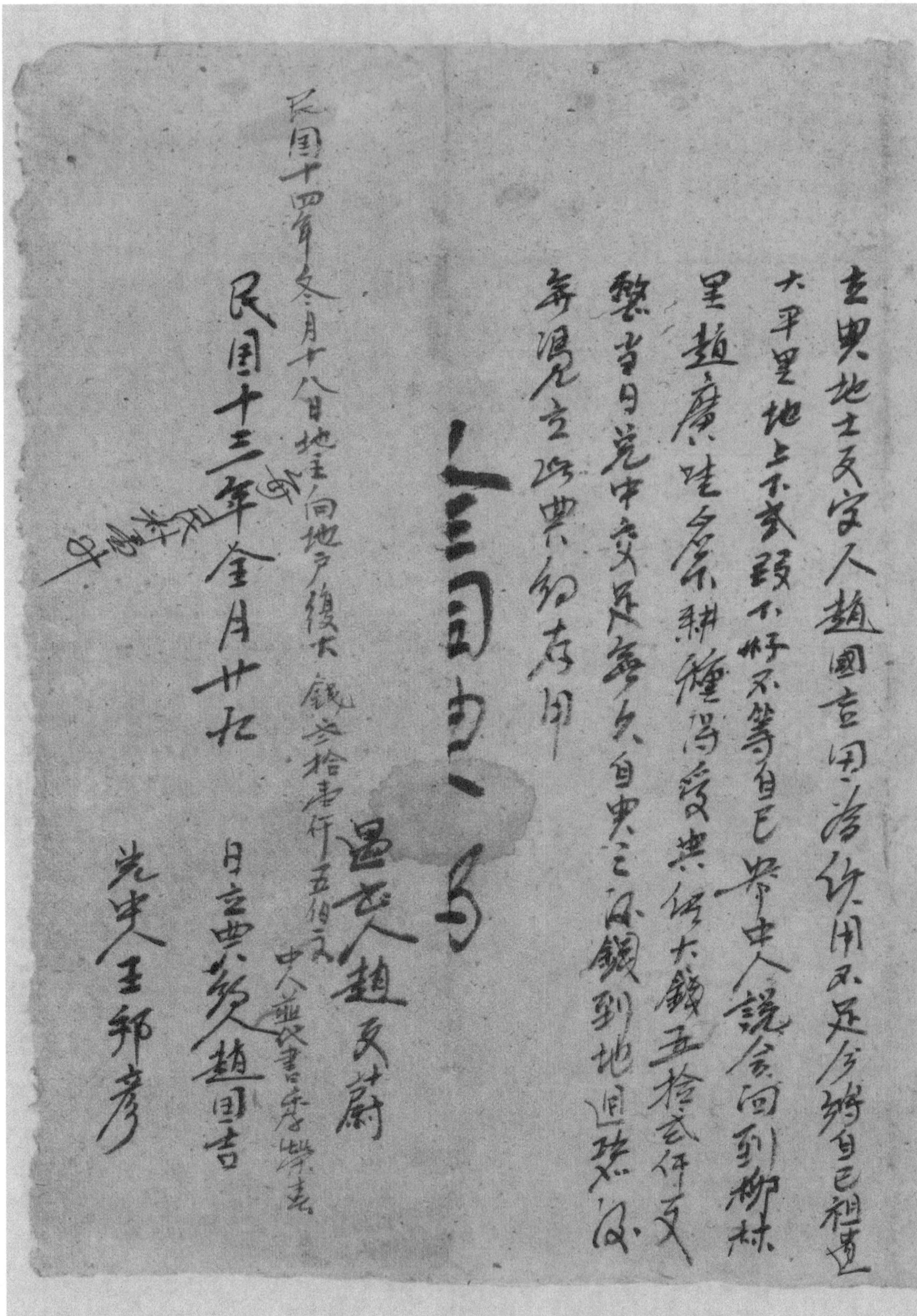

立典地土文字人趙國吉因為缺用不足今將自己祖遺
大平里地上下弍段不埒不等自己央中人說合向到柳林
里趙廣哇家耕種得受典價大錢五拾弍仟文
整當日憑中交足無欠自典之后錢到地回恐後
無憑凡立此典約存用

合同由人手

畫字人趙文蔚
中人並代書李學榮書
民國十四年冬月十八日地主向地户復大錢叁拾壹仟五佰文
王民材書押
立典約人趙國吉
民國十三年全月廿九
憑中人王邦彥

民國十三年（一九二四）趙國吉立典地契約（M089）

立典地土文字人趙國吉，因為使用不足，今將自己祖遺大平（坪）里地上下弍叚（段），下籽不等，自己央令中人説合，问到栁（柳）林里趙廣哇名下耕種，淂（得）受典價大銭（錢）五拾弍仟文整，当日兑（對）中交足無欠，自典之後，銭（錢）到地迴（回），恐後無凴，立此典约存用。

每年民粁（糧）壹升。

立典约人：趙国吉

兑（對）中人：王邦彥

遇書人：趙文蔚

民国十三年全月廿九日

民国十四年冬月十八日地主向地户復大銭（錢）弍拾壹仟五佰文

中人並代書：季榮春

立典地土文字人徐貴昌因爲使用不便今將自己祖遺
自楊嘴土地一段下籽五斤央中人在前說合同到典于
柳林寨趙廣娃子名下耕種典得大三仟文整當日交
足無欠自典之後介到地過恐後無憑立此典約爲證

典約

中人趙國相

民國十四年二月十五日

立約人徐貴昌

書約人徐佐漢

民國十四年（一九二五）徐貴昌立典地契約（M090）

立典地土文字人徐貴昌，因為使用不便，今將自己祖遺白楊噞（嘴）土地一叚（段），下籽五胜（升），央令中人在前説合，问到典于栁（柳）林寨趙廣哇子名下耕種，典得大忞（錢）三仟文整，当日交足無欠，自典之後，忞（錢）到地迴（回），恐後無凴，立此典約為整（證）。

每年粮一合。

民国十四年二月十五日

立約人：徐貴昌

中　人：趙国相

書約人：徐佐漢

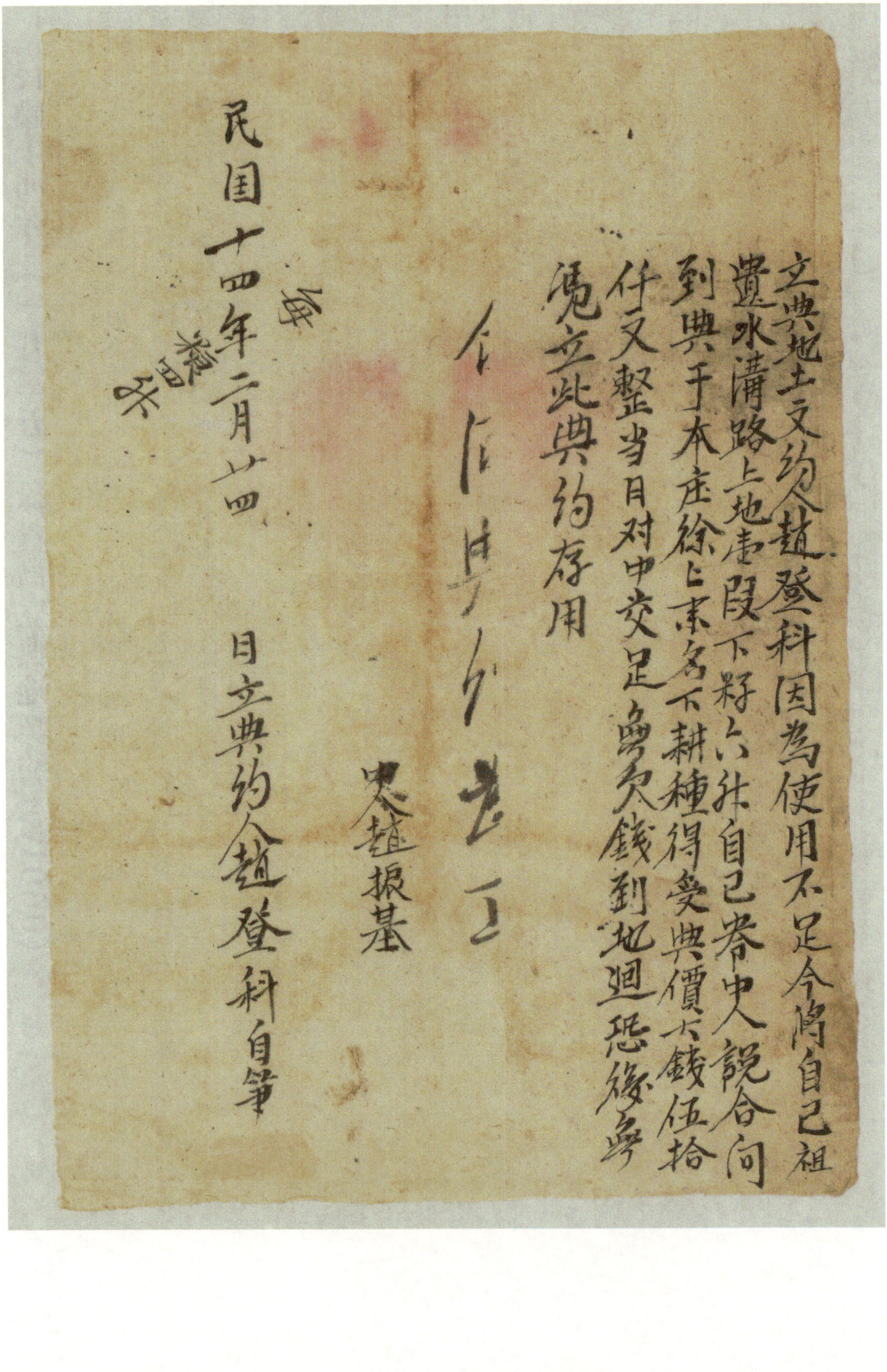

立典地土文約人趙登科因為使用不足今將自己祖
遺水溝路上地壹段下籽六升自己眷中人說合向
到典于本庄徐上末名下耕種得受典價大錢伍拾
仟文整当日对中交足無欠錢到地迴恐後無
憑立此典約存用

今后典分去工

中人趙振基

民国十四年二月廿四日立典約人趙登科自筆

每糧田分

民國十四年（一九二五）趙登科立典地契約（M091）

立典地土文约人趙登科，因為使用不足，今將自己祖遺水溝路上地壹叚（段），下籽六升（升），自己央令中人説合，问到典于夲（本）庒（莊）徐上来名下耕種，得受典價大銭（錢）伍拾仟文整，当日对中交足無欠，銭（錢）到地迴（回），恐後無凴，立此典约存用。

每年粮四升（升）。

民国十四年二月廿四日

立典约人：趙登科 自筆

中　　人：趙振基

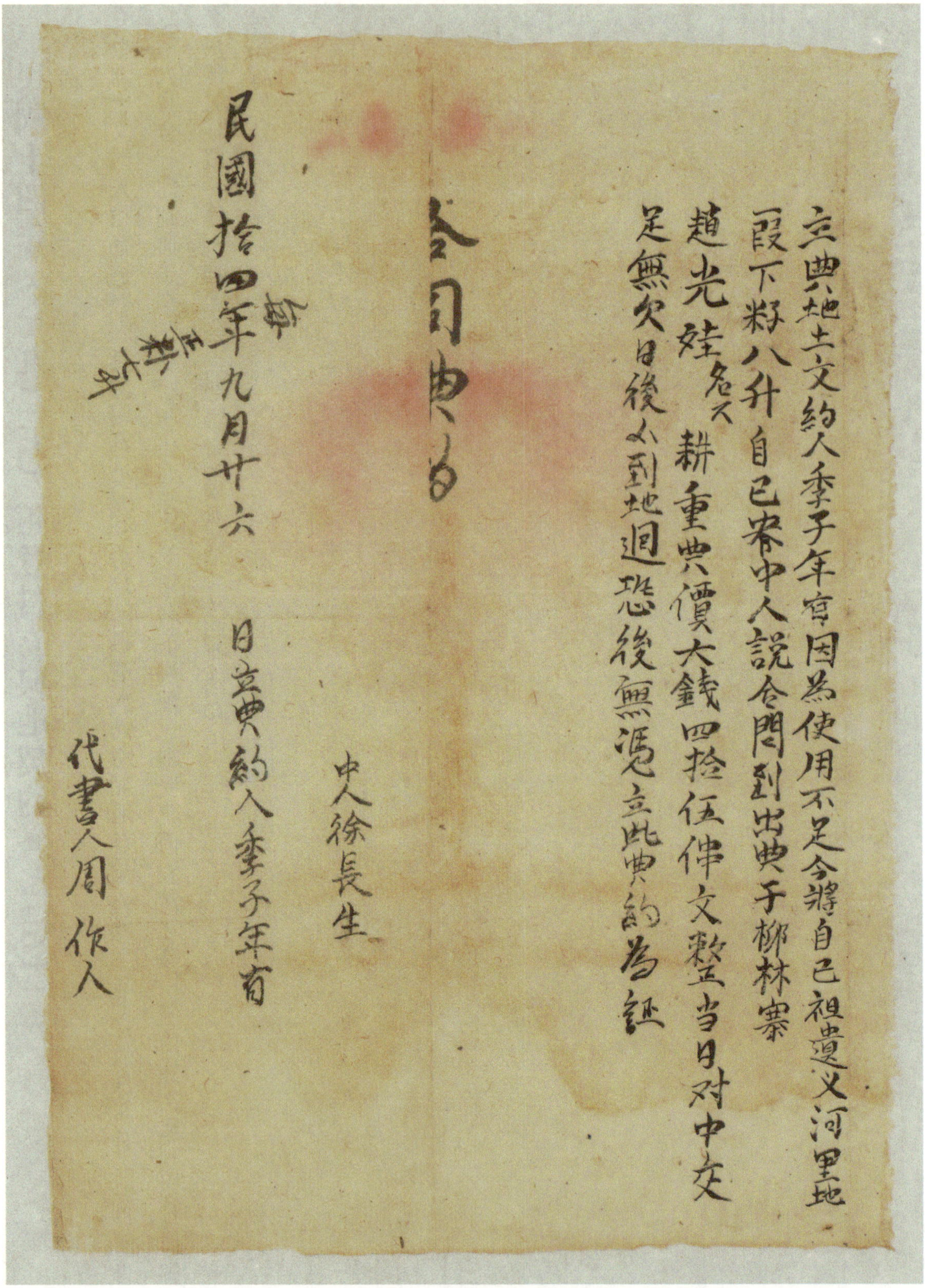
立典地土文約人李子年㑹因為使用不足今將自己祖遺又河里地
一段下籽八升自己寄中人説合問到出典于栁林寨
趙光娃名下耕種典價大錢四拾伍伴文整当日对中交
足無欠日後以到地迴　恐後無憑立此典約為証

合同典約

中人徐長生

代書人周　作人

日立典約人李子年㑹

民國拾四年九月廿六

每年豆籽七升

民國十四年（一九二五）季子年有立典地契約（M092）

立典地土文約人季子年有，因為使用不足，今將自己祖遺义河里地一叚（段），下籽八升，自己央令中人說合，問到出典于栁（柳）林寨趙光娃名下耕重（種），典價大銭（錢）四拾伍俥（串）文整，当日对中交足無欠，日後𢇁（錢）到地迴（回），恐後無凴，立此典約為証（證）。每年正（徵）籵（糧）七升。

民國拾四年九月廿六日

立典約人：季子年有
中　　人：徐長生
代 書 人：周作人

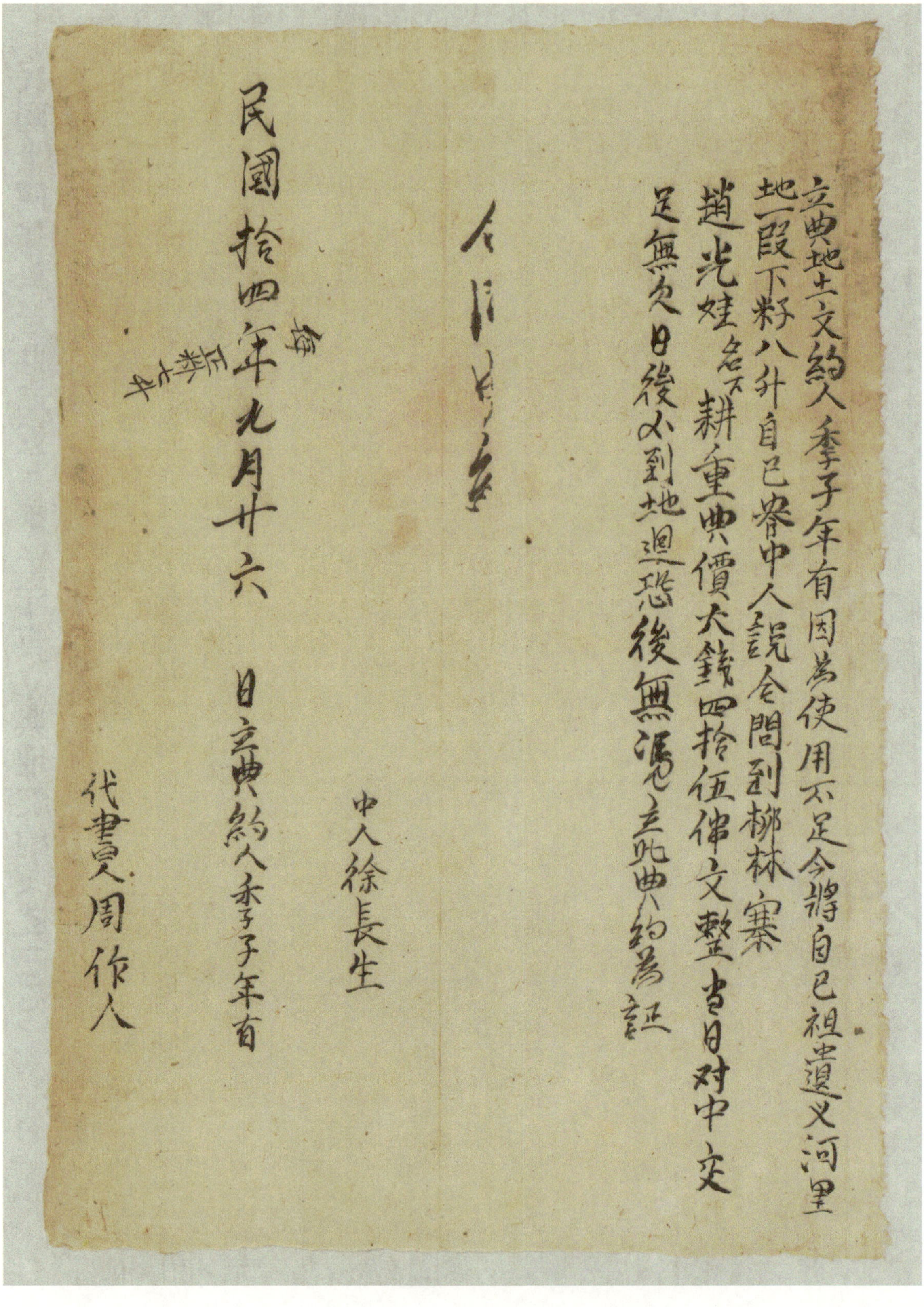

立典地土文約人李子年有因為使用不足今將自己祖遺叉河里
地一段下籽八升自己尋中人説合問到柳林寨
趙光娃名下耕重典價大錢四拾伍串文整當日對中交
足無欠日後必到地退恐後無憑立此典約為証

合同為証

民國拾四年九月廿六日立典約人李子年有

每年正粮七升

中人徐長生

代書人周作人

民國十四年（一九二五）季子年有立典地契約（M093）

立典地土文約人季子年有，因為使用不足，今將自己祖遺乂河里地一段（段），下籽八升，自己央令中人說合，問到栁（柳）林寨趙光娃名下耕重（種），典價大錢（錢）四拾伍佛（串）文整，当日对中交足無欠，日後糸（錢）到地迴（回），恐後無凴，立此典約為証（證）。

每年正（徵）粆（糧）七升。

民國拾四年九月廿六日

立典約人：季子年有

中　　人：徐長生

代　書　人：周作人

立典地土字約人趙吉慶父因爲使用不足今將自己祖遺大坪里
下大地壹段下糧不等自己尋中人說合詢到情愿出典于柳
排家主人趙登科名下耕種得受典價大錢壹佰七拾伍文整
當日憑中交地兩交並無欠少自典之後不到地歸恐後無憑
立此典約爲記
後具茲

民國十四年冬月初三日立典約人趙吉慶父
中人李二寅
書約人李榮書

民國十四年（一九二五）趙吉慶父立典地契約（M094）

立典地土文约人趙吉慶父，因為使用不足，今将（將）自己祖遺大坪里下大地壹叚（段），下籽不等，自己央令中人說合，问到情愿出典于栁（柳）林寨主（住）人趙登科名下耕種，淂（得）受典價大錢（錢）壹佰七拾倂（串）文整，当日兑（對）中，𠂉（錢）地兩交，並無欠少，自典之後，𠂉（錢）到地廻（回），恐後無凴，立此典约為証（證）。

每年民粁（糧）壹升（升）弍合。

民國十四年冬月初三日

立典约人：趙吉慶父

中　　人：季二寅

書 约 人：季榮春

立典地土文約人趙吉慶，因為使用不足，今將自己祖遺大坪里下大地壹段，下籽不等，自己尋中人說合，問到情愿出典于柳林寨主人趙登科名下耕種，得受典價大錢壹佰七拾伍文整，當日當中言明兩交無欠。自典之後，不到地迴，恐後無憑，立此典約為記。

身出八句

每限籽李林主合

民國十四年冬月初三日立典約人趙吉慶

中人李二寅

書約人李榮書

民國十四年（一九二五）趙吉慶父立典地契約（M095）

立典地土文约人趙吉慶父，因為使用不足，今将（將）自己祖遺大坪里下大地壹叚（段），下籽不等，自己央令中人説合，问到情愿出典于栁（柳）林寨主（住）人趙登科名下耕種，淂（得）受典價大錢（錢）壹佰七拾倠（串）文整，当日兑（對）中言明，两交無欠，自典之後，糸（錢）到地迴（回）。恐後無凴，立此典约為証（證）。

每年民糾（糧）壹升（升）弍合。

民国十四年冬月初三日

立典约人：趙吉慶父

中　　人：季二寅

書 約 人：季榮春

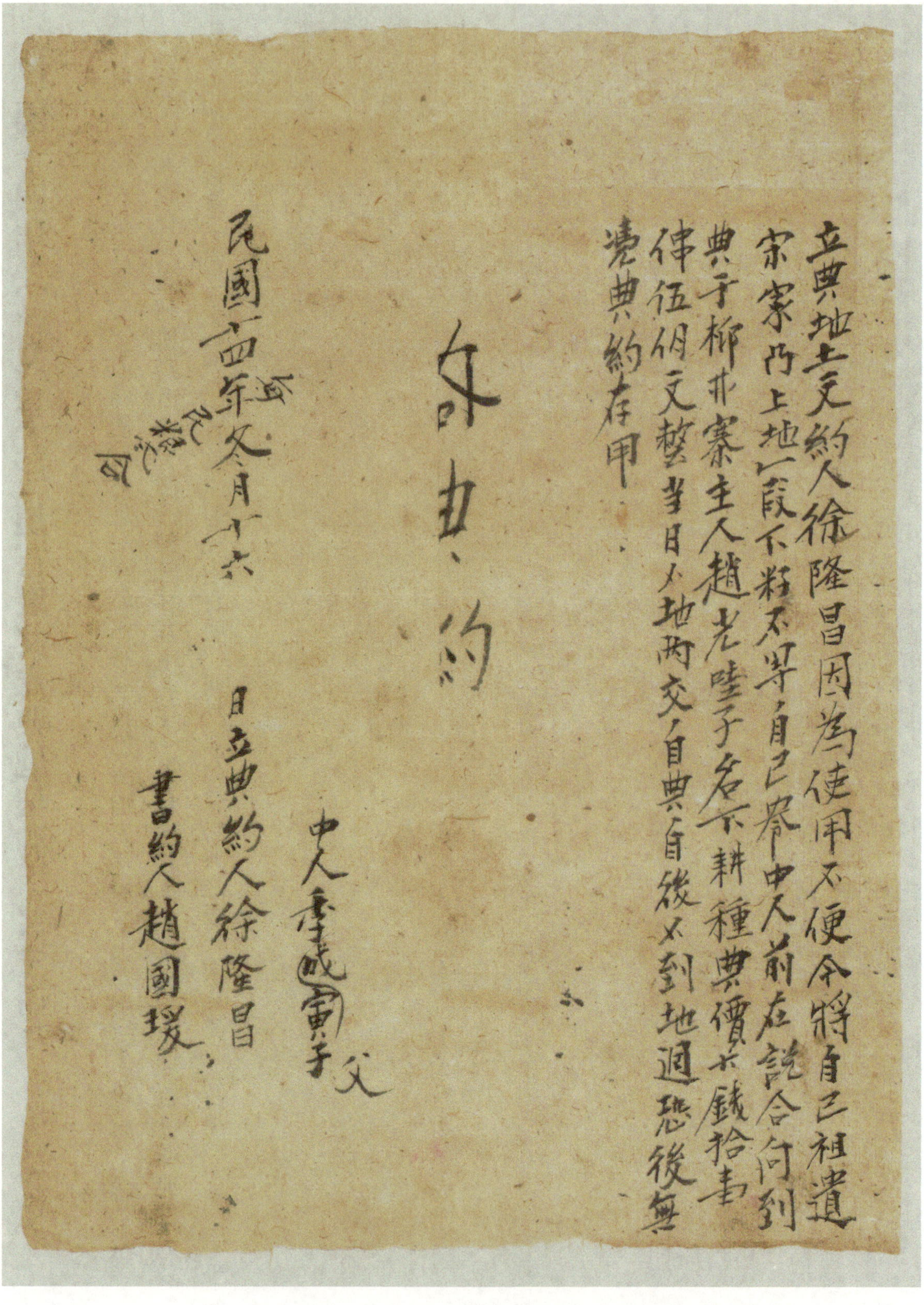

立典地土文約人徐隆昌，因為使用不便，今將自己祖遺宗家門上地一段，不料不等，自己尋中人前在說合，向到典于柳井寨主人趙老陸子名下耕種，典價大錢拾串伴伍佰文整，當日地兩交，自典自後到地回，恐後無憑，典約存用。

合同典約

中人李成寅手 父

日立典約人徐隆昌

書約人趙國瑗

民國一四年冬月十六

其民稅自

民國十四年（一九二五）徐隆昌立典地契約（M096）

立典地土文約人徐隆昌，因為使用不便，今將自己祖遺宋家凸上地一叚（段），下籽不等，自己央令中人前（在）在（前）説合，问到典于栁（柳）林寨主（住）人趙光哇子名下耕種，典價大銭（錢）拾壹侓（串）伍佰文整，当日糸（錢）地两交。自典自（之）後，糸（錢）到地迴（回），恐後無凴，典約存用。

每年民粮式合。

民國十四年冬月十六日

立典約人：徐隆昌

中　　人：季寅成父子

書 約 人：趙國瑗

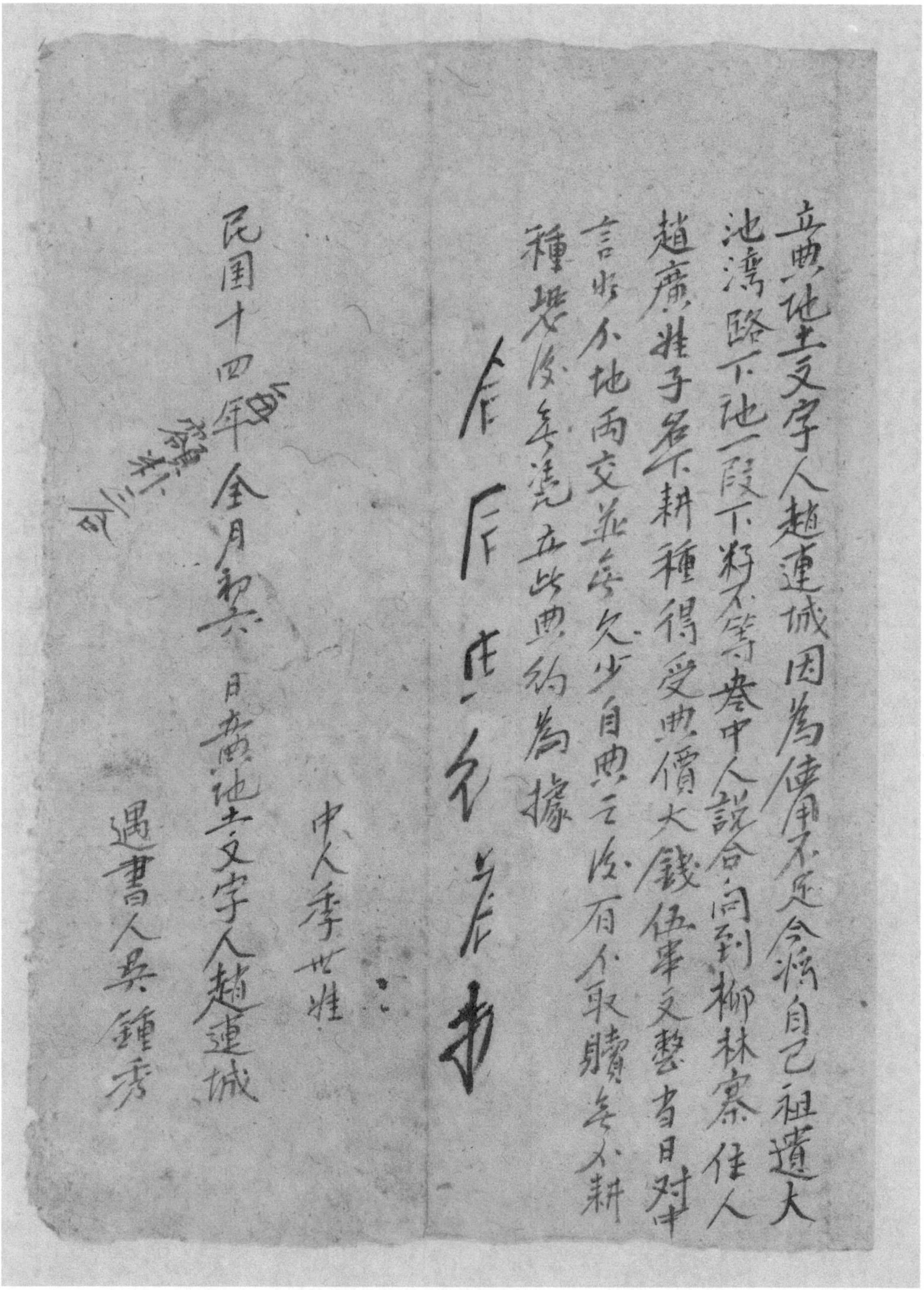
立典地土文字人趙連城因為使用不足今將自己祖遺大
池灣路下地一段下籽不等叁中人說合向到柳林寨住人
趙廣雅子名下耕種得受典價大錢伍串文整當日對中
言明分地兩交並無欠少自典之後有价取贖無价耕
種恐後無憑立此典約為據

合同存照

中人季世雄

民国十四年全月初六日立典地土文字人趙連城

過書人吳鍾秀

民國十四年（一九二五）趙連城立典地契約（M097）

立典地土文字人趙連城，因為使用不足，今将（將）自己祖遺大池湾路下地一叚（段），下籽不等，央令中人説合，问到栁（柳）林寨住人趙廣娃子名下耕種，得受典價大銭（錢）伍串文整，当日对中言明，糸（錢）地両（兩）交，並無欠少，自典之後，有糸（錢）取贖，無糸（錢）耕種，恐後無凴，立此典约為據。

每年額粁（糧）三合。

民国十四年全月初六日

立典地土文字人：趙連城

中　人：季世娃

遇　書　人：吴鐘秀

立典地土文字人趙連城因為使用不足今將自己祖遺大池
灣路下地一段下籽不等憑中人説合向到柳林寨住人
趙廣娃子名下耕種得受典價大錢伍串文整當日付
言明不地兩交並無欠少自典之後有人取贖無人耕種
恐後無憑立此典約為據

合同為據

中人李世娃

日立典地土文字人趙連城

民国十四年全月初六

每額粮一、三合

遇書人吴鍾秀

民國十四年（一九二五）趙連城立典地契約（M098）

立典地土文字人趙連城，因為使用不足，今将（將）自己祖遺大池湾路下地一叚（段），下籽不等，央令中人説合，问到柳林寨住人趙廣娃子名下耕種，得受典價大銭（錢）伍串文整，当日对中言明，糸（錢）地両（兩）交，並無欠少。自典之後，有糸（錢）取贖，無糸（錢）耕種。恐後無凴，立此典约為據。

每年額粁（糧）三合。

民国十四年全月初六日

立典地土文字人：趙連城

中　　人：季世娃

遇　書　人：吴鍾秀

立書永遠歸佃地土人徐貴昌因為使用不便今將自己祖遺有白楊嗡上大地下邊哈地壹段下籽不等東至本姓地為界南至本姓地為界西至本姓地為界北至徐姓地為界其地分明各有界畔自己將中人徐壽吉說合問到歸于椰林寨趙玉廣名下耕種永遠為業歸價大錢壹拾叁仟文整每年民粮壹合並無欠少自歸之後若有房親戶內爭言者有徐貴昌壹面承當不干趙姓相干九食在内畫字酒食以並在内恐後人心南保立此歸約字據為証

永遠大吉

說合中人徐壽吉畫字叁个十

民國十五年二月十六日立歸約人徐貴昌畫字叁个十

代筆人徐文選畫字叁个十

民國十五年（一九二六）徐貴昌立賣地契約（M099）

立書永遠歸佃地土人徐貴昌，因為使用不便，今將自己祖遺有白様（樣）喻（嘴）上大地下邊哈地壹叚（段），下籽不等，東至本姓地為界，南至本姓地為界，西至本姓地為界，北至徐姓地為界，其地【四至】分明，各有界畔。自己央令中人徐寿吉説合，問到歸于栁（柳）林寨趙玉廣名下耕種，永遠為業，歸價大錢壹拾叁俈（串）文整，每年民粮壹合，並無欠少。自歸之後，若有房親户内爭（争）言者，有徐貴昌壹面承當，不于（與）趙姓相干，九（酒）食在内，畫字酒食以（一）並在内，恐後人心南（難）保，立此歸約字據為証（證）。

永遠大吉

民國十五年二月十六日

立歸约人：徐貴昌　畫字叁豸（錢）（畫押）

説合中人：徐壽吉　畫字叁豸（錢）（畫押）

代　書　人：徐文選　畫字叁豸（錢）（畫押）

立典地土文約人徐貴昌因為使用不便今將自己祖遺有大坪裡趙姓平地上便寶坡背地一段大灣裡趙姓寶坡有地下便地一段下籽不等自己尋中人說合問到情愿典于椒林寨趙登科名下耕種得受典價大錢三仟八佰文整當日对中交足無欠自典之後錢到地回恐後無憑立此典約為據

合同典約為據

中人李雲珍

民國十五年十月初六　無權事日

日立約人徐貴昌

代筆人徐文選

民國十五年（一九二六）徐貴昌立典地契約（M100）

立典地土文约人徐貴昌，因為使用不便，今將自己祖遺有大坪裡（裏）趙姓平地上便（邊）竇（陡）坡省（生）地一段（段），大湾裡（裏）趙姓竇（陡）垻坡省（生）地下便（邊）地一段（段），下籽不等，自己央令中人説合，問到情愿典于栁（柳）林寨趙登科名下耕種，淂（得）受典價大氵（錢）三佴（串）八佰文整，当日对中交足無欠，自典之後，錢（錢）到地囘（回），恐後無凴，立此典為（約）约（爲）據。

每年粮壹合。

民國十五年十月初六日

立约人：徐貴昌

中　人：季雲珍父

代書人：徐文選

立書永遠歸佃地土文字人趙連成因為使用不便無物折變今將自己祖遺大坪里坪地
一段下邊陡地一段共兩段下籽不等東至徐姓為界南至本姓為界西至本姓為界北至
徐姓為界四至分明各有界畔拳在地內不佔他人寸土自己央請中人說合問到趙徐成情愿
歸于椰林里趙登科名下永遠任意為業當日兌中三面議定照依時值作歸價大錢四拾仟五佰
文整當日錢契兩交並為無欠少勒吝準折等弊每年明粮八合業主自己承納上倉酒食在外畫
字在內自歸之後若有房親戶內爭言者有趙連成壹面承當不與趙姓相干恐後人心不古立此
歸佃永遠地土文契為據

永遠大吉

說合中人趙滋福畫字二不十
　　　　趙滋海畫字二不十

日立寫歸佃土文契人趙連成畫字二不十

說合中人趙徐成畫字二不十
　　　　趙用成畫字二不十

代筆人徐文選畫字二不十

民國十五年十一月十五

民國十五年（一九二六）趙連成立賣地契約（M101）

立書永遠歸佃地土文字人趙連成，因為使用不便，無物折變，今將自己祖遺大坪里坪地一叚（段），下邊陡地一叚（段），共両（兩）叚（段），下籽不等。東至徐姓為界，南至本姓為界，西至本姓為界，北至徐姓為界，四至分明，各有界畔，拳（全）在地內，不佔他人寸土，自己央請中人説合，問到趙徐成，情愿歸于栁（柳）林里趙登科名下永遠任意為業，當日兑（對）中三面議定，照依時值，作歸價大錢四拾俳（串）五佰文整，當日錢契両（兩）交，並為無欠少勒吝準折等獘（弊），每年明（民）粮八合，業主自己承納上倉，酒食在外，畫字在內。自歸之後，若有房親户内爭（争）言者，有趙連成壹面承當，不與趙姓相干，恐後人心不古，立此歸佃永遠地土文契為據。

永遠大吉

民國十五年十一月十五日

立寫歸佃土文契人：趙連成　畫字二糸（錢）（畫押）

説　合　中　人：趙滋福　畫字二糸（錢）（畫押）

趙滋海　畫字二糸（錢）（畫押）

説　合　中　人：趙用成　畫字二糸（錢）（畫押）

趙徐成　畫字二糸（錢）（畫押）

代　書　人：徐文選　畫字二糸（錢）（畫押）

立換新約人趙吉慶父因為使用不足今將自己祖遺大坪里上
下平地叁段宗家嘴上哈地壹段共地肆段下糧不等自己尋中人説合
尚到情愿出典于柳林寨趙廣娃子名下耕種得受典價大錢
壹伯叁拾五仟文整當日不地兩交並無欠少自典之後不到地回
恐後無憑立約典約為証
花案分存
民国十六年五日地主回地尹復天不八仟
中人徐貴昌
民國十五年全月十九日立換新約人趙吉慶父
代書人高尚英
代出人李榮書
海民本年合本會總卻
宗家嘴對中人李順旺

民國十五年（一九二六）趙吉慶父立典地契約（M102）

立換（換）新约人趙吉慶父，因為使用不足，今将（將）自己祖遺大坪里上下平地弍段（段）、宋家喃（嘴）上哈地壹段（段），共地叁段（段），下籽不等。自己央令中人説合，问到情愿出典于柳（柳）林寨趙廣娃子名下耕種，淂（得）受典價大錢（錢）壹佰弍拾五倂（串）文整，当日糸（錢）地两交，並無欠少，自典之後，糸（錢）到地迴（回），恐後無凴，立此典约為証（證）。

每年民粁（糧）壹升（升）五合。

民國十五年全月十九日

立換（換）新约人：趙吉慶父

中　　人：徐貴昌

代　書　人：季榮春

民国十六年初五日地主向地户復大糸（錢）八仟

本官総（總）约：宋家哇

对　中　人：季順哇

代　書　人：高萬卷

立換新約人趙吉慶父因為使用不足今將自己祖遺大坪里
上下平地叁段宗家嘴上哈地一段共地肆段下籽不等自己叁中人
說合問到情愿出典于柳林寨趙廣娃子名下耕種得學
典價大錢壹伯叁拾伍仟文整當日本地兩交並無欠少自典之
後不到地迴贖後無憑立此典約為証

永遠為據

民國十六年十一月初五日地主向地戶仙復大文八仟　中人徐貴昌

民國十五年全月十九日立換新約人趙吉慶父

趙海元　五合

書人高萬卷

代字人李榮書

本官聽知宗家娃　對中人李順娃

民國十五年（一九二六）趙吉慶父立典地契約（M103）

立換（換）新约人趙吉慶父，因為使用不足，今将自己祖遺大坪里上下平地弍叚（段）、宋家喻（嘴）上哈地一叚（段），共地叁叚（段），下籽不等，自己央令中人説合，问到情愿出典于栁（柳）林寨趙廣娃子名下耕種，淂（得）受典價大錢（錢）壹佰弍拾伍倳（串）文整，当日糸（錢）地两交，並無欠少，自典之後，糸（錢）到地迴（回），恐後無憑，立此典约為证。

每年民粁（糧）壹升（升）五合。

民國十五年全月十九日

立換（換）新约人：趙吉慶父

中　　人：徐貴昌

代　書　人：季榮春

民国十六年十一月初五日地主向地户復大糸（錢）八仟

本官总（總）约：宋家哇

对　中　人：季順哇

代　書　人：高萬卷

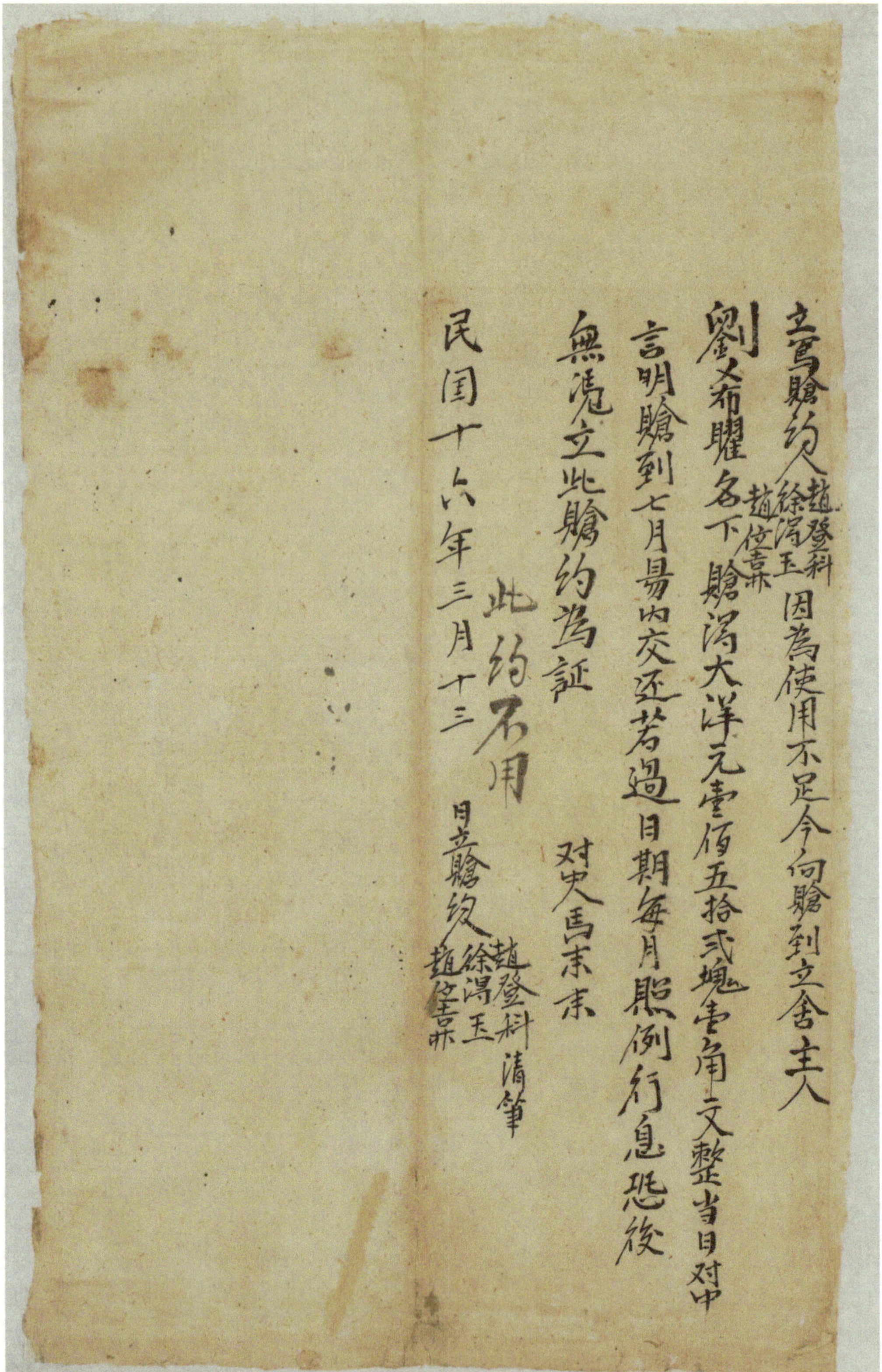

立寫赊约人趙登科 徐渇玉 趙位熹 因為使用不足今向赊到立舍主人
劉文布耀名下赊渇大洋元壹佰五拾弍塊壹角一文整當日对中
言明赊到七月易內交还若過日期每月照例行息恐後
無凴立此赊约為証
对中人馬末末
此约不用
民国十六年三月十三日立赊约人趙登科 徐渇玉 趙位熹 清筆

民國十六年（一九二七）趙登科等立贍錢契約（M104）

立寫（寫）贍约人趙登科、徐淂（得）玉、趙位吉（吉）林，因為使用不足，今问贍到立舍主（住）人刘希曜名下贍淂（得）大洋元壹佰五拾式塊壹角文整。当日对中言明，贍到七月易（以）内交还，若過日期，每月照例行息。恐後無凴，立此贍约為証（證）。

民国十六年三月十三日

此约不用

立贍约人：趙登科　清（親）筆

徐淂（得）玉

趙位吉（吉）林

对中人：馬来来

立借洋元人登科因為使用不足今向借到立合里
劉命彥名下借得大洋元叁拾塊文整当日对中言明
有慈灣里大坪地一段作為当頭下籽弍斗每月照例行
息恐後無憑立此借約為証
中人徐元居成
民国十七年三月望日立約人趙登科自筆

民國十七年（一九二八）趙登科立借貸契約（M105）

立借洋元人【趙】登科，因為使用不足，今向（問）借到立含里劉希彥名下借得大洋元叁拾塊文整，当日对中言明，有慈湾里大坪地一叚（段）作為当頭，下籽弍斗，每月照例行息，恐後無凴，立此借约為証（證）。

民国十七年三月初三日

立约人：趙登科　自筆

中　人：徐元君成

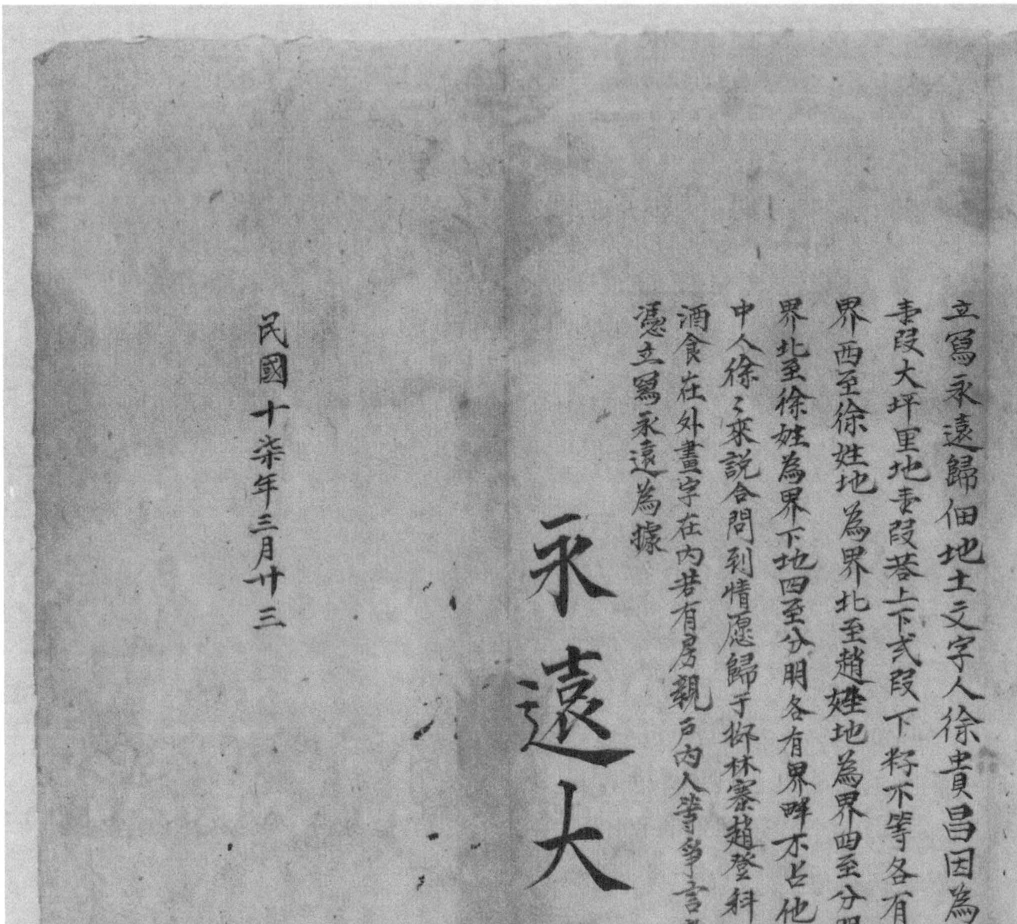
立寫永遠歸佃地土文字人徐貴昌因為使用不便今將自己祖遺有大池灣里地
壹段大坪里地壹段苔上下弍段下籽不等各有界畔永遠為業東至羊溝為界南至徐姓為
界西至徐姓地為界北至趙姓地為界西至分明東至徐姓地為界南至本姓地為界西至羊溝為
界北至徐姓為界下地四至分明各有界畔不占他人的寸土每年倉料壹合業主取納成倉自己承請
中人徐〻來說合問到情愿歸于狮林寨趙登科名下歸價大錢伍佰文整當日錢地兩交自歸之後
酒食在外畫字在內若有房親戶內人等爭言者有徐貴昌壹面承当不干趙姓相干恐後無
憑立寫永遠為據

永遠大吉

說合中人徐徐來畫字壹各弍分十

日立歸約人徐貴昌畫字壹各弍分　十

代筆人徐文選畫字壹各弍分十

民國十柒年三月廿三

民國十七年（一九二八）徐貴昌立賣地契約（M106）

立寫永遠歸佃地土文字人徐貴昌，因為使用不便，今將自己祖遺有大池湾里地壹叚（段），大坪里地壹叚（段），共合上下弍叚（段），下籽不等，各有界畔，永遠為業。東至羊溝為界，南至徐姓【地】為界，西至徐姓地為界，北至趙姓地為界，四至分明。東至徐姓地為界，南至本姓地為界，西至羊溝為界，北至徐姓【地】為界。下地四至分明，各有界畔，不占他人的寸土。每年倉籵（糧）壹合，業主取納成（承）倉。自己央請中人徐二來説合，問到情愿歸于栁（柳）林寨趙登科名下，歸價大錢（錢）伍佴（串）文整，當日錢（錢）地両（兩）交，自歸之後，酒食在外，畫字在內。若有房親户内人等爭（争）言者，有徐貴昌壹面承当，不于（與）趙姓相干，恐後無憑，立寫永遠為據。

永遠大吉

民國十柒年三月廿三日

立歸約人：徐貴昌　畫字壹糸（錢）弍分（畫押）

説合中人：徐徐來　畫字壹糸（錢）弍分（畫押）

代 書 人：徐文選　畫字壹糸（錢）弍分（畫押）

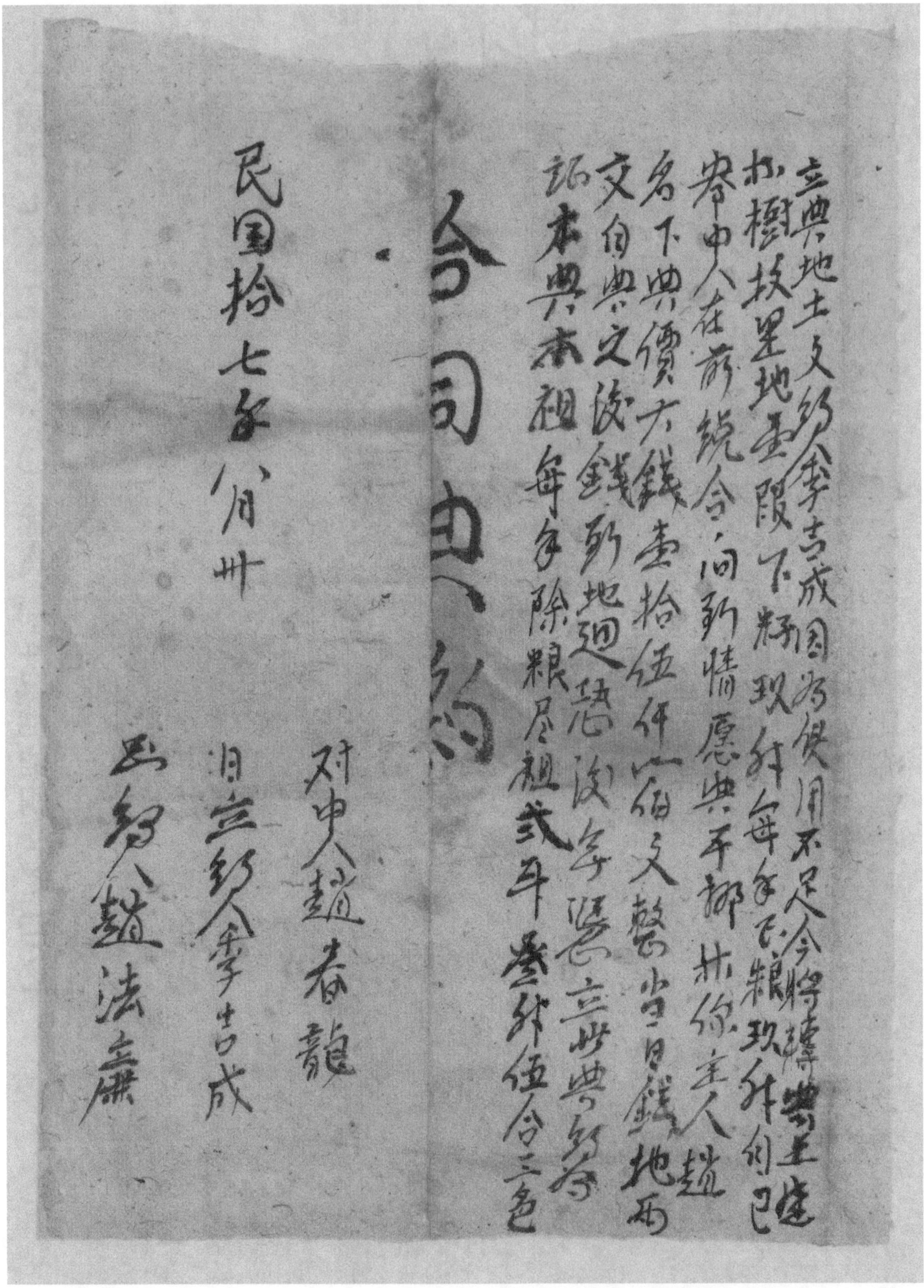
立典地土文約人李吉成，因為使用不足，今將轉嘴上莊
私樹枝里地壹段，下籽玖升，每年下粮玖升，自己
寄中人在前説合，同到情願典與本鄉卅係主人趙
名下，典價大錢壹拾伍仟一佰文整，當日錢地兩
交。自典之後，錢到地迴。恐後無憑，立此典約為
証。本典本租每年除粮尽租弍斗叁升伍合三色。

合同由約

民国拾七年八月卅

對中人趙春龍

同立約人李吉成

出約人趙法廉

民國十七年（一九二八）季吉成立典地契約（M107）

立典地土文约人季吉成，因為使用不足，今將轉典上窪林樹坟里地壹叚（段），下籽玖䒭（升），每年正（徵）粮玖䒭（升），自己央令中人在前説合，问到情愿典于栁（柳）林你（寨）主（住）人趙名下，典價大錢（錢）壹拾伍仟八佰文整，当日錢（錢）地两交，自典之後，錢（錢）到地迴（回），恐後無憑，立此典约為証（證）。本典本祖（租）每年除粮尽（净）祖（租）弍斗叁䒭（升）伍合三包。

民国拾七年八月卅日

立约人：季吉成

对中人：趙春龍

書约人：趙法廉

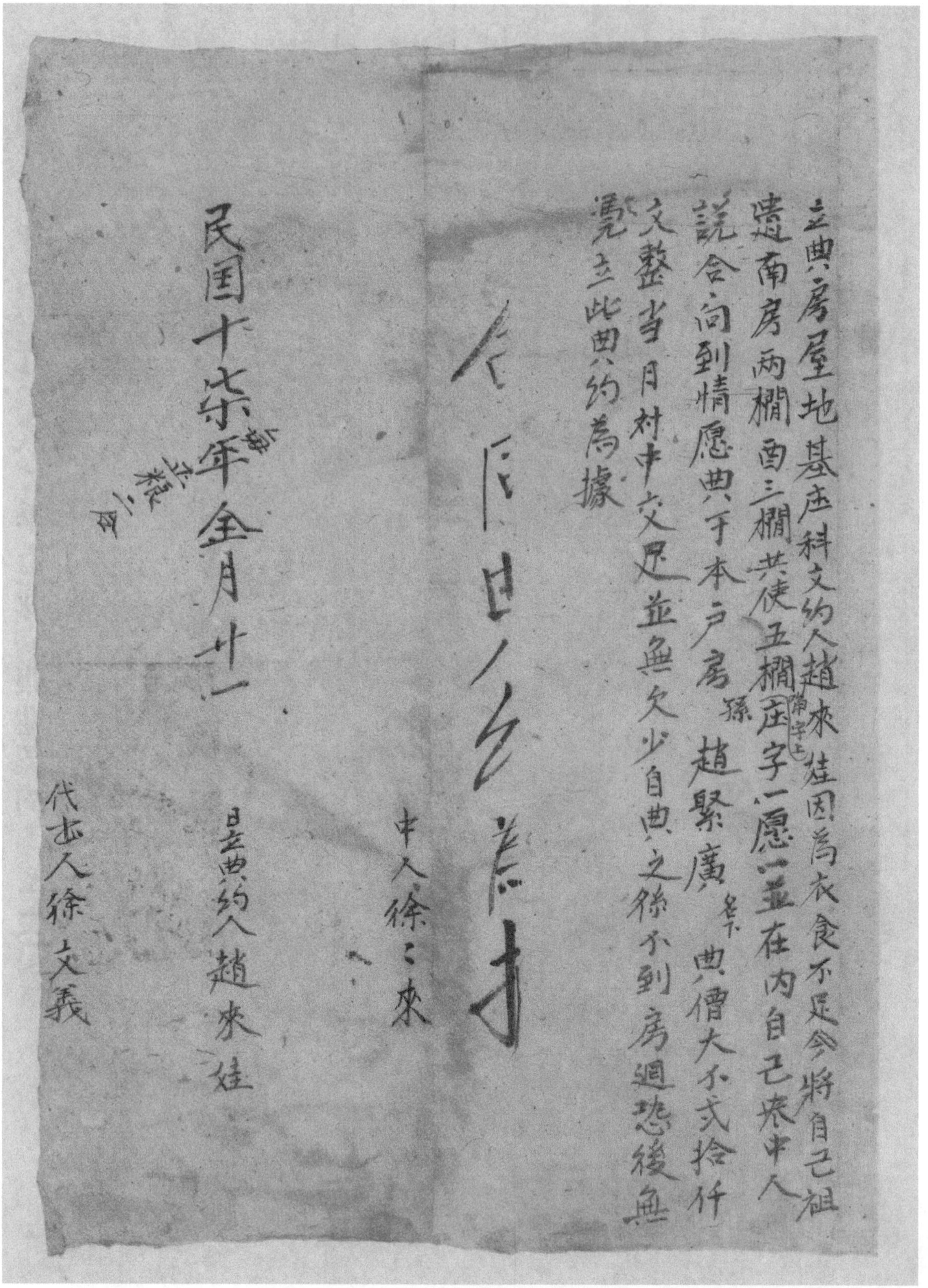

立典房屋地基庄科文約人趙來娃因爲衣食不足今將自己祖
遺南房兩棚西三棚共使五棚庄字一愿一並在内自己夾中人
説合向到情愿典于本戶房孫趙緊廣名下典價大不式拾仟
文整当月村中交足並無欠少自典之後不到房廻悲後無
憑立此典約爲據

中人徐二來

立典約人趙來娃

民国十柒年全月廿一

每年立糧二合

代書人徐文義

民國十七年（一九二八）趙來娃立典房屋契約（M108）

立典房屋地基庒（莊）科（窠）文约人趙來娃，因為衣食不足，今將自己祖遺南房兩㭗（間），西【房】三㭗（間），共使（是）五㭗（間），嘴字（子）上庒（莊）字（子）一愿（院）一並在内，自己央令中人説合，向（問）到情愿典于本户房孫趙聚廣名下，典價大爻（錢）弍拾仟文整，当日对中交足，並無欠少，自典之後，爻（錢）到房迴（回），恐後無凴，立此典约為據。

每年正（徵）粮二合。

民国十柒年仝月廿一日

立典约人：趙來娃

中　　人：徐二來

代 書 人：徐文義

立典房屋庄窠地基文約人趙來娃因為衣食不足今將自己祖遺
南房兩間西房三間共使五間（庄）字二（角字上）愿一並在内自己來中人
說合向到在前情愿典于本户房孫趙豫廣名下典價大錢弍拾
仟文整當日對中交足無欠自典之後不到三房迴恐後無憑
立此典約為據

合同典約為據

中人徐〻來

民国十柒年全月廿一日　立典約人趙來娃

旦根二合

代書人徐文義

民國十七年（一九二八）趙來娃立典房屋契約（M109）

立典房屋庄（莊）稞（窠）地基文约人趙來娃，因為衣食不足，今將自己祖遺南房兩橺（間），西房三橺（間），共使（是）五橺（間），嘴字（子）上庄（莊）字（子）一愿（院）一並在內，自己央令中人説合，向（問）到在前情愿典于本户房孫趙聚廣名下，典價大氽（錢）弍拾仟文整，当日对中交足無欠，自典之後，氽（錢）到房迴（回），恐後無凴，立此典约為據。

每年正（徵）粮二合。

立典约人：趙來娃

中　　人：徐二來

代 書 人：徐文義

民国十柒年全月廿一日

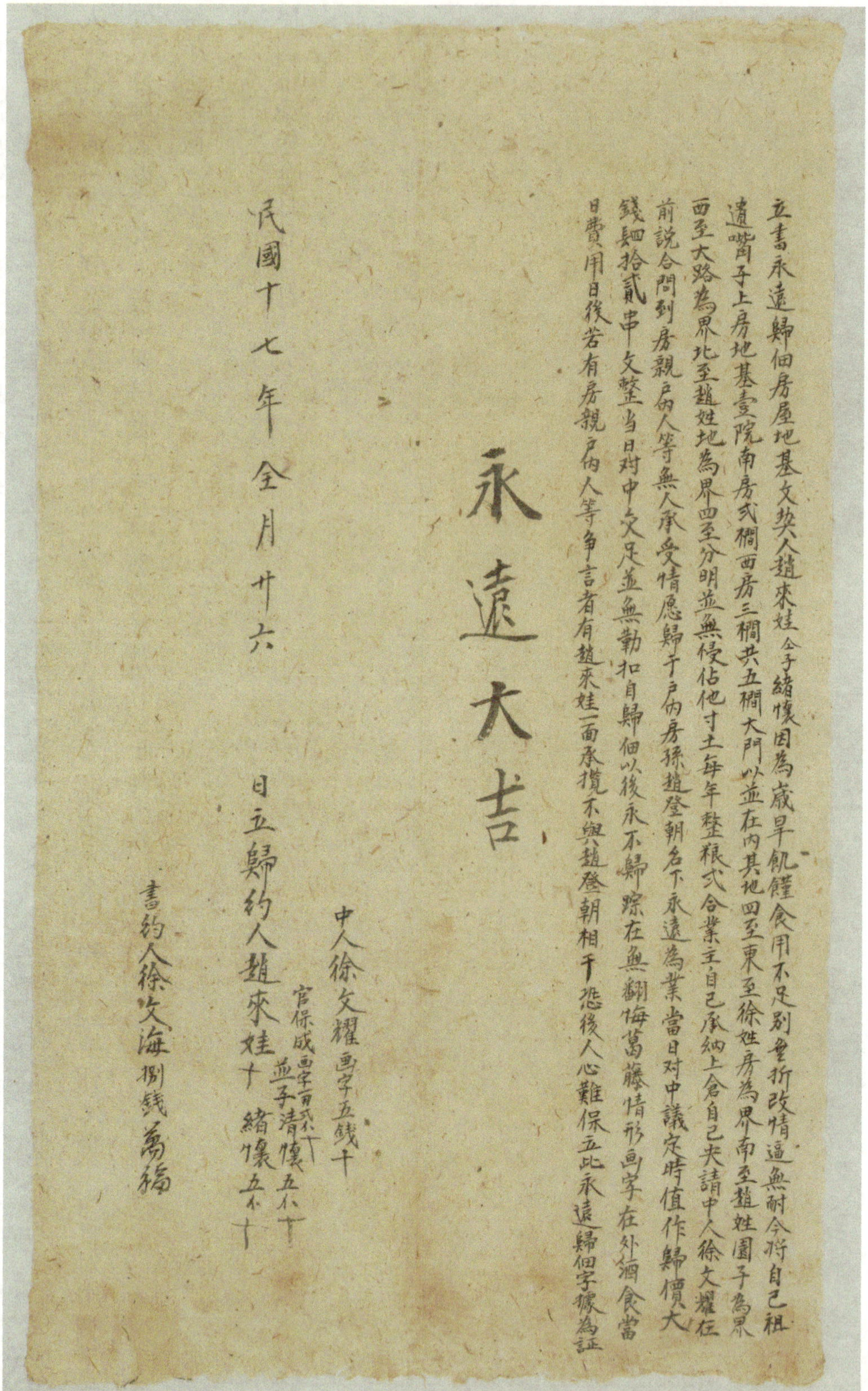

立書永遠歸佃房屋地基文契人趙來娃仝子緒懷因為歲旱飢饉食用不足别無折改情逼無耐今將自己祖
遺嘴子上房地基壹院南房弍間西房三間共五間大門以並在內其地四至東至徐姓房為界南至趙姓園子為界
西至大路為界北至趙姓地為界四至分明並無侵佔他寸土每年糧弍合業主自己承納上倉自己央請中人徐文耀在
前説合問到房親户內人等無人承受情愿歸于户內房孫趙登朝名下永遠為業當日对中議定時值作歸價大
錢肆拾貳串文整当日对中交足並無勤扣自歸佃以後永不歸踪在無翻悔葛藤情形画字在外酒食當
日費用日後若有房親户內人等争言者有趙來娃一面承攬不與趙登朝相干恐後人心難保立此永遠歸佃字據為証

永遠大吉

中人徐文耀画字五錢十
官保成画字百弍不十 並子清懷五不十
民國十七年仝月廿六日立歸約人趙來娃十 緒懷五不十
書約人徐文海捌錢為編

民國十七年（一九二八）趙來娃等立賣房屋莊基契約（M110）

立書永遠歸（歸）佃房屋地基文契人趙來娃仝（同）子緒懷，因為歳（歲）旱饑饉，食用不足，別無折改，情逼無耐，今将（將）自己祖遺嘴子上房地基壹院，南房貳椢（間），西房三椢（間），共五椢（間），大門以（一）並在內。其地四至：東至徐姓房為界，南至趙姓園子為界，西至大路為界，北至趙姓地為界，四至分明，並無侵佔他【人】寸土，每年整（徵）粮式合，業主自己承納上倉。自己央請中人徐文耀在前説合，問到房親户内人等，無人承受，情愿歸（歸）于户内房孫趙登朝名下永遠為業，當日对中議定，時值作歸（歸）價大錢廽（肆）拾貳串文整，当日对中交足，並無勒扣。自歸（歸）佃以後，永不歸（歸）踪（宗），在（再）無翻（反）悔葛藤情形。画字在外，酒食當日費用。日後若有房親户内人等争言者，有趙來娃一面承攬，不與趙登朝相干。恐後人心難保，立此永遠歸（歸）佃字據為証（證）。

永遠大吉

民國十七年全月廿六日

立歸（歸）约人：趙來娃（畫押）並子　清懷　画字五厼（錢）（畫押）

緒懷　画字五厼（錢）（畫押）

中　人：徐文耀　画字五銭（錢）（畫押）

徐官保成　画字一月（兩）式銭（錢）（畫押）

書　约　人：徐文海　捌銭（錢）萬福

立分單人趙轉（玉）光兄弟三人，因為成恐雖幼小失知高骨肉家事，分爨難以擧理，
情愿分房另居。當日叔父等所置田地房屋一一均分，並無彼多此少，愿將一股
塔作大房任意為業，每年計開倉斛斗壹升。
所分外完庄窠一所，房五間；山上庄心一處，房大小六間；甫子洞上地一段；蘿蔔溝里上頭地一段；
山神下退地大小弍段；白樣嘴上地一段；大灣里泉背後地大小弍段；嶺咀上地一段；宋哈地一段；上路荒
地弍段；大灣里上下弍段；場一角；嘴子上庄窠北手里一角；梨樹園子東手里一角（梨樹一條）；場里哈園子
一所。恐後無憑，立此分單為據。

兄叔父趙吉祥 父十

民國拾捌年二月初二日

立分單人趙玉光 十

書單人王依霖 筆

民國十八年（一九二九）趙玉光立分單契約（M111）

立分单人趙玉光、趙連光、趙車光兄弟三人，因為成（誠）恐睚眦小失，知（緻）商（傷）骨肉，家事分（紛）繁，难以舉理，情愿分房另居。当日叔父等（將）所置田地房屋一一均分，並無彼多此少。愿将（將）一股塔（搭）作大房任意為業。每年計（計）開倉粁（糧）斗壹升。所分外完（院）庄（莊）窠一所，房五間，山上庄（莊）【窠】一処（處），房大小六間，甫个洞上地一段（段），慈湾里上大地一段（段），山神【廟】下边地大小弍段（段），白様（樣）嘴上地一段（段），大湾里泉背後地大小弍段（段），嶺刚（崗）上地一段（段），宋哈地一段（段），上路荒地弍段（段），大湾里上下弍段（段）、塲一角，嘴子上庄（莊）窠北手里一角，梨樹园子東手里一角，梨樹一條，塲里哈园子一所。恐後無凴，立此分单為據。

民国拾捌年二月初二日

立　分　单　人：趙玉光（畫押）
兑（對）【中】【人】：叔父 趙吉祥父（畫押）
書　　　单　人：王作霖慈

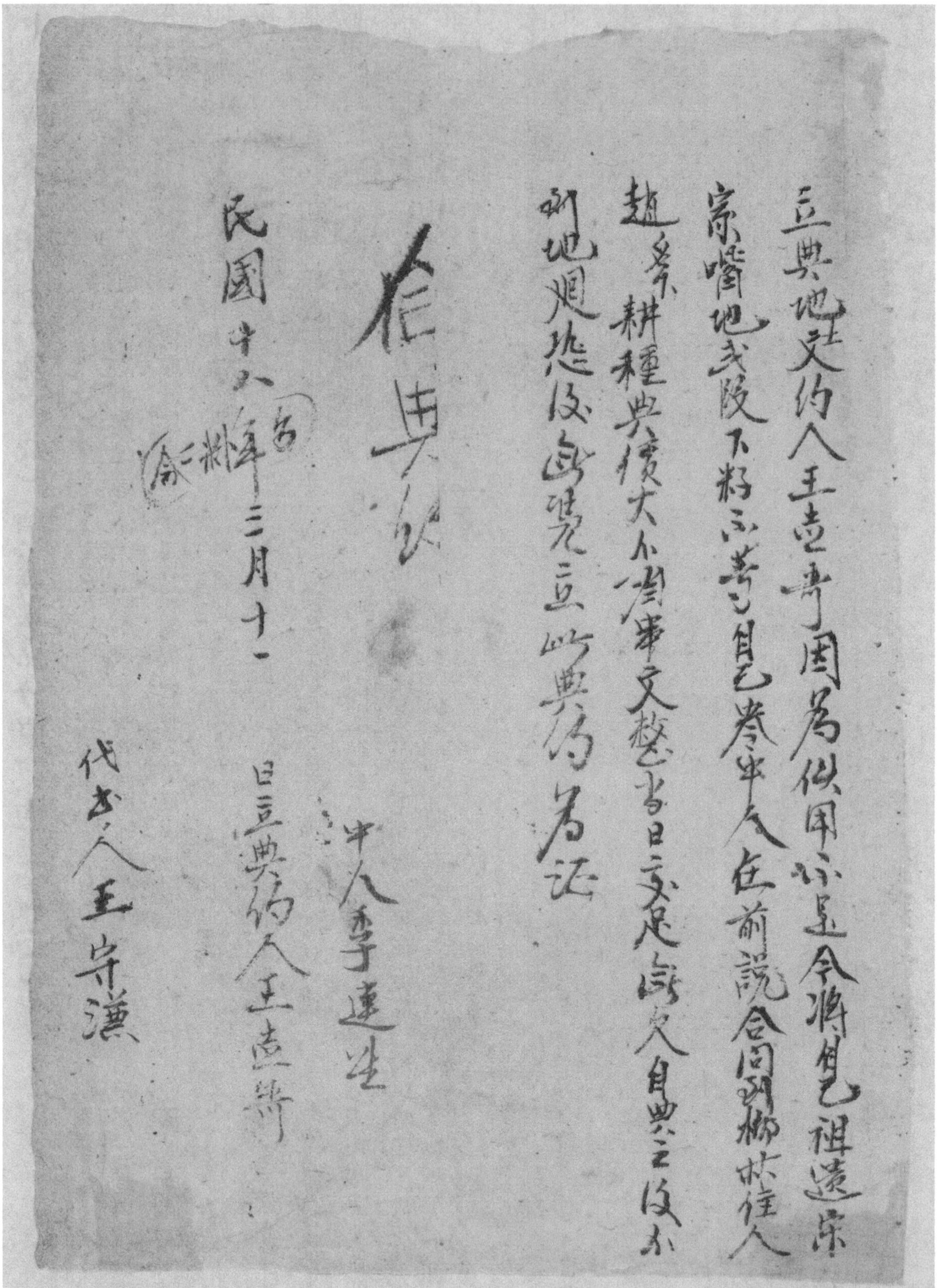

立典地土文約人王壹壽因爲使用不足今將自己祖遺宗

宗嘴地弍段下籽三斗自己請中人在前説合同到柳林住人

趙榮耕種典價大小錢串文整當日交足無欠人自典之後不

許地退恐後無憑立此典約爲証

信典

民國十八年三月十一日立典約人王壹壽

中人李連生

代書人王守漢

民國十八年（一九二九）王志奇立典地契約（M112）

立典地土文约人王志竒（奇），因為使用不足，今将自己祖遺宋家嘴地弍段（段），下籽不等，自己央令中人在前説合，问到栁（柳）林住人趙名下耕種，典價大糸（錢）叁串文整，当日交足無欠，自典之後，糸（錢）到地迴（回），恐後無凴，立此典约為证。

每年粁（糧）二合。

民國十八年三月十一日

立典约人：王志竒（奇）

中　人：季連生

代 書 人：王守谦（謙）

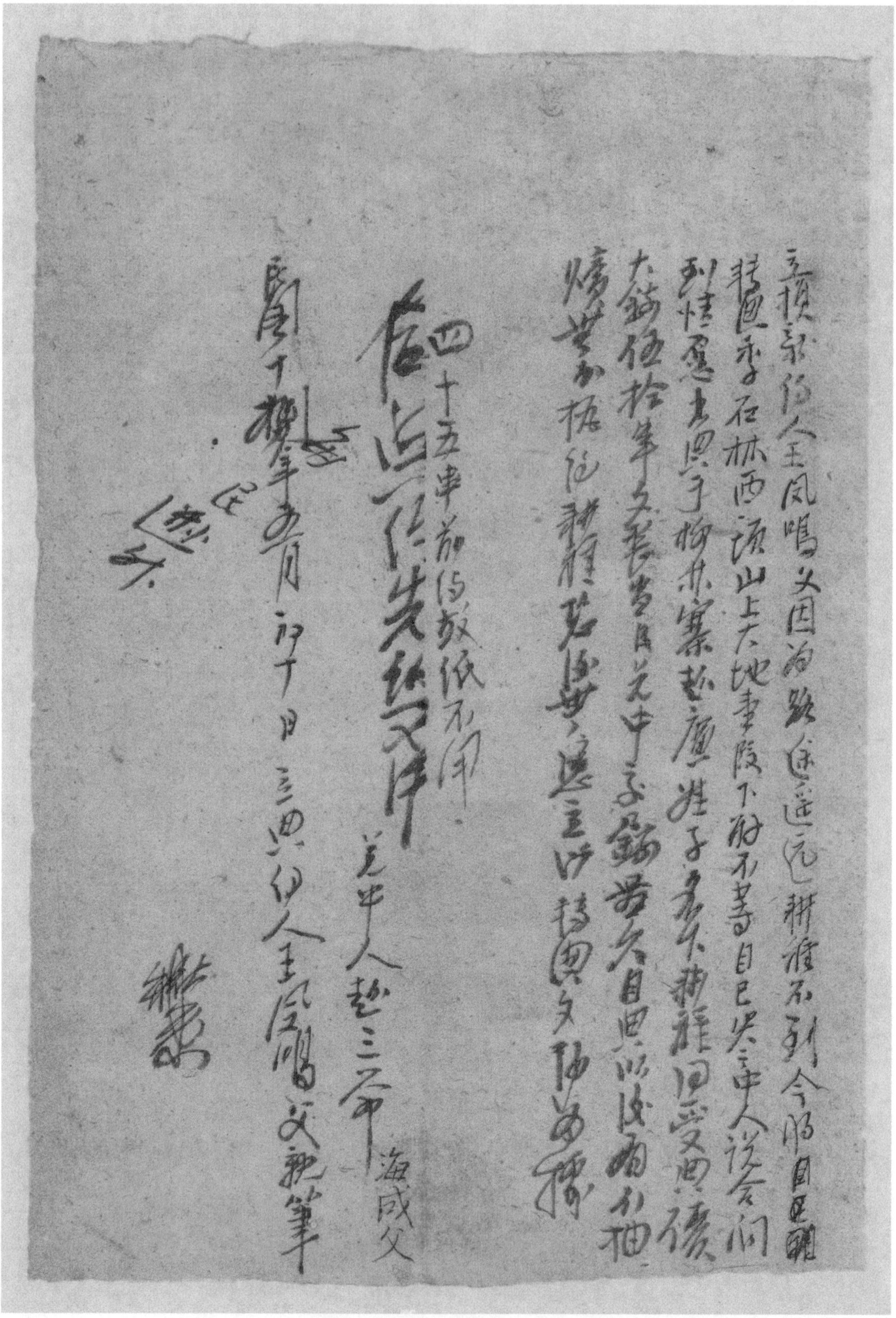

立換永佃人王凤鳴父，因為缺使過元，耕種不到，今將自己明
耕地乘石林西頂山上大地壹段，下種不壽，自己央中人説合，同
到情愿出與子柳林寨趙廣唯子名下耕種，同受典價
大錢伍拾千文整，當日交中子錢當交自典以後兩不抽
續，若加換佃耕種，若典無之過主詳耕典文約為據。
四十五串前佃約紙不用
原立佃約失文約
同中人趙三命　海成父
民國十捌年五月初十日立典佃人王凤鳴父親筆
民趙水
耕

民國十八年（一九二九）王鳳鳴父立典地契約（M113）

立換（换）新约人王凤鳴父，因為路途遥远耕種不到，今将轉典季石林西頭山上大地壹叚（段），下籽不等，自己央令中人说合，问到情愿出典于柳林寨趙廣娃子名下耕種，得受典價大錢（錢）伍拾串文整，当日兑（對）中交錢（錢）無欠，自典以後，有糸（錢）抽贖，無糸（錢）执约耕種，恐後無憑，立此轉典文约為據。

四十五串前约故纸不用，後典约先给一七串。

每年民粁（糧）一升（升）。

立典约人：王凤鳴父 親筆

兑（對）中人：趙三爺（海成父）

民国十捌年五月初十日

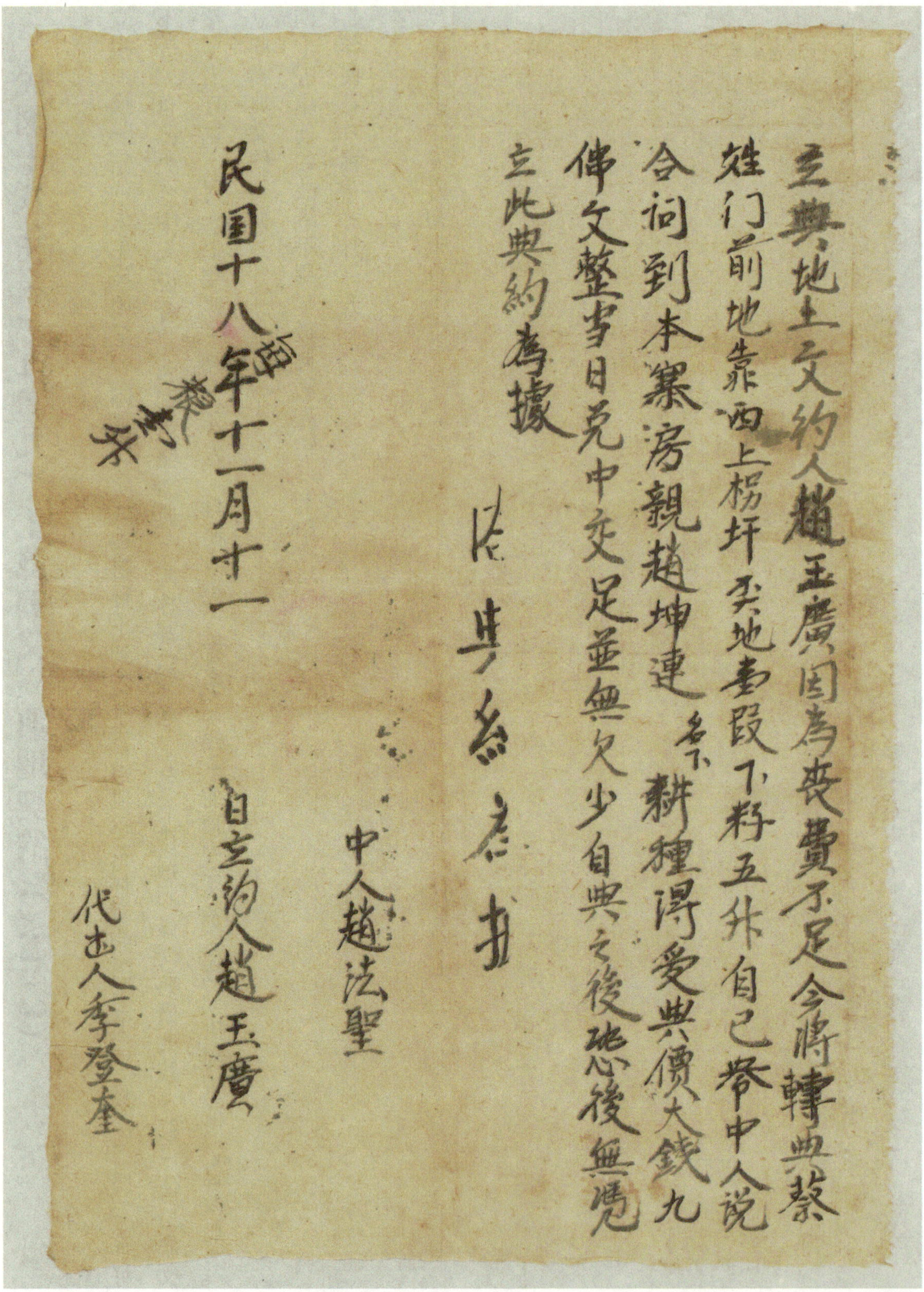
立典地土文約人趙玉廣因為喪費不足今將
姓门前地靠西上楊圩头地壹段下籽五升自己請中人說
合问到本寨旁親趙坤連名下耕種得受典價大錢九
仟文整當日見中交足並無欠少自典之後恐後無憑
立此典約為據

依典為存據

中人趙法聖

自立約人趙玉廣

代书人李登奎

民国十八年十一月廿一

原契在外

民國十八年（一九二九）趙玉廣立典地契約（M114）

立典地土文约人趙玉廣，因為丧費不足，今將轉典蔡姓门前地靠西上枴（拐）圩（杆）歼地壹叚（段），下籽五升（升），自己央令中人说合，问到本寨房親趙坤連名下耕種，淂（得）受典價大銭（錢）九倂（串）文整。当日兑（對）中交足，並無欠少，自典之後，恐後無凴，立此典約為據。

每年粮壹升（升）。

民国十八年十一月十一日

立约人：趙玉廣
中　人：趙法聖
代书人：季登奎

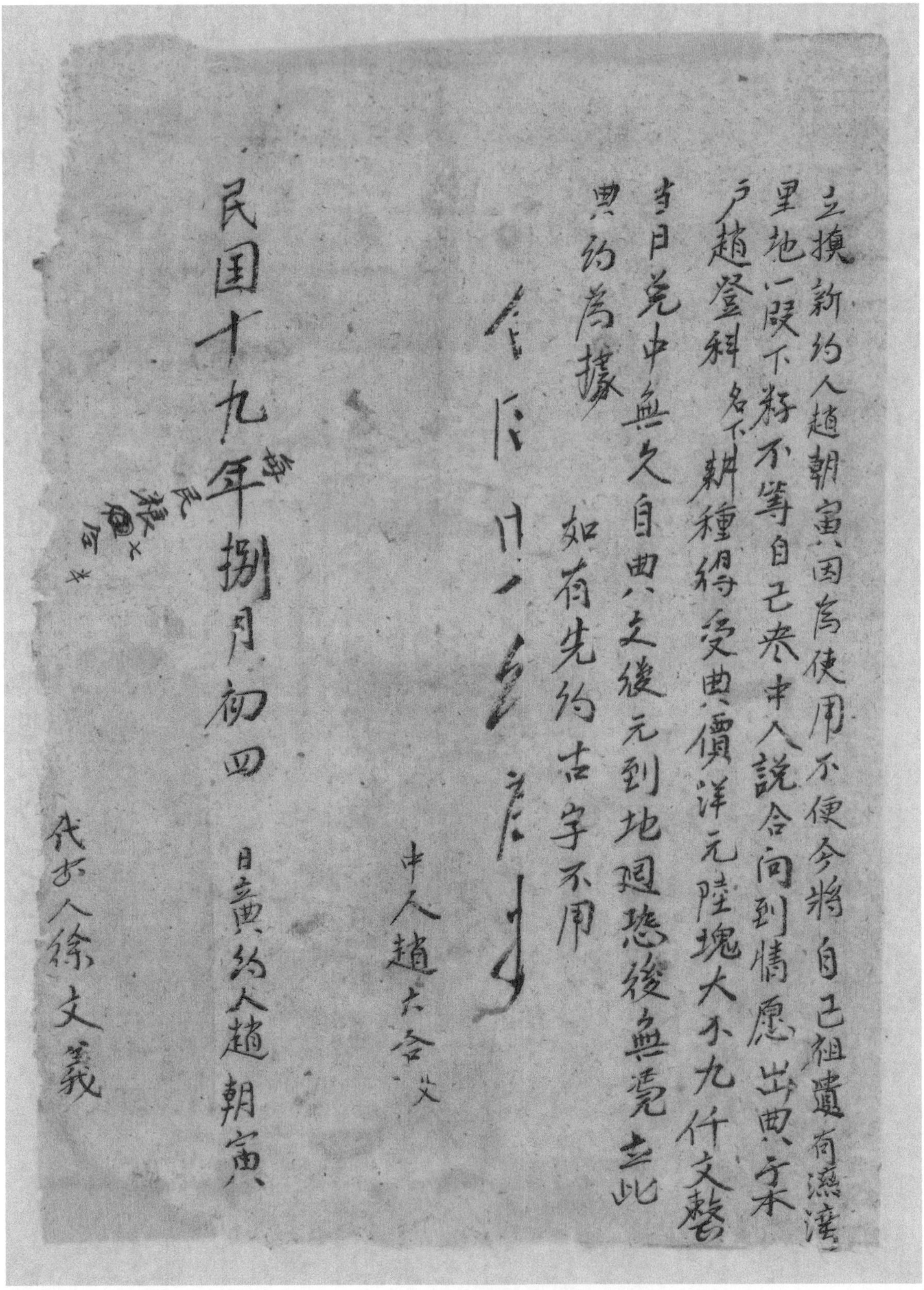

立換新約人趙朝寅因為使用不便今將自己祖遺荷濟灘
里地一段下籽不等自己表中人說合向到情愿出典于本
户趙登科名下耕種得受典價洋元陸塊大小九仟文整
当日交中無欠自典之後元到地回恐後無憑立此
典約為據　如有先約古字不用

中人趙六合ㄨ

民国十九年捌月初四日立典約人趙朝寅ㄨ

每民糧七升五合

代書人徐文義

民國十九年（一九三〇）趙朝寅立典地契約（M115）

立換（换）新约人趙朝寅，因為使用不便，今將自己祖遺有滋湾里地一叚（段），下籽不等，自己央令中人説合，问到情愿出典于本户趙登科名下耕種，得受典價洋元陸塊、大糸（錢）九仟文整，当日兑（對）中無欠，自典之後，元到地迴（回），恐後無凴，立此典约為據。

如有先约，古字不用。

每年民粮七合半。

立典约人：趙朝寅

中　　人：趙六合　父

代 書 人：徐文義

民国十九年捌月初四日

立寫永遠吉内佃文約人李隨寅林全母因為使用不足今將自己祖遺
西頭山上大地坪壹段下籽不等自己央中人説合同到情愿归于柳林寨
趙廣姓于名下為業得受賣價大錢壹佰六拾二仟洋元貳拾壹塊文
整當日錢地两交並無欠少至归之後永不归贖每年實糧八升當日
憑中言明東至大路為界西至趙姓地為界四至分明各有地盤為界
不與他人寸土酒食民價外画字在内恐後無憑立此賣約為証
若有房親户人等争言出不干趙姓相干有李姓一面承當

憑中人趙朝應十

民国拾九年拾月初二日立賣約人李隨寅林全母十

李喜林　海福　文画字大洋叁塊　三人

永遠归約大吉　代书人趙國琛

民國十九年（一九三〇）季隨林等立賣地契約（M116）

立寫（寫）永遠吉归佃文约人季隨林、季寅林仝（同）母，因為使用不足，今將自己祖遺西頭山上大地坪壹叚（段），下籽不等，自己央令中人説合，问到情愿归于柳林寨趙廣娃子名下為業，淂（得）受賣價大銭（錢）壹佰六拾二倻（串），洋元貳拾壹塊文整，当日銭（錢）地两交，並無欠少，至（自）归之後，永不归踪（宗），每年實粁（糧）八升，当日兑（對）中言明，東至大路為界，西至趙姓地為界，四字（至）分明，各有地盤（畔）為界，不占他人寸土。酒食在外，画字在内，恐後無凴，立此賣约為証（證）。若有房親户人等争言者，不于（與）趙姓相干，有季姓一面承当。

永遠归约大吉

民国拾九年拾月初二日

立賣约人：季隨林（畫押）

季寅林（畫押）

仝（同）母（畫押）

季喜林（畫押）

季海福（畫押）

【同】父（畫押）大洋叁塊三八

兑（對）中人：趙朝應（畫押）

代書人：趙國琛（畫押）

立寫永遠归佃人趙國吉因為使用不足今將自己祖置
大坪里地上下坪地弍段肖宗家嘴上坪地一段共地三段下籽不等
每年民料廿六升外自己央中人在前說合问到情愿出賣于柳林寨
趙餘廣名下為業四字分明各有地界不占他人寸土时值公估归價
大錢壹佰伍拾捌仟文整当日憑中言明自归之後永不归赎画字在
内酒食当日費用並有房親戶内人等爭言者有趙國吉一面承當
不干趙餘廣之事恐後人心不古立此归佃為証

憑中人徐佐明十　画字

民國十九年冬月十三日　立永遠归佃文約人趙國吉十　画字

代筆人趙獻卿　画字

民國十九年（一九三〇）趙國吉立賣地契約（M117）

立寫（寫）永遠归佃人趙國吉，因為使用不足，今將自己祖置大坪里地上下坪地弍（二）段（段），有宋家嘴上坪地一段（段），共地三段（段），下籽不等，每年民粁（糧）共一升（升），自己央令中人在前説合，问到情愿出賣于柳林寨趙餘廣名下為業，四字（至）分清，各有地界，不占他人寸土，对直公估，归價大錢（錢）壹佰伍拾捌倕（串）文整，当日兑（對）中言明，自归之後，永不归踪（宗），画字在内，酒食当日費用。若有房親户内人等争言，所有趙国吉一面承当，不于（與）趙餘廣之事，恐後人心不古，立此归佃為証（證）。

民國十九年冬月十三日

立永遠归佃文约人：趙国吉（畫押）画字壹塊二角

兑（對）中　人：徐佐□（畫押）画字系（錢）六系（錢）

書　　约　　人：趙獻卿（畫押）画字弍仟

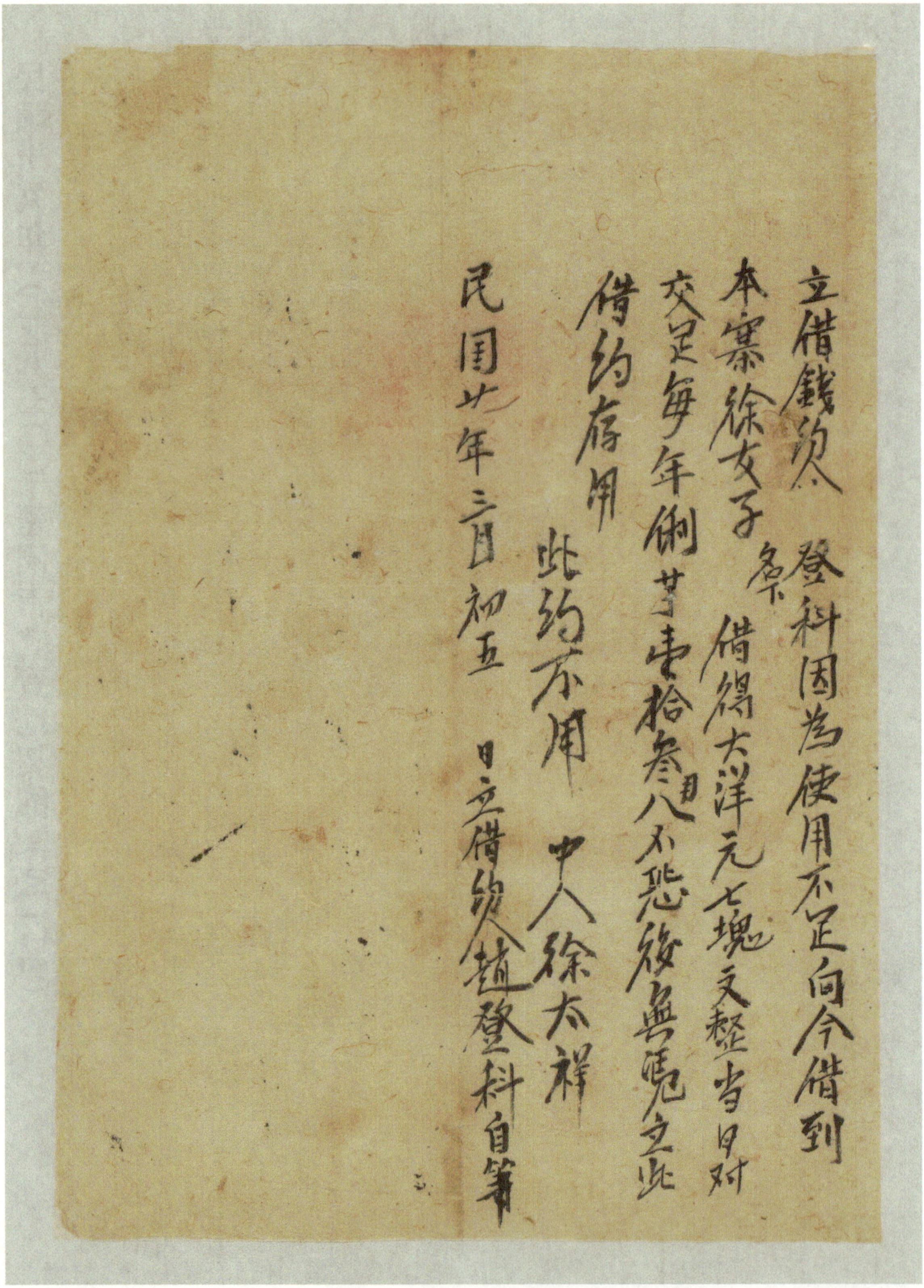
立借錢約人　登科因為使用不足向今借到
本寨徐文子　處　借得大洋元七塊交整當日对
交足每年俐芓壹拾叁斗八不悮後無憑立此
借約存用　此約存用　中人徐太祥
民国廿年三月初五　日立借約人趙登科自筆

民國二十年（一九三一）趙登科立借貸契約（M118）

立借錢（錢）約人【趙】登科，因為使用不足，向（問）今借到本寨徐女子名下借得大洋元七塊文整，當日对【中】交足，每年俐（利）壹拾叁月（兩）八糸（錢）。恐後無凴，立此借约存用。

民国廿年三月初五日

此约不用

立借约人：趙登科　自筆

中　　人：徐太祥

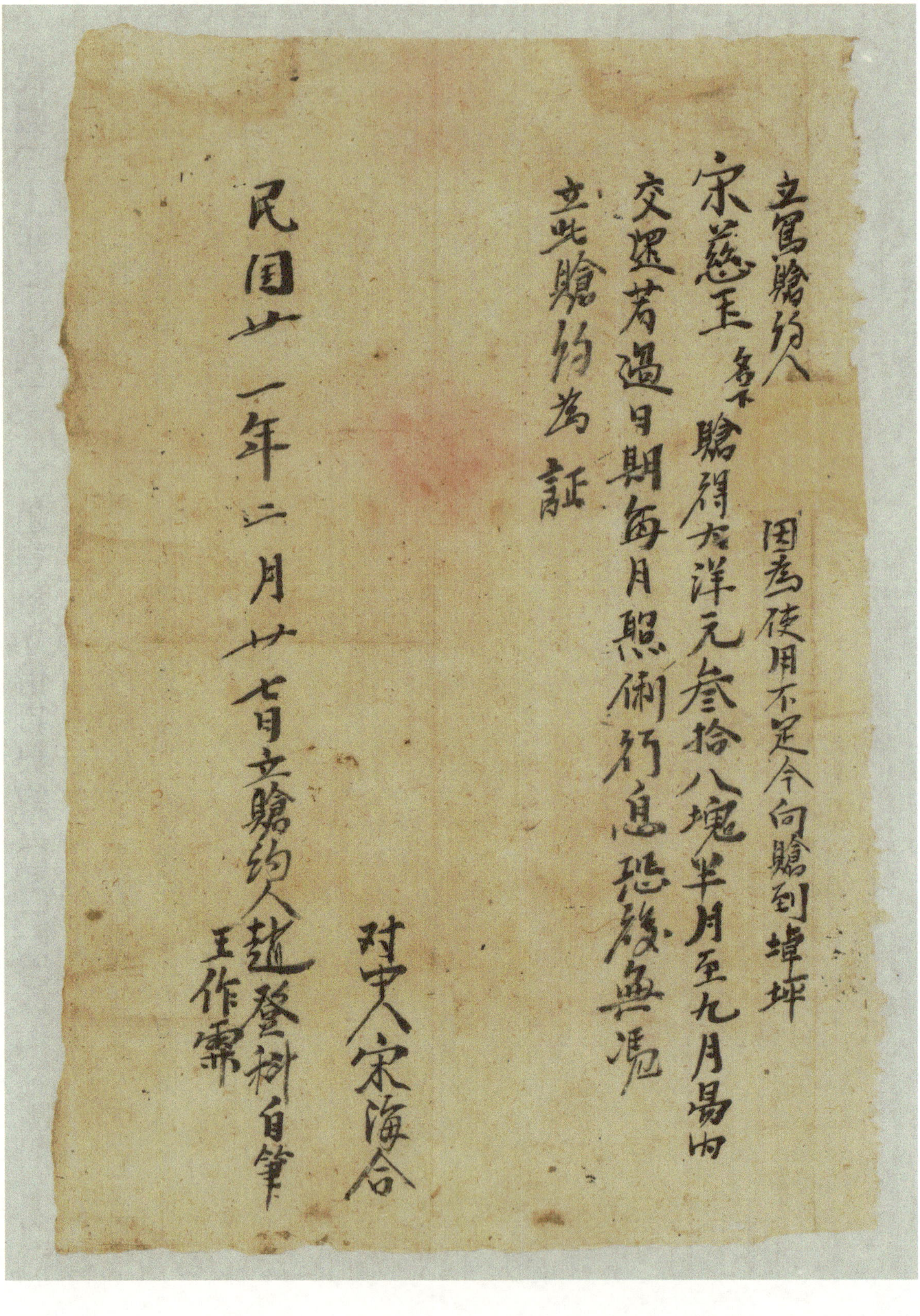

立寫賬約人　因為使用不足今向賬到埠坪

宋慈玉名下賬得大洋元叁拾八塊半月至九月曷內

交還若過日期每月照例行息恐後無憑

立此賬約為証

对中人宋海合

民国廿一年二月廿七日立賬約人趙登科自筆

王作霖

民國二十一年（一九三二）趙登科、王作霖立贍錢契約（M119）

立寫贍約人【趙】【登】【科】、【王】【作】【霖】，因為使用不足，今向（問）贍到埠（桌）坪宋慈玉名下，贍得大洋元叁拾八塊半，月（約）至九月易【以】内交還，若過日期。每月照俐（例）行息，恐後無憑，立此贍约為証（證）。

民国廿一年二月廿七日

立贍约人：趙登科　自筆
王作霖

对中人：宋海合

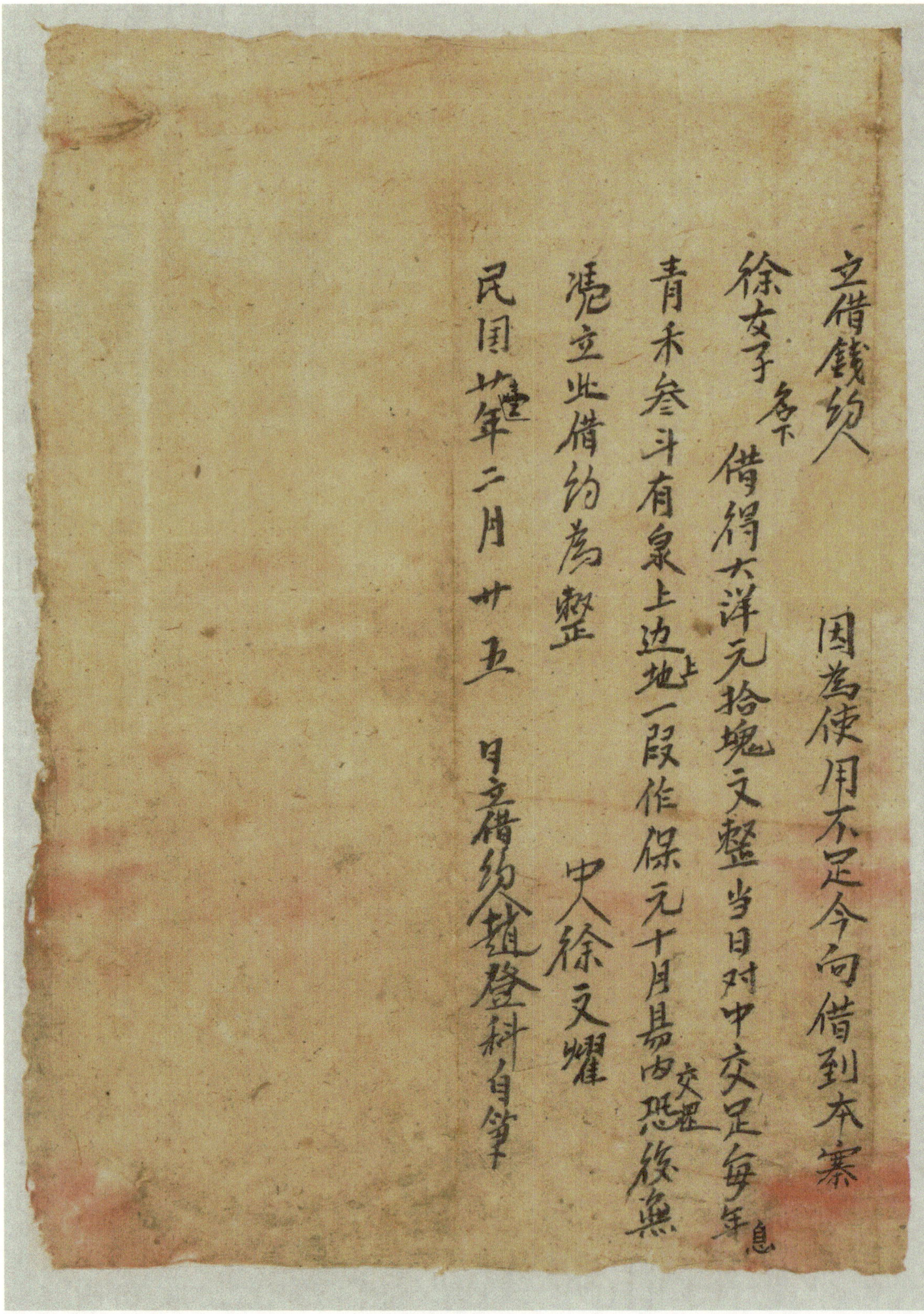
立借錢約人　因爲使用不足今向借到本寨
徐文孚名下　借得大洋元拾塊文整当日对中交足每年息
青禾叁斗有泉上边地上一段作保元十月昜内交楚恐後無
憑立此借約爲整
中人徐文耀
民国廿叁年二月廿五日立借約人趙登科自筆

民國二十一年（一九三二）趙登科立借貸契約（M120）

立借錢（錢）约人【趙】【登】【科】，因為使用不足，今向（問）借到夲（本）寨徐女子名下，借得大洋元拾塊文整，当日对中交足，每年息青禾叁斗，有泉上边上地一叚（段）作保元，十月易（以）内交還。恐後無凴，立此借约為整（證）。

民国廿壹年二月廿五日

立借约人：趙登科 自筆

中　　人：徐文耀

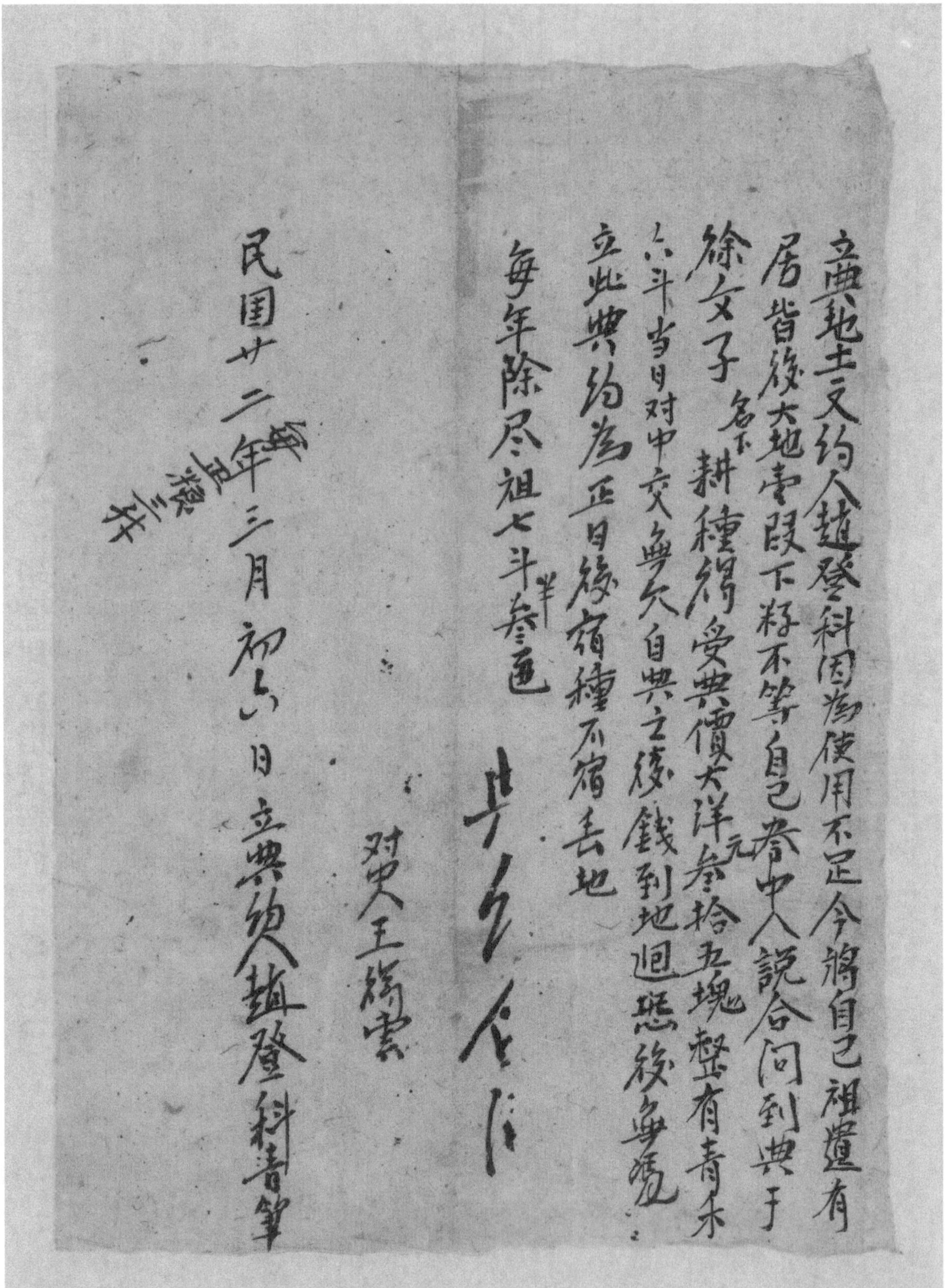

立典地土文约人趙登科因為使用不足今將自己祖遺有
居昔後大地壹段下籽不等自己㕘中人說合同到典于
徐文子名下耕種得受典價大洋元叁拾五塊整有青禾
六斗当日对中交無欠自典之後錢到地迴恐後無憑
立此典約為正日後宿種不宿丢地
每年除尽祖七斗半叁道

井乡仝仁

对中人王緒雲

每年正粮三升

民国廿二年三月初六日 立典約人趙登科書筆

民國二十二年（一九三三）趙登科立典地契約（M1121）

立典地土文约人趙登科，因為使用不足，今將自己祖遺有居背後大地壹叚（段），下籽不等，自己央令中人説合，问到典于徐文子名下耕種。得受典價大洋元叁拾五塊整，有（又）青禾六斗，当日对中交【足】無欠。自典之後，錢（錢）到地迴（回）。恐後無凴，立此典约為正（證），日後宿（許）種不宿（許）丟地。

每年除尽（净）祖（租）七斗半叁包。

每年正（徵）粮三升（升）。

立典约人：趙登科 青（親）筆

对 中 人：王得雲

民国廿二年三月初六日

立典地土文約人趙登科，因為使用不足，今將自己祖遺有
可丈地壹段，下籽不等，自己夤中人說合，同到青愿典于
徐文子名下耕種得受，典價大洋元叁拾塊整，有青
禾六年，当日对中交足無欠。自典之後，錢到地回，
寶種不寶，各無地悲，後無憑，立此典約為証。
每年除糧净租三色六斗。

[illegible]

对中人王得雲

民国廿二年三月初六日立典約人趙登科青筆

每民糧一斗

民國二十二年（一九三三）趙登科立典地契約（M122）

立典地土文约人趙登科，因為使用不足，今將自己祖遺有可义地壹叚（段），下籽不等。自己央令中人説合，问到青（情）愿典于徐文子名下耕種。得受典價大洋元叁拾塊整，有青禾六斗，当日对中交足無欠。自典之後，錢（錢）到地迴（回），宿（許）種不宿（許）丟地，恐後無凴，立此典约為正（證）。

每年除粮净祖（租）三包六斗。

每年民粮一升（升）。

民国廿二年三月初六日

立典约人：趙登科 青（親）筆

对 中 人：王淂（得）雲

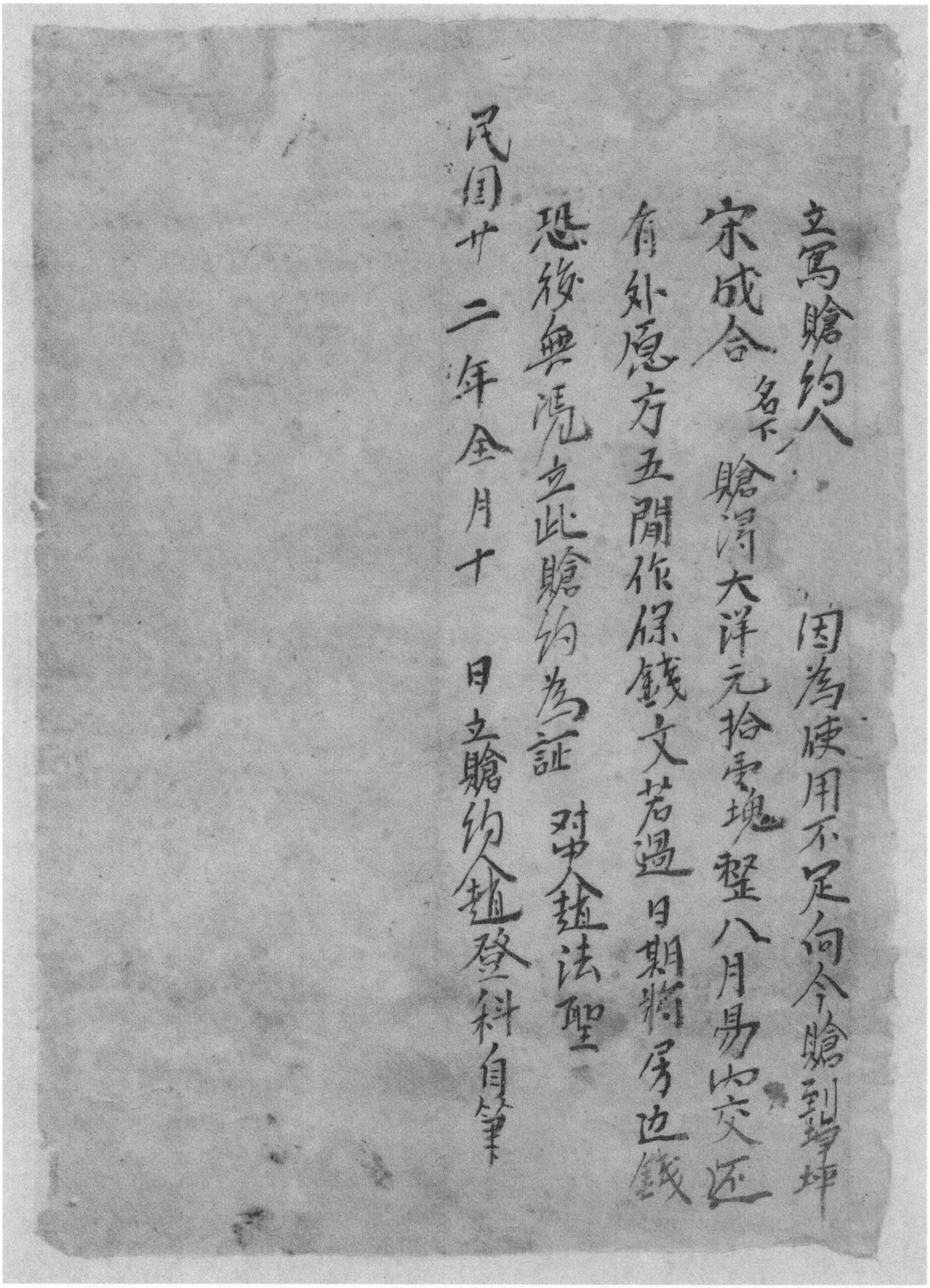

立寫賬約人　因為使用不足向今賬到趙坤
宋成合名下　賬得大洋元拾壹塊整八月易內交還
有外隱方五間作保錢文若過日期將房边錢
恐後無憑立此賬約為証　對中人趙法聖
民國廿二年仝月十　日立賬約人趙登科自筆

民國二十二年（一九三三）趙登科立賭錢契約（M123）

立寫賭约人【趙】【登】【科】，因為使用不足，向（今）今（問）賭到埠（卓）坪宋成合名下，賭淂（得）大洋元拾壹塊整，八月易（以）内交还，有外愿（院）方（房）五間作保銭（錢）文，若過日期，将（將）房边（變）銭（錢），恐後無凴，立此賭约為証（證）。

立賭约人：趙登科　自筆

对中人：趙法聖

民国廿二年仝月十日

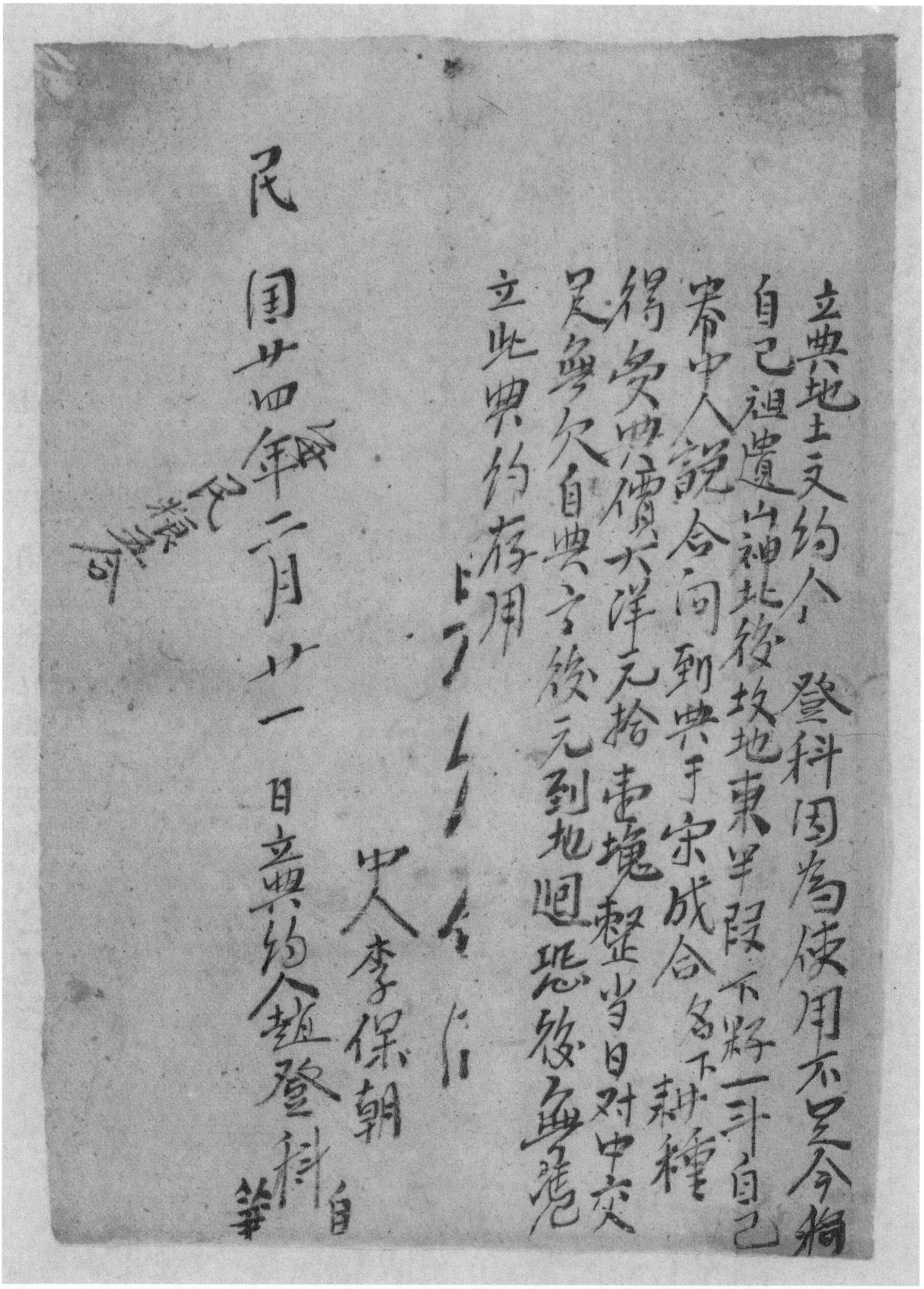

立典地土文約人　趙登科因為使用不足今將
自己祖遺山神背後坟地東半段下籽一斗自己
請中人説合向到典于宋成合名下耕種
得受典價大洋元拾壹塊整当日对中交
足無欠自典之後元到地迴恐後無憑
立此典約存用

中人李保朝

民国卅四年二月廿一日立典約人趙登科自筆

民國二十四年（一九三五）趙登科立典地契約（M1124）

立典地土文约人【趙】登科，因為使用不足，今将（將）自己祖遺山神北（背）後坟地東半段（段），下籽一斗，自己央令中人說合，问到典于宋成合名下耕種。得受典價大洋元拾壹塊整，当日对中交足無欠，自典之後，元到地迴（回），恐後無凴，立此典约存用。

每年民粮五合。

民国廿四年二月廿一日

立典约人：趙登科　自筆

中　　人：李保朝

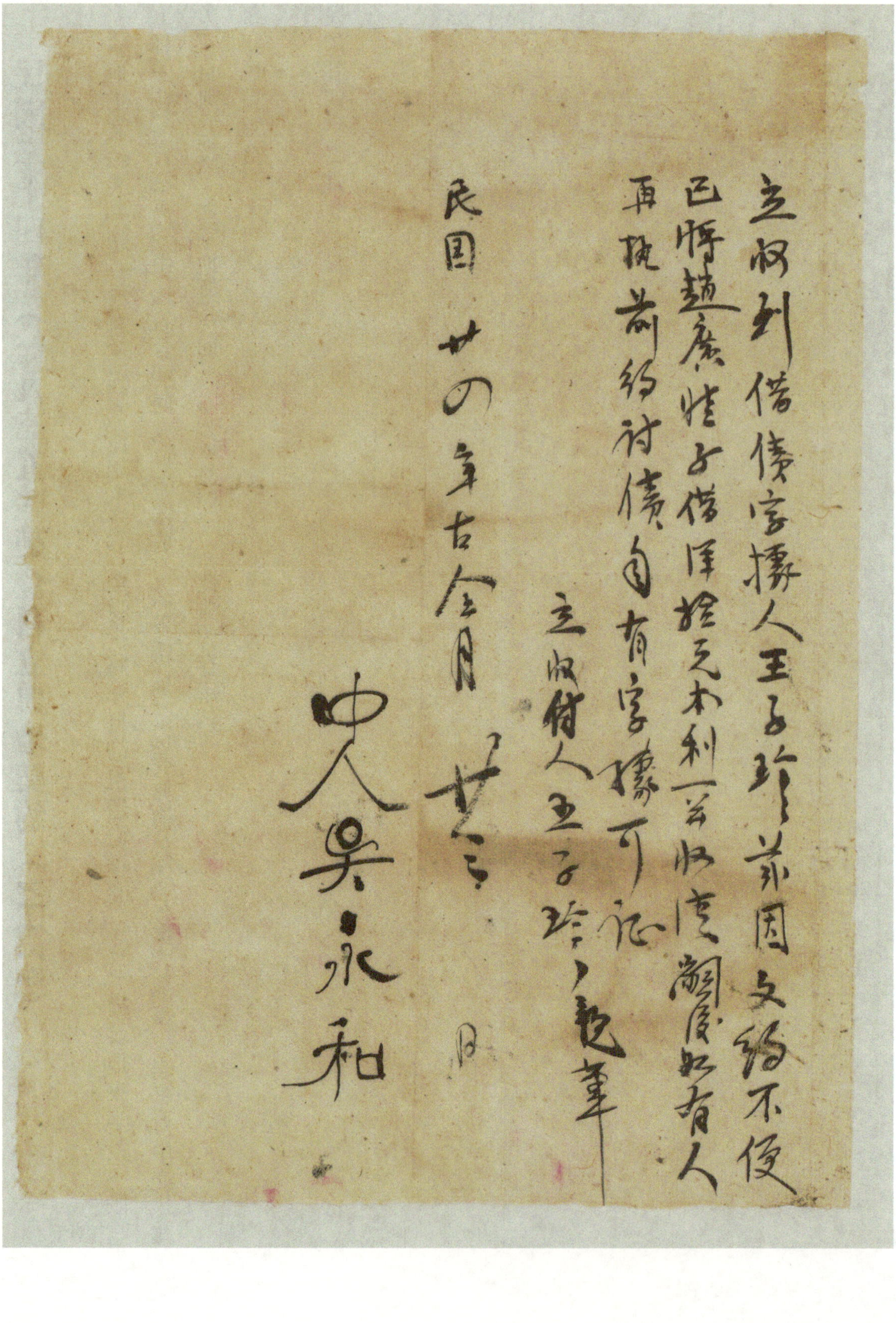

立收到借債字據人王子珍茲因文約不便
已將趙廣姓子借洋拾元本利一并收清倘後有人
再提前約討債自有字據可証
立收付人王子珍親筆
民国卅四年古全月廿二日
中人吴永和

民國二十四年（一九三五）王子珍立收付契約（M125）

立收到借債字據人王子珍，兹因文约不便，已将（將）趙廣娃子借洋拾元本利一並收清，嗣後如有人再執前约讨債，自有字據可证。

民国廿四年古全月廿二日

立收付人：王子珍 親筆
中　　人：吳永和

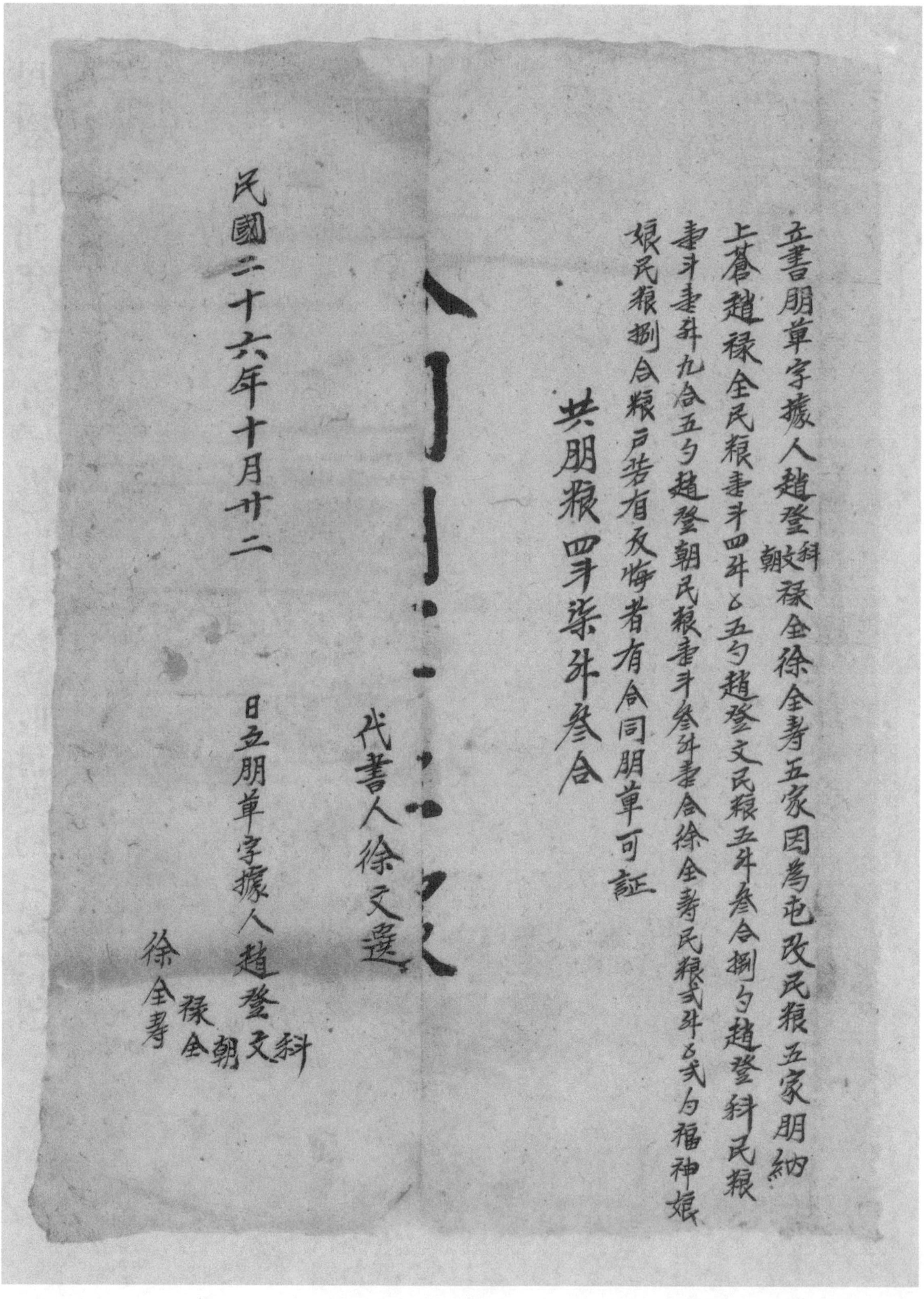

立書朋單字據人趙登科文朝祿全徐全壽五家因爲屯改民糧五家朋納
上蒼趙祿全民糧壹斗四升〇五勺趙登文民糧五升叁合捌勺趙登科民糧
壹斗壹升九合五勺趙登朝民糧壹斗叁升壹合徐全壽民糧弍升〇弍勺福神娘
娘民糧捌合糧戶若有反悔者有合同朋單可証

共朋糧四斗柒升叁合

代書人徐文選

民國二十六年十月廿二日立朋單字據人趙登科
文
朝
祿全
徐全壽

民國二十六年（一九三七）趙登科等五家立棚草契約（M126）

立書朋（棚）草字據人趙登科、趙登文、趙登朝、趙禄全、徐全寿五家，因為屯改民粮，五家朋（棚）納上蒼（倉）：趙禄全民粮壹斗四升（升）〇五勺，趙登文民粮五升（升）叁合捌勺，趙登科民粮壹斗壹升（升）九合五勺，趙登朝民粮壹斗叁升（升）壹合，徐全寿民粮弍升〇弍勺，福神娘娘民粮捌合。粮户若有反悔者，有合同朋（棚）草可証（證）。

共朋（棚）粮四斗柒升（升）叁合。

民國二十六年十月廿二日

立朋（棚）草字據人：趙登科

趙登文

趙登朝

趙禄全

徐全寿

代書人：徐文選

立寫收付字據人刘景文因爲文约不便今向收到
椰林寨趙登科名下收得十七年三月初三日借債文约弍張
收得大洋陸拾元整当日对中前後文约一並收清恐後人心
难保日後有人卸约討債有收付字據可証

說合中人 金正西 徐元亨 徐全壽父

民國廿七年冬月十一　日立寫收付人刘景文

左斗墨

代书人徐文選

民國二十七年（一九三八）劉景文立收付契約（M1127）

立寫收付字據人刘景文，因為文约不便，今向收到梆（柳）林寨趙登科名下收得十七年三月初三日借債文约式張，收得大洋陸拾元整，当日对中前後文约一並收清。恐後人心难保，日後有人知（執）约討債，有收付字據可証（證）。

民國廿七年冬月十一日

立寫收付人：刘景文（手印）左斗基（箕）

說合中人：金正西

徐元亨

徐金寿父

代書人：徐文選

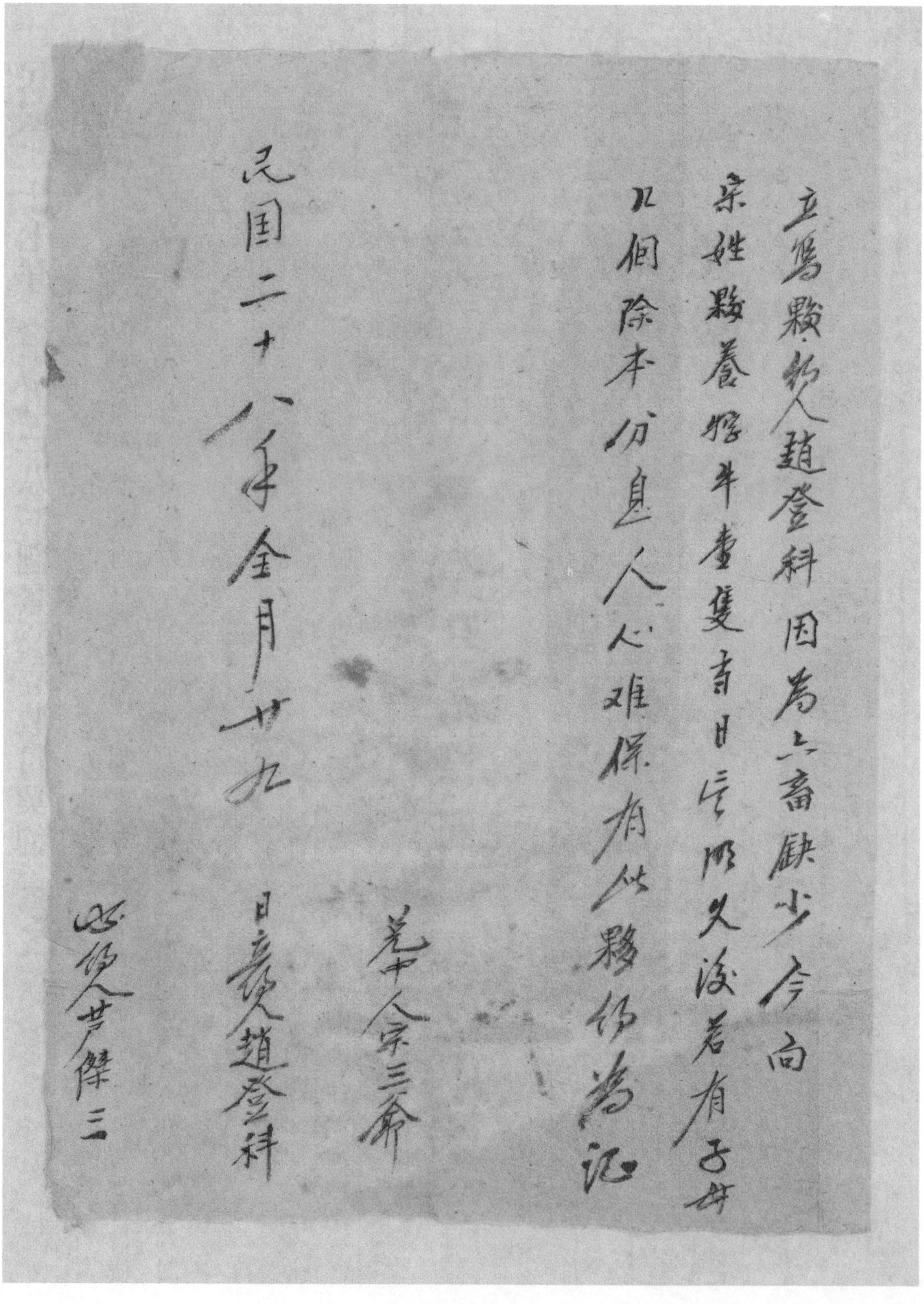

立寫騾約人趙登科，因為六畜缺少，今向
宋姓騾養牲牛壹隻，言日言明，久後若有子毋
几個，除本份息，人心难保，有憑騾約為記。

説中人宋三爺
立約人趙登科
代筆人芦傑三

民国二十八年仝月廿九日

民國二十八年（一九三九）趙登科立夥養牸牛契約（M128）

立寫夥约人趙登科，因為六畜缺少，今问宋姓夥養牸牛壹隻，当日言明，久後若有子母几個，除本分息，【恐】人心难保，有此夥约為证。

民国二十八年全月廿九日

立　约　人：趙登科

兑（對）中人：宋三爺

書　约　人：芦傑三

立當地土文約人趙金林父因爲使用不足今將自己祖
遺西頭山上大平地壹段下糧弍斗自己參中人說合
問到情願出典于馬蓮灘趙虎全名下耕種得受
典價大洋國幣弍千圓整當日憑中交足並無
少欠自典之后不論年限遠近元到地回照設年憑
立此典當存照

合同為照

中人徐攀斗

民國三十二年古九月十九日立當約人趙金林父

每　八料　升

代字　吳養源

民國三十二年（一九四三）趙金林父立典地契約（M129）

立典地土文约人趙金林父，因為使用不足，今将（將）自己祖遺西頭山上大平地壹叚（段），下籽弍斗。自己央令中人说合，问到情願出典于馬蓮灘趙虎全名下耕種，淂（得）受典價大洋國幣弍千圓整，当日兑（對）中交足，並無少欠。自典之後，不论（論）年限远近，元到地囘（回），恐後無憑，立此典约存照。

每年粁（糧）八升。

立典约人：趙金林父

中　　人：徐攀斗

代　　書：吴養源

民國三十二年古九月十九日

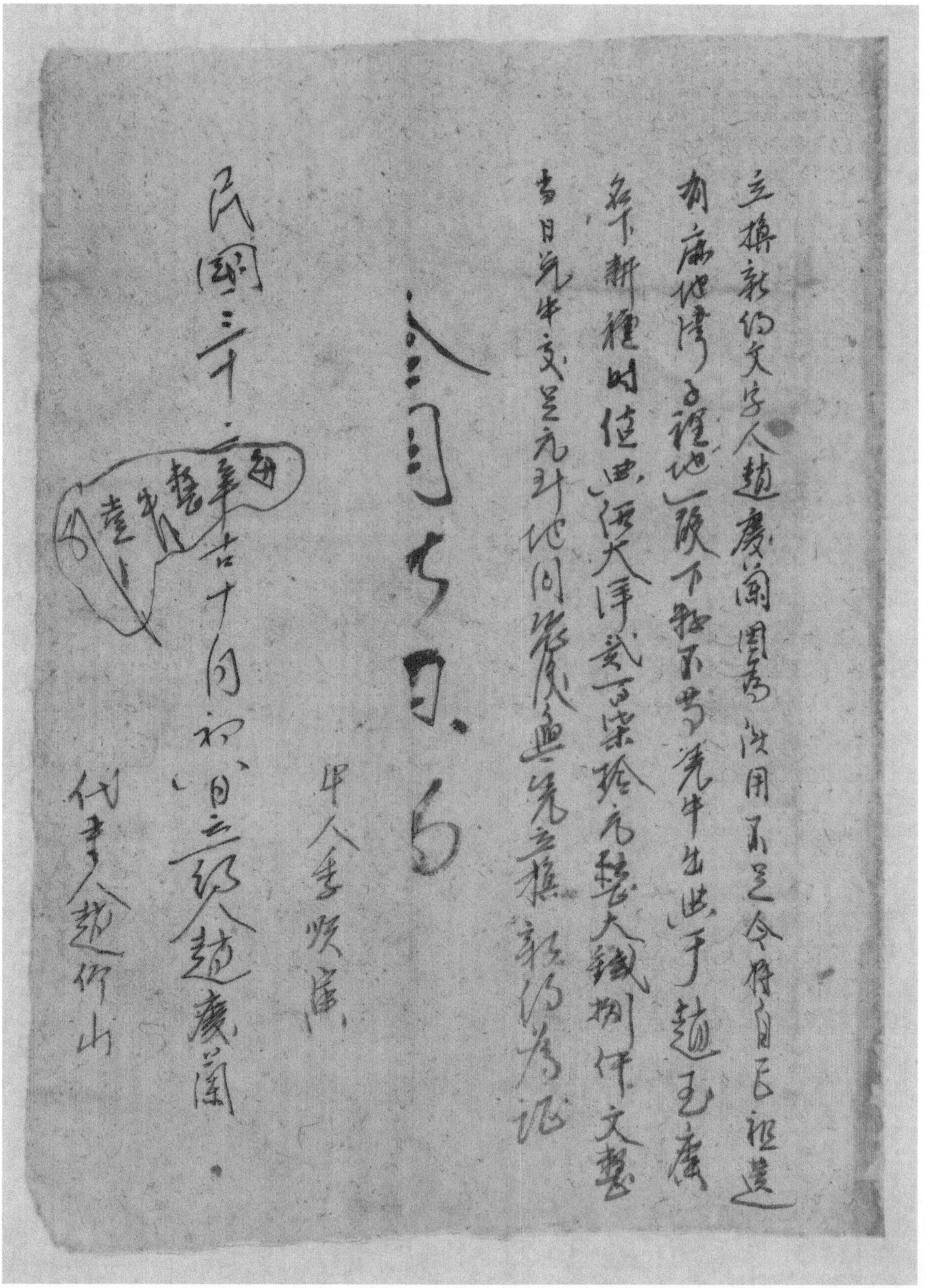

立換新約文字人趙慶蘭因為使用不足今將自己祖遺
莊廓地灣子種地一段下數不等先年出典于趙玉慶
名下新種時值典價大洋貳百柒拾元整大錢捌仟文整
當日憑中交足無欠其地同中說與先立換新約為証

合同大吉

每年出租壹斗

中人李煥廉

民國三十二年十月初八日立約人趙慶蘭

代書人趙作山

民國三十二年（一九四三）趙慶蘭立典地契約（M130）

立換（换）新约文字人趙慶蘭，因為使用不足，今将（將）自己祖遺有麻地灣子裡（裏）地一殷（段），下籽不等，凴中出典于趙玉廣名下耕種，時值典價大洋貳百柒拾元整，大銭（錢）捌仟文整，当日兑（對）中交足，元到地囘（回），恐後無凴，立換（换）新约為证。

每年整（徵）粁（糧）壹升。

民國三十二年古十月初八日

立约人：趙慶蘭

中　人：季順寅

代書人：趙仰山

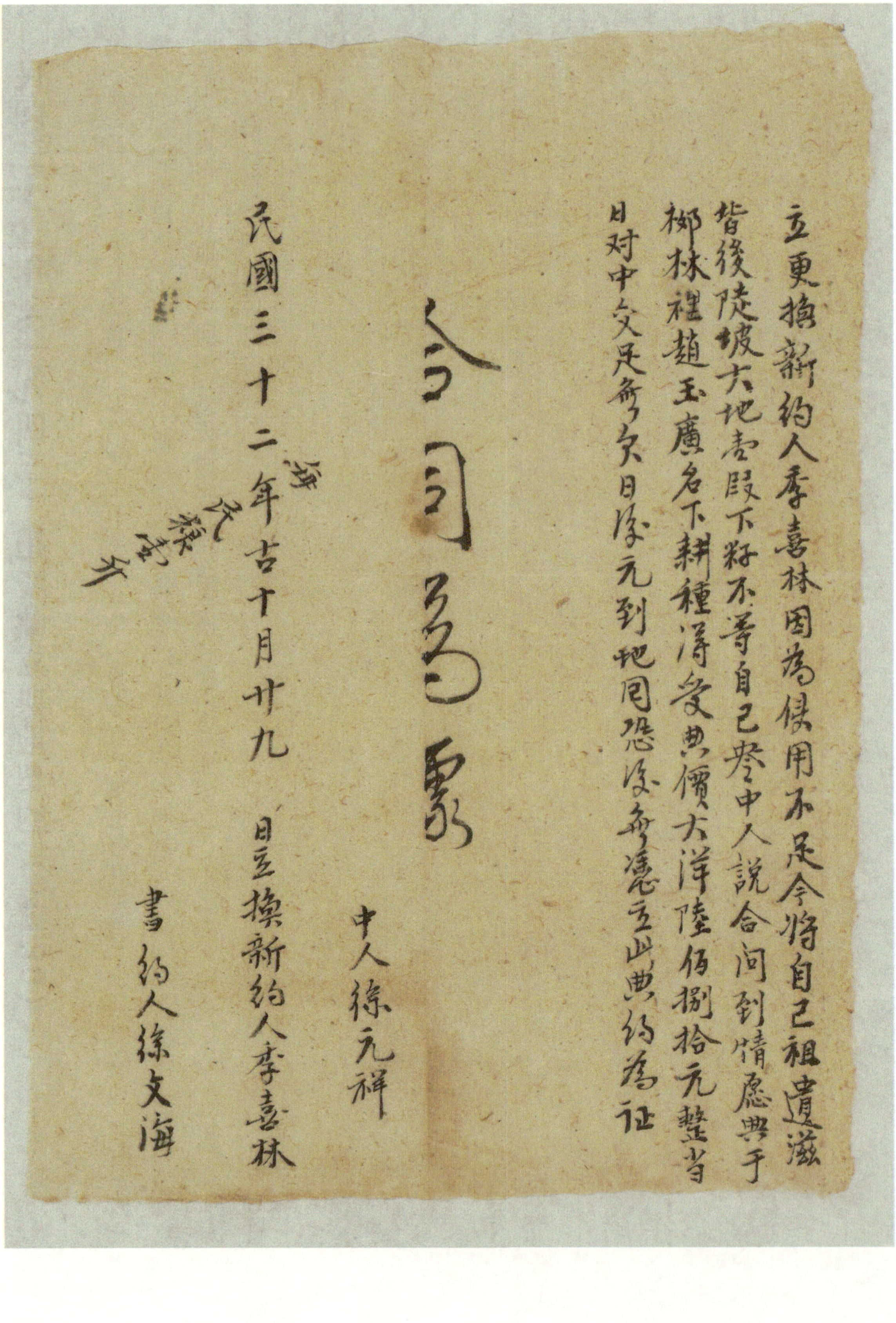

立更換新約人李喜林因為使用不足今將自己祖遺滋
皆後陡坡大地壹段下籽不等自己尋中人說合問到情愿與于
榔林裡趙玉廣名下耕種得受典價大洋陸佰捌拾元整当
日对中交足無欠日後元到地回恐後無憑立此典約為証

合同為憑

中人　徐元祥

民國三十二年古十月廿九日立換新約人李喜林

海民禄在升

書約人徐文海

民國三十二年（一九四三）季喜林立典地契約（M131）

立更換（換）新约人季喜林，因為使用不足，今将（將）自己祖遺滋背後陡坡大地壹叚（段），下籽不等，自己央令中人説合，问到情愿典于梆（柳）林裡（裏）趙玉廣名下耕種，淂（得）受典價大洋陸佰捌拾元整，当日对中交足無欠，日後元到地回（回），恐後無憑，立此典约為证。

每年民粮壹升。

民國三十二年古十月廿九日

立換（換）新约人：季喜林

中人：徐元祥

書约人：徐文海

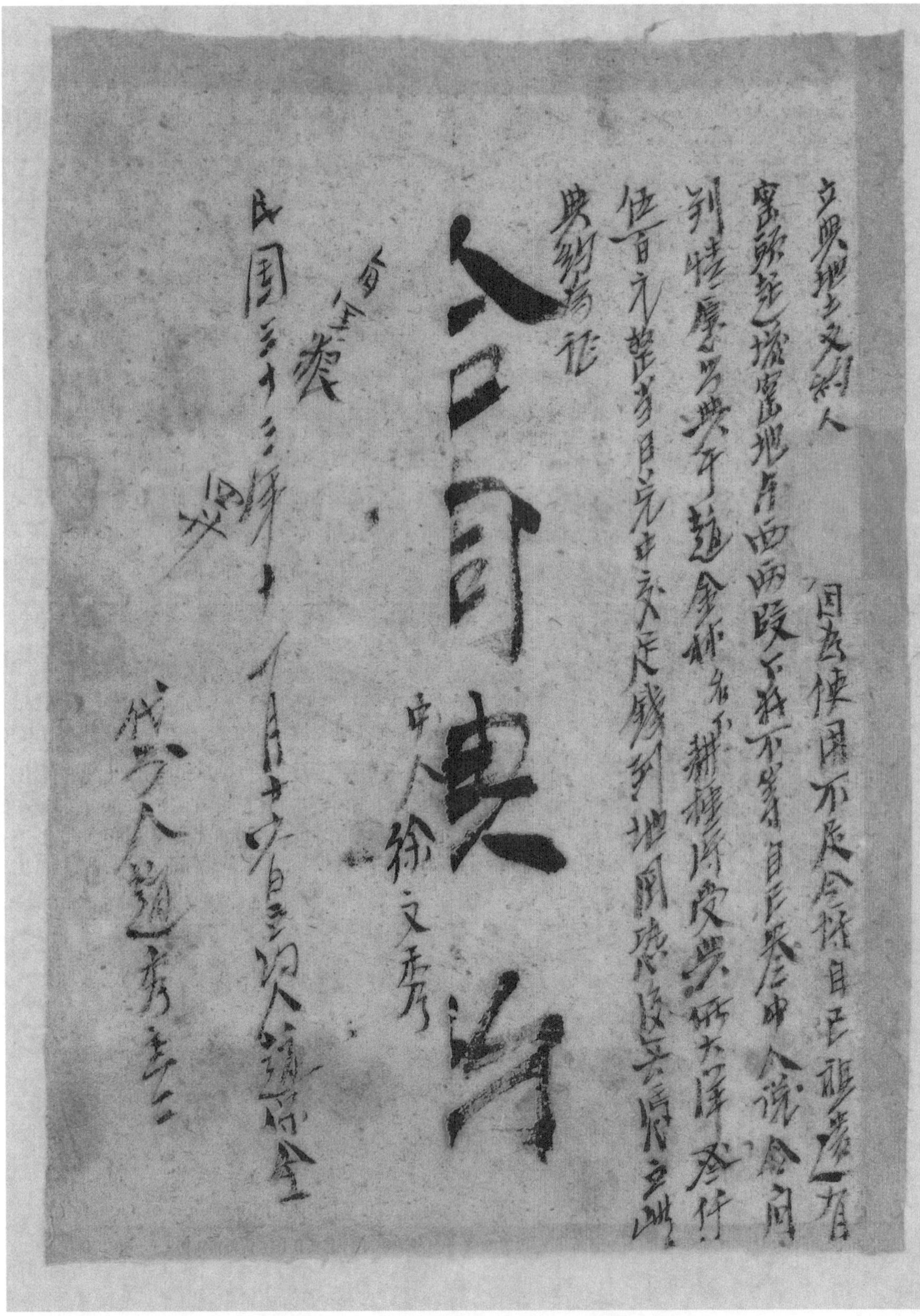
立典地土文約人　　因為使用不足，今將自己祖遺有
窯頭趙家塆窯地壹處，西面段下糧不等，自己請憑中人說合，同
到[illegible]典與趙金林名下耕種，所受典價大洋叁仟
伍百元整，當日兌交，入手足錢，到地[illegible]，立此
典約為證
合同典約
中人　徐文秀
合同[illegible]
民國三十三年　十一月十六日　立約人趙[illegible]仝
代字人趙[illegible]

民國三十三年（一九四四）趙保全立典地契約（M132）

立典地土文約人【趙】【保】【全】，因為使用不足，今将（將）自己祖遺有窑頭起塔窑地東西两段（段），下籽不等。自己央令中人说合，问到情愿出典于趙金林名下耕種。得受典價大洋叁仟伍百元整，当日兑（對）中交足，錢（錢）到地囘（回），恐後無憑，立此典约為证。

每年粮四升。

立约人：趙保全

中　人：徐文秀

代書人：趙秀三

民国三十三年十一月十六日

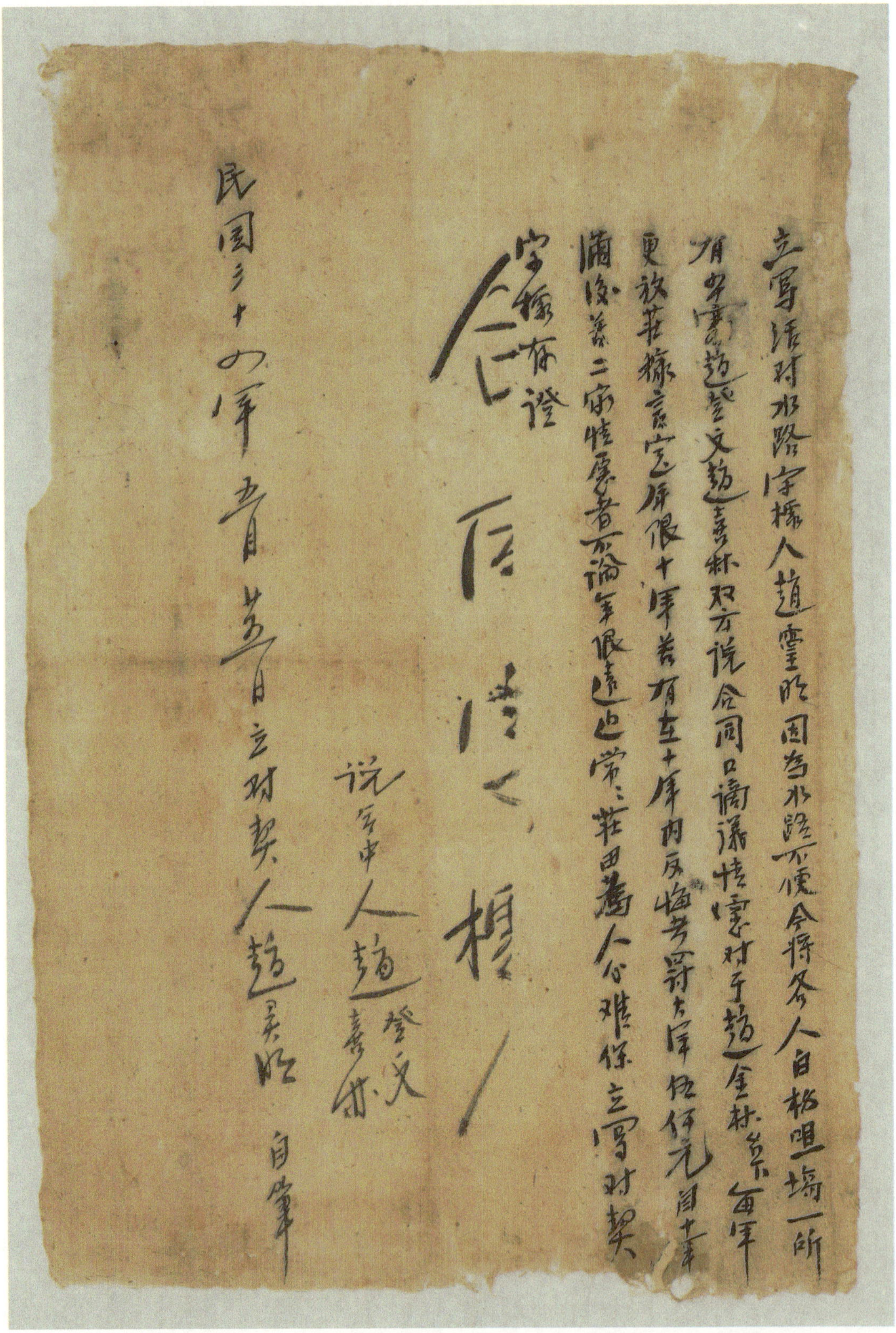
立寫活對水路字據人趙雲昭，因為水路不便，今將各人自耕咀塲一所
情出賣與趙登文、趙喜林，双方説合，同口商議，情愿對于趙金林弟兄，每年
更放莊稼，言定時限十年，若有在十年內反悔者，罰大洋伍佰元，周十年
滿後，若二家情愿者，不論年限遠近，常常莊田。為人心難保，立寫對契
字據存證
合同
説合中人趙登文
　　　　趙喜林
民國三十四年五月廿五日立對契人趙雲昭　自筆

民國三十四年（一九四五）趙靈明立兑水路契約（M133）

立冩（寫）活对（兑）水路字據人趙靈明，因為水路不便，今将（將）各（個）人白楊咀埸一所，有夲（本）寨趙登文、趙喜林，双方说合，同口谪（商）議，情愿对（兑）于趙金林名下，每年更放莊稼，言定年限十年。若有在十年内反悔者，罚大洋伍仟元，自十年满後，若二家情愿者，不論年限遠近，常常莊田。為人心难保，立冩对（對）契字據存證。

民国三十四年五月廿五日

立对（兑）契人：趙灵明 自筆

说合中人：趙登戈

趙喜林

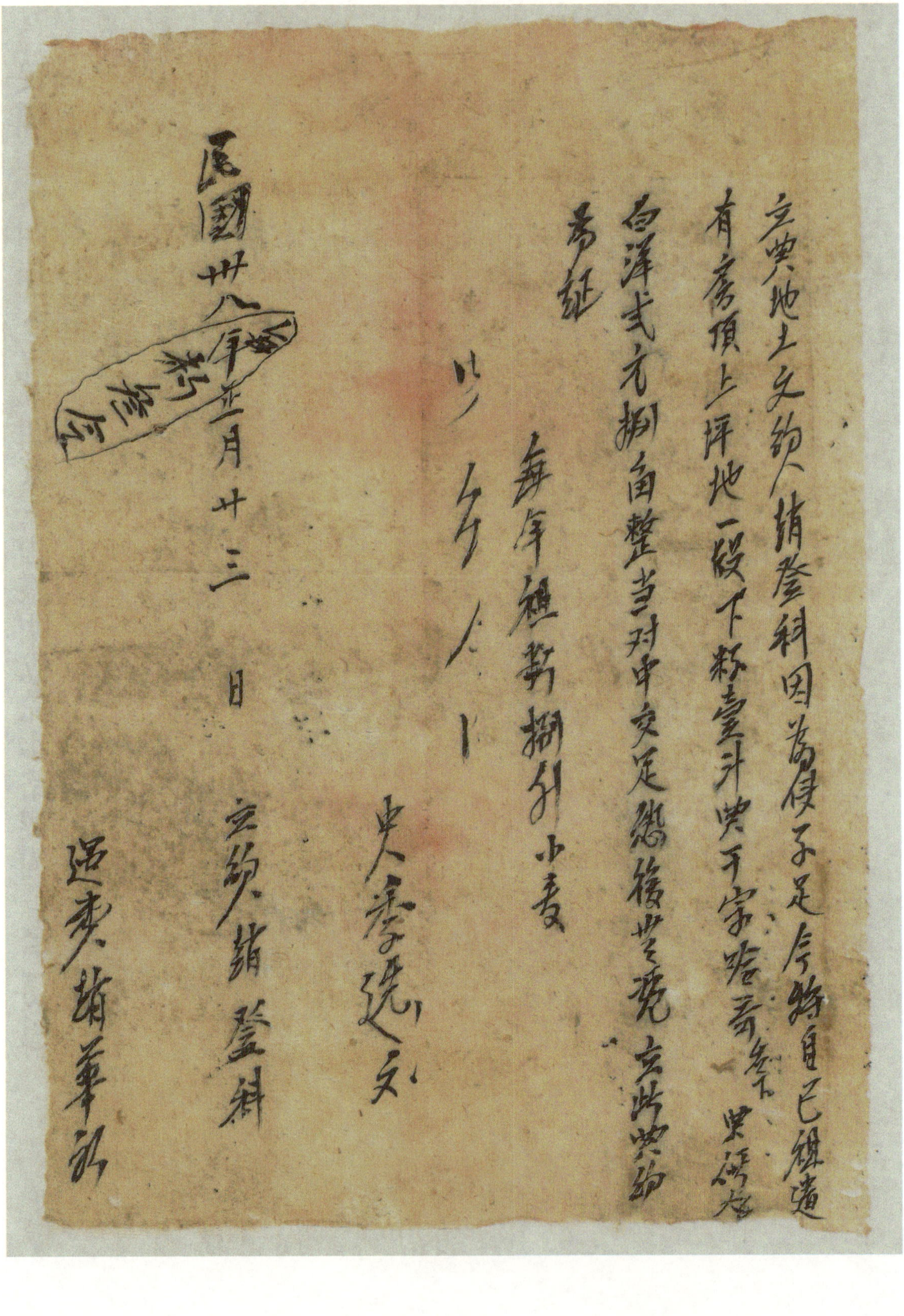
立典地土文約人趙登科因爲使子足今將自己祖遺
有房項上坪地一段下籽壹斗典于宗路哥名下　典價大
白洋弍元捌角整当对中交足恐後無憑立此典約
爲証
每年租數捌升小麥
此系人卜
中人李逸元
民國卅八年正月廿三日
此約作废
立約人趙登科
過典人趙華斌

民國三十八年（一九四九）趙登科立典地契約（M134）

立典地土文约人趙登科，因為使【用】不足，今將自己祖遺有房頂上坪地一叚（段），下籽壹斗，典于宗哈竒（奇）名下，典價□白洋弍元捌角整，当【日】对中交足，恐後無凴，立此典约為証（證）。每年祖（租）粮捌升小麦。

每年粮叁合。

民国卅八年正月廿三日

立约人：趙登科

中　人：季选文

遇書人：趙華祖

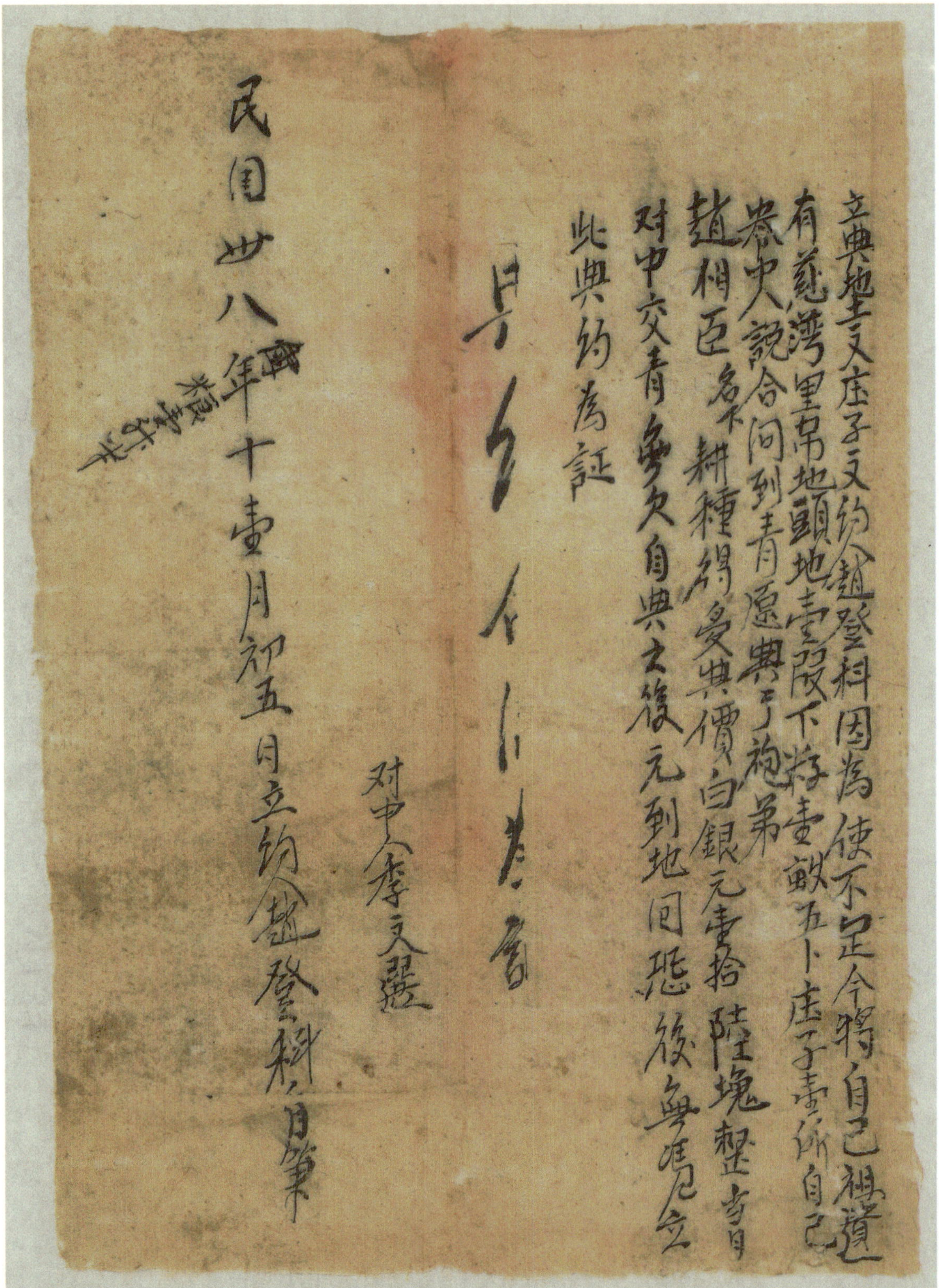

立典地土庄子文约人趙登科因為使不足今將自己祖遺
有菜湾里常地頭地壹段下籽壹畝五卜庄子壹所自己
凂中人説合同到青愿典于胞弟
趙相臣名下耕種得受典價白銀元壹拾陸塊整當日
对中交清無欠自典之後元到地回恐後無憑立
此典约為証
只典不卖老會
对中人李文瑟
粮事折半
民国卅八年十壹月初五日立约人趙登科親筆

民國三十八年（一九四九）趙登科立典地契約（M135）

立典地土文庄（莊）子文约人趙登科，因為使【用】不足，今將自己祖遺有慈湾里吊地頭地壹段（段），下籽【不】【等】，壹畝五卜（分）庄（莊）子壹所，自己央令中人説合，问到青（情）愿典于袍弟趙相臣名下耕種，得受典價白銀元壹拾陸塊整，当日对中交青（清）無欠，自典之後，元到地囘（回），恐後無凴，立此典约為証（證）。

每年粮壹升（升）半。

民国卅八年十壹月初五日

立约人：趙登科　自筆

对中人：季文選

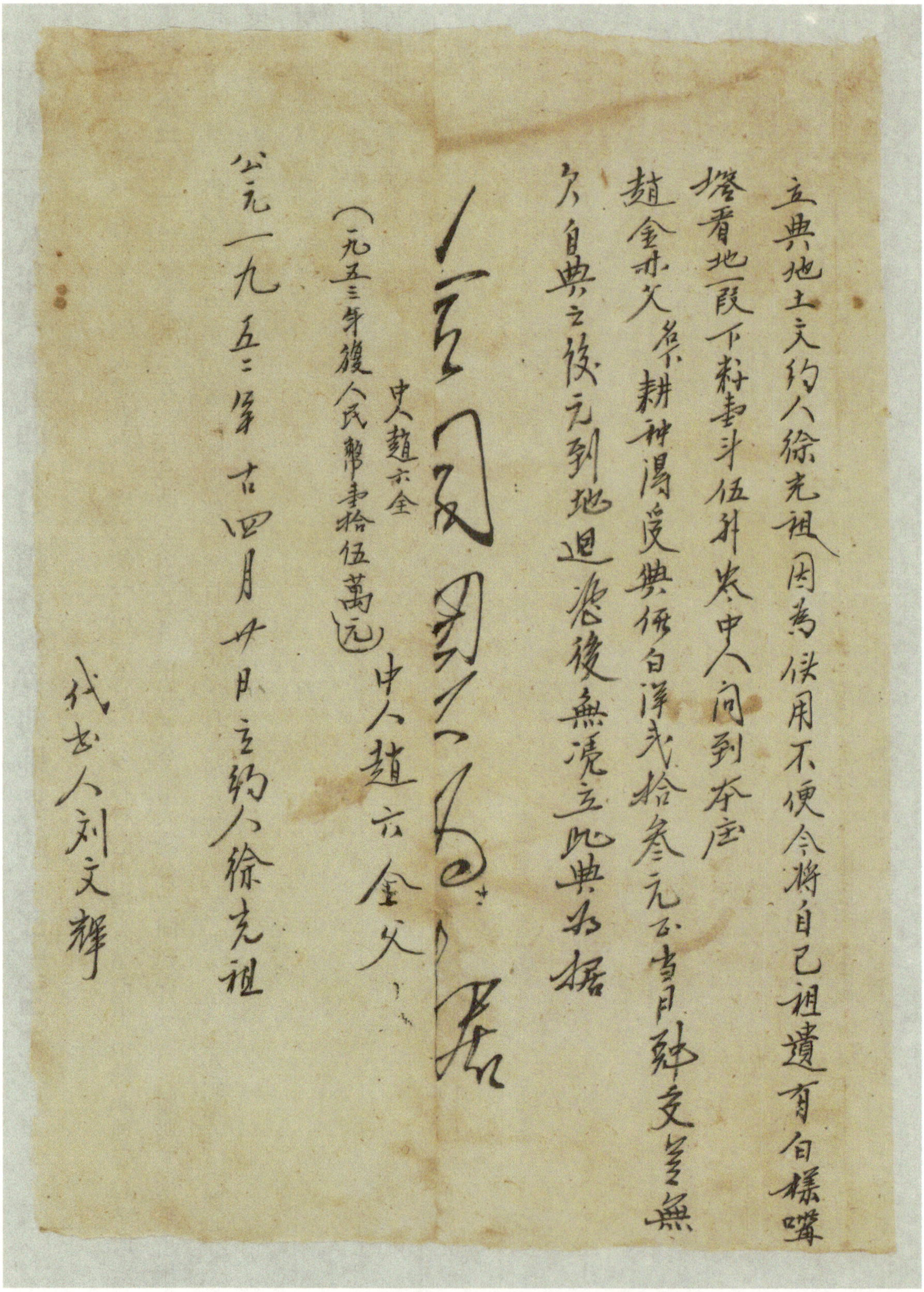

立典地土文約人徐光祖因為使用不便今將自己祖遺有白楊嘴
塔看地一段下籽壹斗伍升憑中人同到本莊
趙金永父名下耕种得受典價白洋弍拾叁元正當日親交並無
欠少自典之後元到地回恐後無憑立此典約為据

人言[illegible]据

中人趙六全
（一九五三年後人民幣壹拾伍萬元）
中人趙六全父

公元一九五二年古四月廿日立約人徐光祖

代書人刘文輝

公元一九五二年徐光祖立典地契約（M136）

立典地土文约人徐光祖，因為使用不便，今将（將）自己祖遺有白樣嘴墖（墶）看地一叚（段），下籽壹斗伍升（升），央令中人问到本庄（莊）趙金林父名下耕种，淂（得）受典價白洋弍拾叁元正（整），当日兑（對）中交足無欠。自典之後，元到地迴（回），恐後無凴，立此典【約】為据。

（一九五三年復人民幣壹拾伍萬元）

公元一九五二年古四月廿日

立约人：徐光祖

中　人：趙六全　父

代書人：刘文輝

中　人：趙六全

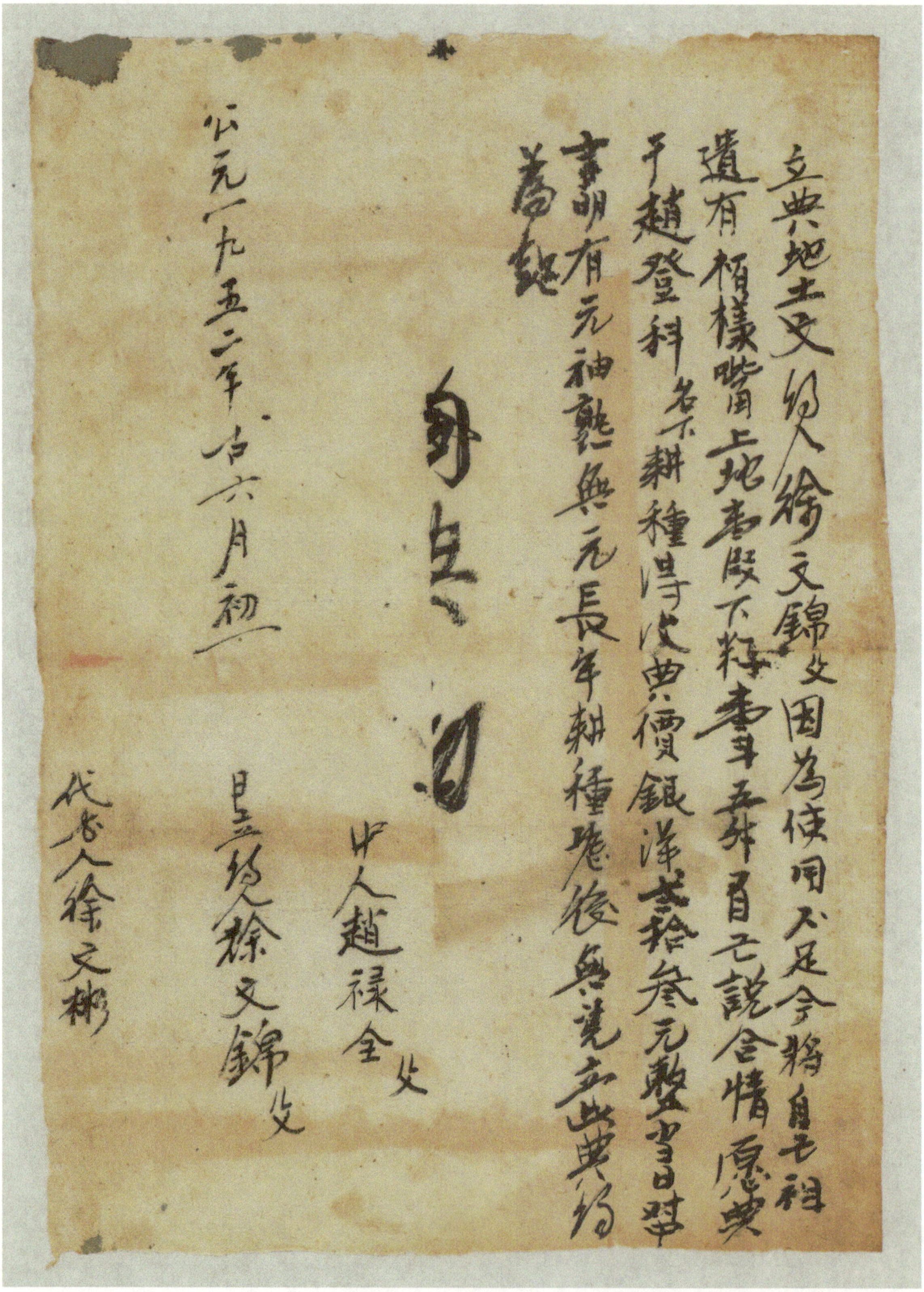

立典地土文約人徐文錦 十 因為使用不足，今將自己祖遺有柏樣嘴上地壹股，下籽壹斗五升，自己說合情願典于趙登科名下耕種，得受典價銀洋叁拾叁元整，當日兩交。言明有元抽贖，無元長年耕種，恐後無憑，立此典約為證。

身上[illegible]

中人趙祿全 十

立典約人徐文錦 十

代書人徐文彬

公元一九五二年古六月初一

公元一九五二年徐文錦父立典地契約（M137）

立典地土文约人徐文錦父，因為使用不足，今将自己祖遺有栢（柏）様嘴上地壹叚（段），下籽壹斗五升（升），自己説合，情愿典于趙登科名下耕種，淂（得）受典價銀洋弍拾叁元整。当日对中言明，有元䄂（抽）熟（贖），無元長（常）年耕種。恐後無凴，立此典约為証（證）。

公元一九五二年古六月初一日

立约人：徐文錦 父
中　人：趙禄全 父
代書人：徐文彬

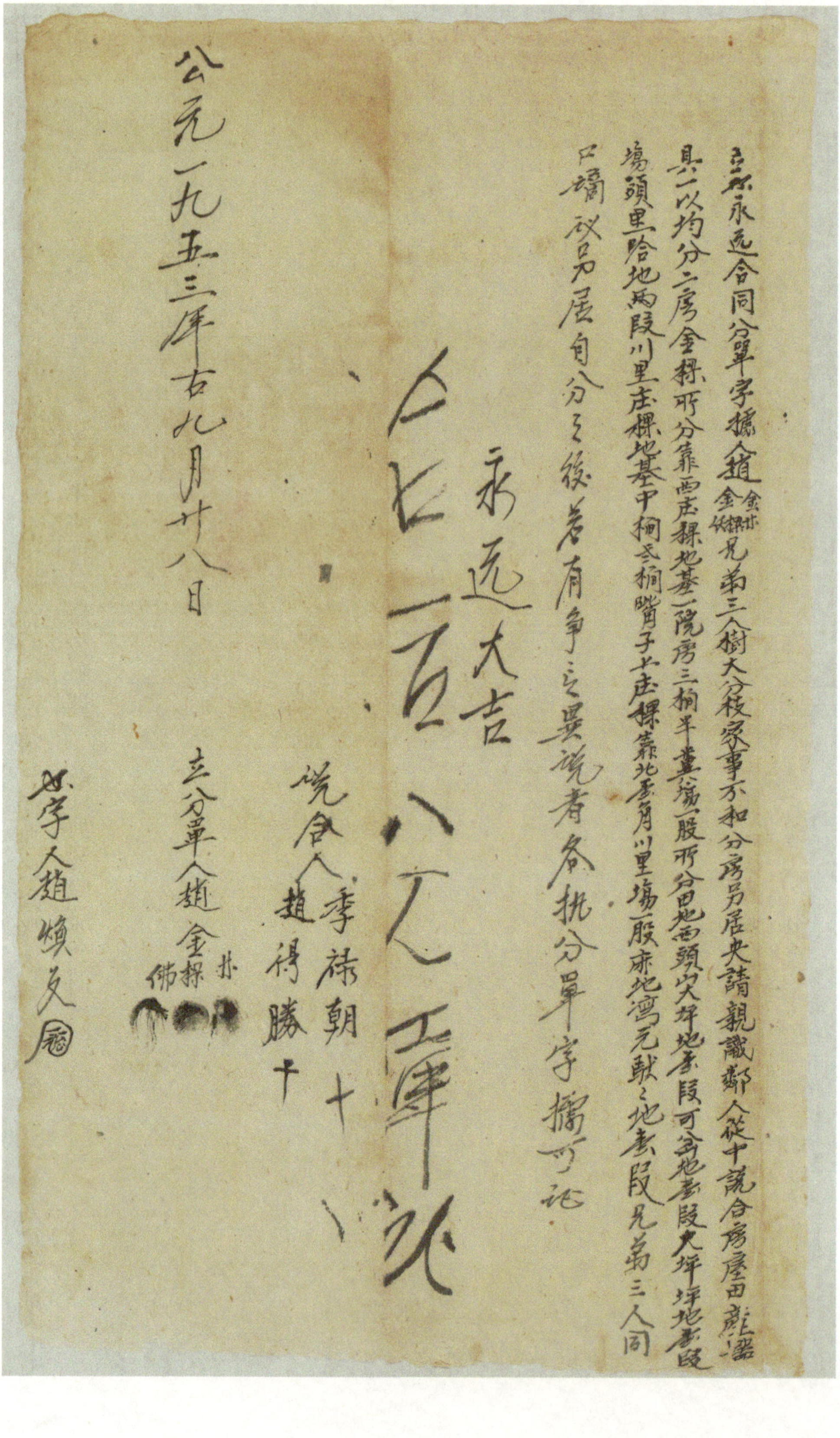
立寫永遠合同分單字據人趙金保、金林、金佛兄弟三人，因大分枝家事不和，分房另居，央請親識鄰人從中說合，房屋田地器
具一以均分。二房金保所分靠西庄保地基一院，房三間半，又[illegible]場一股，所分田地西頭尖大坪地壹段，可[illegible]地壹段，大坪坪地壹段，
場頭里哈地兩段，川里庄保地基中間叁間，嘴子上庄保靠北壹角，川里場一股，麻地灣元馱馱地壹段。兄弟三人同
口商議，另居自分之後，若有爭競異說者，各執分單字據可証。

[illegible]一百八人[illegible]

永遠大吉

說合人　李祿朝　十
　　　　趙得勝　十

立分單人　趙金保　林　佛

書字人　趙煥文（印）

公元一九五三年古九月廿八日

公元一九五三年趙金林、趙金梁、趙金佛立分單契約（M138）

立写永远合同分單字據人趙金林、趙金樑、趙金伕（佛）兄弟三人，樹大分枝，家事不和，分房另居。央請親識鄰人從中説合，房屋田産器具，一以（一）均分。二房金樑所分靠西庄（莊）稞（窠）地基一院，房三榈（間）半，糞塲一股，所分田地西頭山大坪地壹叚（段）；可岔地壹叚（段）；大坪坪地壹叚（段）；塲頭里哈地两叚（段）；川里庄（莊）稞（窠）地基中榈（間）弍榈（間），嘴子上庄（莊）稞（窠）靠北壹角，川里塲一股，麻地湾元馱馱地壹叚（段），兄弟三人同口謪（商）议另居。自分之後，若有争言異说者，各执分單字擄（據）可证。

永远大吉

公元一九五三年古九月廿八日

立分單人：趙金林（手印）

趙金樑（手印）

趙金佛（手印）

说合人：季禄朝（畫押）

趙得勝（畫押）

書字人：趙焕（焕）文（畫押）

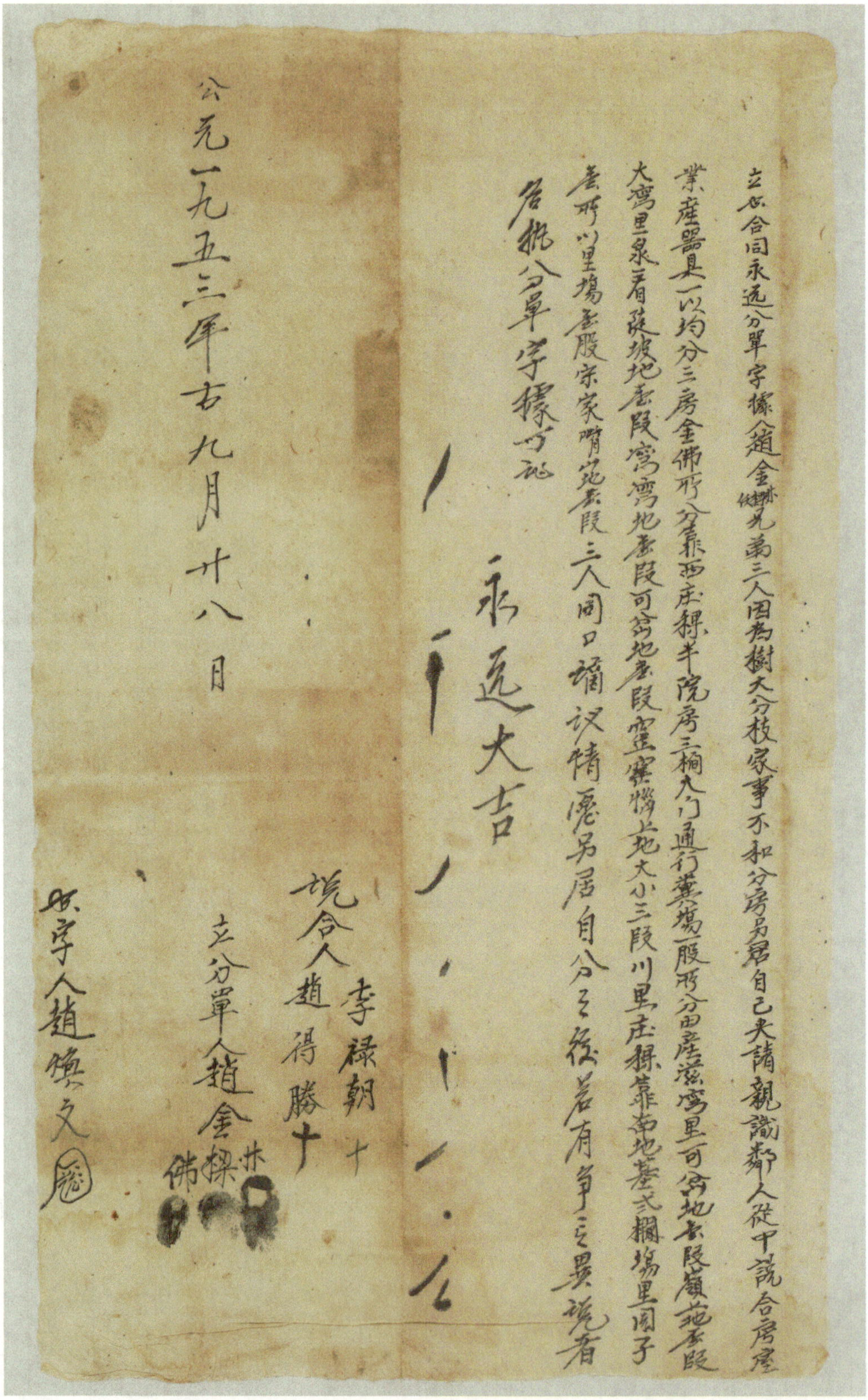
立合同永遠分單字據人趙金佛林兄弟三人，因為樹大分枝，家事不和，分房另居，自己央請親識鄰人從中説合，房屋
業產器具一以均分三房。金佛所分靠西庄課半院房三椽，大门通行，糞場一股；所分田產茨湾里可窩地壹段，廟施壹段，
大湾里泉看窪坡地壹段，湾湾地壹段，可窩地壹段，窪窪灣施地大小三段，川里庄課靠南地基弍間，場里園子
壹所，川里場壹股，宗家嘴施壹段。三人同口商议，情愿另居，自分之後，若有爭言異説者，
合執分單字據可証。

永遠大吉

説合人　李祿朝　十
　　　　趙得勝　十

立分單人趙金操
　　　　　　林
　　　　　　佛

代字人趙煥文（押）

公元一九五三年古九月廿八日

公元一九五三年趙金林、趙金樑、趙金佛立分單契約（M139）

立写合同永远分單字據人趙金林、趙金樑、趙金伕（佛）兄弟三人，因為樹大分枝，家事不和，分房另居。自己央請親識鄰人從中説合，房屋業産器具，一以（一）均分。三房金佛所分靠西庢（莊）稞（窠）半院，房三椢（間），大门通行，糞塲一股。所分田産滋湾里可岔地壹叚（段）；嶺上地壹段（段）；大湾里泉着陡坡地壹叚（段）；湾湾地壹叚（段）；可岔地壹叚（段）；□窑腦上地大小三叚（段），川里庢（莊）稞（窠）靠南地基弍椢（間），塲里园子壹所，川里塲壹股，宋家嘴山地壹叚（段），三人同口谪（商）议情愿另居，自分之後，若有争言異说者，各执分單字據可证。

永远大吉

公元一九五三年古九月廿八日

立分單人：趙金林（手印）

趙金樑（手印）

趙金佛（手印）

说合人：李（季）禄朝（畫押）

趙得勝（畫押）

書字人：趙焕（焕）文（畫押）

後記

在甘肅民族師範學院從事思想政治教育教學工作已經三十年了，年輕的時候我總是感覺海拔幾近三千米的甘南藏族自治州冬天很寒冷、夏天很凉爽，伴隨着年齡的增長和對這個地區的理解，我越來越堅定這樣的觀念：雖然天氣寒冷，生活艱難，但依然有諸多温暖。

我一直認爲父老鄉親説得對：我能够成爲一位好老師。重視心靈的安慰是我畢生的追求，自一九七七年進入學校接受系統教育以來我就不曾離開過教育教學崗位，一九九四年大學畢業以後我毅然決然地選擇了合作民族師範高等專科學校。這其中有諸多與同事朝夕相處不願分離的點點感動，也有許多與同學教學相長不能忘懷的絲絲牽挂，還有更多與同行跋山涉水不能磨滅的種種困難……我没有長大却已經變老，回首周邊江山依舊在，幾度夕陽紅。就在我愜意漫步人生時，没有料想到的是二〇一六年七月學校安排我到學院圖書館工作。在高校圖書館工作很不容易：浩如烟海的文獻需要分類整理；紛繁複雜的信息需要梳理清楚；來往不息的讀者需要服務到位；内容豐富的文化活動需要主動開展。這個崗位帶給我的不僅僅是日夜操勞的辛苦，難能可貴的是也給我帶來了文化工作的成就與尊嚴。

就文化角度而言，甘肅民族師範學院坐落在青藏高原的窗口上，其周邊爲甘、青、川三省交界的河洮岷文化區域。這裏的河洮岷主要指古代的河州、洮州和岷州。河州是指今天的臨夏回族自治州，洮州主要指今天的甘南藏族自治州的卓尼縣、臨潭縣，岷州大致指今天的定西市岷縣、臨洮縣、漳縣和隴南市的宕昌縣、西和縣、禮縣，以及青海省循化撒拉族自治縣一帶。由于歷史原因，河洮岷文化區域能够更好地體現中華民族『多元一體』格局，多民族頻繁地交往、交流、交融滋生了豐富多彩的民間文化，也滋生了諸多鑄牢中華民族共同體意識的豐富素材。河洮岷民間契約文書能够充分反映這個地區在不同時代開展民事活動的具體風貌和人民交往的精神智慧。我們這一次通過《河洮岷民間契約文書輯校》與大家見面，這是二〇二〇年以來學院圖書館在學校的高度重視下開始注重古籍（舊）圖書與地方特色文獻建設與研究的成果之一。這一成果的面世也是很不容易的，既是圖書館館員凝結共識共同努力的結果，也是社會各界無私支持的結晶，其中凝聚着大家共同勞動的辛勤汗水。二〇二〇年春寒料峭的時候，周毛卡、王曉東、楊建華和劉俊雎四人懷揣首次采集河洮岷民間契約的喜悦，奔走在蜿蜒崎嶇的鄉間山路時突然遭遇暴風雪，由于路滑彎急險些跌落懸崖的驚險一幕至今歷歷在目；二〇二二年在全國人民共同防控『新冠病毒』最危急的時刻，周毛卡、田苗、拉瑪扎西和李亞莉四人爲了盡早學到并能够第一時間完成對河洮岷民間契約的修復，毅然在甘肅省圖書館的幫助下潛心研修五十多天；在河洮岷民間契約圖文識別工作期間，圖書館館員們無數個工作瞬間浸潤着對圖書館文化事業的愛，尤其是董穎老師的付出更進一步證明了他『更像個圖書館館員』；另外感謝甘南藏族自治州臨潭縣敏建新老師、臨夏回族自治州卜永强老師、甘肅超星智慧教育科技有限公司楊静女士、賈征喜先生和席建海先生等朋友對甘肅民族師範學院圖書館的這項工作的有力支持。

無論怎樣，在大家的共同努力下，《河洮岷民間契約文書輯校》能够與讀者見面了，希望這本書能够爲河洮岷民間契約文化研究做出貢獻。這本書由劉俊雎擔任主編，全書由主編統籌策劃、設計和統稿，最後由主編定稿。羊志暉和尕藏吉任副主編，周毛卡和田苗任執行副主編，負責協助主編實施編排計劃，完成文書輯校。由全體館員組成的編纂委員會成員協助完成了全書的校稿、統稿和編寫組織工作。全書分爲上、中、下三編，各編的分工爲：劉俊雎、董穎和李亞莉等負責上編，羊志暉、尕藏吉、拉瑪扎西、敏玲、卓么草、楊鑫、王曉東和楊建華等負責中編，周毛卡、田苗、馬恩源、李毛先、李立哲、宋建明和華沁吉等負責下編。

本書也是甘肅民族師範學院校長科研基金優秀學術著作『甘肅民族師範學院館藏河洮岷民間契約圖

録』項目（項目編號：2023YXZZ-02）的研究成果。感謝與我一同參與完成這項工作的課題組成員周毛卡、董穎、李亞莉、田苗、尕藏吉、拉瑪扎西、楊建華、敏玲、王曉東和卓么草等館員，正是她們的辛勤工作和對我的精神支持，使我們順利完成了該項課題。

我很感激甘肅民族師範學院所有的老師，在朝夕相處中，他們也給了我很多有益的啓示與幫助，彼此也結下了深厚的友誼。他們睿智的思想、精心的授課、嚴謹的教學令我受益匪淺；感謝甘肅民族師範學院所有能够來學院圖書館學習的學生，正是他們精于自身管理、善于認真學習和陽光燦爛的品質，纔使我們有信心出版這部作品；感謝我的夫人李亞莉和我的兒子劉一平，多年來他們給了我無私的支持、理解和關愛，是他們給了我勇氣和信心，使我順利完成了這部作品。正是在大家無微不至的關心、關愛和關注下，《河洮岷民間契約文書輯校》能够在建校四十周年之際成爲學院圖書館第一部出版的圖書。感恩的心是我幸福的源泉，也是我帶領大家工作的力量，希望能够以此爲契機，我們能够有更多的圖書面世。

在本書的編寫過程中，參閱了大量的文獻資料，在此特向文獻相關的作者表示衷心的感謝。在本書編寫過程中，包括編輯在内的很多老師爲本書的面世付出了辛勤和汗水，在此謹致以崇高的敬意！

由于編者水平所限，難免有錯誤和不足，敬請專家和讀者指正。

劉俊雎

二〇二四年五月二十日于甘肅民族師範學院圖書館